本书获福建省传统印刷文化保护项目补助资金资助

福建印刷文化研究丛书

中国近世的福建人

士大夫与出版人

［日］中砂明德 著
吴淑敏 译

海峡出版发行集团
THE STRAITS PUBLISHING & DISTRIBUTING GROUP
福建人民出版社

图书在版编目（CIP）数据

中国近世的福建人：士大夫与出版人 /（日）中砂明德著；吴淑敏译. --福州：福建人民出版社，2025.1.（福建印刷文化研究丛书）. -- ISBN 978-7-211-09466-0

Ⅰ. D691.71；G239.292

中国国家版本馆 CIP 数据核字第 2024UV0595 号

福建印刷文化研究丛书

中国近世的福建人：士大夫与出版人

著　　者：[日] 中砂明德
译　　者：吴淑敏
责任编辑：刘挺立
出版发行：福建人民出版社　　**电　　话**：0591-87533169(发行部)
网　　址：http://www.fjpph.com　　**电子邮箱**：fjpph7211@126.com
地　　址：福州市东水路 76 号　　**邮政编码**：350001
经　　销：福建新华发行（集团）有限责任公司
印　　刷：福州德安彩色印刷有限公司
地　　址：福州市金山工业区浦上 B 区 42 幢
开　　本：890 毫米×1240 毫米　1/32
印　　张：16.125
字　　数：387 千字
版　　次：2025 年 1 月第 1 版　　**印　　次**：2025 年 1 月第 1 次印刷
书　　号：ISBN 978-7-211-09466-0
著作权合同登记号：13-2024-36 号
定　　价：100.00 元

目　次

① 译者按，此处“劳作”指后“集览”“质实”等方便《纲目》阅读的衍生作品，与汉语“劳作”有差异。

序　　说

一　蛮子之地

通观中国历史，谁也不能否认“南北问题”是一大关键。桑原骘藏在《从历史上看南北中国》（1925）文中，用各种各样的指标描述了南中国超越北中国的过程。[①] 此后，延续着桑原的基本框架，学界在南方尤其是长江下游区域的农业开发、经济发展等议题上积累了丰硕的研究成果。总之，可以说，中国历史的演进与“南中国”的发展是相重合的。

不过，南方在政治上基本没有超越过北方也是事实。南北朝时代终由北方的隋唐完成了统一；辽、金、元与宋并立时，北方也基本上居于优势地位；最终以元一统天下而结束。将蒙古人赶回漠北的明，不久后就迁都北京。“政治·军事的北方”与“经济·文化的南方”相对应的框架，被视为近世中国史的基调。

现在暂且不提经济，先关注文化方面。作为体现南人文化优势地位的指标而经常被拿来例举的，是科举的登第人数。早在北宋中期以降，南人在科举上就占据优势，中间隔了一个科举制度非常态的元代，到了明代，南北差距已成定局。因为统一王朝需要关照到全国，于是制定了“南北卷”制度，作为对北人的一种

---

① 桑原骘藏：《从历史上看南北中国》「歴史上より観たる南北中国」，《白鸟博士还历记念东洋史论丛》，岩波书店，1925 年；《桑原骘藏全集》第二卷，岩波书店，1968 年，第 11—68 页。

救助措施。这确保了北卷（北直隶、山东、山西、河南、陕西）的登第人数（达到35%），进士登第人员不均衡的现象一定程度上被纠正。[①] 不过，这种调整与登第者的排名并无关系。鉴于此，桑原对有明一代的一甲进士，即前三名，进行了南北人数比较。值得注意的是，南方达到了北方的7倍（207比29），南方在文化指标上的优越，于此可见一斑。[②]

南中国，简言之，包含了今天所谓的华中、华南两个地域。稍晚并入中国的云南、贵州暂不列入（以明代的科举范围而言，这些地区可归入“中卷”）。除南朝时已经进行开发的长江中下游区域和一部分羁縻地外，长期未开发的福建、广东与其他地区相比，其历史面貌非常不同。因此，若把整个南方视作一体来观察，虽可大略了解南方历史的整体进程，但仍会有不少视角盲区。

将文化先进性作为研究问题时，“先进”所指的区域并非一般的南方整体，而是指长江下游，即所谓的“江南”。不过，江南在诸多文化领域中名副其实地处于“先进”位置的时间，事实上并不早。

大约在15年前，笔者在《江南史的水脉》一文中强调过上述观点，[③] 在普及读物《江南：中国文雅的源流》中也再一次论及。[④] 这里仅阐述一下结论：在苏州、松江，顾炎武、董其昌等学术、艺术大家的相继出现是在17世纪以后，江南也相应地得

---

① 关于制度改革的背景，参见檀上宽：《明代科举改革的政治背景——以南北卷的创设为中心》「明代科挙改革の政治的背景——南北巻の創設をめぐって」，《东方学报》京都五八，1986年；《明朝专制统治的历史结构》『明朝専制支配の史的構造』，汲古书院，1995年，第151—185页。

② 《桑原骘藏全集》第二卷，第19页。

③ 《岩波讲座　世界历史十一　中央欧亚的统一：九～十六世纪》『岩波講座　世界歴史十一　中央ユーラシアの統合：九～十六世紀』，岩波书店，第177—200页。

④ 讲谈社选书メチエ，2002年。

到了文化上的“先进”称号，在此之前，江南并不算是突出的存在。16、17 世纪之交，出版文化迎来了一个高峰。在百花齐放的出版市场中，江南刊刻了相当数量的优质书籍，为清代考证学提供了基础条件。同时，主要经由新安商人流行开来的董其昌的艺术，亦获得了一定地位。正是在这个时间节点，可以看出江南的文化摆脱了地方性。这一时期江南人开展的多彩活动留下的强烈印记，构成了此后文化史的基本印象，这一印象甚至被投影到了更早的时间，不过，原有文化史的构图不应该被扰乱。

值得注意的是，在这一时间点，南方人被北方人称为“蛮子”。这个称呼也在远来中国的西方商人间流传，记载了元代中国信息的《马可·波罗游记》就使用了这一称呼。比威尼斯人马可·波罗晚来中国三百年的耶稣会士也承袭了这种叫法。

马可·波罗热情洋溢地记述了江南各城市的繁华，他的“蛮子”中当然不含贬义。深受此记述影响的耶稣会士亦是如此，他们比马可·波罗更深地扎根于中国大地，以居住者而非旅行者的身份来观察中国。从编绘《中国新图志》的卫匡国（Martino Martini，1614—1661）进入中国后，他们的足迹遍布除广西、云南、贵州之外的 12 个省。《马可·波罗游记》中关于中国的信息并非全是作者实地所见，与之类似，卫匡国的著作大半是对中国地理书（16 世纪末在罗洪先《广舆图》基础上编纂的《广舆记》）内容的整理。不过，通过分散于各地的传教士之间的相互联系，他们的传教经历以及从所接触官僚那里得到的信息也被收集和添加进该书之中。[①] 以卫匡国为代表的耶稣会士们以充溢着惊讶的目光记录下江南的繁华，但意外地没有感触到南北差异。

---

① 参见中砂明德：《卫匡国地图志再考》「マルティニアトラス再考」，金田章裕、藤井让治、杉山正明编：《大地的肖像》『大地の肖像』，京都大学学术出版会，2007 年，第 116—140 页。

因而，他们并没有意识到“蛮子”原本是蔑称。一言以蔽之，“蛮子”成了指称南方的一种符号。

尽管如此，笔者认为“蛮子”作为南北相对差异的符号仍是有意义的。从侉子（北中国）与蛮子并称一事就可见北方与南方的水平差异。回溯历史，在南北朝时期，北方人称南方人为“岛夷”，南方人称北方人为“索虏”，此为世人所熟知。谈及南北朝时期与近世的“第二个”南北朝时期①，由于南方在此期间得到了发展，或许会有人反驳这二者没有可比性，但笔者认为，南方人自身在文化史上的言论可权作参考，从北方或者从中国外部重新认识南方，尤其是江南，仍是有必要的。因此，即使讨论对象是南方，亦有学者从南北相对差异的角度看待中国史。

论及朱子的《资治通鉴纲目》，“作为南宋人，他偏向南方，遇到与自己王朝的状况相似时亦是如此，如以东晋为正统，这是汉民族抵抗精神的表现”，这类说法屡见不鲜。不过，朱子的本意另当别论，《纲目》视东晋为正统，是因为其乃北方建立的统一王朝——晋的余续（“正统之余”），刘宋以后的南朝并未被认为是“正统”，南北朝时期在形式上被平等对待。觉得朱子的正统论不称心的南人学者们亦阐述了其他类型的正统论，他们的说法应与朱子的观点区别开来。在《纲目》中，作为道义之所在的正统，被特地赋予统一王朝。因此，周、秦、汉、隋、唐被认为是正统，进而从朱子的理论出发，宋、元当然应被视为正统。不将属于夷狄的元朝视为正统，是进入明代才有的观点。

笔者反向运用上文的表述，秉持“江南并非很早就获得文化上的正统地位”的立场。笔者更将南方文化看作“移居地的文化”。如桑原骘藏《从历史上看南北中国》描述的那样，中国史

---

① 编者注：“第二个”南北朝时期，指两宋与辽、金、元并立的时代。

从某种角度看就是汉民族南迁的历史。4 世纪西晋王朝崩溃、10 世纪唐朝灭亡、12 世纪北宋南迁等政治动乱之际，大量人口南迁。随着移民的定居，中原文化也被移植过来，这些移居地的文化，就未能保持原有的独特性。换言之，尽管迁入了南方，士人们的意识中仍常有中原的存在。当“夷狄”执中原牛耳时，南方士人的心态非常复杂，优越感和心灵创伤兼而有之，他们开始更为强烈地主张文化的正统。这一点，研究者尚未有清晰的认识。

以科举为代表的文化标识显示了南方的优越性。若把南方视为一个整体的话，确实可以这么说。整个宋代，南方的进士登第人数一直超过北方。不过，若具体观察这一现象的细节，就会发现一些奇妙的事实。在南方，位于科举顶端的并不是很早就开发的江南地域，而是福建。到了南宋，福建的登第人数比坐拥首都杭州的浙西多一倍以上，也超越了在学术史上有颇多可称道之处的浙东。若将人口比率也考虑进来的话，可以说福建科举异常地强势。

与江南相比，福建的开发是非常滞后的。[①] 福建在唐代后半才渐渐出现进士登第者，这一事实常被拿来作为昭示其开化程度的例证。唐代的福建洋溢着浓厚的移居地氛围。唐末动乱造成的移民以及五代时地方政权闽国的建立，才给上述情况带来了转机。福建出身的士人们的先祖中，有很多人是自晋代南迁时或随闽国王氏政权南移时定居并留下传承，[②] 这也表明此时的移民活动具有重大意义。

及至宋代，福建的发展开始加速。泉州海外贸易的发展应是活力源之一。因为福建“山多田少”，农业生产力低下，在当时

---

① 关于福建开发，较早的研究有日比野丈夫：《唐宋时代对于福建的开发》「唐宋時代に於ける福建の開発」，《东洋史研究》四—三，1939 年，第 187—213 页。

② 后一种情形下的移民应出自王氏祖地河南固始。参见袁延胜：《唐代固始移民简论》，尹全海、崔振俭主编：《固始移民与闽台文化研究》，九州出版社，2010 年，第 72—77 页。

粮食常常仰给于广东、浙江，所以其海外贸易中，包含粮食的交易活动占很大比重。不过，福建人的志向并非只在经商，业儒也是他们重要的生存战略。大量科举登第者的出现，比起学问水平高低，更体现着福建人的生存战略取得了成功。或许可以说，福建是因处于移居地第一线而变强的。朱子强烈地批评了为科考而学的士子，并强调“为己之学”的重要性，将之与“举子业”相对立。讽刺的是，他的学说在其死后也被纳入“举子业”之中。

大量登第者的出现和朱子学的产生，使得南宋时期的福建成了非常有趣的研究对象。然而，在美国盛行、后被传入日本的地域社会论对南宋的研究中，[①] 福建并没有像浙江那样被关注。也有美国学者写过关于以泉州为中心的闽南的专题文章，以“社区、贸易、关系网”为主题，其主要关心的是因贸易而被激活的地域发展史。[②]

笔者在1994年曾以福建的大文人刘克庄（1187—1269）为研究对象写过论文。活跃于南宋后期的刘克庄有近200卷的文集，学界却并未充分研究利用，令人颇觉惋惜。从那时起，中国学者逐渐开始注意到刘克庄（笔者的论文和这一动向完全没有关系）。值得庆幸的是，近年脱误甚多、较难整理的《后村先生大全集》的点校本已经出版，[③] 较为完善的年谱亦有出版。[④] 从诗人[⑤]

---

① 代表作有韩明士（Robert Hymes）：《官僚与士绅：两宋江西抚州的精英》“*Statesmen and Gentlemen: The Elite of Fu-chou, Chiang-hsi, in Northern and Southern Sung*”，剑桥大学出版社，1986年。

② 休·克拉克（Hugh Clark）：《社区、贸易与关系网：3至13世纪的闽南》“*Community, Trade, and Networks: Southern Fujian Province from the Third to the Thirteenth Century*”，剑桥大学出版社，1991年。

③ 王蓉贵、向以鲜校点：《后村先生大全集》，四川大学出版社，2008年。

④ 程章灿：《刘克庄年谱》，贵州人民出版社，1993年。

⑤ 王明见：《刘克庄与中国诗学》，巴蜀书社，2004年。景红录：《刘克庄诗歌研究》，上海古籍出版社，2007年。王锡九：《刘克庄诗学研究》，黄山书社，2007年。王述尧：《刘克庄与南宋后期文学研究》，东方出版中心，2008年。

或学者[1]角度研究刘克庄的著作也相继出现。不过，这些研究只是对刘克庄个人的再评价，从福建人身份角度讨论刘克庄，或以刘克庄为中心描绘福建人群像的研究尚未见到。如果说笔者的旧稿有可取之处的话，那就是意识到了这一点，故而修改后收入本书（第一部分第一章）。

然而，笔者仍有一个未能解开的疑问。那就是，尽管福建人在科举上表现强劲，但他们在朝堂上的势力并不大。登第人数多，无疑会有大量福建人进入官场，也让南宋的福建高级官僚辈出。然而，福建人位于政治中心的时间往往极短。

若要列举南宋代表福建的三个人，笔者会选择朱子、真德秀、刘克庄。朱子不仅是一位学者，其官僚身份也值得被关注，众所周知，他在朝廷仅待了很短的时间。朱子的徒孙、被期待能挽回南宋颓势的重要人物真德秀在朝廷的时间也极短。朱子后学刘克庄，虽在官场建立了有力的人脉，然其在朝时间仍比较短。这一现象与科举的登第人数相抵牾。且福建人在科举上的成功与其在朝廷所处位置之间的反差，并非只是宋代才有的问题。

暂且不提对南人整体不利的元代科举，明代的福建人在科举上的表现即便不如宋代，也仍是相当强劲的。不过，明代朝廷中的福建人比宋代还要少。一个显然的事实是，除去明代前期的两人，直至 17 世纪初，长期没有福建人出任相当于宰相的内阁大学士。诚然，在只有“半壁江山”的南宋，福建尚占据较大比重；而在统一的明朝，因朝廷北迁，福建距离中心变得更远。不过，仅这样就能解释清楚这一现象吗？

---

① 王宇：《刘克庄与南宋学术》，中华书局，2007 年。此书非常详细地介绍了与刘后村交游之人的学术派别，但因其关注的并非官场，所以在他的叙述中看不到刘后村作为官僚的形象。向以鲜的《超越江湖的诗人：后村研究 》（巴蜀书社，1995 年）上篇第二章“人在江湖”亦是如此。

一方面，福建秉持着“海国”的形象。明代的福建由于厉行海禁，公开对外贸易的渠道被关闭，即便如此，仍有福建人违反禁令，乘船至南海。[①] 进入 16 世纪后，福建人的对外活动爆发性地增加，他们甚至在倭寇团伙中担任一定角色。[②]

以北京为目标的士人与望海而生的商人、船员，是福建人的两种面向。若从外国人的角度看福建人，或许能看出其不同的面向。试举前文提及的耶稣会士卫匡国的说法为例：

> 活跃的商业和商人睿智的决断力，为这一省份财富和物产的增加做出了贡献。当其他省份的中国人对乘船出海、违反帝国法令到遥远的国家进行贸易一事踌躇不决时，福建人已经带着中华帝国的金钱，麝香，宝石，水银，绢、麻、棉织物，丰富矿脉出产的铁，用钢铁制作的精巧器具以及其他贵重物品，与域外的商品交换。商人们一般从福建出发，去往中国台湾、日本、菲律宾、印尼西里伯斯岛、爪哇、柬埔寨、越南以及其他亚洲或印度的岛屿，满载着银、丁香、肉桂、胡椒、白檀、琥珀、珊瑚以及其他物品而返。[③]

---

① 关于嘉靖大倭寇以前福建人的海外活动，参见罗德里希·普塔克（Roderich Ptak）：《再议马六甲与广东中部：16 世纪初葡萄牙与中国福建对东南亚贸易的影响》“Reconsidering Melaka and Central Guangdong：Portugal’s and Fujian’s Impact on Southeast Asian Trade（Early Sixteenth Century）”，彼得·波许博格（Peter Borschberg）编：《新加坡—马六甲地区的伊比利亚人（16 至 18 世纪）》“*Iberians in the Singapore-Melaka Area（16th to 18th Century）*”，哈拉索维茨出版社（Harrassowitz），2004 年，第 1—21 页。

② 参见山崎岳：《船主王直功罪考（前篇）——以〈海寇议〉为中心》「舶主王直功罪考（前編）——『海寇議』とその周辺」，《东方学报》京都八五，2010 年，第 443—477 页。

③ 《中国新图志》“*Novus Atlas Sinensis*”，阿姆斯特丹出版，1655 年，第 121 页。本书所引文字出自《卫匡国全集》（弗兰克·德玛奇［Franco Demarchi］编：《卫匡国全集》“*Martino Martini S. J. Opera omnia*”第 3 卷，特伦托大学出版，2002 年），根据意大利语翻译。

以上是对出洋商人的描述，接下来卫匡国纪述了福建人的气质。

> 该省居民常沉湎于毫无廉耻的欲望之中，在耽于男色、女色方面声名不佳，而且奸诈狡猾，惯于说谎。由于每个城市都说不一样的方言，所以同省之间也几乎难以语意相通。士人所用的语言虽在其他地方通用，但在福建却不太被理解和使用。不过，当地很多人是很有才智的，专注于文学或学问、通过考试成为有名进士的人也有很多。另一方面，引起当地骚乱的海盗或中国人中，来自福建的成员以最残忍著称。也可以说，由于福建人是最晚接受中原法律和习惯的，所以他们之中还残留着古代的蛮夷之风。[①]

卫匡国只论及了两种福建人的表现，对于产生这两种人的共同土壤则没有直接言及。他注意到，语言、风俗这方面，是不容易被“文明化”的；另一方面，福建打开了通向海外世界之门，因此给当地居民带来了区别于他省的独特个性。

然后卫匡国继续写道：“在福建，基督教得以普及。刚开始，当地居民接受起来比较困难，故而我们在阐明教义时采用了通俗易懂的说教。”[②]在当时的中国，福建的基督教徒最多，耶稣会也在福建开展活动。在出身福州的内阁大学士叶向高的引导下，传教士艾儒略在 1624 年来到福建。与艾儒略在外省的活动相比，他进入福建虽晚，却在很短的时间内就扩大了教徒的规模。尤其值得注意的是，在下层士人（生员）阶层中出现了很多教徒。[③]

---

① 《中国新图志》，第 121—122 页。

② 同上，第 122 页。

③ 杜鼎克（Adrian Dudink）：《艾儒略与李九标》“Giulio Aleni and Li Jiubiao”，李集雅（Tiziana Lippiello）、马雷凯（Roman Malek）编：《“西来孔子”——由艾儒略（1528—1649）看基督教与中国的对话》“‘*Scholar from the West*’——*Giulio Aleni S. J.*（*1582—1649*）*and the Dialogue between Christianity and China*”，布雷西亚文明基金会与华裔学志汉学研究所联合出版，1997 年，第 129—200 页。

在明末，虽不甚在意基督教，却对西洋文化感兴趣，因而成为传教士支持者的士人出乎意料得多，[①] 其中成为教徒的仅有少数。福建的情形较为不同，在十七世纪三四十年代，何大化曾与艾儒略一起处于福建传教的中心，通过他写的年信[②]可以了解到，基督教信仰在平民阶层也得到广泛传播。对外来文化的包容，似乎是福建人共有的能力。[③]

本书选取南宋后半期和明代末期的福建进行考察，单纯是因为这期间遗存史料较多，且其中可翻检出不少福建人对自身的高谈阔论。笔者无意于福建地域发展之类的主题，此类应交给中国或福建区域史的研究者。因此，本书并不会通贯地探讨宋代到明代福建的变迁。本书的关注点在于，从福建人的讲述中，考察福建在南方乃至全中国的地位。南宋后半期和明代末期，朝廷的统治力衰退，在中央专制史脉络中都处于夕阳时期。不过，正因如此，地方的特色容易凸显出来，其中福建士大夫的主张因其独特性而更为显眼。刘克庄、叶向高、董应举等人的“言论”自是受个人资质的影响较大，不过也应与能言善辩之士辈出的时代风貌有关，笔者便将这一现象作为本书的切入点。

*

本书第一部分集中讨论有文章存世的士人。第二部分则更聚焦于那些没有在历史中留下清晰足迹的、处于“幕后”的福建人，主要以《资治通鉴》的衍生著作为研究素材。

《资治通鉴》与《资治通鉴纲目》分别由司马光、朱子两大名家编纂，是对近世史学影响深远的史书。从史学史角度而言确

---

① 参见黄一农：《两头蛇：明末清初的第一代天主教徒》，台湾“清华大学”出版社，2005年。

② 霍拉西奥·阿劳若（Horácio P. Araújo）编：《何大化的中国年信》“*Cartas Ânuas da China*：*Antonio de Gouvea*”，东方葡萄牙学会出版，1998年。

③ 编者注：此处删去一段原文。

实如此，但从读者角度来说则另当别论。这两部书并不是以原作的形态被普及。司马光曾感叹“光修《通鉴》，唯王胜之借一读。他人读未尽一编，已欠伸思睡矣”。[1]正如这句经典感叹所示，《通鉴》并非适合通读的书。相较于史书而言，历史教科书原则上是必读的。为使《通鉴》更易读，办法之一是编写“节本”。虽然《资治通鉴纲目》本身就是节本的一种，但在明代，朱子地位太过尊崇，于是一部比《纲目》更为普及、编写者“少微先生”身份成谜的节本风行了起来。在这部《少微通鉴》背后扮演主要角色的，是从南宋到明代作为全国出版中心之一的福建建阳的出版者。且《纲目》也是以经出版者之手改编后的形态普及的。

建阳的出版业在中国文化史上扮演了重要角色，如今已逐渐成为常识。便宜低劣的建阳本（麻沙本）长期以来遭受中国知识分子的差评。清末民初的藏书家们（《书林清话》的作者叶德辉等）开始注意到建阳本，但他们所关注的是稀见珍本，并没有思及建阳本所承担的社会功能。不过，这些藏书家著录了多部建阳本，还密切关注了刊行建阳本的书商。更有人对建阳书商的谱系和活动进行了详细的考证（如方彦寿等人的研究[2]）。近年来，对

① 刘义仲《通鉴问疑》（《津逮秘书》本）：“君实尝有言‘光修《通鉴》，唯王胜之借一读。他人读未尽一编（《四库全书》本和胡三省《新注通鉴序》中，“编”作“纸”），已欠伸思睡矣’。”

② 方彦寿：《明代刻书家熊宗立述考》（《文献》1987 年第 1 期，第 228—243 页）、《建阳刘氏刻书考（上）》（《文献》1988 年第 2 期，第 196—228 页）、《建阳刘氏刻书考（下）》（《文献》1988 年第 3 期，第 217—229 页）、《闽北詹余熊蔡黄五姓十三位刻书家生平考略》（《文献》1989 年第 3 期，第 233—242 页）、《闽北刘氏等十四位刻书家生平考略》（《文献》1991 年第 1 期，第 222—230 页）、《建阳熊氏刻书述略》（《古籍整理与研究》第六期，1991 年，第 193—208 页）、《闽北十四位刻书家生平考略》（《文献》1993 年第 1 期，第 210—219 页）、《闽北十八位刻书家生平考略》（《文献》1994 年第 1 期，第 224—232 页）、《闽北十八位刻书家生平考略》（《文献》1994 年第 2 期，第 203—214 页）。肖东发：《建阳余氏刻书考略（上）》（《文献》1984 年第 3 期，第 230—247 页）、《建阳余氏刻书考略（中）》（《文献》1984 年第 4 期，第 195—219 页）、《建阳余氏刻书考略（下）》（《文献》1985 年第 1 期，第 236—250 页）。

建阳本社会功能的研究也在美国出现了。[①]

日本学界很早就注意到建阳本，主要关注明代后半期建阳刊行的小说版本。[②] 不过，近年来随着科举研究的盛行（2007 年《科举学论丛》创刊[③]、科举文献相继刊行[④]、对八股文的再评价[⑤]），建阳本又绽放出新的光芒。虽然阐明制度和社会阶层的流动性等相关研究仍是科举研究的主流，但考试本身对中国士人阶层有怎样的内在影响，也正在成为学者关注的问题。其中，美国学者本杰明·艾尔曼[⑥]、日本学者宫纪子[⑦]的研究十分重要。最近中国台湾出版的沈俊平的著作[⑧]主要列举了建阳出版的考试参考

---

① 贾晋珠（Lucille Chia）：《谋利而印：11 至 17 世纪福建建阳的商业出版者》"*Printing for Profit: The Commercial Publishers of Jianyang, Fujian (11th-17th Centuries)*"，哈佛大学出版社，2002 年。

② 中川谕：《〈三国志演义〉版本研究》『「三国志演義」版本の研究』（汲古书院，1998 年）、丸山浩明：《余象斗本考略》（《二松学舍大学人文论丛》五〇，1993 年，第 121—144 页）。

③ 由 2006 年开馆的上海中国科举博物馆和上海嘉定博物馆编，到 2010 年已刊行 9 册。

④ 宁波市天一阁博物馆编：《天一阁藏明代科举录选刊·登科录》，宁波出版社，2006 年；同书《会试录》，2007 年；同书《乡试录》，2010 年。《中国科举录汇编》，全国图书馆文献缩微复制中心出版，2010 年；同书《续编》，2011 年。

⑤ 龚笃清：《明代八股文史探》，湖南人民出版社，2005 年。黄强：《八股文与明清文学论稿》，上海古籍出版社，2005 年。

⑥ 本杰明·艾尔曼（Benjamin Elman）：《晚期帝制中国的科举文化史》"*A Cultural History of Civil Examinations in Late Imperial China*" 第 7—9 章，加利福尼亚大学出版社，2000 年，第 371—520 页。

⑦ 宫纪子：《元代的出版文化》『モンゴル時代の出版文化』第八章"'对策'的对策"「『対策』の対策」，名古屋大学出版会，2006 年，第 380—484 页。

⑧ 沈俊平：《举业津梁：明中叶以后坊刻制举用书的生产与流通》，台湾学生书局，2009 年。周启荣（Kai-Wing Chow）的《中国前近代的出版、文化与权力：16—17 世纪》"*Publishing Culture, and Power in Early Modern China*"（斯坦福大学出版社，2004 年）虽并非专门讨论科举与出版的关系，亦从多角度讨论了明代的出版文化，其第三章具体讨论了"四书"注疏的出版与科举的关系。佐野公治的《四书学史研究》『四書学史の研究』（创文社，1988 年）对此的讨论要更早。

书，虽未对参考书本身展开分析，但也有从正面讨论举业书的意思。未来若得史料公开普及之助，这一方向的研究或可取得进展。

回到本书的主题，在第二部分第三章，将追溯从《纲目》的编撰到普及版“七家注本”成书的明代中期之间，约3个世纪的历史。《纲目》在中国近世史学中具有重要意义，其影响还波及朝鲜、越南、日本。不过，《纲目》中包含的“正统论”是否得到了正确的理解，则另当别论。作为朱子的著作被捧上神坛，对这部书而言是一种不幸。而且，作为历史教科书的《纲目》，其史料价值几乎为零，故而常被排除在近代史学的研究对象之外，算是所谓“蒙尘的教科书”。如前文所述，如何看待朱子本人在编撰《纲目》时发挥己意的程度，历代观点各异，争论不休。“七家注”对《纲目》的普及发挥了重要作用，但关于“七家注”成书过程的问题却尚未被讨论。

笔者要回答的，正是这一问题。为《纲目》作注的七人中，除最后一人身份不明，其余皆非与本书主题相关的福建人。不过，隐于这些注家姓名背后进行操作的，是建阳出版界。可以说，“七家注本”是建阳人编集出来的，只要亲自读一读普及本的序文，就会明白这一点。这造就了“生于建阳、卒于建阳的大儒所编之书，由建阳后学汇集注释为一编”这一结果。不过，普及本开头所载的与“七家注”相关的序跋大体都比较复杂。从这些序跋中可以看出，“七家注本”并非糊里糊涂地（话虽如此，这七位“忠臣”可以说相当于朱子的从祀者，对其注释未做大改在当时也是不得已之事）汇总各家之注，而是对原注进行了重新编订。厘清“七家注”的编订过程，就更能明了“七家注”的形成与《少微通鉴》的编集之间存在联系。

《纲目》作为教科书虽有蒙尘之憾，但它仍是中国史学史

（以及江户时代日本史学史）研究的重要素材。而《少微通鉴》则几乎未被提及。较早从版本目录学角度关注此书的学者，有中国著名目录学家王重民（1903—1975）。不过，和真正的善本比起来，这部“《通鉴》节本”不够引人注目，即使是独具慧眼的王重民似乎也没有认真对待此书。鉴于前人对此书关注不足，本书第四章将以朴拙的历史研究方法对《少微通鉴》重新进行讨论。

由于建阳出版者们的加工，《通鉴》的两个节本并没有留存下来。《少微通鉴》是加入了《纲目》的要素，而直接在《纲目》所含思想的基础上诞生的则是“纲鉴”。虽说同样是节本，在血统上差异甚大的两个版本的“血”可以互相调和，或许该称之为“互相治愈”，形成了一种奇特的现象。在明末的出版界，实际上有多种版本的“纲鉴”流行，令人眼花缭乱，诸版本间也存在着各种各样的差异。在当时的出版界，剽窃、篡改犹如家常便饭。不过，制作这类伪书也需要付出相应的精力，被冠以“按鉴”（参考《通鉴》而出现的一类商标）之名的历史小说，则需要投入更多的劳动力（在小说中插入“纲鉴”所没有的绘画，需要消耗劳动力）。况且“纲鉴”还是科举参考书，出版商必须将有用的内容拿出来作为卖点。本书第五章，将以在明代小说研究中颇具知名度的明末建阳最大出版商余象斗所编的《大方纲鉴》与同类版本进行比较，来呈现“纲鉴”的特征。

不过，从“纲鉴”类书籍的泛滥中所见的建阳出版界乱象，也逐渐走到了尽头。进入清代，“纲鉴”虽然仍旧是读书人的“奶瓶”，但并没有出现各种令人眼花缭乱的版本。同时，资源节约型时代逐渐走向了终结。经部的《十三经注疏》、史部的“十七史”，均由苏州常熟的汲古阁刊印了非常优质的版本；《资治通鉴》的全本也由同样来自苏州的陈仁锡校订并刊行（《纲目》的前编、正编、续编合集也以他的名义刊行）。17 世纪后半叶以降，清代考据学家的治学条件是非常优越的。在他们眼里，建阳本实在过于粗陋。制作出这样的书籍又为其所苦的明人，只能成为他们嘲笑的对象。

清代考据学家们嘲笑倒也无妨，我们也理解他们自傲的心态。不过，后世的我们不能人云亦云。建阳出版界是近世前半期——南宋至明代学术文化的重要支撑，重新讨论活跃在建阳出版界中的福建人及合作者的工作，也是衡量中国南方文化质量的重要一环。

南宋至明末这一时期，福建引领了中国文化的发展，这个问题仍有一定的研究空间，本书探讨的正是活跃在这一时期的各类福建人。不过，在进入正式讨论之前，笔者想先详述一下南宋时期文化上的变动。

二　士大夫典范的形成与朱子学

(1) 两则序文

首先来看两则序文。

开禧中（1205—1207），余始识辅汉卿（广）于都城。汉卿从朱文公最久，尽得公平生语言文字，每过余，相与熟复诵味，辄移晷弗去。余既补外，汉卿悉举以相畀。嘉定元年（1208），余留成都，度周卿（正）请刻本以幸后学。余曰："余非敢靳也，所为弗敢传者，恐以误后学耳。"周卿艴然曰："奚至是？"余曰："子知今之学者之病乎？……且张宣公（栻）以程子之意类聚孔、孟言仁（《洙泗言仁录》），而文公犹恐其长学者欲速好径之心，滋入耳出口之弊。脱是书之行，其无乃非公所云云者乎？吾甚惧焉。"周卿由是姑徐之，后数年，竟从余乞本刊诸青衣（成都）。彼不过余所藏十之二三耳。然余且谓周卿曰："子其以此意著于篇端，俾学者毋袭是弊也。"其后李贯之（道传）刊于江东（池州），则已十之六七；今史廉叔所得黄子洪（士毅）类本，则公之说至是几无复遗余矣。廉叔将板行，以余有志于斯也，属叙所以作。余为言尝所以告周卿者。①

余无它嗜，惟书癖殆不可医。临安鬻书人陈思多为余收揽散逸，扣其书颠末，辄对如响。一日以其所粹《宝刻丛录》见寄，且求一言，盖屡却而请不已。发而际之，地世年行，炯然在目。呜呼，贾人窥书于肆，而善其事若此，可以为士而不如乎？抚卷太息，书而归之。②

第一则序言是嘉定十三年（1220）为眉州刊《朱子语类》所作，距朱子去世已经二十年了。相较于五年前李道传在池州刊行的《语录》，③ 眉州本的特点是并非按记录者编排，而是按类编排（"类本"）。现行的《朱子语类》即继承自眉州本。魏了翁指出的张栻与朱子之间的争论，正与此有关。汇集先贤关于"仁"的精妙论说本是有益的，但只摘取与"仁"直接相关的话语而排除其他文字，如此分类编排是具有一定危险性的。仅读"言仁录"便足矣的安心感，会封闭学者对"仁"进行全面探索的道路，对入门者而言，这种"贴心"的照顾反而可能产生负面效果。④ 朱

① 《鹤山先生大全文集》卷五三《朱文公语类序》，"……嘉定十三年九月丁亥朔，临邛魏了翁序"。

② 《宝刻丛编》序，"……绍定二元，鹤山翁"。

③ 《勉斋集》卷二〇《书晦庵先生语录后》。

④ 《晦庵集》卷三一《答张敬夫》六："类聚孔孟言仁处，以求夫仁之说，程子为人之意，可谓深切。然专一如此用功，却恐不免长欲速好径之心，滋入耳出口之弊。"同书卷三一《答张敬夫》九："至谓类聚言仁，亦恐有病者，正为近日学者厌烦就简，避迂求捷……恐益长其计获欲速之心。"

子在43岁时提出了此观点，[①] 恐怕他自己也没想到，五十年后，他的再传弟子们整理他的“语言文字”时，又重现了他曾经担忧的问题。

与第一则序言中“教育者的忧虑”相比，第二则序言则比较轻松。在序言中，作者与来往书商的熟稔溢于言表。这位书商并非如作者表面上所说的那样寻常。《宝刻丛编》的编集兼发行人陈思与同姓书商陈起是否为父子关系，尚不明确，[②] 无论如何，以陈思的名义出版的书籍还有汇编汉晋以降书论的《书苑菁华》、书法家小传集成《书小史》以及《海棠谱》等。其店铺不只经营书籍，还包括石刻拓本（《宝刻丛编》是拓本的销售目录）。后来为了博得社会上层人士的信任，陈思在出版《小字录》（主要罗列名人小字出处）一书时结衔题为“成忠郎缉熙殿国史实录院秘书省搜访”。[③]

魏了翁也曾为《书苑菁华》写过序文，可见其与陈思关系之密切。既然如此，他几度拒绝为《宝刻丛编》作序只是一种谦虚之辞吗？《宝刻丛编》的序文，流露出“一开始不情不愿，打开后有惊喜”的意思；而《书苑菁华》的序文则一边称此书“亦可尚矣”，一边又挑剔地指出该书收录的书论作者“非吾所谓识字者”。[④]

---

① 束景南：《朱熹年谱长编》，华东师范大学出版社，2001年，第475—476页。

② 叶德辉《书林清话》卷二“南宋临安陈氏刻书”认为，陈起之子名陈思（号续芸），但还有另一个陈思存在。他的主要依据是，冠名陈思的书籍的时间跨度相当长，其题衔与陈起“不见子成名”的记载不合。对此，李传军、金霞的《陈思与陈续芸关系补说》（《文献》2007年第3期，第41—44页）指出，“成忠郎”不过是武阶，“秘书省搜访”也并非正式的官职，故与“不见子成名”的说法并不矛盾，二者是同一人。不过，李、金二人称方回在淳祐七年至十一年之间见过陈起父子，此时陈续芸是三十岁左右（第42页），而编《宝刻丛编》的陈思，在此前二十年就请魏了翁作序了。李、金二人并没有解释这一矛盾之处。

③ 《四库全书总目》卷八六《宝刻丛编》。

④ 《鹤山先生大全文集》卷六五《题陈思〈书苑菁华〉》：“临安粥书人陈思乃能集汉晋以后论书者为一编，曰《书苑菁华》，亦可尚矣。虽然，是犹后世夸工斗妍，非吾所谓识字者。”

可见，书序作者在评价书商的编集工作时，除给予正面评价外，还会谈到自己另外的想法。

在书商看来，书籍的订购量固然重要，书序本身也十分珍贵。所求取的序文就是书的招牌。《宝刻丛编》序末的自署“绍定二元（1229），鹤山翁”，即是鹤山先生魏了翁（1178—1237）。在当时的士大夫群体中，魏了翁与同年真德秀（1178—1235）双峰并峙，齐名于世。在作此序文的四年前，魏了翁遭弹劾，贬居湖南靖州，在当地建立了鹤山书院，远近士子纷然来学，他的声望也渐渐高涨。[①] 从陈思特地找魏了翁来执笔序文，也能看出当时的时代氛围。至于请政治敏感人物背书是否危险，则是多余的担心。对陈思而言，有更值得担忧的事情。两年后，《直斋书录解题》的作者、著名藏书家陈振孙在增添的序文中写道：“视他书坊所刻，或芜酿不切，徒费板墨、靡楮者，可同日语哉？”[②] 如陈振孙所言，出版拓本销售目录的商业竞争对手不在少数，亦出现了一些跟风编刻的书籍。[③] 从魏了翁“打开后有惊喜”这样的文字中，流露出他对“又”要翻阅同类作品的不耐烦。这其中《宝刻丛编》的编集方式确实引人注目，而通过让鹤山执笔序文，此书的长处或许更能为人所信。

至于《语类》则是另一种编刻形式。朱子语录定本《朱子语类》的编者黎靖德也对史廉叔所刊《语类》作过评价，不过仅止数语：“不复雠校，故文字甚差脱，或至不可读。”[④] 在黎靖德作此序的前二十年，同类型的另一个编集本《语录格言》已经刊行了。王遂在《语录格言》的序文中称，世行的黄士毅所编《语

① 彭东焕：《魏了翁年谱》，四川人民出版社，2003 年，第 284—328 页。

② 《宝刻丛编》序，“……绍定辛卯小至，直斋陈伯玉父”。

③ 如《四库全书》收入的《宝刻类编》即为此类孑遗。

④ 黎靖德序（景定四年，1263）：“子洪所定门目颇精详，为力厪矣。廉叔刻之，不复雠校，故文字甚差脱，或至不可读。”

录》大体由魏了翁审定，[①] 其实魏氏只写了序文而已。

第一则序文是魏了翁所作。他在别的序文中曾提到，“获交其（朱子）高弟，尽得其书，以诒同志，凡今蜀本所传是也”，[②] 由此可知，在四川流行的版本正是魏了翁从朱子弟子辅广处得到的底稿。当时，三十岁左右的鹤山能在当地士大夫群体中占据领导地位，原因之一正是他带来了学术新风。他在《语孟集注》序中写道：

> 较以闽浙间书肆所刊，则十已易其二三，赵忠定公（汝愚）帅蜀日成都所刊，则十易六七矣。[③]

鹤山称辅广“从朱文公最久”有误。不过，辅广是在朱子晚年入其门下，[④] 故而他所收集的朱子著作可说是正确且最新的版本，极被珍视。《语孟集注》大体在淳熙四年（1177）完成，[⑤] 此后又经数次修订。

度正请鹤山将《语类》刊行，史廉叔又拜托鹤山写序文，从鹤山当时的地位来说，这都是理所当然的。鹤山也自任蜀地的道学传播者，有着很强的责任感，所以在第一则序文开篇立论非常

---

① 叶士龙编《晦庵先生语录类要》（根据序文，此书原名《语录格言》）淳祐甲辰（1244）王遂序：“鹤山魏公别以黄子洪所录为定，号《语类》。”

② 《鹤山先生大全文集》卷五五《朱文公五书问答序》。

③ 同上卷五三《朱氏语孟集注序》：“王师北伐之岁，余请郡以归，辅汉卿广以《语孟集注》为赠，曰：‘此先生晚年所授也。’……较以闽浙间书肆所刊，则十已易其二三，赵忠定公帅蜀日成都所刊，则十易六七矣。”赵汝愚到蜀地赴任是淳熙十三年（1186），被召回临安是绍熙二年（1191），此书在成都的出版当在此期间内，而且福建、浙江的书坊也在持续刊行此书。魏了翁的话或许有些夸张，但也足见在短时间内，《语孟集注》版本差异之大。

④ 据田中谦二《朱门弟子师事年考》（《田中谦二著作集》第三卷，汲古书院，2001 年）第 278 页，第一次师事是在绍熙五年（1194）一月到四月，第二次是同年十月到闰十二月，第三次是庆元三年（1197）十二月到四年正月，第四次是庆元五年秋冬之间。

⑤ 束景南：《朱熹年谱长编》，第 585 页。

审慎。不过，作序毕竟属于参与书籍出版的行为，因此鹤山本人对出版该书的负面影响也有一定责任。

前述两则序文的作者虽为同一人，但由于书籍的性质完全不同，作者的表述也有所差异。考察一部书籍的面世，除撰写之外，便于读者的编集方式、序文的写作等环节的重要性，都是需要关注的内容。

笔者并非想进一步讨论关于书籍、出版的话题。众所周知，南宋是中国出版业一个飞跃发展的时期。朱子曾感叹“今人所以读书苟简者，缘书皆有印本多了”。[①]亦有学者指出，朱子曾为了生计，不顾友人的劝阻，从事印书。[②] 这一问题涉及书籍的影响力，应从更广阔的视野来探讨。以上两则序文虽与此无直接关系，但能否对其构成有效补充，则是笔者接下来要谈的话题。

（2）复制艺术

陈荣捷在《朱子新探索》二〇“朱子之印务”中指出，朱子嗜好金石。[③] 年少时，因家贫不能收集金石拓本，独取欧阳修《集古录》以为乐，有时目视文字到了忘我的地步，仿佛正用手摩挲其金石。[④] 尽管长期处于贫困状态，但朱子依旧有着一流的鉴别力。

朱子信赖的同好之一，是与其年纪相仿的王厚之（1131—1204）。[⑤] 王厚之并无赫赫业绩，在当时的文化圈内也并非无法忽

---

① 《朱子语类》卷一〇“学四　读书法上”（铢录）。

② 陈荣捷：《朱子新探索》二〇“朱子之印务”，台湾学生书局，1988 年。

③ 同上，第 747—748 页。

④ 《晦庵集》卷七五《家藏石刻序》：“予少好古金石文字，家贫，不能有其书，独时时取欧阳子所集录，观其序跋辨证之辞以为乐。遇适意时，恍然若手摩挲其金石，而目了其文字也。”

⑤ 其传记见《宝庆会稽续志》卷五。

视的人物。作为一名古器物收藏家，他编著有《钟鼎款识》和著录石刻的目录《复斋碑录》。后者在今天已不可见，不过，前文提到的《宝刻丛编》有四百余条引自《碑录》，可见其在当时的权威性。

王厚之也与其他宋人一样热衷于王羲之的《兰亭序》。“定武本”在当时被公认为《兰亭序》的“天下第一”石刻摹本，问题在于，传言北宋末的书画收藏家薛绍彭为了提高自己藏品的价值，将原石损毁了五个字，并伪造了一个赝品流传于世，而将原石替换到自己手中。[①] 如果以五字损本为“定武本”，则有人反驳之前的五字未损本是更好的版本。定武本又有肥瘦二本，一说肥本是真品，一说瘦本风韵更胜，一时聚讼纷纭。在这场论战中，王厚之与《遂初堂书目》的作者、朱子的好友尤袤（1127—1194）同为必被提及的个中权威。[②] 朱子也曾借阅过王厚之收藏的上百种《兰亭序》摹本，他在其后看到了陆游（1125—1210）等诸多《兰亭序》爱好者的跋语，并记录下他审慎的感想。[③]

“兰亭热”在后世愈加高涨。陆游的外甥、《回文类聚》的编

---

① 《后村先生大全集》卷一〇二《跋林竹溪〔禊帖〕·定武本》[以下，四川大学出版社点校本《后村先生大全集》在《四部丛刊》本基础上改动的部分文字，用“〔〕”标出，标点俱从之；笔者的改动、补充，用“（）”标出]：“初薛氏余〔子〕窃去旧石，刊此本以代之。今士大夫家藏及都城鬻书人所货，皆薛氏子续刊也本〔本也〕。竹溪此本亦然，去断石本远矣。”不过，《攻媿集》卷七三《跋王伯长定武修禊序》对薛绍彭损毁旧石一事有所疑义：“毕少董所藏董氏淳化间本尤为精好，自言‘为儿时亲在定武，见青石本，带、右、天三字已阙坏。大观再见之，与旧所见无异’。则五字未必皆绍彭劖损也。”

② 《洞天清禄集·古今石刻辨》：“然定武又自有肥瘦二本，而镌损者乃瘦本，为真定武无疑……王顺伯、尤延之争辩如聚讼。”

③ 《晦庵集》卷八四《跋兰亭叙》：“观王顺伯、袁起岩论《兰亭序》，如尤延之著语，犹未免有疑论，余乃安敢复措说于其间？但味务观之言，亦复慨然有楚囚之叹耳。朱熹。”同书卷八二《题兰亭叙》：“淳熙壬寅上巳，饮禊会稽郡治之西园，归玩顺伯所藏《兰亭叙》两轴……及览诸人跋语，又知不独会礼为聚讼也。附书其左，以发后来者之一笑。”

者桑世昌，从王厚之儿子处借观其父的藏品，寓目之后编写了《兰亭博议》一书，[①] 俞松继之作《兰亭续考》（序于淳祐四年，即 1244 年）。《续考》收录了《兰亭》诸本的题跋，将名人题跋收载略尽。

后村刘克庄（1187—1269）也积极参与进"兰亭热"的论辩中。他因代父拟就有关朱子谥议的奏疏而一举成名。刘后村从俞松处得到《兰亭》的善本后，开始热衷于收集各种《兰亭》摹本。[②] 他在收藏的过程中练就了出众的鉴赏力，经常被邀请在友人的藏品上题写跋语。在跋语中，他毫不客气地品评真伪、优劣，足见其非凡的自信。后村为长年的好友林希逸所藏的一个摹本作跋道："定石羽化之后，赝本盛行，而真赝遂易位矣。竹溪其珍閟之。"对他的另一个摹本，后村则表示不屑一顾，"今士大夫家藏及都城鬻书人所货，皆薛氏子续刊……去断石本远矣"。[③] 他还提到了一个笑话，名将韩世忠（1090—1151）买到一个硬黄本，以为是王羲之的真迹（其实是高宗皇后的临书），还献给了高宗。[④] 由此可见，《兰亭序》的热潮都传到了武官之中。

除《兰亭序》外，再来看看后村对同为王羲之所作《乐毅论》的议论。《兰亭序》的焦点是欠缺五字，《乐毅论》则是文字是否有欠缺。后村的跋语写道：

> 其本有至"海"字止者，有终篇者。世云止"海"字者

---

① 《直斋书录解题》卷一四《兰亭博议》、卷一五《回文类聚》。

② 《后村先生大全集》卷一一〇《跋郑子善通宋〔守〕诸帖·禊帖》："此亦五字不缺本，来处甚真。近世惟俞松寿老专收禊帖，作《兰亭续考》，余得其五字〔不〕缺本……始知寿老凡宝三本，以其一遗安晚（理宗朝宰相、江湖派诗人郑清之的号），其一遗余，留其一尤佳者，后以遗鲁公（贾似道）。"

③ 同上卷一〇二《跋林竹溪〔禊帖〕·断石本》。参见第 21 页注①。

④ 同上卷一〇三《墨林方氏帖·高宗宸翰四·临兰亭》："时大将韩蕲王高贾〔价〕得硬黄本以为逸少真迹驰献，不知其为椒房所书也。"

善本也，人多宝藏而惜其不全。故直龙图阁陈宓用五百钱得都下常卖人篮中别本，无一字缺，自以为复见古人大全，什袭以为珍玩，然不知元祐《续阁帖》已有此全本矣。[①]

朱子曾为一旧石本《乐毅论》作跋，他引用沈括、尤袤的话，指出《乐毅论》石刻在北宋早期已破为数片，文字也损泐模糊，之后的拓本也没有旧石本清劲。他还补充道："《续阁帖》中所刻全文，又不知所自来。"[②] 朱子亦知《续阁帖》所收的全本不过是临本。陈宓（1171—1230）作为当时有名的书法家，很难想象他不知道此点，或许因为他对全本有强烈的希求才看走眼的吧。

《宝刻丛编》中也谈及了《乐毅论》。王厚之的话常被视作权威引述。[③] 无论是从井中得到的实实在在的秘石，还是不知所自的梦想中的全本，都以"地世年行，炯然在目"的方式收录在《宝刻丛编》中，这是难能可贵的。不过，后村友人所藏的一幅《乐毅论》明明是真品，王厚之跋语却目之为赝品。[④] 王厚之作为真品鉴别方面的"权威保证"，其自身的真伪判定能力也让人质疑。

依宋太宗敕命、翰林侍书王著将内府所藏墨迹摹刻而成的《淳化阁帖》，也是热门的藏品。虽说北宋初一个区区待诏的摹刻无法与王羲之的真迹相比，但其拓本除极少数赐给大臣外，原版已被烧毁，故而十分珍贵。以《淳化阁帖》为基础产生了很多法帖，如《潭帖》《绛帖》《武冈帖》等，这些法帖又经多次翻刻，数不胜数，纷乱错杂。

---

① 《后村先生大全集》卷一〇三《墨林方氏帖·高宗宸翰四·临乐毅论》。

② 《晦庵集》卷八四《跋旧石本乐毅论》："沈存中《笔谈》云……延之又谓损泐模糊，则石虽幸存，亦无复如此本之清劲矣。"

③ 《宝刻丛编》卷一四"常州"条。

④ 《后村先生大全集》卷一一〇《跋郑子善通宋〔守〕诸帖·乐毅论》："此五段石本与余所藏无卜〔小〕异，但王顺伯跋乃瞻〔赝〕本，非真笔也。"

> 近人多不识《阁帖》，某家珍藏某本，或用高价得某本，皆非真者。

后村批评了上述现象后，讲述了自己搜求《阁帖》的历程。源起于从其弟处购得的汪逵《阁帖辨记》。[①] 关于汪逵，朱子称“季路所藏法书名画甚富，计无出其右者”，[②] 故其记述是可信的。后村以《辨记》所载为据，开启了《阁帖》真品的探索之旅。哪怕找到的仅仅是《阁帖》的残卷，后村行走四方时也携之随行，却始终不得全卷。二十余年后，终于有了转机，后村见到了北宋末收藏名家李玮所藏的十卷本《阁帖》，每卷末均有藏印，且与《辨记》所载“其墨乃李廷珪墨”一致，为真品无疑，于是花三千楮币购得。独占真本的愉悦，让后村得以用揶揄的目光看待那些收到赝本还沾沾自喜的同乡收藏家。也有人认为他不该将《辨记》的诀窍传授给他人。不过后村还是特意授之于人了，“余得汪氏之诀，不敢独善，逢人必告”。[③]

相较于后村在书法方面的自信，其画作的鉴赏能力则不敢恭维。

> 卢鸿《草堂图》……今为方楷敬则珍藏。第所书十志多

---

① 原书现已不存。元郑杓《衍极》卷五“汪季路之辨审矣”刘有定注中有汪逵关于“真本”的记述，“其本乃木刻，计一百八十四版，二千二百八十七行，后木版多行差。其逐段以一二三四刻于旁……其墨乃李廷珪墨”。其后引用了后村的记述（刘潜夫曰）。刘有定是后村的同乡后辈。

② 《晦庵集》卷八四《跋吴道子画》。

③ 《后村先生大全集》卷一〇五《方一轩诸帖·阁帖》：“近人多不识《阁帖》，某家珍藏某本，或用高价得某本，皆非真者。……无竞弟始传汪端明季路所记《阁帖》行数，恨无真帖参校……行四方必以自随，二十余年而不能合。晚使江左，忽有示此帖十卷者，李玮驸马故物也。后有朱印云‘李玮图籍上赐家传子孙有德保无穷年’，十卷之末皆有此印。用三千楮得之……余得汪氏之诀，不敢独善，逢人必告……吾乡前一辈好古博雅如肯庭〔亭〕郑氏、云庄方氏所收皆赝本，而相夸曰‘惟我与尔有是夫！’……顾或咎余不当以其诀授人。”

误字……此用蒙叟（庄子）“夏虫不知冰”事（《秋水》篇）及荆公（王安石）“虫疑冰”之意。今书“疑”为“凝”，大可笑。杨风子（五代杨凝式）之跋赝也，周益公（必大）之跋亦赝也。郑编修（疑为同乡郑樵）家有绢本，亦然。①

唐代著名隐士卢鸿的《草堂图》自北宋末就有多人为之题咏，台北“故宫博物院”现藏有一幅摹本，从中可以看到相隔两百年的杨凝式跋（947）和周必大跋（1199）。②

伯时临韩幹马　此画元中（李冲元）题老杜赞于前，伯时自跋其后。元中小楷有名，伯时行书间见诸帖，参校此轴，字无少异，字真则画真矣。或言：“伯时画以纸不以绢，画〔衍字〕以墨不以丹青，而此用绢又着色，何也?”余曰：“临韩幹马，欲其肖幹，若用素纸，不出色，是伯时马也，岂曰韩幹马哉?”③

有人因画材问题，怀疑此画非李公麟所作，后村从笔迹鉴定的角度维护了友人的藏品。这两则后村跋文并未讨论画作的品质，而更在意题跋和所用画材。身为《草堂图》鉴定权威的周必大（1126—1204），为收藏家汪逵所藏唐代吴道玄画作题跋曰：

或谓：“缣帛久则飞扬，须良匠乃能补葺，今赫蹄如新，何也?”然沧浪（苏舜钦）、东坡（苏轼）翰墨在前，后来名胜跋语盈轴，可谓珍玩矣。④

吴道玄画作的真迹在四百年后应该没有遗存了。米芾（1051—

① 《后村先生大全集》卷一〇五《卢鸿草堂图》。“荆公”云云当指《临川集》卷一《同王濬贤良赋龟得升字》中“世论妄以虫疑冰”一句。王安石此诗用《庄子》典。

② 铃木敬：《中国绘画史》上，吉川弘文馆，1981年，第114页。

③ 《后村先生大全集》卷一〇二《跋林竹溪书画·伯时临韩幹马》。

④ 《周文忠公集》卷四六《题汪季路所藏书画四轴》。

1108）曾言，其一生仅见四轴真笔。[①] 赵希鹄说：

> 古人远矣，曹不兴、吴道子近世人耳，犹不复见一笔，况顾（顾恺之）、陆（陆探微）之徒，其可得见之哉？

因此，他直言能得到五代、北宋之际李成、范宽的画已经是难能可贵的了。[②] 后村曾称赞其友方采伯，“于画自顾、陆至唐宋诸名手，皆究极端绪，监定品目，不差毫发”，[③] 大多数收藏家都无法达到此境界。像米芾、周必大以及后村这样收藏有诸多实物以供参照的人，终究只是少数，仅从内容就能鉴定作品的人更是屈指可数。因此，对收藏家来说，比起作品本身，更应当积累对相关题跋赞语的研究。后村判定《阁帖》真伪时，特别强调用李廷珪墨和“李玮图籍”之印这两点，近世诸公的跋文等比对材料也非常丰富，成了有力的判定依据。

虽说《草堂图》的跋文很容易辨明是伪作，但跋文是真、画作是假的情况就比较复杂。米芾曾介绍过将真迹的古跋剪切，粘贴到赝品上的手法。[④] 对于自己的收藏品，米芾也依画作的等级区别用印，将来在画作转手时，可以作为鉴定指南。[⑤] 这样，号称“米芾所藏”的赝品就难以横行于世了。

---

① 《画史》：“今人得佛则命为吴，未见真者……余白首止见四轴真笔也。”

② 《洞天清禄集·古画辨》：“故言山水则当以李成、范宽……得此数家，已为奇妙……何必远求太古之上、耳目所不及者哉？”

③ 《后村先生大全集》卷一五七《墓志铭·方采伯》，“……他人藏者，率真赝妍丑参半”。

④ 《宝章待访录·王右军〈玉润帖〉》：“有古跋。令装书人背，久不还。及剪却半跋，皆唐名公也，付理不可得，匠人愿陪四十千，即知其切真得金已多。”《书史·王羲之桓公破羌帖》：“有开元印。唐怀充跋，笔法入神。在苏之纯家。之纯卒，其家定直，久许见归。而余使西京未还，宗室仲爰力取之……余遂典衣以增其直取回。仲爰已使庸工装背，剪损古跋尾，参差矣。”

⑤ 《画史》：“余家最上品书画，用姓名字印……玉印唯著于书帖，其他用‘米姓清玩之印’者，皆次品也……自画古贤，唯用玉印。”

米芾在《画史》《书史》中，围绕某一作品的真伪，不断提出自己的见解。米芾将书画圈的人分为“好事者”与“赏鉴之家”二等。[①] 米芾作为“赏鉴之家”的代表，就经常给予好友王诜[②]这类半路出家的书画掮客以及被造假者欺骗的“好事者”们以指导。

不过，到北宋末以前，宫廷秘府独藏了绝大多数名作（其目录见《宣和书谱》《宣和画谱》），《画史》《书史》所适用的圈子尚小。北宋灭亡后，这些作品或被金人带到北方，或散落民间，到了南宋，古董界日益平民化，不得不需要正确指南的“好事者”越来越多。

《洞天清禄集》的出现（当时多少人持有此书另当别论），正好满足了“好事者”的需求。青木正儿等学者把此书视作确立宋代士大夫趣味生活的作品。[③] 在《洞天清禄集》中，除了言及《兰亭序》《乐毅论》和《阁帖》等书帖，还记录了画作、怪石、砚、琴、青铜器等各类古董。

《洞天清禄集》除对其兴趣所在展现出渊博的学识外，在每一个“〇〇辨”标题下总结了鉴定真伪的方法，其中介绍赝品制作技法的部分非常值得一读。材质或跋文确实有助于判断古董的价值，但有时也会为其所误。

> 硬黄纸，唐人用以书经，染以黄蘖，取其辟蠹，以其纸

---

① 《画史》：“好事者与赏鉴之家为二等。赏鉴家谓其笃好，遍阅记录，又复心得，或自能画，故所收皆精品。近世人或有赀力，元非酷好，意作标韵，至假耳目于人，此谓之好事者。”

② 王诜在米芾的《书史》中经常出现：“王诜每余到都下，邀过其第，即大出书帖，索余临学。因柜中翻索书画，见余所临王子敬《鹅群帖》，染古色麻纸，满目皴纹，锦囊玉轴装，剪他书上跋连于其后。”王诜将米芾的临书做旧，精心装裱，再连上从其他地方剪切的跋文。米芾的记载揭露了造假古代名笔（此处是王献之）的花招。

③ 青木正儿：《文房趣味》，见《书道全集》，平凡社，1956 年；《琴棋书画》，平凡社东洋文库，1990 年，第 36—37 页。

> 加浆，泽莹而滑，故善书者多取以作字。今世所有二王（王羲之、王献之）真迹，或用硬黄纸，皆唐人仿书，非真迹。[①]

若韩世忠读了这段话，可能就不会那么快入手了。因为如果反过来伪造硬黄纸的话，那么连唐代的仿品也是可以造假的。因此，韩世忠买到赝品一事，绝不是个例。

书帖的摹刻涉及中国的复制艺术。据《洞天清禄集·古画辨》载，画作的复制是比较简单的，甚至跋文也可以一作二用。在书画界中，真伪的边界变得模糊，真伪与否开始难以论定。有人思想简单，全然不顾衡量标准，一味言“真”；也有人不在乎书画启蒙者的指手画脚，以赝品为乐。大多数人跟不上“赏鉴之家”的判断，而是表现得平庸且死板。古董世界的现状，就是如此。

（3）士大夫的技法

被赝品欺骗并不是最要命的事情。比起在收藏家的世界里争论书画细小的差异，士大夫必须先登上晋升的阶梯。对士大夫来说，更为紧迫的任务是获得在科举中拔得头筹的技法。《东莱先生分门诗律武库》就被出版者自定义成“诗战之具”。[②] 冠名为东莱先生吕祖谦（1137—1181）的“实战本”有数种。

> 麻沙所刻吕兄文字，真伪相半。书坊嗜利，非闲人所能禁。[③]

好友吕祖谦去世后，朱子在建阳看到很多为盈利而假借吕祖谦名义出版的书。上文所引，即是其义愤之语。《武库》的真伪难以

---

① 《洞天清禄集·古翰墨真迹辨》。

② 《嘉业堂善本书影》卷四载宋刊本目录的刊记：“今得吕氏家塾手抄《武库》一帙，用是为诗战之具，固可以扫千军而降勍敌。”

③ 《晦庵集》卷五三《答沈叔晦》一。

辨明，拥有同系列书名的《精骑》一般被认为是吕祖谦本人所出。[①] 不过，按朱子的说法，其实真伪相半，托名的书还有很多。

《古文关键》被认定是吕祖谦的作品。[②] “看古文要法”“看韩文法”“看柳文法”“论作文法”都是吕祖谦亲自裁定的标题。

> 学文须熟看韩、柳、欧、苏，见文字体式，然后遍考古人用意下句处。苏文当用其意，若用其文，恐易厌人。盖近世多读故也。[③]

在上文中，吕祖谦讲解了读书、作文的方法。值得注意的是，在《古文关键》的目录页上，在“吕祖谦评”左侧还能看到“建安蔡文子注”一行字。[④] 《资治通鉴》的节本之一、风行于元代的《陆状元资治通鉴详节》（参见第四章）的校正者中就有蔡文子，[⑤] 他是建安即建阳出版界的人。

《详节》卷一有《论看〈通鉴〉法》一文，实际上是从吕祖谦《读史纲目》中摘录出来的。[⑥] 在吕祖谦编《吕氏家塾增注三苏文选》[⑦]、袁枢（1131—1205）《通鉴纪事本末》撮要本[⑧]中，也

---

① 《晦庵集》卷三三《答吕伯恭》二六：“近见建阳印一小册，名《精骑》，云出于贤者之手，不知是否。”《东莱集》别集卷八《与朱侍讲》：“拣择时文杂文之类，向者特为举子辈课试计耳。”

② 江枰《吕祖谦编选〈古文关键〉质疑》（《贵州文史丛刊》，2004 年第 4 期，第 27—31 页）一文，从文章的选录方针与吕祖谦评论之间的矛盾出发，认为编者可能另有其人。

③ 《古文关键》卷上“看文字法”。

④ 见傅增湘《藏园群书经眼录》卷一七“《增注东莱吕成公古文关键》二十卷”：“宋刊本。次行题‘东莱吕祖谦伯恭撰，建安蔡文字行之注’。”

⑤ 陆心源《仪顾堂续跋》卷六介绍了《陆状元通鉴》的两个版本（宋蔡氏家塾本和麻沙刻本），后者题有“建安蔡文子校正”。这两个版本现藏于静嘉堂文库。

⑥ 《东莱集》别集卷一四《读书杂记三·读史纲目》。

⑦ 《藏园群书经眼录》卷一八：“卷首题‘东莱先生吕祖谦伯恭遴选、建安蔡文子行之增注’……宋讳不避，遇宋帝空格……前有嘉定乙亥重午日武夷隐吏序。”

⑧ 见黄丕烈《百宋一廛赋》“蔡撮《鉴》而甫知文字”注：“《袁氏通鉴纪事本末撮要》八卷……首列两行……一云‘建安蔡文子行之撮’。”

能看到蔡文子的名字，足见其工作范围之广。

在建阳，还有一部《通鉴详节》的刊行者是与蔡文子同姓的出版商。[①] 其与蔡文子的关系尚不清楚，另一部《孙仲益内简尺牍》与《通鉴详节》同样有“蔡氏家塾校正”的题记。《尺牍》作者孙觌（1081—1169）在今天不为人所知，但蔡氏在序文中写道：“凡其片纸只字之遗落人间者，无不宝之以为矜式”，[②] 出版者如此宣传自是有些夸大其词。不过，在“四六”（四六骈俪体）的领域里，孙觌与杨万里（1127—1206）齐名，同为苏轼的后继者。[③] 杨万里的四六文被编成《诚斋先生四六发遣膏馥》出版，共分本、后、续、别四集。在编续集时，由于诚斋的文章体量不足，故增添了梅亭李刘（嘉定元年，即1208年进士）的文章。[④] 梅亭还撰有《四六标准》一书。[⑤] 韩、柳的古文虽然非常重要，在当时四六文也是不得不学的公文文体。

> （古文运动以来）旧格遂变……然朝廷制诰、缙绅表启犹不免作对，虽欧、曾、王、苏数大儒皆奋然为之，终宋之世不废，谓之“四六”……士大夫方游场屋，即工时文；既擢科第，舍时文，即工四六。不者，弗得称文士。[⑥]

个人选集终究是有限的，于是便有人想到收集更多人的作品。建阳书坊富学堂魏齐贤、叶蕡所编《圣宋名贤五百家播芳大

---

① 参见第29页注⑤。

② 宋刊本有“蔡氏家塾校正”的刊记，元刊本载：“凡其片纸只字之遗落人间者，无不宝之以为矜式……庆元三祀闰余之月，梅山蔡建侯行甫谨序。”

③ 《新编四六宝苑群公妙语》卷一《议论要诀上·总论体制》：“东坡雄深浩博，出于准绳之外……孙仲益、杨诚斋诸人类东坡。”

④ 《藏园群书经眼录》卷一四。《闽刻珍本丛刊》（人民出版社，2009年）第40册收录有《诚斋四六发遣膏馥》本集的元刊本。

⑤ 《四库全书总目》卷一六三。

⑥ 刘壎：《隐居通议》卷二一。

全文粹》（序于绍熙元年，即 1190 年）就是这样做的。富学堂魏齐贤是有名的书商，[①] 相比之下，叶蕡事迹不显。《文粹》出版后好评如潮，叶蕡又和陈彦甫一起在建阳出版了《圣宋名贤四六丛珠》（序于庆元二年，即 1196 年）。[②] 两年后，建阳刘元起家塾所刊《后汉书》的校正者中也有叶蕡的名字。[③]

《大全》并不只限于四六文，所有应用文（但不包括与谋生无关的“论”）范例都有收录。谈到著名文集，首推北宋初政府所编的《文苑英华》，收录有各种体裁的文章，它并不是单纯的文集，而是一种典范文章的集合，收录时限到五代为止。收录宋人文章的文集有《宋文鉴》，是吕祖谦应朝廷之命，在民间所编《圣宋文海》的基础上改编而成的。[④]《大全》的“五百家”中不乏北宋人，但编集方针是尽可能选取与读者时代相近的文章。例如，当时朱子尚在人世，卷八五就收录了他的尺牍。这样的书籍才能适应市场需求。另一方面，《丛珠》在门类下分子目，在“总说”之后以图表式的结构依次罗列了“故事”（用语集）、“四六全篇”、“四六摘句”。

《大全》的用途甚广，《丛珠》在方法论上更为详尽。此外，宋末还有一部号称“一网打尽”的《新编通用启劄截江网》。其前半部分内容如下：

---

① 关于魏齐贤，参见方彦寿《闽北刘氏等十四位刻书家生平考略》，《文献》1991 年第 1 期，第 222 页。

② 《皕宋楼藏书志》卷六〇“《圣宋名贤四六丛珠》”：“目后有‘建安陈彦甫刻梓于家塾’两行。叶蕡仕履无考，即与魏齐贤同编《播芳文粹》者。《文粹》署曰南阳，盖叶氏郡望，此署建安，则其里贯也。”

③ 长泽规矩也：《关于宋代合刻本正史的传本》「宋代合刻本正史の伝本について」，见《泷川博士还历记念论文集（一）东洋史篇》，1957 年；《长泽规矩也著作集》第三卷，汲古书院，1983 年，第 323 页。

④ 参见马茂军：《〈宋文鉴〉与〈宋文海〉》，《大庆师范学院学报》2006 年第 6 期，第 87—89 页。

甲集　卷四“换易活套门”——书写的用例。如“官俗起居套”是对他人称呼的用语集，不仅包括官员，还包括医生等各行业的人。卷五“文物门”——书画的用语集，后有法帖、画轴赠答信的示例。卷七、八“艺术门”——包括琴、棋、星命、风水、说相、杂剧等项，还有请人看风水的委托书（例：“适得沙形，虽非龙耳觉见，山水环聚，少惬人意，欲浼藻鉴，试一观之。”）、请人看戏的邀请函（“优人携书来谒，未免赒之。拟就下舍，以艺自呈，敢屈过此一观。”）等。

丙集　卷一至四“婚姻门”——世婚聘定类、再醮聘定类、晚婚聘定类等各条目下，例举了聘定和回定双方的各种文书，甚至通知缺席婚宴的书简也包罗在内。在附录中，还列举了“农商工艺”各色人群不同情况下的婚聘文书，如牙侩女嫁工匠等。

丙集之后，丁集卷一至二为“庆诞门”，三至八为“荣达门”；戊、己集为“仕官门”；庚、辛集为“庆寿门”；壬集为“丧葬门”，内容可谓涵盖摇篮到墓地。最后的癸集是与僧道往来的文书。此书确实算是“一网打尽”了。同时代的后村颇以四六文自傲，他的部分作品也被作为范文收录于《截江网》。[①]

稍早出版的《新编四六宝苑群公妙语》在亲切程度上不如《截江网》，而是考虑到对读者的效用，重在阐释方法论，并赢得了好评。自叶德辉《书林清话》论及版权问题之后，有关《方舆胜览》的诉状是常被引用的材料，其他书籍的作者也曾要求官方

① 如甲集卷六“艺术门·赠画士类”收录有刘后村所作《赠写神潘肖岩》，“赠医者类”收录有《赠医者赵立之》。后者又收录于《后村先生大全集》卷八。《后村先生大全集》卷一一二《杂记》：“安晚初相，贺执满床，晚以余启为第一。”

严禁盗版印刷。[①]

《妙语》《胜览》两书的出版者祝穆，除四六文（《方舆胜览》也是为作四六文而编的名胜指南）外，还参与了《事文类聚》的编纂、《全芳备祖》的校正，是“类书”界的巨魁，他还是“朱子的母党”。[②] 朱子母亲祝氏随丈夫到建阳时，祝氏一族也举家迁移至此。祝穆受业于朱子，[③] 其子祝洙（1221 年生）曾和朱子孙朱鉴一起刊刻朱子晚年的《四书章句集注》文本。[④]

朱子经常提到博览的弊端，祝穆在其身旁受教，自然牢记其师教诲。类书的编纂者们面对序文内对博览的批判，有时会显得很在意，多少有点心虚。

魏希德（Hilde de Weerdt）以《事文类聚》《古今源流至论》《山堂考索》《玉海》为例，梳理了博览主义与朱子学的紧张关系，以及前者是如何向后者妥协的。她指出，四种类书中，《源流至论》与传统的类书不同，从结构安排上有遵从朱子学、排斥广博的倾向；而其他三种类书并未将朱子学与其他学派区别开来，而是将其纳入博览的一环。[⑤]

如同知识拼凑合集一般的类书，历来在思想史的脉络中没有什么位置。类书自古就是为了“举子业”整理出来的。魏希德将

---

① 《书林清话》卷二《翻板有例禁始于宋人》。

② 《新编方舆胜览》嘉熙己亥良月望日新安吕午序：“建阳祝穆和父，本新安人，朱文公先生之母党也。幼从文公诸大贤游。”

③ 《排韵增广事类氏族大全》壬集《一屋・祝・儒学昌家》：“祝穆字和甫，景先三世孙。幼孤，从朱文公受业，刻意问学。”

④ 佐野公治：《四书学史研究》第四章“《四书》注释书的历史”第一节“《章句集注》的文本”「第四章　四書註釈書の歴史　一　章句集注のテキストについて」，创文社，1988 年，第 210 页。

⑤ 魏希德（Hilde de Weerdt）：《宋代知识生活的方方面面：南宋类书初探》“Aspects of Song Intellectual Life: A Preliminary Inquiry into some Southern Song Encyclopedias”，见《中国史论文集》“*Papers on China*”第 3 卷，1994 年，第 1—27 页。

类书作为思想史的研究对象，她注意到，朱子学已经浸润到“传统知识”的框架中了。不过，类书的知识是否真的是“传统、保守”的，这一点未必经过验证，即便如此也应该关注普及“传统”过程中出现的新知识。说到“类书”或文选，宋初编纂的《文苑英华》《册府元龟》，既是从文化上弘扬国威，也是备帝王御览的工具书，并没有预设为多数读者所见，也因此没有仔细校勘、使之能公诸大众。南宋陆续出版的同类书籍则预设了广泛的受众，根据读者的需求提供各式各样的编排样式。

在各类书籍中都能看到对编排样式的重视。以上文提到的《诗律武库》卷一《庆诞门》为例，首先标出“天上石麒麟”的条目，接着例举典故出处《南史·徐陵传》中徐母之本事，然后附上杜甫用此典故所作诗中的佳句。不过，《武库》将诗作为工具，从原作者处切割摘录下来并按项目分门别类，这种用意也值得反思。在当时，还有将杜甫和苏东坡的诗“分门纂类”后出版发行的书（《门类杜工部诗》[①]《门类增广十注杜工部诗》[②]《王状元集百家注分类东坡先生诗》[③]）。《分门纂类唐宋时贤千家诗选》与按诗歌体裁分类的上述书籍不同，是按照“时令门—春类—探春目”的方式编排的，完全变成了一本名诗辞典。此书虽号称“后村先生编集”，但现存本并没有相关序文，后村的文集也未见收录。[④] 与

① 《直斋书录解题》卷一九著录为徐居仁编。黄鹤补注的《集千家注分类杜工部诗》元刊本由余氏勤有堂出版。

② 《门类增广十注杜工部诗》，瞿镛以之为《集千家注》的原本。（《铁琴铜剑楼藏书目录》卷一九）

③ 参见何泽棠：《〈王状元集百家注分类东坡先生诗〉考论》，《中国典籍与文化》2009 年第 4 期，第 76—83 页。

④ 后村确实编了《唐五七言绝句》、《本朝五七言绝句》、《唐绝句续选》、《本朝绝句续选》、《中兴绝句续选》（宝祐丙辰序）（《后村先生大全集》卷九四、九七）。这些书籍是否与《分门纂类》有关，尚无证据。编纂“绝句选”的最初动机是应“童子请”，在福建、浙江刊行，此后出版续编，说明这一系列很有可能是顺应市场需求产生的。

之相似的工具书，还有风雅宗室赵孟奎（1285 年卒）作序（咸淳元年，即 1265 年）的《分门纂类唐歌诗》。[①] 关于这些工具书的使用方法，可参见村上哲见对淳祐年间（1241—1252）江湖派诗人周弼（1194 年生）所编《三体诗》的解说：

> 这本书的特色，如“家法”“诗法”等名目所示，不单是选录唐诗，而是在此基础之上阐释诗的“法”（原理、规范）。因此，此书并非简单地把所有诗歌分成三种体裁，而是按照不同的结构、表达方式对作品进一步分类。这样的分类，在此书以前尚未见到，或许是编者周弼的独创。[②]

按照“实接”“虚接”“用事”等项目对作品进行分类，确实是周弼的独创，此书体现了追求作诗技艺的时代精神，可谓是一件锋利的“诗战之具”。同时期的《论学绳尺》《太学新编黼藻文章百段锦》等书，则是将文章按“格”进行分类的工具书。[③]

*

上述现象都是为“举子业”而生，这点毋庸置疑。托名吕祖谦的“东莱先生现象”，源自书商在科举舞台上的自导自演。问题的关键在于，这类书籍是否还有除此之外的意义。

《精选古今名贤丛话诗林广记》一书，在先贤之诗后附加了“朱文公云”的评论，在陶渊明诗后精心地附加了东坡的和诗，这些都不能说是仅为“举子业”之用。此书编者蔡正孙是《文章

---

① 全书百卷，残十一卷。分类比《千家诗选》更细致。诸书目称编者是赵孟奎，但从序文看，编者是无官职的江湖派诗人“雪林李君龏”。

② 《三体诗》（朝日新闻社，1971 年）解说“三、编者周弼与《三体诗》的编集意义”「編者周弼および『三体詩』編集の意義について」。

③ 在《论学绳尺》中，有“立说贯题格”（卷一）、“立说出奇格”（卷二）等各种格，收录了不少事功学派陈傅良的文章作为例文，卷五有“发明性理格”，可能是朱子学官学化以后的产物。《百段锦》二卷（太学笃信斋长上舍三山方颐孙编，淳祐二年自序。《四库全书存目丛书》收录了明弘治刻本），下卷有妆点格、忖度格、过度格等。

轨范》编者谢枋得（1226—1289）的弟子，[①] 他在序文（“岁屠维赤奋若”，即己丑年，1289 年）中写道：“自变乱熏灼之后，弃去举子习，因得以肆意于诸家之诗。暇日采晋宋以来数大名家及其余脍炙人口者，凡几百篇，抄之以课儿侄，并集前贤评话及有所援据摹拟者，冥搜旁引，而丽于各篇之次。”[②] 如其所述，王朝更替后，科举几近停废。

然而读者对这类书籍仍有需求。相较于文、史世界的“东莱现象”，诗歌世界中的“须溪现象”出现得稍晚一些。高津孝在论及诗文评点魁首刘辰翁（1233—1297）时，称其为时代的宠儿。蔡正孙和刘辰翁都是宋代遗民。因此，高津孝从这些诗歌的流传中注意到了“民族主义的内倾”，[③] 将王朝鼎革时期的文化现象同“遗民意识”联系起来，很多问题就容易理解了。考虑到这一点，将知识本身与举子业的直接需求分离，而用之体现士大夫风骨，也是当时重要的文化现象。

对典范的追求并不局限于诗文领域。参稽《皇朝仕学规范》（序于淳熙三年，即 1176 年），书中围绕“为学”“行己”“莅官”“作文”“作诗”等门类，引用了太祖朝以降《名臣传》、《皇朝名臣四科事实》[④]、《皇朝类苑》、《名臣言行录》等数百种文献，总结了什么是士大夫模范。朱子编《宋名臣言行录》，成书仅比此书早三年。这本充满说教味的书籍的编者张镃，与青木正儿文中的风流人物典范，尚不清楚是否为同一人。[⑤] 不管是否另有其人，

---

① 《叠山集》卷二可见谢枋得赠“门人蒙斋蔡正孙”的和诗。

② 《诗林广记》序。

③ 《宋元评点考》，《鹿儿岛大学法文学部纪要（人文学科论集）》三一，1990 年，第 127—156 页。贾晋珠《谋利而印》（哈佛大学出版社，2002 年）第 142 页也有同样的见解。

④ 魏彦惇编。见《宋史》卷二〇七《艺文志》。

⑤ 青木正儿：《宋人趣味生活的两个典型 》「宋人趣味生活の二典型」，见《琴棋书画》，第 79—83 页。《四库全书总目》载“张镃，字功甫”，无疑是同一人，事实上序文记为“秦川张镃时可”。同时期有王镃（字时可），绍兴八年进士，但和秦川没有关系。

张镃都垂示了士大夫公私生活各个方面的行为典范。

《仕学规范》的引用书目中罗列了各种“名臣”类书籍，南宋时书名中含“名臣”“名贤”的著作层出不穷，令人眼花缭乱。有些著作在前文中已经出现过，此处再一次将书名罗列如下。

《名臣碑传琬琰集》（杜大珪编，序于绍熙五年，即 1194 年）、《名贤氏族言行类稿》（章定编，序于嘉定二年，即 1209 年。以上二书《四库全书》已收入）、《皇朝名臣言行类编举要》（钟尧愈编）[①]、《皇朝名臣言行事对》（窦济编）、《名臣事纂》（叶适编）[②]。可见，朱子的《宋名臣言行录》不过是这类书的其中之一。文学类有《新刊国朝二百家名贤文粹》[③]《古今名贤歌诗押韵》[④] 等题名含“名贤”的著作。史学类题名往往有“增入名儒议论”，[⑤] 元代的《文献通考》尽管没有将“名儒”放入标题，但实际上也把增入前贤的议论作为一个卖点。其他类书籍还有判词汇编《名公书判清明集》。

这些书籍以坊刻本居多，就连出身最“正”的《宋名臣言行录》，吕祖谦也曾批评其编纂粗糙，朱子亦承认谬误甚多。[⑥] 当时很

---

① 叶盛《水东日记》卷一六“宋名臣言行录”：“又闻叔简尚宝家有宋末庐陵钟尧俞所编《言行类编举要》十六卷前后集。”中国国家图书馆藏“寅集四至七、辛集四至七、续刊壬集一至三”共十一卷残本（《北京图书馆古籍善本书目》，书目文献出版社，1987 年，第 413 页）。

② 以上二书见《宋史·艺文志》。

③ 《北京图书馆古籍善本书目》：“《新刊国朝二百家名贤文粹》三百卷，宋庆元三年书隐斋刻本”，第 2793 页。

④ 杨谈编。见《宋史·艺文志》。

⑤ 《增入名儒讲义皇宋中兴两朝圣政》（宋刊巾箱本，《嘉业堂善本书影》卷二）、《增入诸儒议论杜氏通典详节》（绍熙五年择善堂刻本，《中华再造善本》影印，北京图书馆出版社，2004 年。元刊本收录于《四库全书存目丛书》）。

⑥ 《东莱集》别集卷八《与朱侍讲》：“近麻沙印一书曰《五朝名臣言行录》，板样颇与《（论孟）精义》相似，或传吾丈所编定，果否?”《晦庵集》卷三三《答吕伯恭》一六：“《言行》二书亦当时草草为之，其间自知尚多谬误，编次亦无法，初不成文字。”

多书籍的出版都有类似的情况。不过，“名臣”“名贤”类书籍的泛滥，证明了存在将本朝名人的言行视为规范的社会需求。人们所效仿的不是某个具体的名人，而是希望从书里学习士大夫是如何处事、如何作诗文、如何风趣地谈吐的。对于士大夫提出的疑问，古圣先贤只能给出大体方向性的指导，而无法教会他们在现实中生活的技巧；近世名贤则可以给出更为全面的指南。这类书籍的泛滥，说明了南宋时期，社会上强烈地需求着对士人典范的共通理解。

（4）编书人朱子

将“举子业”（应考学习）与“为己之学”（修养之学）对举的朱子，对“东莱先生现象”已经无能为力了，只能以“闲人”自居。不过，朱子身为少数派，为了宣扬“为己之学”，也采取了相应的策略。朱子在当时是一流的编书人。从给弟子的书信中，可以看出朱子对出书十分讲究，在编集、校勘方面是非常用心的。在当时的坊间，因编集粗糙而不忍卒读的书籍横行无忌，朱子和其弟子的团队则是最强的，《宋名臣言行录》的“粗糙”，也仅是有些许缺点。

乾道四年（1168），收录二程（程颢、程颐）门人所记语录的《程氏遗书》出版，这是由朱子团队策划实行的。

> 况温陵（泉州）已下手刊刻，不数月当成。昨日已寄得十余板样来矣。册不甚大，便于赍挈。[①]

《程氏遗书》被拿到泉州市舶司刊刻。[②] 朱子不仅掌握着之后的进展状况，还参与了校正。[③] 不过，随着团队的扩大，这一编书作

① 《晦庵集》续集卷二《答蔡季通》。

② 《晦庵集》卷三九《答许顺之》一五：“向者，程舶来求《语录》本子去刊，因属令送下邑中，委诸公分校。”

③ 《东莱集》别集卷七《与朱侍讲》：“遗书建本未到之前，已用去冬所寄本刊板，故其间一两段更易次序处，姑仍其旧，余皆以建本为正，闻旦夕亦毕工矣。”这封信写于乾道六年末，可见在泉州本后，很快相继出现了建州本、婺州本。

坊也发生了一些意外。如朱子在校订《上蔡语录》时，曾发生“未及脱稿，而或者传去，遂锓木于赣上”[①] 一事。以下按年表，简略地罗列相关出版纠纷。

乾道九年（1173）	婺州义乌有人翻刻《语孟精义》。朱子劝说吕祖谦调查并中止此事。此时朱子尚犹豫是否要施加禁止发行的压力。[②]
同上	《伊洛渊源录》成。“当时编集未成，而为后生传出，致此流布。”[③]
淳熙四年（1177）	《语孟集注》成。在此期间，“《论语集注》，盖某十年前本，为朋友间传去，乡人遂不告而刊。及知觉，则已分裂四出而不可收矣”。[④]
淳熙六年（1179）	在南康军知事任中，军学教授杨大法用学粮钱刊刻了长官朱子的著作（应是《语孟集注》）。魏安行曾因刻《程尚书论语》坐赃罪。朱子引以为戒，表示愿意用私钱买板木毁去。此委托信中又载，婺源有人刻朱子解《西铭》诸文，朱子传信毁去。[⑤]（禁伪学时，南康军曾下令毁版，但实际上仍有刊刻[⑥]）

---

① 《晦庵集》卷七七《谢上蔡语录后记》（乾道戊子四月）：“熹顷年校定上蔡先生《语录》三篇，未及脱稿，而或者传去，遂锓木于赣上，愚意每遗恨焉。”

② 《晦庵集》卷三三《答吕伯恭》二八：“纸尾所扣，婺人番开《精义》事不知如何？此近传闻稍的，云是义乌人。说者以为移书禁止，亦有故事。鄙意甚不欲为之……试烦早为问故，以一言止之。”

③ 《晦庵集》卷五九《答吴斗南》：“裒集程门诸公行事，顷年亦尝为之而未就，今邵武印本所谓《渊源录》者是也。当时编集未成，而为后生传出，致此流布，心甚恨之。”

④ 《朱子语类》卷一九《论语一　语孟纲领》（道夫录）。

⑤ 《晦庵集》卷二六《与杨教授书》：“熹昨日面恳寝罢镂板事，未蒙深察……此书虽多前贤之说，而其去取尽出鄙见……忝为长吏于此，而使同官用学粮钱刻己所著之书……政如顷年魏安行刻《程尚书论语》，乃至坐赃论，此不远之鉴……近闻婺源有人刻熹《西铭》等说，方此移书毁之，书行未几，遽自为此……而平日每见朋友轻出其未成之书，使人摹印流传而不之禁者，未尝不病其自任之不重而自期之不远也……其所已刻者，熹请得以私钱奉赎毁去。”

⑥ 《晦庵集》续集卷一《答黄直卿》：“得曾致虚书云‘江东漕司行下南康，毁《语孟》板’。”

续表

淳熙十三年（1186）	朱子几度恳请广西安抚使詹体仁中止刊刻《语孟集注》《中庸章句》，即使破产也想回收书版。最终朱子让步，在已刊本上标注两年以来的改动，上呈给詹体仁。[①]
淳熙十五年（1188）	听闻《中庸章句》等书被盗印，但追查无果。[②]

此外，《周易本义》在成书前也“传出摹印”，在回收书版时已经广为流传了。[③]

朱子经常感叹，很多流传的文本并非出自本意，且这种传播并不是为了善意地传道。朱子特别强调，其中很多是“窃出”“盗印”的。在著名的弹劾唐仲友事件（淳熙九年）中，唐仲友使用公使库钱刻书也是朱子弹劾他的理由之一。由此可见，不止坊刻，朱子对待官刻的态度也很慎重。

朱子也并非对所有著作都持同类态度。故乡婺源刊刻其解《西铭》诸文字时，尽管他毁去了该书版，却仍支持了《中庸集解》的出版。他虽在南康军任上阻止下属出版自己的书，当邻近的学官出版《语孟要义》（建本初刊题名《精义》）时，又为之作序。[④] 可见，

① 《晦庵集》卷二七《答詹帅书》二：“今辱垂喻，乃闻已遂刊刻……熹今有公状申使府，欲望书押入案，收索焚毁。其已用过工费，仍乞示下实数，熹虽贫，破产还纳所不辞也。”《答詹帅书》三：“但两年以来节次改定又已不少，其间极有大义所系不可不改者，亦有一两文字若无利害而不改终觉有病者。今不免就所示印本改定纳呈。”本书第 33 页注④的佐野著作称，写此信时詹仪之正帅广东，“最晚也在淳熙十年以前”（第 207 页），但詹仪之当时不在广东，而是广西安抚使，故以十三年为是。

② 《晦庵集》卷五四《答应仁仲》二：“《中庸》等书未敢刻，闻有盗印者，方此追究未定，甚以为挠也。”

③ 《晦庵集》别集卷三《孙季和》五：“示及《易》说……旧读此书，尝有私记未定，而为人传出摹印。近虽收毁，而传布已多。”

④ 《晦庵集》卷八一《书徽州婺源县〈中庸集解〉板本后》：“今得贤大夫流传此书，以幸教之，固熹之所欲闻而乐赞其成者也。”同卷《书徽州婺源县〈周子通书〉板本后》：“而婺源宰三山张侯适将锓板焉，因书以遗之，庶几有补于诸本之阙。”同卷《书〈语孟要义〉序后》：“熹顷年编次此书，锓版建阳……豫章郡文学南康黄某商伯见而悦之，既以刻于其学。”

如果是质量好的文本，朱子也是希望广泛传播的。

朱子绝非完美主义者。从各种匆忙的修改工作中，能窥见朱子编书时的情形。

> 《近思》小本，失于契勘，致有差误，此执事不敬之罪也。后来此间书坊别刊得一本，卷尾所增已附入卷中，仍削去重出数字矣。[①]
>
> 《启蒙》中欲改数处，今签出奉呈，幸更审之，可改即改为佳，免令旧本流布太广也。[②]
>
> 但注中尊丈两句不甚分明，不免且印出，俟其归却商量，今不能久俟也。[③]

改过不吝是朱子的伟大之处。有时因诸般事由，朱子不得不匆忙出版。出版界也存在各种势力关系。因为吕祖谦距印刷《精义》的书坊更近，朱子委托他前去商议停印。吕祖谦回信说："然婺本例贾高，盖纸籍之费重，非贫士所宜，势必不能夺建本之售。"[④] 朱子信中的言外之意是，婺本耗费成本太高，所以才想终止印刷，吕祖谦应该看穿了朱子的心思。帮二人传递书信的人里有"贩书人"和"鬻书人"。[⑤] 吕祖谦给朱子的信中曾写道："此间学者多欲看而难得本，告谕贩书者，令多发百余本至此为佳。"[⑥] 朱子和出版人的关系之密切，可见一斑。朱子在建阳生活，很难真正成为"闲人"。

除此之外：

---

① 《晦庵集》卷六〇《答汪易直》二。

② 《晦庵集》续集卷二《答蔡季通》。

③ 《晦庵集》续集卷三《答蔡伯静》。

④ 《东莱集》别集卷七《与朱侍讲》。

⑤ 《东莱集》别集卷七《与朱侍讲》："但岁前及贩书人所附两函则犹未之领"；"今鬻书人告归，略此附承起居"。

⑥ 《东莱集》别集卷八《与朱侍讲》。

> 《渊源录》，其间鄙意有欲商榷者，谨以求教。大抵此书，其出最不可早，与其速成而阔略，不若少待数年而粗完备也……只如《语孟精义》，当时出之亦太遽。[①]

原稿或是被过早传出，或是被窃出，不经作者同意就趁势出版的人，不只有地方官。曾劝告过吕祖谦的朱子，自己有时也过早传布原稿。那么他所谓的“传出”“盗去”，到底是否全是“非本意”呢？程颐因担心不完美的本子流出，直到死前才将自己写的《易传》一点一点地拿给弟子看，且不允许抄录。与之相比，朱子是比较开放的，身边常有隙可乘。也不能说他是故意的，朱子本人选择的应该还是秘传主义。

除刻本外，朱子传出的文稿还不断衍生出抄本。朱子直到死前，还在孜孜不倦地改订《大学》，这是非常有名的故事。但在此之前，就屡屡能看到各种由朱子弟子或身边人抄出的文本。

这一现象，正如流传的《兰亭序》《乐毅论》《阁帖》的版本相互间有微妙的差异。故而魏了翁从辅广处得到朱子晚年的文稿后，发表了那般高屋建瓴的看法。

> 平日每见朋友轻出其未成之书，使人摹印流传而不之禁者，未尝不病其自任之不重而自期之不远也。[②]

说此话的朱子，自己也被裹挟进时代的浮躁中。因此，与其说朱子的弟子们狂热，不如说朱子为了迎合时代所要求的速度，时刻都在创作文本。

朱子学所吸引人的、区别于其他学派的魅力，是开示世界、人类的原理。在传授“为己之学”的技巧方面，朱子学的优异也吸引着学子。在阐述读书工夫论、指示儒学经典纲领等方面，朱

---

① 《东莱集》别集卷八《与朱侍讲》。

② 见第39页注⑤。

子都予以悉心指导。这与东莱一派著《论看〈通鉴〉法》和《看左氏规模》[①] 时彻底解析某一部书的策略有所不同。不过，在给予方法论指导这一点上，两派是一致的。

以《通鉴纲目》为例。朱子一方面非常赏识出身建安（与建阳相邻）的友人袁枢编写的《通鉴纪事本末》，[②] 另一方面，他又不满足于此，独自花功夫改编了《通鉴》。《通鉴纲目》分立各标目，下系相关史事，用大小字区分"纲"和"目"，大书为"纲"，分注为"目"，"纲"是标列出的提要。若想了解《通鉴》中某史事的经过，就必须通读旁边附有的"目"，只要着眼于《纲目》的标题，就能轻易在显眼的地方找到。《纲目》之"纲"中虽说隐含着《春秋》笔法，但"纲"的索引功能也是非常重要的。《纲目》依据标题汇集相关史事，这一体例与类书相似。

再来看朱子弟子编纂的《语录》。其中相当一部分是在介绍读书方法，《语类》的整理方式使相关文意更为鲜明。魏了翁担心的因分类导致遗漏的情况，并不是很严重。《朱子读书法》单行本[③]的出版，也反映了时人的需求。朱子学在官学化的发展进程中，被应用于"举子业"，出现了"朱子相关论述的书写方法"（《群书会元截江网》[④]）、《文场资用分门近思录》[⑤] 等科举用书。我们不能简单地将此过程说成是通俗化和阉割，换个视角，从时代对方法论（包含"举子业"）的需求来看，很难抑制朱子学的后续发展。

*

虽然朱子建议精读少数文章，反对多读、泛读，实际上一介

---

① 见吕祖谦：《左氏传说》卷首。

② 《晦庵集》卷八一《跋通鉴纪事本末》。

③ 张洪、齐熙编。咸淳年间明州学官刊行。

④ 卷三三《晦庵》。

⑤ 建安曾氏家塾刊行。

读者能接触到的书籍有限。从《兰亭序》和《阁帖》的版本泛滥，以及不惜“窃去”“盗印”也要得到朱子文稿的狂热中，可以窥见某种社会心理。与明末清初①相比，这种对书籍的需求虽然只发生在限定地区，其热情却不可小觑。

面对想看更多书帖而不得的情况，穷困的后辈只能像少年朱熹叹息着浏览《集古录》一样，选择《宝刻丛编》等目录书籍，再如何羡慕也并无余钱购买拓本。但对他们而言，即便只有目录也甘之如饴。鉴于此，北宋中期，“○○谱”（《荔枝谱》《菊谱》《梅谱》《兰谱》《扬州芍药谱》《蟹谱》《砚谱》《香谱》《雪林石谱》等）开始频繁出现。陈思的《海棠谱》就是其中之一。

人们想要尽可能多地总览所有知识，继而想要满足这样需求的工具书，题为“纂门分类”的类书就应运而生了。“详说”“精义”类书籍十分畅销，“大全文粹”“详节”这类语义互相矛盾的书籍亦不断涌现。

南宋末年，古鄮山人左圭编纂的《百川学海》被认为是最早的“丛书”，它几乎包含了所有知识。“心”字的解析（《圣门事业图》）、典章故实（《春明退朝录》）、地方官心得（《昼帘绪论》）、诗话、“○○谱”、阁帖研究（《法帖谱系》）等看似被杂乱地编到一起，实则是经过仔细规划的。书名“百川学海”，正显示了当时人们的需求所在。

无疑，需求这些书籍的背景，是想要突破科举这一窄门（“棘闱”）的人数激增。同时，为领略诸般世界而阅读的人们的需求也非常强烈，这正是南宋的时代特征，士大夫的典范自此开始形成。

---

① 参见井上进：《书肆・书贾・文人》（荒井健编：《中国文人的生活》『中華文人の生活』，平凡社，1994 年，第 304—338 页）。

第一部分

福建士大夫与官僚社会

第一章　刘后村与南宋士人社会

一　“当代一流之人”

临近南宋灭亡的咸淳五年（1269）正月，在故乡莆田的士大夫们的扼腕叹息下，后村刘克庄逝世了。根据与后村相交 40 年的好友林希逸撰写的《行状》，后村逝后数日，泉州以南、福州以北，吊唁往来，交驰于道。不久，四方故旧以及“得铭、得序、得跋、得诗之友”也不远千百里赶来。

吊唁者们都感慨后村影响之大，言称“斯文无所宗主矣”，不过，若称他为“千载之士”则有些夸张。我们先将这样的评价搁置一边，暂且以《行状》和门人洪天锡撰写的墓志为中心，探寻他的人生经历。①

后村出生的淳熙十四年（1187），正处于南宋中兴之祖宋高宗去世后的继任者——宋孝宗统治的晚期。弹压朱子学的伪学之禁，则始于 8 年后。

后村 20 岁左右时是在南宋都城临安生活的，当时正处于开禧北伐的纷扰中。

诗人安得有青衫，今岁和戎百万缣。

---

① 《后村先生大全集》（以下仅标明卷数的注释，即为引用此书）卷一九四《宋修史侍读工部尚书龙图阁学士正议大夫致仕莆田县开国伯食邑九百户赠银青光禄大夫后村先生刘公行状》（以下简称《行状》）、卷一五九《墓志铭》。与序说相同，点校本改动的地方用〔〕标出，笔者的改动用（）标出。

从此西湖休插柳，剩栽桑树养吴蚕。[①]

对于南宋因北伐失败，不得不对金朝赔偿、增加岁币一事，当时正在太学就读的后村，愤慨地写下了这首讽刺诗。此时，太学的应试者远超3万人。南宋太学的三舍生（外舍、内舍、上舍）定员为800人左右，由于滞留者较多，所以缺额有限。[②] 学子们纷纷涌向太学这一座独木桥是有原因的。如果在太学有学籍，可直接获得解试资格，不必经由州试，且通过率是州试的四五倍左右，此外还有各种各样的优待。[③]

虽说太学生都算是精英人物，但科举之路到此为止的人也有很多。以后村的同乡前辈丁伯杞（1161—1229）为例，他比后村早约10年入太学，时年36岁。丁伯杞在太学的进级之路非常曲折，哪怕在入太学20年后的考试中一度取得了榜首，又由于用错韵而被取消成绩。第二年，他通过了太学的解试，但省试又落榜了。4年后他升为了内舍生，9年后参加上舍试时，突然恶疾发作，被抬回斋舍不久就离世了。[④] 此外，后村的同窗中还有和其父同龄的同乡。[⑤]

在丁伯杞的斋舍（允踏斋）隔壁（持志斋），住着后村的弟弟和从弟，还有在太学蹉跎了15年的郑清之（1176—1252，1217年进士）。郑清之在40岁左右参加省试，日暮将近，但作诗

① 卷一《戊辰即事》。

② 宫崎市定：《宋代的太学生生活》「宋代の太学生生活」，《史林》16（1、4），1931年；《宫崎市定全集》10《宋》，岩波书店，1992年，第326页。

③ 贾志扬（John Chaffee）：《棘闱：宋代科举与社会》"*The Thorny Gates of Learning in Sung China*"，剑桥大学出版社，1985年，第103页。

④ 卷一四九《墓志铭·丁元有》："庆元丙辰入太学。嘉定丙子监举、庚辰内舍校定。绍定己丑九月辛巳试上舍，方握笔属思，暴得疾，挟出，卒允踏斋，年六十九……君在太学三十年，行艺绝出，屡挫益锐。乙亥舍围，既定魁选，以诗复韵绌。"

⑤ 卷一六一《墓志铭·琼州户录方君》："开禧乙丑，余补国子生。时乡先辈二方君犹在学……二君生于丁丑，与余先君齐年。"

所押韵难以成句，最后在韵书中翻检到“赪”字，末句凑成“他年蒙渥泽，方玉带围赪”。试后，郑清之将此诗分享给了斋舍同伴，却被冷嘲热讽道：“还未做官，就妄想以后的荣华富贵吗?”但是，郑清之意外地登第了，苦思冥想的诗句也成了后半生的预言。[①] 在后村就读于太学时，郑清之还只是个平凡的学生。后村通过弟弟们的介绍与之相识，[②] 这一交往对他之后的人生轨迹产生了很大影响。

后村在太学入试中取得了令人瞩目的成绩，其文名已在临安传播开来。后村的故乡莆田，本就以诗赋闻名天下，[③] 有被称为“莆体”的独特体式。[④] 加之后村还和后被称作“江湖派”的二流诗人们交游，[⑤] 这也磨炼了他的诗赋才能。

或许是看到了同窗的不易，他也明白自己的文章不适合科举，[⑥] 最终没有执着于科举之路。虽然后村的家族里，其父辈 6 人中

---

① 卷一七〇《行状·丞相忠定郑公》：“仲弟克逊、从弟希道，少肄业特（持）志，侍公笔研。”关于持志斋和允踏斋的位置关系，参见前述宫崎论文，第 337 页。周密《齐东野语》卷八“郑安晚前谶”：“郑丞相清之，在太学十五年，殊困滞无聊……遂仍赴丁丑省试。临期，又避知举袁和叔亲，试别头，愈觉不意。及试，《青紫明主恩》诗押‘明’字，短晷逼暮，思索良艰。漫检韵中，有‘赪’字可用，遂用为末句云‘他年蒙渥泽，方玉带围赪’。归为同舍道之，皆大笑曰：‘绿衫尚未能得着，乃思量系玉带乎?’已而中选，攀附骤贵。”

② 卷一一二《杂记》：“余开禧乙丑补入参果行。仲弟无兢〔竞〕、从弟志学，参持志与安晚同斋，余因二弟识之。”

③ 卷一四九《墓志铭·丁元有》：“天下声律南〔尚〕莆体。”卷一六〇《墓志铭·方教授》：“莆士尚声律。”《竹溪鬳斋十一稿续集》卷二四《工部侍郎宝章阁待制林公行状》：“中兴百年，言词赋者以莆为首。”

④ 卷一五九《墓志铭·林实甫》：“两取荐书，试别头，赋擅场。考官疑莆体，避乡嫌，不敢取。”《续资治通鉴长编》卷一八七“嘉祐三年七月癸酉”条：“往时闽士多好学，而专用赋以应科举”，可见福建人早就擅长赋体。

⑤ 卷一五〇《墓志铭·孙花翁》：“初，季蕃与赵紫芝、仲白、曾景建、翁应叟诸人善，而余亦忝交游。”

⑥ 卷一一六《启·谢傅侍郎举著述启》：“念顷为举子之词章，屡不合主司之程度。”

有3人、同辈14人中亦有3人中进士，[①] 但他则是在23岁南郊恩赦时，由恩荫出仕。后村起家洪州靖安县主簿，又被陆九渊门下大儒袁燮（1144—1224，1181年进士，为后村父亲的同年）延为幕僚。

27岁时，其父吏部侍郎刘弥正（1157—1213）去世。后村服阕后历任莆田邻州的右理曹（司理参军）、真州录事参军，嘉定十年（1217）入江淮制置使幕府。当时长江对岸远方的战局大变动，很快就影响到了这里。

6年前，后村之师余嵘（1162—1237，1187年进士）被任命为金国贺生辰使，到达涿州时，蒙古军已从漠南出发，突破了居庸关。此后，这支在山东、河南等地肆虐的“黑鞑”军团，渐渐进入了南人的视野中。“国家大仇未报，天其或者假手外夷以毙此虏。”[②] 在南宋人眼里，蒙古是上天为打倒金国而安排的。后村写道：“某初入幕，朝野盛言虏衰。”[③]但后村描述的这种乐观心态，很快就被泼了一盆冷水。嘉定十一年（1218）三月，南宋在泗州战败。翌年春，在建康对岸已经可以看到金国的游骑了。后村对边防有着非同寻常的关心，他曾上策制置使，但最终未被采纳。[④]

不仅如此，在朱子高徒黄榦（1152—1221）等前辈离开幕府后，[⑤] 后村因“无策”备受指责。[⑥]后村厌烦于此，离开前线返回

---

① 卷一五三《墓志铭·古田弟》：“刘氏自二大父迭中进士魁亚，先君群从六人策命〔名〕者三，余群从十有四人策名者亦三。”

② 卷一四五《神道碑·龙学余尚书》：“国家大仇未报，天其或者假守〔手〕外夷以毙此虏。”

③ 卷一二八《书·庚辰与方子默佥判》：“某初入幕，朝野盛言虏哀〔衰〕。”

④ 卷一二八《书·丁丑上制帅》。

⑤ 卷九九《题跋·黄勉斋书卷后》：“勉斋与余子寿、黄德常及余同在军中，坐起寝食未常离也。”《宋史》卷四三〇《黄榦传》：“其时幕府书馆皆轻儇浮靡之士，僚吏士民有献谋画，多为毁抹疏驳。将帅偏裨，人心不附，所向无功。流移满道，而诸司长吏张宴无虚日。榦知不足与共事，归自惟扬。”

⑥ 卷一二八《书·庚辰与方子默佥判》：“外议以边面无备，归怨幕画。某在幕最久，得谤尤甚。”

了家乡。万幸的是，由于山东“忠义军”的抵抗，金军被击退，在太学的学子间，斩杀主和派大臣的声浪甚嚣尘上。然而：

人道山东入职方，书生胆小虑空长。
遗民似蚁饥难给，侠士如鹰饱易飏。[①]

正如后村所担心的那样，归投山东诸豪的向背总是随时机而变，甚至有“带韃靼牌号者”[②]。虽说军事上的成功很大程度上要归功于山东诸豪，但山东也动摇着朝廷安危，且每年还要给他们五百万缗钱、四十万石米。[③]

后村在离开前线之际，烧毁了旧作的诗稿，[④] 与过往的自己诀别。在闲适的生活中，新作层出。[⑤] 这些作品不久就被结集为《南岳稿》，且获得了好评。永嘉学派的代表人物叶适（1150—1223，1178 年进士）对此诗集赞不绝口，称其在文坛上“建大将旗鼓”。[⑥]

但是，即便从烽火照耀下的长江前线的紧张中解放出来，[⑦] 后村也未就此怠惰。与前辈方信孺（1177—1222，校订《韩昌黎

---

① 卷二《诗·书事》二。末句“侠士如鹰饱欲飏”之“欲”字，从点校本改为“易”。

② 卷一二八《书·庚辰与方子默佥判》。

③ 同上。

④ 卷一标题下小注：“公少作几千首。嘉定己卯，自江上奉祠归，发故箧尽焚之。”向以鲜《刘克庄焚毁早期诗稿的诗学冲动》（《求索》2008 年第 4 期，第 188—215 页）认为，后村将诗稿烧毁，有与其深受影响的“永嘉四灵”风格诀别的意思。不过，导致后村心境变化的外因，可能是在官场上第一次遇到挫折。

⑤ 卷九九《题跋·黄慥诗》：“顷游江淮幕府……建业又有六朝陈迹，诗料满目。而余方为书檄所困，留一年阅十月，得诗仅有二十余首。及出幕奉南岳祠，未两考，得诗三百。”

⑥ 《水心文集》卷二九《题刘潜夫南岳诗稿》：“而潜夫思益新，句愈工，涉历老练，布置阔远，建大将旗鼓，非子孰当？”

⑦ 卷二《诗·去春》：“去春烽火照江边，曾草军书夕废眠。万里旌旗真属命，一邱耕钓且随缘。”

集》的藏书家方崧卿之子）的谈话让他热血沸腾。方信孺为开禧北伐的失败善后，出使敌国，从此一举成名，此时与后村同样为前线背责而归乡。[①]《南岳稿》成功的原因之一，或许是收录了大量与名人方信孺的赠答诗。[②]

嘉定十四年（1221）冬，后村在母亲的劝说下，接受了曾一度拒绝的广西的辟召。在当时，前往广西是选人转为京官（后村称之为"幸脱选坑"[③]）的"跳板"。[④] 对后村来说，只剩一步，再补"一考"就能满足条件。从后村为同乡写的墓志铭可以看出，要转为京官，凑齐所需的考（履历）和举（五位推荐人）并不容易。[⑤] 后村因向泉州老儒傅伯成（1143—1226，1163 年进士）献上著述，而得到了青睐。[⑥] 后村在 23 岁时，代父写了朱子（1130—1200，1148 年进士）的覆谥议疏[⑦]（结果使"文"取代

---

① 卷一六六《行状·宝谟寺丞诗境方公》："克庄少时少〔衍字〕亲公，晚受公荐。公退居，克庄亦奉祠，日相从于荒原断涧之滨。"

② 《大全集》卷一收录烧剩的诗（《南岳旧稿》），卷二是《南岳第一稿》，卷三是包含《落梅》诗的《第二稿》，卷四是《第三稿》（未标明第四稿）。2006 年，在福清发现了《南岳五稿》（计 81 页，缺《二稿》），但现在不知所踪。根据相关研究，其版式与陈起刊行的书籍相似。参见侯体健：《汰择与类编：从编集传播看两种宋刻刘克庄作品集的学术意义》，《江西师范大学学报（哲学社会科学版）》2010 年第 43 卷第 4 期，第 54—60 页。

③ 卷一一六《启·谢台官举升陟》。

④ 卷八二《玉牒初草·宁宗皇帝》"嘉定十一年九月丙申"条："选人入岭，例求速化。既就此得一削，又改辟它州。"

⑤ 后村的姐夫方濯任广州观察推官时，得到了帅（经略安抚使）之方铁庵（大琮）、徐意一（荣叟），漕（转运使）之丘某，任福州教授时之"寓贵"陈抑斋（韡）的推荐，因为缺"一职削"，而终身未脱选调之列（卷一六〇《墓志铭·方教授》）。另一边，后村的弟弟克刚任潮州推官时，得"常员削"二；任泉州录事参军时，得一；加之其父友人的推荐（其中包含知州真德秀的一封举荐状），才满足转官条件（卷一五六《墓志铭·惠州弟》）。卷九四《序·甲申同班小录》："盖庆历以来，荐举之制加密矣。敏者十年，滞者或三四十年，而后得预于岁引之数。"

⑥ 卷一一六《启·谢傅侍郎举著述启》。

⑦ 卷一一二《侍讲朱公覆谥议》。在笔者旧稿中，采信了后村子山甫之注"年十七代作"。程章灿《刘克庄年谱》（贵州人民出版社，1993 年）第 24 页指出了山甫的错误。

了“文忠”），傅氏对此非常赞赏。如此，后村得到了举主的诸多照顾。

去广西是后村人生中最漫长的一次旅程。他越过武夷山脉，在临川与江湖派的社友曾极相遇，又从丰城冒着风雪，沿赣水、袁江进入湖南。[①] 来到灵山衡岳后，他沿着范成大（1126—1193，1154年进士）的足迹，走入了这仙境。[②] 早在范氏著《桂海虞衡志》之前，桂林就是文人墨客向往的胜地。后村亦热衷于流连诸洞、留下题名。

> 悬壁万仞余，江流绕其趾。仰视不见天，森秀拔地起。
> 中洞既深豁，旁窦皆奇诡。惜哉题识多，苍玉半镵毁。[③]

不到40年后，蒙古骑兵就现身于此，当然，此时的后村是预想不到的。

后村不到一年就返回了故乡。嘉定十六年（1223）冬，为了改官（选人→京官），他来到了久违的临安。当年的改官者有60人左右。[④] 考虑到南宋三年一度的进士登第人数只有300人不到，改官通道之狭窄就可想而知了。

> 儿时挟弹长安市，不信人间果有愁。
> 行遍江南江北路，始知愁会白人头。[⑤]

后村的心态，已与不知烦恼地在临安大道上高歌阔步的20年前不同。不过，此时他也才37岁，将来的路还很长。此外，很可能是在这个时候，后村将《南岳稿》交给了临安书商陈起。此举

---

① 卷五《嵩溪驿》《崇化麻沙道中》《发临川》《曾景建自临川送予至丰城示诗为别次韵一首》《自抚至袁连日雨霰风雪一首》《萍乡》《醴陵客店》等。

② 卷五《衡永道中》《零陵》《全州》等。

③ 卷六《伏波岩》。“江流浇其趾”之“浇”，依点校本改为“绕”字。

④ 据卷八二、八三《玉牒初草》，嘉定十一年有63人，十二年有62人。

⑤ 卷七《题壁》。

也为日后埋下了祸根。[①]

改官的结果是，后村要到距家乡约 300 公里、沿闽江溯流而上的建阳县任知县，这里也是朱子的临终之地。此时距朱子离世已过四分之一个世纪了，后村重修了朱子祠，[②] 得到了道学家们的赞誉。其间对后村的精神生活和政治生命影响最大的，是与真德秀（1178—1235，1199 年进士）的交游。[③] 西山先生真德秀是理学大家，也是后学景仰的人物。

不过，因对新帝理宗即位过程中的济王赵竑“冤死”事件持批判态度，真德秀成为专权宰相史弥远（1164—1233，1187 年进士）的走狗——台谏“三凶”的攻击对象，毁谤之火一直延烧到后村这个小小的知县身上。后村将此事与诗史上著名的苏东坡“乌台诗案”类比，自称“梅花诗案”。[④] 在和史弥远一起拥立理宗、志在中枢的太学时的友人郑清之的帮助下，后村本已幸免无事，改任通判。但最终，后村受“诗案”困扰，不得不第二次奉祠。回到故乡的他又失去了相依为命的爱妻，[⑤] 失意的日子持续了很长一段时间。

“端平更化”（1234）为长达 27 年的史弥远时代画上了终止符，宿敌金国也崩溃了，世人都相信春天来了。郑清之位列首班，真德秀也回到了朝中。年近 50 岁的后村再上临安。据传，后村在轮对进言时，总能让人们感受到他的经纶之才。但还是被

---

① 卷七《赠陈起》。

② 卷一九四《行状》：“甲申，改宣教郎，知建阳县，新考亭之祠。”

③ 二人的交游，如卷一〇六《题跋·方汝玉行卷》所载，“忆余少游都城，子〔于〕西山先生坐上初识之”，可追溯到临安游学时代。嘉定年间二人虽也有书信往来，但两者之间产生深厚师徒关系是在建阳时代。

④ 关于诗案，参见深泽一幸：《读陈起〈芸居乙稿〉》「陳起『芸居乙稿』を読む」，《中国近世的城市与社会》『中国近世の都市と社会』，京都大学人文科学研究所，1984 年，第 153—198 页。

⑤ 卷一四八《墓志铭·亡室》。

不满他的人所弹劾，复归乡里。此后，后村的仕途几度沉浮。在广东和江东的地方官任上，他取得了实绩，也有过回归朝中的机会，但都未成功。

尽管如此，年近花甲的后村仍在等待着大有作为的时机。淳祐六年（1246），服丧结束后的宰相史嵩之（1189—1257，1220年进士）准备起复。回到朝中、任中书舍人的后村，在起草堆积如山的诏疏之余，还投下了针对史嵩之的“致仕制”这一重磅炸弹。当时的政争放到后文介绍，权且站在后村的立场上看，其意图被误解，因而遭到了弹劾，短暂的入朝又结束了。

不久，友人郑清之再相，同意后村在故乡就任提点刑狱，并催促他服母丧之后返回临安。这时有一台谏官持续不断地攻击后村，不足一年，后村又离开了临安。

此次隐居生活时间很长。后村自述，他常睡至太阳高升，沉醉于垂钓而忘记了时间，悠然自适地度过每一天。[①] 但是，世人不会放任他不管。正如叶适曾经预言的那样，后村已在文坛上竖起了大将之旗。因此后村的文债堆积如山，自持文作来求批评、序跋的后学络绎不绝。

景定元年（1260），已经准备好“生墓”[②] 的74岁老翁又被召回朝廷。这次后村在临安的时间是最长的。虽然已经上了年纪，手眼大不如前，但后村仍能胜任中书舍人的繁重政务。两年后，后村乞休，被任命在故乡附近知建宁府事，出临安时还得到了御赐宸笔的殊遇。晚年的后村，友人相继离世，又因眼疾而失明。在黑暗中，不知他是游弋于枯淡的晚年光景，还是对王朝的命运感到莫名的不安。

*

---

① 卷九六《序·送叶大明日者》：“睡至日高天〔丈〕五，坐茂树，临钓矶，或抵暮忘返。”

② 卷二九《余作生圹何生谦致桧十株答以六言二首》。

在80余年漫长的生涯中，后村的立朝时间不满5年。行状、墓志中光辉灿烂的叙述自然会与政界中的实际表现有所差异。值得一提的是，这位被誉为一代宗匠的人物，却未被载入《宋史》列传。考虑到《宋史》中有不少列传，是以后村为他人所写的行状、碑文、墓志为基础编成的，[①] 这无疑是一种讽刺。虽然后村并不算被后世冷落，但所得评价确实不高。

另外，关于他的出处进退，其最后一次立朝是出于贾似道（1213—1275）的推荐，这点也备受后人诟病。[②] 诗界前辈陆游（1125—1210）晚年应韩侂胄（1152—1207）之召入朝一事，与后村情况类似，但陆游却被《宋史》立传。清朝诗人王士禛甚至评判他是“蹈（扬）雄、（蔡）邕之覆辙而不自觉耶”。[③]

就算后村被称为变节之士，如果能留下与扬雄、蔡邕一样的文名也好。在理学全盛时期，作为文学正道的诗作被轻视，后村对此抱有强烈的不满。他说：“近世贵理学而贱诗，间有篇咏，率是语录、讲义之押韵者耳。”[④] 因此，四库馆臣云：“则其从事（真德秀）讲学，特假借以为名高耳。”[⑤]得到这样的评价，也是无可奈何之事。后村81岁时，回顾一生，声称：“他日汗青无事业，惟诗犹可窃虚名。”[⑥] 从中可以看出，后村于诗道上非常自

① 对于方信孺（卷一六六《行状》）、真德秀（卷一六八《行状》）、郑清之（卷一七〇《行状》）、孟珙（卷一四三《神道碑》）、陈韡（卷一四六《神道碑》）、杜杲（卷一四一《神道碑》）等南宋大人物，《宋史》各列传沿袭了后村的文章，省略了有损元朝声誉的部分。

② 方回《瀛奎律髓》卷二七《老将　刘克庄》按语：“贾似道当国，仕至尚书、端明。诗文谀郑（清之）及贾已甚。”

③ 《带经堂集》卷七二《跋刘后村集五则》：“然其贺贾相启……贺贾太师复相……再贺平章云……谀词谄语，连章累牍，岂真以似道为伊、周、武乡之比哉？抑蹈雄、邕之覆辙而不自觉耶？”

④ 卷一一一《题跋·吴帅卿杂著·恕斋诗存稿》。

⑤ 《四库全书总目》卷一六三《后村集》。

⑥ 卷四一《病中九首》五。

负。不止诗作，后村在词上也是一流的，亦作为评论家写出了《后村诗话》。如前所述，后村的书画鉴赏眼光也值得信赖。称他是当时一流的文人并不为过。

但是，如果把视野扩大到整个宋代的文化界，后村的存在感就不强了，即便在其最擅长的诗歌领域也是如此。后村并未被选入“南宋四大家”（尤袤、陆游、杨万里、范成大）。这样的评价一直延续到了现代。如中国社会科学院 1996 年编纂的《宋代文学史》第十四章《南宋后期诗人》第二节“江湖派诗人”中，虽提及了后村，但并未为他单立专节。在“南宋后期其他词人”中终于出现了后村的条目，然而对其词人身份的高评价，多半缘于其吟咏了“辛弃疾式”的忧国之作。[①] 艺术家被称赞为“爱国”，倒也值得欣喜。另外，在稍早问世的《沧浪诗话》面前，《后村诗话》也显得不那么突出。

那么，这是他个人能力的问题吗？后村的表现，恐怕很大程度上与其生活的时代，特别是其壮年期以后的理宗朝有关。在那个时代，虽然朱子学被官方承认一事值得记上一笔，但普遍评价认为，理宗并没有利用端平更化的机会打破“偏安”的僵局、抑制国运的衰落。

另一方面，在北方，整个欧亚大陆面临世界史进程的冲击，暂且不提蒙古征服者，比后村小 3 岁的耶律楚材（1190—1244）、元好问（1190—1257）等文人已经涌现。另外，在后村出生的 1187 年，南宋四大家都未过花甲之年，朱子 58 岁，陆九渊 49 岁。如此来看，确实能感受到文明气象的衰退。或许装点宋朝尾声的贾似道和文天祥（1236—1283，1256 年进士）算得上个性突出，但前提背景是王朝将灭。后村的能力并没有超越他的时代。

近年来，作为诗人的后村渐渐受到学者的关注。王述尧曾总

---

① 孙望、常国武主编：《宋代文学史（下）》，人民文学出版社，1996 年，第 279 页。

结过相关研究动向，[1] 在这篇写于 2004 年的文章中表示对后村还有再评价的空间。然而，学界的关注点还是集中在作为文人的后村，几乎没有对身处其时代间，作为士大夫、官僚的后村进行研究。向以鲜（负责点校《全集》中的诗词部分）梳理了后村的交友关系，小林义广的研究关注身处地域社会中的后村，二者都致力于考察社会圈子中的后村。[2] 韩国赵东元研究的是政界中的后村，虽然名义上是后村的传记，但实际上关于贾似道公田法的内容占比很大，并没有完整描绘后村的人生。[3]

如上所述，《后村先生大全集》一百九十六卷中，真正被利用的只占极少一部分。对于南宋后半期历史，由于并没有如同《续资治通鉴长编》《建炎以来系年要录》这类详尽的编年史料，故长期缺乏对后村基础史料的高质量整理。直到上世纪末，程章灿编写的后村年谱才问世（笔者即参考该年谱修改了旧稿）。现在，讹误处较多的《大全集》也完成了点校。[4] 有了这些基础工

---

① 初登载于《古典文学知识》2004 年第 4 期，第 70—79 页。收入《刘克庄与南宋后期文学研究》附录，东方出版中心，2008 年。

② 向以鲜：《超越江湖的诗人》第二章《人在江湖》，巴蜀书社，1995 年。小林义广：《南宋时期福建中部的地域社会与士人——以刘克庄的日常活动与行动范围为中心》「南宋時期における福建中部の地域社会と士人——劉克荘の日常的活動と行動範囲を中心に」，《东海史学》三六，2001 年，第 1—26 页。

③ 赵东元：《刘克庄传》，《釜大史学》二八、二九，2005 年，第 427—464 页。

④ 此处简要介绍一下《大全集》的版本。《大全集》有前、后、续、新四集，最早由后村之子山甫合刊。元代刘壎《隐居通议》称见过此刊本，说明此时原刊本尚存于世，至明代已下落不明。现存《大全集》出自天一阁所藏抄本，且有多个抄本据此流出。现在通行的《四部丛刊》本是民国时影印的清顾沅赐砚堂所藏抄本（赐砚堂本现藏于江西省图书馆）。但此抄本（即《四部丛刊》本）的讹误之多，于同类抄本中罕见（据点校本编者统计，有一万五千条），严重影响了此书的利用。点校本以《四部丛刊》本为底本，以前集五十卷本（收录后村 62 岁之前的诗文，《四库全书》收为《后村居士集》。后村的著作，历代以此为准）和明末闽人谢肇淛的小草斋抄六十卷本（按体裁分为记、序、题跋、表启、诗话、长短句，脱误较少）为主要参校本，兼参其他抄本及单行本（《后村诗话》《后村题跋》《名公书判清明集》等），进行校勘。另外，诸版本中，至今稀见的小草斋抄六十卷本和《大全集》的一个清抄本，收入《宋集珍本丛刊》（线装书局，2004 年）影印。关于《大全集》《居士集》诸版本，参见景红录：《刘克庄诗歌研究》第三章《版本篇》，上海古籍出版社，2007 年。

作，就具备了重新确定后村时代位置的条件。

后村的一生正好处于南宋后半期。他作为时代的宗匠，与当时的掌权者、道学家、江湖诗人以及很多小人物都有接触。本章将以后村的传记为中心，旨在描绘出他的多面性与南宋后半期的官僚社会情形。

二　土狭人稠之地

首先从后村的出生地兴化军说起。自古以来，福建被称为"七闽之地"，但进入宋代后也有了"八闽"之称，且后者成了福建的通称。福、建（南宋升格为建宁府）、泉、漳、汀、南剑六州，加上兴化、邵武二军共八个州军，被宋人分为靠近武夷山脉的"上四州"和面向大海的"下四州"。兴化军属于后者，西临泉州，东接福州。后村与桑原骘藏提及的出身阿拉伯的泉州商人蒲寿庚之兄（寿宬）有过交流，① 显然表明兴化军与大海港临近，其地也被认为是妈祖信仰的发祥地。② 兴化军虽然没有大的海港，但与泉、福两州共同形成了一个社会、经济圈。详细内容可参考柯胡讨论至南宋为止福建南部发展的著作。③

---

① 卷一一一《题跋·满〔蒲〕领卫诗》、卷一一二《字说·心泉》、卷一二三《乙丑生日回启·蒲领卫寿宬》。桑原骘藏《宋末提举市舶西域人蒲寿庚之事迹》『宋末の提举市舶西域人蒲寿庚の事蹟』（东亚攻究会，1923 年；平凡社东洋文库，1989 年，第 286—289 页）虽言及蒲寿宬，但仅引用了后世史料。陈垣看到此文，于翌年一月，将蒲寿宬的诗集和收录有赠蒲寿宬诗的《钓矶诗集》抄本，赠送给了桑原。现在，二者（后者有陈垣的题跋）收藏于京都大学文学部图书馆桑原文库。关于此事，参见竺沙雅章：《对"桑原文库"的回忆》「「桑原文庫」の思い出」，《以文》三六，1993 年；京都大学文学部编：《以文会友》，2005 年，第 247—253 页。陈垣的题跋，近期出版的《陈垣全集》（安徽大学出版社，2010 年）和陈智超编注《陈垣来往书信集（增订本）》（生活·读书·新知三联书店，2010 年）并未收录。

② 卷九一《记·风亭新建妃庙》。

③ 柯胡（Hugh R. Clark）：《社会、贸易与关系网：3—13 世纪的闽南》"*Community, Trade, and Networks: Southern Fujian Province from the Third to the Thirteenth Century*"，剑桥大学出版社，1991 年。

谈及后村出生以前的兴化军，《莆阳比事》（莆阳是该地的雅称）是不可不提的文献。嘉定年间，当地官员林瑑得到了李俊甫所著稿本并予以刊行（不过，现存版本中混入了后世的增补）[①]。此书原作者出生于当地，后中进士。[②] 林瑑（1159—1229，1184年进士）是邻县福州福清人。当时闽地的士人很少在故乡附近任官。[③] 在林瑑为此书题跋的5年前，23岁的后村迎娶了他的女儿。[④]

此书的体例，以四字对仗的韵文为目，并带有附注，与“比事”的书名相契合。从内容上看，此书与其说类似在南宋十分盛行的方志（据说当地真正的方志编于绍熙三年，即1192年）[⑤]，不如说是一部人物志。

此书的记述并不夸张，当地确实人才辈出，朱子学亦非常普及。[⑥] 我们将循着《比事》的记录，勾勒后村出生土壤的历史。

翻开《比事》，首先令人瞩目的是卷一“乌石官职，莆阳朱紫”一节。所谓“乌石”，指郡城东北号称天下第一荔枝（后村大好此物）产地的乌石山。此条下罗列着从乌石山走出的进士和官员的家族名称，如“阙下林（唐贞元孝子攒之后，福帅枅之

---

① 在卷一“名亚虎榜，魁占龙头”中，能看到淳祐、开庆年号。

② 弘治《八闽通志》卷五四《选举·科第·兴化府》。

③ 后村撰写的墓志中留下了很多福州人在兴化做官的反例。

④ 卷一六六《行状·直秘阁林公》：“一女，适承议郎新通判潮州军事刘克庄。”在程章灿《年谱》（以下简称“程谱”）之前，有张荃《刘后村先生年谱》（《之江学报》1卷3期，1934年）出版，内容比较简略。张谱将后村结婚时间定在嘉定四年，笔者旧稿从之，程谱第23页订正了此错误。

⑤ 乾隆《兴化府莆田县志》卷首《宋绍熙莆阳志序》。据此文，校勘之人中有后村的父亲刘弥正。另外，在此方志之前，当地似乎已有《图经》（《艾轩集》卷五《图经序》）。

⑥ 小岛毅：《闽南名族与朱子学的普及》「福建南部の名族と朱子学の普及」，宋代史研究会研究报告第四集《宋代士人　思想、制度、地域社会》『宋代の知識人　思想・制度・地域社会』，汲古书院，1993年，第227—255页。

族），前埭林（唐武卫逢之后，朝奉岳之族）”。后村的家族也列名其中，即“义门乌石刘（省元夙、朔后，吏部侍郎弥正、正字起晦之族）”。滨海的白港（白湖）是大姓集中之地。林、郑、黄、陈等在福建耳熟能详的姓，以及方氏，如同叙其“郡望”“县望”一样，以“某地某氏”的形式依次罗列在书中。在后村为乡人撰写的众多墓志铭中，也能看到同样的表述方式。①

《比事》特别提到，“自熙宁断水为桥，莆之登第始倍于前；自木兰创陂，疏渠引流，南绕壶山，而族望益多”。这种叙述将地方开发与人才辈出联系起来，让人印象深刻。熙宁、元丰间开挖的木兰陂，带给莆人的恩惠是不可估量的，为此事业殉身的钱四娘和花费 10 年时间完成这项工作的李长者成为当地人的信仰对象，后村还撰写了二人的《庙记》。②

熙、丰以后，出身当地的进士数量确实激增。在后村壮年时，“前代名贤，皇朝进士”（卷一）达到了“正科已八百余人，特科已五百余人”（嘉定七年，即 1214 年时）的数量。此处借用贾志扬著作附表的统计，展示到宋末为止临近州府的正科进士人数。③

	两宋	北宋	南宋
福州	2799	550	2249
建州（建宁府）	1318	809	509

① 前埭林氏——卷一五〇《承奉郎林君》、卷一六〇《弟妇林氏》。北郭林氏——卷一五四《林贡士》、卷一五七《林君》。寿峰方氏——卷一六〇《方教授》。龙井方氏——卷一五八《方景楫》、卷一六〇《方景绚判官》。后埭方氏——卷一五一《铁庵方阁学》。后埭郑氏——卷一五四《郑德言》、卷一六一《郑甥主学》、卷一六二《郑逢言〔原〕》。

② 卷九二《协应钱夫人庙记》《协应李长者庙记》。

③ 贾志扬：《棘闱》，第 197 页。

续表

	两宋	北宋	南宋
兴化	1026	468	558
泉州	926	344	582

从以上统计可见，进入南宋后，兴化军的进士增长似乎比福州、泉州缓慢。不过，南宋时大规模参加科举的宗室占泉州（南外宗正司所在地）进士人数的1/3，占福州（西外宗正司所在地）的1/10，而兴化军中的赵姓进士不到5%，因此，兴化军的进士人数不可谓不多。按照贾志扬的统计，福建路本身在整个两宋就遥遥领先（北宋2600，南宋4525）于第二位的两浙东路（北宋911，南宋3900）；以州军为单位来看，兴化军在两宋排名第四，在南宋排名第八。值得一提的是，南宋的前七位是福、温（浙东）、明（浙东）、吉（江南西路）、饶（江南东路）、泉、眉州（成都府路），这些州府都不在江南的核心区域。

对莆人来说，不仅是登第人数多，更值得自豪的是名列前茅的进士也很多。有宋一朝，当地共有6人中状元。绍兴八年（1138）进士榜，住所相距不足3里的黄公度（1109—1156）、陈俊卿（1113—1186）分别占据一、二名，龚茂良（1121—1178）则以“榜幼”的身份（最年轻的18岁）登第，对当地人来说是一件大事（卷一“名亚虎榜，魁占龙头”条）。

13年后，莆阳乡书（解试）的前七名在第二年全部中进士（卷一“四异同科，七名联第”条），其中就有后村的祖父刘夙（1124—1171，时年28岁）。9年后，刘夙之弟刘朔（1127—1170，时年34岁）曾夜梦青衣人携文卷，上题“省元”二字，他最终夺得南省魁首。据说，二兄弟的先祖辈家中有虹气绕室，刘氏成为被祥瑞赐福的一家（卷一“青衣告梦，紫气呈祥”条）。

刘氏兄弟都曾在温州任官，对所在地的后学产生了很大影响

（卷五“永嘉理学，高密儒风”条），其中就有年轻的叶适。他与刘氏一族的长期交往自此开始。① 叶适描述了两位刘师返回莆田做乡绅后的作为。② 虽然受益于木兰陂，莆田的稻米增收有望，但由于“土狭”，增产也有一定限度。平原地区本就有过重的人口压力，加之大规模进行甘蔗等商品作物的转作，③ 大米本身必须依赖浙江和广东的供给一事已成为常态④（这一点在后世也没有改变）。大旱来临，更是雪上加霜，刘夙带领乡人，从广东潮州、惠州招徕米商，并为此向地方长官建言免去力胜钱，将有意向的商人聚于城下。刘夙、刘朔二兄弟在中年时就离世了，并未积累起很高的声望，但夙之子弥正（1181 年进士），朔之子起晦（1178 年进士）、起世（1196 年进士），孙子希仁（1211 年进士）都相继登第。⑤

在二刘之前，当地就有了非常优秀的导师，对莆阳一地的人才辈出有很大贡献。比较重要的有三人，分别是被认作“吾莆文字，以湘乡为开山祖”（卷三“湘乡门人，艾轩弟子”条）的郑厚（1100 年生，1135 年进士），与其一起讲学的从弟郑樵（1104—1162），以及二刘之师林光朝（1114—1178）。三人中，《通志》作者郑樵在后世更为有名，但对当时的莆田后学们影响最大的是艾轩林光朝。年轻时的后村甚至连艾轩文章的只言片语

---

① 二刘之外，叶适还为后村的父亲（《水心文集》卷二〇《故吏部侍郎刘公墓志铭》）、刘朔之子起晦（卷一八《刘建翁墓志铭》）写过墓志铭，后者与叶氏是同年进士。

② 《水心文集》卷一六《著作正字二刘公墓志铭》：“著作之还自温，疾有间。莆亦大旱，手为救荒十余事，率乡人行之。招潮、惠米商，白守免力胜，四集城下，郡以不饥。”

③ 《铁庵集》卷二一《书・项乡守博文》：“今兴化县田耗于秫糯，岁肩入城者不知其几千万。仙游县田耗于蔗糖，岁运入浙、淮者不知其几万亿。”

④ 《铁庵集》卷二〇《书・何判官士颐》：“莆土狭人稠，虽甚丰年，仅足支半岁之食。大率仰南北舟，而仰于南者为最多。”

⑤ 弘治《八闽通志》卷五四《选举・科第・兴化府》。

都能熟记。[1]

然而，艾轩遗存著述的分量之少，足以背诵。正如后村所说，“以言语文字行世，非先生意也”。[2] 艾轩这样的治学方式，使其对后世的影响并不深远。洛学中衰，被称为“莆南夫子”的艾轩，将传播洛学的重任交给了朱子，亦通过二刘影响了永嘉学派的叶适等人。[3] 若用“学案”体叙述，艾轩是承上启下式的人物。其近30年的讲学生涯没有局限于莆田县内，有很多来自临近仙游、福清的门人，也为官场输送了很多人才。

不过，艾轩自己成为进士是在隆兴元年（1163），这时他已50岁了。此时正值孝宗治下的新时代开启，秦桧（1090—1155，1115年进士）专权时期的政治色彩被抹去。陈俊卿在重振朝纲方面扮演了重要角色。[4] 同时，对莆人乃至闽人来说，这也是黄金时代的开幕。

“七年三元”——乾道二年（1166）的萧国梁（1126年生）、五年的郑侨（1132年生）、八年的黄定（1133年生）接连中状元[5]（乾道八年的第二名黄艾也是莆人），在此大好形势下（萧、黄的故乡永福县属于山另一边的邻州，严格来说不是莆人，但在时人的意识中总是将其一概而论），陆续有莆人位居宰执。

---

① 卷一一一《题跋·桐乡艾轩所作富文行状志铭》：“余少于铜〔桐〕乡、艾轩二公之文，单辞只字皆记念上口。”

② 卷九四《序·艾轩集》。

③ 卷九〇《记·城山三先生祠》：“自南渡后，周程中歇，朱张未起。以经行倡东南，使诸生涵泳体践，知圣贤之心不在于训诂者，自艾轩始。”参见张大任：《林光朝述评》，《福建论坛》1986年第3期，第52—57页。

④ 关于陈俊卿的政治角色，参见寺地遵《南宋初期政治史研究》（溪水社，1988年）终章《绍兴十二年体制的结束与乾道、淳熙体制的形成》「紹興十二年体制の終末と乾道·淳熙体制の形成」。

⑤ 如此密集的登第也引起了时人的议论。《游宦纪闻》载“其年萧公国梁果魁天下，次举黄公定胪唱第一……又次举郑公侨廷试复先多士”。

首先是乾道元年叶颙（1100—1167，1132 年进士）成为执政。虽然他当政仅 9 个月，不过在去世之前，叶颙又被拜为左仆射。同时成为执政的还有陈俊卿，在乾道四年拜右仆射（卷三“魁亚联名，相枢同朝”条），担任了不到两年的宰相。陈俊卿罢相不久，临近的泉州人梁克家（1127—1187，1160 年状元）入朝参政，在乾道八年至九年担任右丞相（乾道八年以后，左右仆射改称左右丞相）。

淳熙元年（1174），曾经的白面秀才龚茂良拜参知政事，淳熙四年被罢。此后出现了一段空白期。淳熙九年，梁克家又成为右丞相。十三年，梁克家致仕，同年泉州留正（1129—1206，1160 年进士）成为签书枢密院事。淳熙十六年，留正拜右丞相，绍熙元年（1190）升至左丞相，在相位 5 年。此外，“七年三元”之一的郑侨从绍熙元年至庆元三年（1197）一直位居宰辅。[①]《比事》将叶、陈、梁、留列为“四相”，因其中有两人是泉州人，所以与“三元”一样有些牵强，故而《比事》用“两州三驿路，二纪四台星”这样的乡谣来强调两地距离相近（卷二“二纪四相，七年三元”条）。

在以上宰执中，陈俊卿格外值得关注。后村把他与北宋名相以及南宋初期的大政治家张浚（1097—1164）相提并论，[②] 虽说有些夸大，但也反映了陈俊卿在同乡后辈们眼中的“台星”形象。

此外，龚茂良和林光朝、刘夙等人一样，与孝宗的近臣曾觌（1109—1180）、龙大渊一党尖锐对立（卷五“力止童贯，合击大

---

① ［宋］徐自明撰，王瑞来校补：《宋宰辅编年录校补》，中华书局，1986 年，第 1221—1314 页。

② 卷一〇四《题跋·郑德言书画·陈丞相家所藏御书二》：“正献公相业亦与韩（琦）、富（弼）、司马（光）匹休。”卷一〇八《题跋·陈正献家〔补“藏”字〕御札二轴》：“惟张忠献公、陈正献公尤有天下之望。”

渊”条）。这让孝宗很不高兴，甚至抱怨道“福建子不可信如此!”龚茂良因此被降责，晚年过得很凄凉。[①] 尽管如此，从这一代人开始接二连三地出现宰执，为后世留下了辉煌的记忆。

> 昔吾邦为元老大臣，则有若正献陈公（俊卿）、正简叶公（颙）、庄敏龚公（茂良），相业光明，宗社嘉赖。[②]

*

《比事》罗列了值得夸耀的乡邦人物。从唐末诗人徐寅、黄滔，到著名书法家蔡襄（1012—1067，1030 年进士）（卷四“纸贵徐寅，字宝君谟”条）、《通志》作者郑樵等名人都在列。不过，却遗漏了一个大人物，即仙游县出身的“奸臣”蔡京（1047—1126，1070 年进士）。蔡京在此书中只出场过一次，在同乡的清贫之士不愿拜会他的故事中被提及。[③]

本书无意于批评《比事》遮隐丑事的记述方式，笔者更希望关注的是《比事》中描述的莆阳士人社会中合乎实情的部分。在后村的青年时期，当地平均每科都能出 10～15 名进士。这虽然是一个很大的数字，但从福建考场的竞争激烈程度来看，这个数量是理所当然甚至是偏少的。在后村撰述的墓志中，就有不少断绝了仕进之意的乡人。

例如，比后村大 3 岁的小学同窗林时（1184—1241），19 岁时在州试中以第二名的成绩成为秀才。按照往年经验，州试前七名基本能通过第二年的省试，因此林时的成绩是非常优异的。但他五次省试都未能高中，又心气很高，不屑于参加特奏名的考试，常言“吾家三世积善，后必有兴者”，把希望寄托在下一代

---

① 《宋史》卷三八五。

② 见弘治《兴化府志》（同治间重刊，东洋文库藏）卷二七所载王迈《兴化军修学增廪记》。

③ 《莆阳比事》卷四“耻附秦党，弗诣蔡门”条。

身上，直至去世。[①] 后村弟弟的岳父林傅（1178—1244）也在场屋受挫，但他并不指望积善这类虚无缥缈的东西，而是邀请名师教家塾，不遗余力地投资教育。在他去世前 4 年，终于看到了次子的高中。[②] 后村的姐夫方濯（1184—1263）则始终没有放弃执念，在六次省试失败后，通过南廊试取得了任官资格，但还是不放弃考取正进士，最后通过锁厅试完成了夙愿，此时他已经 55 岁了。由于起步太晚，方濯没能集齐升任京官的通行证“职削”（推荐信），官场生涯止步于州教授。[③]

也有人选择不走仕途。与后村比邻而居的叔父刘弥邵（1165—1246）就是个中典型。他的人际往来很少，只在经学方面，求教于陈俊卿之子陈宓（师事于朱子、黄榦）；在史学方面，师从郑侨之子郑寅；在易学方面，咨问于朱子高徒蔡元定（1135—1198）之子蔡渊（1156—1236）。可以说，刘弥邵在莆阳及福建得天独厚的文化环境中，享受着自己的学究生活。[④] 此外，后村的妹婿方采（1197—1256）因两次省试失败，放弃了科考，转而将精力倾注在书画古董的收集上。[⑤]

---

① 卷一五四《墓志铭・林贡士》：“十九亚秋荐……既而君五上春官辄不利……君至老，不屑就南廊试……君每语家人：‘吾家世三〔三世〕积善，后必有兴者，姑待之。’”“南廊试”即特奏名试。卷一六一《墓志铭・侍奏名林名》载“辛丑始奉对南廊”，此后林时并没有参加“特奏名”考试。

② 卷一五〇《墓志铭・承奉郎林君》：“场屋顿挫，迺尽力教子，塾致名师……淳祐改元，希孔擢第。”

③ 卷一六〇《墓志铭・方教授》：“六上春官，端平乙未奉对南廊，入中等，授增城簿。明年锁厅，以赋魁漕荐。又明年复以赋魁别头，唱名赐进士出身……所欠一职削……终身选调者矣。”

④ 卷一五一《墓志铭・习静叔父》：“先生终岁杜门，罕与人接，惟质经于陈公师复，评史于郑公子敬，问《易》于蔡公伯静。”

⑤ 卷一五七《墓志铭・方采伯》：“再荐于乡，累上春官不售，慨然有罢举之志……天既蕲君一第，使之老寿，与龙眠居士（李公麟）、宝晋公（米芾）、云林子（黄伯思）周旋于笔砚几席之间。”

即便进士登第，也并不意味着人生从此顺遂。后村的前辈方符（1176—1233），因其叔父是朱子门人，去临安参加省试途中，曾到考亭精舍拜访了晚年的朱子。因受朱子赏识，与之交谈数日，故而心情愉悦，顺利通过了省试。听闻喜讯，朱子还立刻给他发了贺信。此时方符仅 24 岁，人生起步很顺畅。但他直到 58 岁去世时，仅仅做到了通判。其乡人感叹道："子约（方符的字）而止是乎？"[①] 后村的好友方大琮（1183—1247，1205 年进士）登第时，也只有 23 岁，但 50 岁时只做到了知县。[②] 从进士到改官这条道路并不顺畅。改官者中也有不少像后村这样恩荫出身的人。

然而，后村身边人的挫折，也许可以说是精英们奢侈的烦恼。对于无法奢望由后村撰写墓志铭的下层士人来说，连选择的机会都没有，大概只能在汲汲营营中度日。

后村作为例外中的例外、精选中的精选，显然拥有一个非常幸运的人生开端。后村的祖先没有留下良田美地，却名闻天下，其父也官至高位。非进士出身确实是后村的人生瑕疵，也绝非小可。但后村之所以不汲汲于举业，是因为有两代人积累的人脉。如果不是以世代交往为前提，叶适对后村的称赞恐怕不会如此夸张。

除"家族"优势之外，莆阳这片土地也是有利条件。莆阳虽然远离都城，但其士人社会的关系网却延伸得相当远。此外，风靡天下的"莆体"赋和《直斋书录解题》（陈振孙在当地任通判

---

① 卷一四九《墓志铭·方子约》："少受学于叔父履斋……朱（文）公门人也……君以乡赋上春官。道考亭，拜文公于精舍。文公留语累夕，为作字说。中庆元己未进士第，时方弱冠，文公喜，贻书贺履斋焉……里之善士皆相唁曰：'子约而止是乎？'"

② 卷一五一《墓志铭·铁庵方阁学》："擢开禧乙丑第……人谓且立致贵显。而深自晦匿，抑首长〔常〕调。比再服阕，五十余矣。"

时，传录了当地大族方氏等人的藏书五万一千一百八十余卷）[①]的出现，也清晰地揭示了当地深厚的文化底蕴。

后村不是一个饱食终日的纨绔子弟，自身的才能和努力为其开创了广阔的未来。在入淮南幕时，后村称自己因忙于工作，在难得的“诗料”面前也无法平静地写诗，且因周围人的误解而过着不开心的日子。但此时构筑的人脉在之后仍发挥了重要作用。即使在最初受挫奉祠南岳时，在那里诞生的诗作，也让他声名鹊起。

有如此得天独厚的环境，被寄予厚望的后村本应如他所仰慕的林光朝、陈俊卿一样，担当起下一代莆阳士人社会的领导角色。然而，在他步入壮年之时，莆田的黄金时代已逐渐成为过去。

三　灰色的时代

后村敬爱的家乡前辈中还有一个人不能忘记，即复斋先生陈宓（1171—1230）。后村曾频繁出入其门下。

> 忆赴靖安簿、仪真督邮、江淮阃幕，公大书三序相饯。或为余书碑板歌诗，他尺牍满箧。

复斋是书法名家，后村虽然有很多他的墨宝，却不知爱惜地给了别人，悔之晚矣。[②] 年轻时的后村似乎很受陈宓青睐。此外，尽管身为林光朝的继承者和莆阳士人的精神支柱，复斋亦仕宦不显。

> 为耆师巨儒，则有若艾轩林公，湘乡、夹漈二郑公与近

① 卷八八《记·重修通判厅》：“门之役，实绍定五年。陈君名振孙……”《齐东野语》卷一二“书籍之厄”。

② 卷一一〇《题跋·郑南恩家陈复斋遗墨》：“……余曩不知爱惜，往往为人取去。晚始收拾，则存者无几矣。”

世复斋陈公，或勋业不竟，或肥遁自高，或急流勇退。[①]

复斋并不像其父陈俊卿那样官居高位。嘉定七年，44岁的复斋来到临安，遇到了显达的机会。据后村所述，当道宰相史弥远因其父史浩（孝宗朝宰相）与陈俊卿之间的交谊，表示愿意提携复斋。[②] 为了收揽人心，史弥远非常想拉拢继承道学一脉的复斋。但是，复斋并未倚仗于他。

比年以来，所用之人，非亲则故。姻娅之外，必贻讥三同。大而执政，必择易制之人；要而台谏，必用谨默之士；都司、枢属，机政所系，无非亲昵之私。[③]

复斋很早就指责了史弥远的执政弊端。两年后，他因轮对时言辞激进，被罢官外放。当时，史弥远对他说："子言甚切当，第愚昧不能行，殊有愧耳。"[④] 这个插曲对后世莆人来说是值得骄傲的，但复斋此后并没有再回到朝中。在比复斋多活了3年的史弥远去世之后，他才获得追赠。

复斋作为知名乡绅，其与朝廷的关系也对同乡后辈们产生了影响。后村在大自己16岁的丁伯桂（1171—1237，1202年进士）的神道碑中写道：

宝（庆）、绍（定）间，一相擅国，所拔之士非鄞（史氏故乡）则婺。其言曰"闽人难保"，尤恶莆士，如陈宓、郑寅之流，皆扫影灭迹。于是朝无莆人。[⑤]

---

① 弘治《兴化府志》卷二七《兴化军修学增廪记》。

② 卷一五〇《墓志铭·知常州寺丞陈公》："嘉定以来，柄臣擅天下事……专用门阀取人，雅重复斋，将亲之。尝曰：'先太师厚正献，何以助我？'"

③ 《复斋先生龙图陈公文集》（静嘉堂文库藏）卷六《嘉定乙亥应诏封事》。

④ 《宋史》卷四〇八《陈宓传》。

⑤ 卷一四一《神道碑·丁给事》。

这位与复斋并称的郑寅，是曾经执政的郑侨之子。他和后村很亲近，但直到端平更化都没成为显宦。[①]

那么，后村说史弥远只选用明州、婺州的士人，事实果真如此吗？当时的笔记《贵耳集》中记载了以下故事：

> 史同叔为相日，府中开宴，用杂剧。人作一士人念诗曰："满朝朱紫贵，尽是读书人。"旁一士人曰："非也。满朝朱紫贵，尽是四明（明州）人。"自后相府有宴，二十年不用杂剧。[②]

虽然与史弥远一起拥立理宗的郑清之、余天锡（1223 年进士）等确实都是明州人，但作为史党骨干的"四木"（薛极：1163—1234，1222 年进士［特赐］；胡榘；赵汝述：1184 年进士；聂子述：1190 年进士）、"三凶"（莫泽：1193 年进士；李知孝：1211 年进士；梁成大：1205 年进士）的籍贯则相当广泛，[③] 后村的说法过于绝对。

值得注意的是，丁伯桂神道碑的撰述时间是在史弥远死后。回顾过去"朝无莆人"的情形，对他们来说反而是一种荣誉。神道碑开头的遣词就明示了这一点。即使朝廷显宦中没有莆人是事实，但说史弥远特地将莆人视为仇敌，未免有些夸张了。

宝庆、绍定之际，因山东军阀李全投降蒙古，史弥远的权势开始衰落，对舆论批评非常敏感。这一时期，史弥远用"三凶"露骨地进行言论管制的政策发生了转变。嘉定十七年（1224）闰八月，理宗登基。为新帝即位积极筹备的史弥远，褒奖了宿儒傅

---

① 卷一三七《祭文·郑子敬左司》："乌乎，史氏之学〔季〕，我闲八年，公更倍之。"

② 《贵耳集》下。

③ 薛极出身常州，胡榘吉州，赵汝述明州，聂子述建昌军，莫泽嘉兴府，李知孝越州，梁成大福州，原籍多种多样。

伯成、杨简（1141—1226，1169 年进士）、柴中行（1190 年进士），还将真德秀、魏了翁（1178—1237，1199 年进士）等人召回朝中，极力塑造实施新政的形象。这段历史中，备受福建士人期待和关注的是西山真德秀的动向。

然而宝庆元年（1225）政治风云倏忽变幻，发生了湖州人潘壬勾结李全、企图拥立济王上位的事件。济王被史弥远矫诏夺去皇位，贬居湖州。叛军强迫他穿上黄袍，他反而统领州兵击溃了潘壬。济王不是一个无能的贵公子，这对史弥远来说更是一个麻烦。

最终，济王被逼自缢。[①] 很快，魏了翁、后村淮南入幕时的同僚洪咨夔（1176—1236，1202 年进士）为济王鸣冤，礼部侍郎真德秀也与之呼应。

这段时期真德秀的动向相当复杂。他当时任湖南安抚使，前一年九月以来就一再被征召，却以继任者未到为由滞留潭州。十二月中旬，真德秀将官印转交给通判，踏上登朝之途。但过了 40 多天，他才走到信州，若翻过武夷山脉，距离故乡浦城也只有一点距离。为了让满身疮痍的一家得到休养，真德秀请求给假。当此之际，政变发生了。

得到朝廷应允后，真德秀回到了浦城，在两个月的休假期满后又申请延期，甚至请求外任，始终不愿搅入朝局。拖延数月，到达临安时，已是距收到朝命九个多月后的宝庆元年六月了。[②] 后村在此期间写给西山的书信尚存：

> 闻以此月初发仙里，不知入对清光定在曷〔何〕日。向得陈益夫（名贵谦，福州人）湖南书，谓侍郎近于心上做工

---

① 《齐东野语》卷一四《巴陵本末》。

② 《真文忠公文集》卷一一《乞给假状》《三辞免新除并乞郡状》《展假状》《乞先次上殿状》。

> 夫，出处语默，方寸之门〔间〕必有成说，然犹虚心下问，仰见谦志。悠〔补“悠”字〕之谈，皆以不出为是。但侍郎挟盖世盛名，洁身乱伦之事自是做不得，逆知一出决不能免。

从信中可见，西山的态度看似明确，实际上并非如此，正因为犹豫，他才写信向后村咨询意见。后村提及了济王之变，认为朝廷应下哀痛之诏；并就边防问题提出多年来一贯坚持的意见，即要重视“次边、江面（长江一线）”，又具体深入地谈到将帅应该起用谁的问题。之后，他鼓励真德秀道：“无改初节，益进昌言，以答天下之望。”①这与同一时期他不赞成傅伯成出仕的回信②形成了鲜明的对照。

西山背负着这样的期待，在朝见之际就展开了大论战。在第一份劄子中，他坚称，三纲五常之道区分了华夏和夷狄，左右着王朝的盛衰。如今此道被本朝祖宗所遵奉，被人们所信赖。但此次事件打破了这项优良传统，将引发严重问题。为了维持民众对纲常的信赖，必须为济王立嗣。③ 在第二份劄子中，他阐述了收揽人心的策略。在第三份劄子中，他呼吁解决外患的根本在于充实内政（他举荐的人才中，傅伯成、陈宓都是闽人）。④ 后村为西

---

① 卷一二八《书・乙酉答真侍郎》：“……今故王趦是为盗迫胁，在朝廷宜下哀痛之诏……其次边事，其泛〔某从〕前以为大将不当在极边……知爱极边而不知爱次边，知防边城而不知防江面，极非长算……原〔愿〕公无改初节，益进昌言，以答天下之望。”

② 卷一二八《书・乙酉答傅谏议》：“安敢不竭愚衷，以答尊旨。窃谓先生有决不可出者。”

③ 《真文忠公文集》卷四《召除礼侍上殿奏劄》一（乙酉六月十二日）：“臣闻国于天地必有与立焉，三纲五常是也……中国之所以为中国者赖此而已……惟我祖宗继天立极，其于事亲教子之法、正家睦族之道、尊主御臣之方，大抵根本仁义……贴黄……虽济王未有子息，然兴灭继绝之仁在陛下为之，何不可者？”

④ 《召除礼侍上殿奏劄》三：“愿处伯成、简于内祠；置中行于经幄；若宓、若侨，擢之言论之地。”

山撰写的行状中，详细引用了这些奏疏，以强调其重要性。

史料中记录了当时西山和皇帝的问答。[①] 据载，提到济王问题时，理宗感觉被戳到了痛处，勃然作色。（“圣上正色宣谕：‘朝廷之待济王亦可谓至矣。’”）当西山将他与圣王舜相比，指出今后精进的步骤时，皇帝的自尊心被激发，情绪又振奋起来（“玉色微有喜色”）。读完第三劄时，皇帝已经“玉音温然”了。这位声称“朕在宫中，无他嗜好，只是读书写字”[②] 的热衷学习的皇帝，对西山的第一印象并不坏。

然而当时史弥远想利用西山笼络人心，西山对此既无反击的手段，也没有同党支援。

> 时相以其负人望，有主眷，屡诱怵以祸福，使附己。公不为动。[③]

在这种情况下，史党对西山的围攻也随之到来。西山以右脚红肿为由乞休，并接连提出奉祠的请求。遭到台谏更猛烈的弹劾后，他又呈上了《乞黜责状》。九月初，诏除宫观指挥。西山在朝仅 3

---

① 《真文忠公文集》卷四《得圣语申省状》。下文详细介绍了真德秀和理宗的互动，过往对真德秀作为政治家一面的研究，主要围绕《大学衍义》等书中体现的政治理念，其具体的政治活动则被忽略。真德秀仅被视作一代名儒，对他的全面研究意外地较少。根据戴金波《真德秀研究述评》（《湖南大学学报（社会科学版）》2008 年第 1 期，第 53—57 页），这与《宋元学案》没有承认他的思想的独立性有关。现在对真德秀评价的研究已有所进展，作为基础工作的年谱已出现（林日波：《真德秀年谱》，华中师范大学硕士论文，2006 年）。但至今为止，仍没有关于真德秀政治家一面的全面研究。孙先英《真德秀学术思想研究》（上海人民出版社，2008 年）第二章《学术与政治之间》涉及了这一方面。狄培理（Wm. Theodore de Bary）《真德秀与治国之道》“Chen Te-hsiu and Statecraft”（见韩明士、谢康伦［Conrad Schirokauer］编：《为世界排序：宋代的国家与社会》“*Ordering the World*：*Approaches to State and Society in Sung Dynasty China*”，加利福尼亚大学出版社，1993 年）第 349—379 页关注了真德秀作为政治家的一面，但侧重理念部分。

② 《真文忠公文集》卷五《得圣语申后省状》。

③ 卷一六八《行状·西山真文忠公》。

个月就去职了，十一月，又遭落职罢祠。[①]

当先生自礼侍免归也，流言方哗，后祸叵测。道遇某尚书被召，谒之，其人辞以疾，不出见。某舍人，先生故吏也，入都不敢由浦城（西山故里），迂涂取上饶而西。[②]

在这段时间里，深切感受人情冷暖的西山，倾注精力撰写《读书记》。后村这样描写当时的西山：

谓门人曰："'人君为治'一门，告君之书也，以范（祖禹）《唐鉴》为法。如有用我，执此以往。"……又曰："吾'兵政'一门，古无此书，天下方多事，所以汲汲缉成之。"[③]

面对意气风发的老师的谆谆教诲，弟子们感铭于心，后村也是其中一员。宝庆三年（1227），后村任建阳知县，在学校建与朱子有关的四君子祠，西山也为之作记。[④]

同年，后村卷入"梅花诗案"。[⑤] 后村奉祠南岳时，所作咏梅诗尾联有"东风谬掌花权柄，却忌孤高不主张"一句。[⑥] 此处"东风"被认为是影射史弥远。那么，是不是真的有讽刺寓意呢？据《齐东野语》载，后村"未必朱三能跋扈，都缘郑五欠经纶"一句也成了被弹劾的对象。[⑦] 此句诗似在批评无法统御归顺者李全（朱全忠）的宰相（郑畋），相当露骨。《落梅》诗被收录于后

---

① 《真文忠公文集》卷一一《为足疾请朝假作》《乞宫祠状》《再乞宫祠状》《乞黜责状》《再乞黜责状》《三乞黜责状》《辞免除职宫观状》。

② 卷一〇〇《题跋·西山与李用之书》。

③ 卷一六八《行状·西山真文忠公》。

④ 《真文忠公文集》卷二六《建阳县学四君子祠记》。

⑤ 关于"梅花诗案"的发生时间众说纷纭，此处从程谱，见其第 99—103 页的考证。

⑥ 关于引起骚动的《江湖集》，参见胡念贻：《南宋〈江湖前、后、续集〉的编纂和流传》，《文史》1982 年第十六辑，第 229—239 页。

⑦ 《齐东野语》卷一六"诗道否泰"。《鹤林玉露》乙篇卷之四"诗祸"。

村文集（卷三）中，但此诗未收。后村自己也只提到了“梅花”诗，[①] 而《行状》则称《落梅》和“朱三”两首诗都激怒了史弥远。[②] 比起诗本身，后村恐怕是因与真德秀关系密切，而被当权者盯上。两年后，后村被任命为潮州通判，不久再次被弹劾，又回归了奉祠生活。

回头再看“宝、绍间，朝无莆人”这句话，这种被排斥感归根到底也有后村自身的投射。鉴于莆田乡绅的代表陈宓，以及被整个福建师事的真德秀的遭遇，后村有充分的理由将自身的被排斥感推及全体闽人。淳祐年间，后村给两位丞相的信中这样写道：

> 既未能混一西北，铨选科举，多得闽浙之士，理势则然。今进退人材者，曰“吾恶福建也”；典掌文衡者，曰“吾抑闽浙也”。[③]

福建与浙江被一并视为人才来源地。但科举的成绩与官场对闽人的评价则存在反差。在史料中，经常能看到他省人对闽人的厌恶。孝宗对龚茂良说的“福建子不可信如此”亦属此类，最有名的则是王安石（1021—1086，江西人）对吕惠卿（1032—1111，泉州晋江人）表达的嫌恶。王安石引退后，思及吕惠卿极悔，往往写“福建子”三字，此事见载于各种书籍，在南宋初年已众所周知了。[④] 孝宗说的“福建子”也由此而来，看起来似只是攻击个人。但是，后村书信的前段云：“夫恶闽士如吕吉甫（惠卿字）辈可也，不有蔡君谟（襄）、陈述古（襄，1017—1080）乎?”以此来看，嫌恶的对象似乎还波及全体闽人。闽人大量进入官场所招致的嫌恶，

---

① 卷一〇九《题跋·严悫上舍诗卷》：“御史劾余，犹提起梅花旧话。”卷一九〇《长短句·贺新郎·宋庵访梅》：“老子平生无他过，为梅花受取风流罪。”

② 卷一九四《行状》：“言官李知孝、梁成大笺公《落梅》诗与‘朱三郑五’之句，激怒当国。”

③ 卷一三〇《书·与范杜二相》：“自昔立贤无方，比年乃拘乡贯……失〔夫〕恶闽士如吕吉甫辈可也，不有蔡君谟、陈述古乎……昔了翁弹蔡京，云‘重南轻北’……”

④ 邵伯温：《闻见前录》卷一二。

经吏部铨选的调整后，平时虽不会很明显，有时则会集中爆发。

乾道至淳熙年间，“二纪四台星”的辉煌，是福建人在科举、官场上双丰收的稀有时期，在此之后，莆阳再未出过位居宰辅之人。在孝宗以后，邻州成为宰执的有韩侂胄时期的傅伯寿（泉州人，伯成之兄，1163 年进士）、陈自强（福州人，1178 年进士），以及史弥远时期的郑昭先（福州人，1187 年进士）、曾从龙（泉州人，1175—1235，1199 年状元）等。[①] 不过，前二人与韩侂胄是一丘之貉，闽人不太愿意提及；后二人在史弥远面前显得默默无闻。在《莆阳比事》的作者讴歌荣光时，莆人在仕途上停滞的阴影已悄然来临，福建士人整体也出现了困窘的状况。

姑且不论善恶，在朝前辈提携同乡后进的现象并不仅限于明州人。虽有“避乡嫌”的说法，但也会被荐举之人以“端人正士”之类的理由搪塞过去。真德秀入朝时，曾举荐同乡傅伯成、陈宓，他本该成为闽人在朝中的核心，但希望不久就破灭了。

*

当时的政治氛围非常紧张。攀咬真德秀的梁成大（太学生起绰号为“梁成犬”[②]）等台谏“三凶”，表现非常活跃，这与史弥远一贯息事宁人的政治手腕形成了鲜明对比，亦是史弥远政权开始僵化的证据。也有学者认为史弥远是一位现实主义的政治家，[③]

---

① 《宋宰辅编年录校补》，第 1364—1366 页。

② 《鹤林玉露》丙篇卷二“大字成犬”。

③ 查尔斯·彼得森（Charles A. Peterson）：《旧幻想与新现实——南宋外交政策，1217—1234》“Old Illusion and New Realities—Sung Foreign Policy 1217-1234”，见罗茂锐（Morris Rossabi）编：《对等政权间的中国——10 至 14 世纪的中原政权及其邻国》“*China among Equals—The Middle Kingdom and Its Neighbors, 10th-14th Centuries*”，加利福尼亚大学出版社，1983 年，第 204—239 页。戴仁柱（Richard L. Davis）：《丞相世家：南宋四明史氏家族研究》“*Court and Family in Sung China 960-1279—Bureaucratic Success and Kinship Fortunes for the Shih of Ming-Zhou*”，杜克大学出版社，1986 年。戴仁柱：《南宋历史刻板印象的演变——以史弥远为例》“Evolution of a Historical Stereotype for the Southern Sung—The Case against Shih Mi-Yuan”，见《刘子健博士颂寿纪念宋史研究论集》，同朋舍，1989 年，第 357—386 页。

毕竟其当政 27 年是非常漫长的。

最令王朝末年宰相史弥远头疼的是李全。原本归附的李全已日渐坐大，难以掌控。在济王事件中充当配角的他，于宝庆三年（1227）五月投降蒙古，但仍首鼠两端，表面上对宋朝装出恭顺的样子。绍定三年（1230）闰二月，李全派出间谍烧毁了皇城的武器库，威胁到临安的安逸。然而，宋朝仍任他为节度使，意图怀柔，但终因李全拒绝而颜面尽失。

到了这个地步，对软弱的当权者的批判声终于公开化了。深受理宗信任的郑清之站了出来，与此同时，与郑氏有师徒关系的赵葵（1186—1266）、赵范二人[①]公开要求严惩李全。史弥远最终只能认同他们的主张。

绍定三年年末，被李全渡江的误报影响的临安居民陷入了恐慌，史弥远以生病为由辞相。一度掌控海面、进逼扬州城的李全，最终在二赵的进攻下，于翌年正月败亡。对于此事，在后方松了口气的后村写道：

> 闻说都人竞出嬉，御街箫鼓倍年时。
> 相公入奏天颜喜，半夜扬州送捷旗。[②]

老奸巨猾的史弥远依然有很大的影响力，这在九月临安的火灾中得以证明。在太庙、三省、六部等地燃起大火时，殿前司副都指挥使却毫不犹豫地赶到了宰相宅邸。不过这样一来，宰相的风评就更差了。

与之相反，作为时政牺牲者的真德秀自然成了受关注的对象。绍定五年（1232），蒙古军开始进攻开封，史弥远做出请求辞官还乡的姿态。同时，西山被起知泉州，后村以诗饯行。[③]

---

① 郑清之与二赵的关系，参见《齐东野语》卷一八“前辈知人”。

② 卷九《辛卯满散天基节即事六首》三。

③ 卷一〇《送真西山再镇温陵》。

翌年，蒙古大将速不台攻入了无主的开封城。另一方面，南宋将领孟珙（1195—1246）大败金朝将领武仙的军队。十月，蒙古军都元帅塔察儿派遣使者王檝到史弥远之侄史嵩之镇守的襄阳，提议协同作战。对外政策向来谨慎的史弥远，“暮年轻信兄子（嵩之），交鞑灭金”，[①] 迫于形势已不得不然。同月，漫长的独相体制崩溃，郑清之成为右丞相。不久，落魄的权臣史弥远去世了。

史弥远漫长的专权时期结束后，朝局变动很快。后村批判的“嘉定以来，当路讳言，箝结成风”[②] 的压抑政治氛围，一扫而空。“三凶”很快被驱逐出朝堂，对史弥远掌权时代的总结，则以“天毙权奸”[③] 这类恶评开场。

> 臣在田里，见癸巳（1233）十月以后所下诏令，虽樵夫野老，莫不欣跃鼓舞，曰：“太平旦夕可致。”[④]

远离临安的后村之言或许有些夸大，但当时人们高昂的情绪确实溢于言表。翌年，调任福州、被视为能引领新政的西山，终于被召回临安。当时，后村被西山邀请参画幕府。被认为在此期间所作的《病后访梅九绝》[⑤] 表明，此时后村的肉体疾病以及精神创伤正被治愈。

> 与梅交绝几星霜，瞥见南枝喜欲狂。
> 便欲佩壶携铁笛，为花痛饮百千场。

---

① 卷一四一《神道碑·丁给事》：“……其谬甚矣。”

② 卷八八《记·登闻检院续题名》。

③ 《臞轩集》卷一一《祭魏鹤山先生文》：“天毙权奸，朝登儒揆。初年而西山自闽来，次年而先生自蜀至。”

④ 卷五一《输〔轮〕对劄子（端平二年七月十一日）》一。

⑤ 卷一〇。

从后村不再以“诗癖”和“酒狂”[①] 为罪，也能看出当时宽松的政治氛围。

西山就职前，曾与后村同游福州郊外的鼓山。当时，后村和身边的人都说“先生廊庙姿，非直藩翰才”，[②] 对西山的再次入朝寄予很大期待。

四　更化与善类

端平元年正月，宋蒙联军灭金的消息传来，整个临安沸腾了。宋军孟珙在战中表现活跃。

> 轻骑直造其帐。倴盏（塔察儿）喜，取马乳酹之，且频酌以饮公，曰：“你杀得武仙，赛因[③]。”赛因者，华言极好也……端平甲午正月，围蔡踰两月矣，御札勉谕将士，众感激思奋。公之先锋向南门，至金字楼，列云梯，令诸军闻鼓则进。马义先登，赵荣继之。公麾万众毕登，杀伪元帅高家奴。使人视西北，则金、鞑尚相持于土门水上，乃开西门，下吊桥，邀倴盏入。江海执伪参政张天纲以归，公问守绪（金哀宗）所在，天纲曰：“先睹西北城危，即與金壁〔璧〕置小竹屋，环以薪草，又往观兵，退而号泣自经，曰：‘死便火我。’”

这篇生动描写金朝末路的文章，是孟珙的神道碑中的一节。[④] 孟

---

① 卷一一七《启·谢台谏》：“诗癖、酒狂二罪同时而俱发。”

② 卷一〇《陪西山游鼓山》。《真文忠公文集》卷一《游鼓山》。

③ sain，又作撒因、撒银。《元史》卷一一五《睿宗传》：“太宗大喜，语诸王大臣曰：‘昔太祖尝有志此举，今拖雷能言之，真赛因也。’赛因，犹华言大好云。”

④ 卷一四三《神道碑·孟少保（奉敕撰）》。该神道碑的日文译注，见榎并岳史：《刘克庄撰〈孟少保神道碑〉译注》，《资料学研究》四，2007 年，第 38—98 页。

珙死后，其遗属请求朝廷赐予神道碑文，学士院收到命令后，并没有人下笔，碑文的写作辗转交到后村手上。虽然材料是遗属提供的，但后村详尽地描写了蔡州之战前，塔察儿和孟珙两雄相会的场面，理宗也评价此文“措词平正”。[①] 这确实是宋朝历史上的一件大事。

在朝野弥漫的狂热中，也有冷静思考者。西山应朝廷正旦发布的“求直言诏”，于次月在福州上封事书，对时局失控的担忧溢于言表。

> 窃闻京湖帅臣（史嵩之）以八陵之图来上。陛下恭览再三，悲喜交集，命卿监、郎官以上诣省恭视，集议以闻。盖将稽按旧章，遣使朝谒，以慰一祖六宗之灵。而远方传闻未知其的，或谓“〔鞑〕人以河南归我，而朝廷因有经略中原之谋”。审如所传，是将复蹈宣和之辙也。日夕恐惧，不知所云。及观从臣集议之辞，乃知朝廷之上，务存审重，遣使一节，犹不敢轻，经略之谋，断所不苟。

西山先是对胜利表示欣慰，接着阐述了自己的忧虑。西山谈到了自己出使金朝的经历，认为20年前，史弥远没有听取自己主张的备敌对策，而是放任事态发展，为挽回当时迟疑不决造成的损失，至少需要花费10年时间。[②] 南宋内部的强硬派认为不能放过收复故土的天赐良机，而西山这篇封事的目的，正为针砭这种盲目的动向。当时，后村正在西山身边任幕僚，西山出示副本给他

---

① 卷一一二《杂记》：“孟珙家请赐神道碑，诏学士院撰述，久无下笔者。其家请不已，本院具两直院名衔取旨，御笔：‘刘某撰述。’及进稿，翌日宸翰付出三省云：‘刘某所撰孟珙碑，措词平正。’”

② 《真文忠公文集》卷一三《甲午二月应诏上封事》：“……衔命聘虏，道梗莫前，归对延和，深陈所以备敌之策……而独陈私己之深忧，欲于未雨之时，大为彻桑之备，距今二十有余年矣。不幸故相讳闻人言……虽陛下赫然振起，风采顿殊，然非坚持一意，行之十年，未可以冀中兴之效也。”

看，后村借机珍藏了这份由西山亲手改定的副稿。[1]

西山的担忧不仅仅在前线。“江湖闽浙寇警”虽一时平静，但情势依旧不太稳定。[2] 绍定年间，盐贼在老巢“上四州”的汀州、邵武军发动叛乱，江西、湖南南部以至浙东都遭到袭击。[3] 此次叛乱虽被任招抚使的福州人陈韡（1180—1261，1205 年进士）平息，却给福建人带来了巨大冲击。[4]

因兴化军三五尺高的城墙已颓圮无用，所以当地紧急进行了修理。当时上传乡里民情、协助地方官的是陈宓。[5] 不仅是兴化军，此时各地的城墙和谯楼都在整修。[6]

正是因为熟知这些情况，西山才对临安盲目的北伐言论叹息不已。并非没有人赞成西山的慎重言论，但他们的声音没能阻止事态的发展。三月，南宋派出谒陵使者。四月，史嵩之送来了金哀宗的遗骨。“此朽骨耳”[7]，这样冷静的提醒在朝堂的狂热面前毫无意义。五月，南宋就出兵了。

---

① 卷一六五《墓志铭·秘书少监李公》：“端平初元，西山先生〔补‘帅闽’〕，闻廷议大举，忧愤坐卧不能安，拜疏力争。余忝议幕，先生录副以相示，手自窜定，今藏余家。”

② 《真文忠公文集》卷一三《甲午二月应诏上封事》：“江湖闽浙寇警甫平，民未怀生。”

③ 华山：《南宋绍定、端平间的江、闽、广农民大起义》，见《宋史论集》，齐鲁书社，1982 年，第 256—275 页；朱瑞熙：《南宋福建晏梦彪起义》，见《宋史论集》，中州书画社，1983 年，第 285—312 页。据后村记述，端平二年，建宁府城内死尸累累（卷八九《记·建宁府新建谯楼》）。

④ 卷八八《记·陈曾二〔补“使”字〕君生祠》：“先是，盗攻陷泉之支邑，下四州之人惊曰：‘吾属无噍类矣。’”

⑤ 《复斋先生龙图陈公文集》卷一六《本军修城拟申省度牒白劄》：“宣和间尝为城，高不过三五尺，厚不至六七尺，今颓圮尽矣。”

⑥ 卷八八《记·兴化军新城》《记·汀州重建谯楼》；卷八九《记·建宁府新建谯楼》《记·邵武军新建郡治谯楼》。

⑦ 《宋史》卷四〇六《洪咨夔传》：“时相侈大其事，咨夔曰：‘此朽骨耳，函之以葬大理寺可也。’”

推动“端平入洛”[①] 的主要人物，正是如今的独相郑清之。他起用在野老臣和新进士人，一时成功塑造了新政的形象。

> 侪僝（塔察儿）将军约早回，楚材相国更频催。
> 江东将相真如虎，去报胡雏莫过来。[②]

蒙军主力从前线后撤，洛阳一时成为真空地带。南宋军中洋溢着灭金之后的高昂和自信。然而，蒙古对南宋的出兵会放任不管，不过是南宋朝臣的一厢情愿。郑清之命令赵范（两淮制置大使）、赵葵（淮东制置使）联手出兵，显然是一场危险的赌局。

二赵也有过担忧。但看到西边京湖军史嵩之—孟珙一线联蒙抗金取得了成功，为与之抗衡，一年前还持慎重立场的二赵转为支持积极出兵。南宋边防东、西两线的对立根深蒂固，对于这次出兵，史嵩之没有进行侧面支援。好不容易夺回的洛阳，转眼之间又陷落了。尽管出现如此重大的失策，但皇帝对郑清之及二赵的信任似乎没有动摇，主张和平的史嵩之反而在九月暂时退出政治舞台。

在如此动荡的时期，后村随西山回到了朝堂。先来关注西山的动向。入朝后的九月十三日，西山在理宗面前读了四封奏劄。此处简要概括当时二人的对话：[③]

> 今月十三日午时，蒙恩选德殿内引奏事。某再拜升殿，首叙违去阙庭之久，蒙恩收召。
>
> 上（理宗）曰：“卿去国十年，每切思贤之念。”

---

① 关于“端平入洛”的过程及其政治意图，参见山内正博：《南宋政权的推移》「南宋政権の推移」，《讲座世界历史　九》，岩波书店，1970 年，第 257—264 页。另见陈高华：《早期宋蒙关系和“端平入洛”之役》，《宋辽金史论丛》第一辑，中华书局，1985 年；《元史研究论稿》，中华书局，1991 年，第 203—230 页。

② 卷一一《端嘉杂诗二十首》九。

③ 见《真文忠公文集》卷一三《召除户书内引劄子》《得圣语申省状》。

次读第一劄，至“此天命未定之时也”，奏云：“……今中原无主，正是上天监观四方，为民择主之时……”上首肯再三。[①]

（然后继续读劄子）“权臣寡识，懵不之省。自是二十余年，德政未尝增修，人心惟益咨怨，所谓‘祈天永命’（《尚书·召诰》）之言，直视以为迂阔，而欺天罔人之事则益甚焉。是以谴告频仍……盗贼兵烬之厄，几半天下……内顾根本，犹有可虞。而边臣匆匆或假和以纾患，或恃战以成功……夏秋以来，积阴多雨……因人事以推天心，殆有甚可惧者。臣是以复进‘祈天永命’之说也。然所谓‘祈’者，岂世俗禬禳小数、谄渎鬼神之谓也？稽诸《召诰》，曰‘敬德’……盘游之乐、弋射之娱、禽兽之珍、狗马之玩，有一于此，皆足害敬。”[②]

读到这里，西山特别强调饮酒需谨慎。理宗同意。

又读至“圣心所未安者，即天理所未安也”，某奏：“人之心即天之心，但为私欲之蔽，则与天不相似，故臣欲陛下屏去数者之欲，使此心清明纯粹，陛下之心即天心也。”……[③]

（继续读）“江、湖、闽、广、三衢之盗相挺而起，生灵荼毒几千万人，户口减少殆什七八……仰赖陛下布端平之诏，一洗而新之。然狃于旧习者，鲜为革心之图。”[④]

上曰：“往往士大夫革面而未革心。”

臣（西山）奏：“士大夫为权臣（史弥远）崇尚财利，

---

① 《得圣语申省状》。

② 《召除户书内引劄子》一。

③ 《得圣语申省状》。

④ 《召除户书内引劄子》一。

士大夫化之，但知有利而不知有义……”

上曰：“未能丕变在。”

某奏：“此全在陛下与大臣大明黜陟，使士大夫知义利之分，久之须能丕变。”①

西山就这样一边朗读着劄子，一边详细地解说，皇帝频频颔首。

第二份劄子主要论述对外政策。由于从浙江到前线的兵站线延长，再加上汴河堵塞，北伐是非常困难的。不过，西山并未批评志在进取的执政，而是将全部责任转嫁给史弥远。②

第三份劄子是对洛阳虽失陷、但敌方将有内变的传闻所引起的乐观论表示怀疑。西山认为，应从同异纷乱的观点中，梳理出兵政的至当之策，并对士大夫总是因意见同异而互生爱憎之心的情形感到忧心。③

在最后的第四劄中，西山致力于介绍自己乡居时所撰《大学衍义》。理宗表现出兴趣后，让西山“将来”。西山表示，等校定完再献上。读完劄子后，二人讨论了福建的局势（叛乱、盐贼）。西山再拜退出。④

奏篇既出，或疑其激烈不及前时，公笑曰：“吾老矣，岂更效后生求声名？真〔直〕须纯意国事，期于有济耳。”⑤

---

① 《得圣语申省状》。

② 《召除户书内引劄子》二：“一旦举兵，方远漕浙米以入江，自江而入淮。汴既久堙……臣是以忧进取之难也。夫此二难，皆权臣玩愒之罪，非今日措置之失。”

③ 《召除户书内引劄子》三：“又谓‘虏有内变，未能报东门之师’。凡若是者，若可喜而实未然也……盖同异纷纭之中，实至当之论所由出故也……缙绅之列，乃或以同异为爱憎，臣则忧之。”

④ 《得圣语申省状》：“上喜甚，曰：‘此书便好，将来。’某奏：‘书已在此，更欲点对，候得圣旨，方敢投进。’奏劄读毕，上忽发问：‘福建想未是无事在?’……遂再拜退。”

⑤ 卷一六八《行状·西山真文忠公》。

西山历经10年而圣宠不衰，反而以诚心打动了皇帝，诏命从次月开始进讲《大学》。除西山自己留下的《讲筵进读手记》之外，后村为西山写的行状中也着力描写了西山进读的场面（下面摘录部分西山《手记》中的对话）。

十月十四日，讨论“明明德，格物致知”。

（西山）奏云：“虽是知至而后意诚，然亦非是待知至了方去诚其意……但《大学》必以知为首者，须是见得天下之理了然明白……愿陛下……于讲论政事之际，亦与大臣反复论难，直见得可否分明然后已……”

（理宗）圣颜大觉和悦。即毕，忽蒙圣训：“卿所进《大学衍义》一书，便合就今日进读。”

某谓：“前所进已纳禁中，今须再令讲筵所写别本，然后可读，即以未办为对。”

上曰：“已在此矣。”

即见内侍捧前所进第一、第二帙在前。

某即前奏曰：“……止欲备燕闲之览，今乃仰蒙睿旨令臣进读，此千载一时之荣遇。”

再拜祇谢毕，展卷进读。读毕，奏曰：“臣之此序，成于绍定二年……若权臣尚在，陛下未亲大政，虽欲进献，必无由彻乙夜之览。乃今何幸，得备进读。”

命坐，赐茶毕。

上曰：“外路会价尚未能登……”

某对曰：“……自故相在时，印造多了，今又边事方动，未能减印造之数，所出太多，故贱。嘉定年间，换易新会……用以二旧换一新之说……遂用严刑峻法……终无效验……至庚寅、辛卯年间（绍定三、四年），外方或六百文足，少亦不下五百五六十文足……大抵必须少减印造。”①

① 《真文忠公文集》卷一八《讲筵进读〈大学章句〉手记》。

为了收回开禧北伐时滥发的会子，南宋朝廷用新发的第十四、十五届会子，以一新换二旧的比率兑换。这种流通量减半的政策本就会降低会子的信用，而在第十四、十五届会子尚未完全收回的情况下，朝廷为了复建大火后的临安，又发行了第十六届会子，导致街头巷尾到处都是纸币。会子的发行额在乾道、淳熙间为二千万钱，开禧北伐时增加到一亿四千万，李全叛乱后又增至二亿九千万。[①] 为了收回旧会子，朝廷发行第十七届会子时，兑换比率为一比一，但事态并无丝毫改善。[②] 据后村说，绍定末年，一会更是跌至三百钱。[③]

接下来是进读后的对话。

上曰："虏使来议和，闻外间议论颇纷纷。"

奏曰："臣却不闻外间议论，但自古兵交，使在其间。纵使虏人已犯边，若有使来，犹当礼接，况未尝犯我乎？或谓欲却而绝之，或谓宜拘留勿遣，此皆不可行，但当以礼遣之。万一露欲和之意，切不可轻信。盖金人昨以和误我，后来虏人又祖其故智以误金人，今日虽不可沮其善意，亦不可堕其奸谋。边面之备，一事不可阙略，一日不可稽缓，惟陛下深留圣念。"

上又谓："彼欲来朝见，如何？"

某问："彼有国书否？"

上曰："无之。"

某曰："如无国书，何名引见？要之只合就镇江发遣。

① 《臞轩集》卷一《乙未馆职策》："开禧之开边以误国也，增造之数至于一亿四千万……绍定之养奸以耗国，增而至于二亿九千万。"

② 参见草野靖：《南宋东南会子的界制与发行额》「南宋東南会子の界制と発行額」，《刘子健博士颂寿纪念宋史研究论集》，第 213—230 页。

③ 卷五一《奏议・录圣语申时政记所状》："会子当故相末年，外路只卖得三百以下钱。"

必不得已，都堂接见可也。”[①]

此“虏使”是指为了商议灭金联合作战而被蒙古派到襄阳的王檝。[②] 南宋朝廷以史嵩之作为交涉的中介人，派遣报谢使邹伸之与王檝同行，这是前一年的事情。此年二月，邹、王在克鲁伦河河畔谒见了窝阔台。当时谣言漫天，甚至臆测宋方屈辱地接受了蒙古“投拜”的要求。王檝再至襄阳是在“出兵后”的七月，与出兵前相比，形势发生了急变。王檝走的是与以往金使不同的路线，从襄阳、江陵直接顺流而下到镇江，明目张胆地视察军情，此举动招致了南宋方面的愤怒。

对南宋方面来说，入洛的失败无疑是一个痛脚，此前与蒙古交涉的中介史嵩之去职后，谁也不知道该如何对待王檝。即使王檝没带国书，也不能马上遣返。

十月十九日，讨论“日新、新民”。

> 臣某按：……陛下昨为权臣所蔽，养晦十年，天下之人未免妄议圣德。一旦奋然更新，天下咸仰圣德，如日月之食而更也。然自今以往，日新又新之功一或不继，则未免又失天下之望……臣又窃见陛下更新之初，惩赃吏，禁苞苴，一时士大夫为之悚动。未几数月间，又复玩弛……既未能作新士大夫，又何以作新民？[③]

当理宗讽刺士大夫“革面而未革心”时，西山指出皇帝应以身作则，肃正纲纪，以创造“新士大夫”。

十月二十六日，进读后，又讨论了议和问题。

---

① 《讲筵进读〈大学章句〉手记》。

② 陈高华：《王檝使宋事实考略》，《刘子健博士颂寿纪念宋史研究论集》，第103—111页。

③ 《真文忠公文集》卷一八《进读〈大学〉卷子》。

上问："虏人议和，未可轻信。"

奏曰："臣适尝言之矣。"

李侍御奏："臣得杨恢书云，在襄阳闻虏酋元不晓和字，只是要人投拜，而其臣下乃将投拜之语改为讲和。其说颇详。"

奏云："朝见一节如何?"

上曰："且候使人到来商量，待从吉后（皇太后逝于绍定五年十二月）引见。"

李奏："虏兵已取蔡了，忽然都去；攻息方急，亦忽然都去，其情叵测。"

奏云："此臣所谓鸷鸟将击之形也。"[①]

十一月二十四日，在对《大学衍义》中吴王夫差的典故进行说明后，西山把没能识破越王勾践的夫差，与被蒙古迷惑的朝廷作了比较。

> 臣按：……鞑之取西夏、取金国也，皆先之以议和之使，而随之以侵伐之师……而我小行人之至彼也，虏酋见之，温其言……报使遄至，无要索之辞……襄汉之行人未返，而两淮之王师已动，取其三都，据其诸郡，彼未尝有诘问之辞也……王檝之来……神物之警，彼宜秘密，而宣之于言，不忌吾之得其情也。回回之征（拔都、贵由的西征），彼宜隐讳，而猥以见告，不虞我之乘其隙也……其忠心爱我邪？抑畏吾甲兵之强邪？其亦有谋臣如种（勾践之臣）者，将以玩吾国于股掌之上邪？是不可以不察也。[②]

十一月二十八日在后殿里陈述意见时，又谈到了王檝的问题。

---

① 《真文忠公文集》卷一八《讲筵手记》。

② 《真文忠公文集》卷一四《进故事（乙未十一月二十四日）》。

> 臣窃惟……决不可恃者和议。或者徒见北夷之性，喜寒恶暑，谓其不能于春夏举兵，今距来岁之冬尚有年余，可以从容修备。臣尝闻之蜀士，丁亥（宝庆三年）、辛卯（绍定四年）之岁，虏人皆以盛夏扰蜀，初不俟秋冬而后至也……乃若虏使之来，固无可却之理，然待遇之礼所宜适中，若过为优厚，徒以取侮，无补于事。剽闻王檝者……初无国书，遽索正使之礼，他日和议果成，使介奉书而来，又何以待之乎？①

十二月十三日，讲义后。

> 上问曰："曾见丞相劄子否？"
>
> 奏云："臣未之见，不知论何事？"
>
> 上曰："论虏使朝见事。"
>
> 奏云："臣虽未见劄子，昨同李埴（1161—1238，1190年进士）诣相府见丞相，言见将鞑使朝见礼节委左司郑寅（莆人）斟酌，省去可省者，用其可用者，其区处似已稳当。"又奏："朝见用何礼？"
>
> 上曰："临轩。"
>
> 奏云："臣昨闻余铸（1190年进士，后村淮南入幕时期的同僚，当时为中书舍人。入朝前，举后村以自代）② 言，欲用临轩之礼，臣不胜其喜……既而见丞相，却有所疑。今仍是临轩，极当。"
>
> 上问："徐侨（1160—1237，1187年进士，朱门弟子）以为不当引见，如何？"③

---

① 《真文忠公文集》卷一四《十一月癸亥后殿奏己见劄子》一"贴黄"。

② 卷一一七《启·谢余中书举自代》。

③ 《宋史》卷四二二《徐侨传》："金使至，侨以无国书，宜馆之于外。"此处"金使"有误。

> 奏云："徐侨老儒，惓惓忧国，彼盖据所见而言，初无他意。大抵朝廷行事，最不可恶人异论……见与不见皆未甚利害，但和议决不可恃。臣欲陛下亲御宸翰，谕三边制帅，大略言鞑使之来，不容不以礼接，边臣切不可恃此缓于修备。"
>
> 上曰："丞相欲作书与诸处。"
>
> 又奏："丞相自作书，更得宸翰，丁宁尤善……本朝神宗留意边事，每夜御灯火作书以赐边臣……"
>
> 上曰："然。"
>
> "臣向历数郡，又漕江东，如建康，如洪，如潭，如福，皆有孝宗亲笔石刻，或问麦禾次第，或问曾无雨雪，或问街市有无遗弃婴儿。孝宗一念，只在生灵……臣愿陛下视以为法。"[①]

当时，反对蒙使朝见的强硬意见是少数派。理宗和西山讨论的焦点转移到外交礼仪上。最终，不仅理宗要临轩（皇帝坐在前殿而不是正殿）接见，王檝离开时还要引至后殿辞行，即给予正式的国使待遇。

端平二年新年伊始，"风起乾位"，"月犯太白"，这些天象都预示着战争的发生，引起了人们的不安。上天显示的"兵象"对蒙古来说应该是一样的，但一月二十二日，西山说："本朝者，中原正统之所在也。天之示戒，所以仁爱陛下，岂为区区胡羯计哉?"他用自己擅长的理论来勉励皇帝。[②] 当天，他上奏后被理宗留下，希望他知贡举。[③] 新政初期，将科举大事委任给西山的意义显而易见。而且此时的科举也是朝野关注的焦点。

在知贡举时，辅佐真德秀的是后村的好友、隔壁仙游县

---

① 《真文忠公文集》卷一八《讲筵进读手记（十二月十三日）》。

② 《真文忠公文集》卷一四《乙未正月丙辰经筵奏己见劄子》一："元日立春，风起乾位，其占主兵。丁酉之夕，月犯太白，亦为兵象……"

③ 卷一六八《行状·西山真文忠公》。

人——西山门下的王迈（1184—1248）。他33岁中进士，是《比事》作者李俊甫的同年。据《齐东野语》作者周密（1232—1298）之父亲眼所见，王迈在福建转运司举办的宴会上陪坐末席，看到一个熟识的官妓在跳舞，立即起身，旁若无人地将官妓带走。[①] 为其善后的是后村的朋友、时任转运判官的方大琮。

后村也记述了王迈因其不羁的个性，任官时经常与人冲突的事。[②] 不过，后村也没忘记补充，这不仅仅是因王迈锋芒毕露的性格所致。王迈曾与上司、史弥远之党袁韶（1161—1237，1187年进士）对立，做廷试考官时与同僚王元春（1196年进士）发生过冲突。后者与"济王之变"有所牵连，[③] 被后村视为史党的代表。[④] 对于王元春蛮横地把熟人排至优等的做法，王迈表示不敢苟同，愤怒的元春指使"三凶"之一李知孝弹劾王迈，直至免官。王迈也尝到了和后村一样的苦楚。

此后，王迈的仕途出现了转机。他在泉州南外睦宗院任教授时，正赶上西山知泉州。西山对他非常赏识，经常向他咨询州政。新政后开科举时，王迈又来辅佐西山，此间，周密记载了一个值得玩味的插曲。

邻近莆田的福州福清县人林希逸（1193年生），是端平二年进士中的一员。如前文所述，他是为后村撰写行状的人。林希逸

---

① 《齐东野语》卷四《潘庭坚王实之》："庚子、辛丑岁，先君子佐闽漕幕时，方壶山大琮为漕，臞轩王迈实之与方为年家……一日，三司燕集……吴方舞遍，实之被酒，直造舞筵，携之径去，旁若无人，一座为之愕然。壶山起谢曰：'此吾狂友王实之也。'"

② 卷一五二《墓志铭·臞轩王少卿》："调浙西帅司干官，所事邹帅应龙、赵漕汝珰（譡）、袁尹韶，皆贵倨，公与亢礼不少屈，俱严惮之。俄考廷试，详定官王元春欲私所亲置高等，公显摘其谬。元春怒，嗾谏官李知孝诬公在殿庐语声高，免官。"

③ 《齐东野语》卷一四《巴陵本末》："寓公王元春遂以轻舟告变于朝。"

④ 卷五一《轮对劄子（端平二年七月十一日）》二："暨元春、知孝之流横议于朝，反易网〔纲〕常，变乱邪正。"

和王迈的故乡只有一岭之隔，二人关系亲密。林希逸比后村小6岁，此时在40岁左右，正是急于出人头地的时候。他穿着破旧的衣服出现在王迈面前，请求透露考点，王迈以自己预想的试题相告。后来西山定试题时犹豫不决，向王迈寻求意见，王迈回以同样的试题。

考试开始前，考生们听到了王迈的低语："某誓举所知，神其鉴之。"此话确实有些恬不知耻。当时，同龄的林彬之还用别人听不懂的"乡音"来暗示王迈。[①] 林彬之也是后村的友人[②]（时年52岁）。这届科举，莆人共有14人登第，其中包括林彬之在内的6人，后村都为之写了墓志铭，即比后村大2岁的方大东（1185—1236）[③]、小5岁的吴叔告[④]、小7岁的李丑父（1194—1267）[⑤]、小9岁的郑侃（1196—1251）[⑥]、小11岁的方景楫（1198—1257）[⑦]。看到同辈及后辈中，这些已不年轻的友人们进士登第，恐怕后村也感慨万千吧。

后村认为，此次科举的登第者，包括其友人在内都是"老于文学者"，以此来肯定王迈的眼光。[⑧] 后村还称赞其师西山主持的考试，"是岁场屋始严，空疏不学者多望风而去，挟书绝少"。理

① 《癸辛杂识》后集"私取林竹溪"："西山以此题为极大，实之云：'题目自好，但矮些个。'……林居与王隔一岭，素相厚善。省试前，林衣弊衣邀王车，密扣题意。王告以必用'圣人以天下为一家'，要以《西铭》主意……至是，西山局于无题可拟，乃谓实之曰：'日逼，无题奈何?'……乃以前题进，并题韵之意大略，西山击节。至引试日，题将揭晓，循例班列拈香，众方对越，闻王微祝云：'某誓举所知，神其鉴之。'是时乡人林彬之元质亦在试中，上请以乡音酬答，亦授以意，亦预选云。"

② 卷一四五《神道碑·囿山林侍郎》。

③ 卷一四九《墓志铭·方东叔》。

④ 卷一六四《墓志铭·吴君谋少卿》。

⑤ 卷一六四《墓志铭·李艮翁礼部》。

⑥ 卷一五四《墓志铭·郑德言》。

⑦ 卷一五八《墓志铭·方景楫》。

⑧ 卷一五二《墓志铭·臞轩王少卿》："真公典举，公为初考，与夺升降必资焉，所取皆老于文学者。"

宗曾说："科举之弊极矣，如传义挟书，不可不革"，对西山寄予厚望。[①] 不过，若周密所记为实，那么人情往来还是在这次科举中发挥了作用。

之所以有这样的传闻，也是因为当时的科举备受关注。在周密的记载中，西山完全受王迈左右，这样的描写多少有些戏剧化，也可能这个故事本就在讽刺西山。市井小民们很快就把自己随意捧起的偶像拉下了神坛。[②]

西山自己也深切地感受到了"更化"空有其名。郑清之举荐西山入朝，在入洛失败后，西山曾试图为他辩护，但郑氏却对西山的政见置若罔闻。在三月被任命为参知政事时，西山已经病魔缠身。他在泉州、福州任职期间，就积劳成疾，又冒着酷暑奉召赶回临安，而且一路上专心于《大学衍义》的校勘。这样的勤勉也缩短了他的寿命。科举结束后，宾客往来，应接不暇，西山最终昏倒在地。尽管如此，依后村所述，病中的西山梦里还在和郑寅讨论会子的问题。[③] 五月，西山离世了。

后村作为弟子，为老师代写了遗表，[④] 草拟了行状，他自然而然成为西山的继承者。在前一年九月，后村追随其师，被召入临安。郑清之也没有忘记后村，据传在其座右，写着"陈振孙、刘克庄"的姓名。[⑤] 郑氏拜相的诸多贺启中，后村将他和唐朝名

---

① 卷一六八《行状·西山真文忠公》。

② 《贵耳集》下："及史同叔之死，天下之人皆曰真直院入朝，天下太平可望。及其入朝，前誉小减。省试主文，为轻薄子作赋曰：'误南省之多士，真西山之饿夫。'"由此可见，对这次科举，时人多有不满。

③ 卷一六八《行状·西山真文忠公》："晚守泉、福，劬悴滋甚。触暑趋召，道中刊修《衍义》，虽闭户服药，举笔流汗，不以为疲……病中犹梦与郑左司寅论楮币。"

④ 卷一一五《代西山上遗表》。

⑤ 卷一一二《杂记》："（弥）远薨，（安）晚相。客见其座右写陈振孙、刘克庄姓名。"

相裴度对举。[①] 郑氏也认为，后村的贺启是他们太学友人的四六文中写得最好的。[②] 说后村没有以韩愈自比，恐怕没人会信。总之，后村能被召到临安，郑清之和西山都起了重要作用。

刚入京的后村在备对劄子中，以西山遗留的难题——会子作为自己参政的突破口。当时南宋为解决财政困难，“日造楮十六万”，造成楮币贬值，士大夫们纷纷献计，却“工于诇病而拙于处方”。后村认为和籴（强制收购谷物）的主要对象应是大户之家。他强势主张和籴“岁入号百万斛”的大地主本籍田产的十分之七和全部侨产——十年以后再付款，实际上等于直接没收。[③] 不过一年之后，后村发现朝局又发生了变化，“及来行都稍久，目击近事，寖异初元”。[④]

西山死后的第二个月，独相体制宣告结束。乔行简（1156—1241，1193 年进士）拜右丞相，与郑清之并立于朝。乔氏是吕祖谦（1137—1181，1163 年进士）门下，婺州人，虽与郑清之一起在史相末年执政，但与史弥远保持着一定距离。因为也是元老级人物，所以此任命看上去很容易被朝野接受。然而这次人事变动也显示出郑清之缺乏领导能力，两相并立，表明他的影响力在下降。

在两相（同时兼任枢密使）的领导下，担任枢密院编修官的后村参加了七月的轮对。他以前代政治为鉴，劝说对之前政局恋恋不舍的皇帝直面现实，信赖两相。对此，理宗回答说：“今政

---

① 卷一一七《启·贺郑丞相》：“及廷议蔡师，惟裴度声其当讨。海内想其风采，陛下倚以腹心。”

② 卷一一二《杂记》：“安晚初相，贺执满床，晚以余启为第一。”

③ 卷五一《备对劄子（端平元年九月）》三：“于是日造楮十六万以给调度，楮贱如粪土而造未已。士大夫献议盈廷，工于词〔诇〕病而拙于处方者皆是也……至于吞噬千家之膏腴，连亘数路之阡陌，岁入号百万斛，则自开辟以来未之有也。亚乎此者又数家焉。臣愚以为，此类宜令所居郡县各按版籍，十籴其七，若旁郡邻县之侨产，则全籴焉。籴十年止，十年之外，国用少纾，则给其直。”

④ 卷五一《轮对劄子（端平二年七月十一日）》一。

出中书。”后村谈到了左相圣眷减弱、右相趁势结党营私的传闻，认为若因此让二相还政，则正中小人下怀，作为二相的下属，后村认为二人不和之说纯属无稽之谈。[①]

后村并没有明言两相的权力对比，王迈当月的上奏却点明了这一点。在两相并立之后，王迈批判乔氏曾经和史弥远很亲近，这导致同是史党的袁韶被召回。[②] 在次月的轮对中，王迈又将郑派称为“明党”，将乔派称为“婺党”，明确指出已形成朋党。[③] 如果这是事实的话，“非明即婺”，等同于史弥远留下的执政班底分成了两个阵营。与之相比，后村无可否认地有回护二相之嫌。实际上，从后村为王迈所写墓志中引用友人的奏疏来看，他也承认两相对立的事实。[④]

王迈因此奏疏遭到弹劾，离开了朝堂。对其原委，后村只说因“论边事过实”被弹劾，[⑤] 显然不得要领。如果读了王迈的文集，就可知实因他痛斥全子才所致。[⑥] 全氏是入洛的主将之一，虽然遭到了降秩的处罚，但仍指挥着军队。在庙堂无法统御边帅的情况下，王迈的后盾郑清之也无法保全他。

在魏了翁的斡旋下，王迈被贬为漳州通判。后村在城门饯别

---

① 卷五一《录圣语申时政记所状》：“圣语曰：‘今政出中书，不可谓不重。’奏云：‘陛下待左相眷意未尝衰，而外间妄云眷衰，于是左相求去。右相未尝引旧人，而外间妄云荐某人某人，于是右相求去。此必小人欲二相皆去之计也……臣为枢属，日日随都司白事，见二相握手促膝，议论甚协，未见不和之迹。’”

② 《臞轩集》卷二《乙未六月上封事》：“行简为人，素号多智。弥远在时，善事惟谨……行简既相，韶必继用。”

③ 《臞轩集》卷二《乙未闰七月轮对第一劄》：“明有明之党，所以攻其右者无不至；婺有婺之党，所以毁其左者无不力。”

④ 卷一五二《墓志铭·臞轩王少卿》：“端平并拜二揆，朝野知左必去，郑公所致名胜满朝，不能助，至有祖〔袒〕右者。”

⑤ 同上：“言者弹公论边事过实。鹤山魏公侍经筵，为上言惜其去，改秩通判漳州。”

⑥ 《臞轩集》卷二《乙未闰七月轮对第一劄》：“全子才辈跋扈飞扬。”

好友，写诗道："南归定过西山下，细把行藏告墓阡。"[①] 看着现实与恩师西山所怀的经世志向越来越远，后村的诗句中流露出苦涩的心情。

此时，作为远征欧亚的一环，蒙古军开始了南征。十一月，为了应对这一情况，进一步平息边帅间的不和，老臣曾从龙派往江淮（东部战线）、魏了翁派往京湖（中部战线）督视军马。开府当然需要幕僚，曾氏原本想带后村同行，[②] 但他在赴任前就去世了，魏氏被命令兼任两条战线的职务。鹤山再三推辞，最终在朝廷的一再要求下让步。但此次人事安排，背后明显有人策划，察觉到这一点的人都不愿加入魏氏的幕府，况且朝廷许诺的经费也并不充裕。[③] 离开临安三个月后，魏氏就接到了朝廷召回的命令。

来回征召他的策划者是谁，目前尚不清楚。值得注意的是，同月，史嵩之时隔一年半后又被任命为淮西制置使，回到前线。在战况不乐观时，对蒙的主和派、与在两国间暗中活动的王檝保持联系的史嵩之又粉墨登场了。

对于自我标榜为"善类"[④] 的士人来说，站在新政对立面的史氏重新掌权是一种威胁。弥漫在朝野之间的信任危机更加严重。正如后村在端平元年的《备对劄子》中所说，"善类方合，而间有异同龃龉之迹"，因猜疑而引起的"善类"之间互扯后腿的情况愈加显著，后村也卷入了这个漩涡中。他的行状写道：

---

① 卷一〇《送王实之》。

② 卷一九四《行状》："狂鞑入寇，朝议以元枢曾公建督。曾辟竹湖李公与公参议，不果行。"

③ 《鹤山先生大全文集》卷二六《督府奏陈·辞免督视军马乞以参赞军事从丞相行奏劄（十一月二十四日）》："然而所辟之官，始拟某某，皆不屑就……异时，督府非千万缗不行。今楮轻物贵之时，而所给实数仅三百万，则不及异时百五十万之用。"

④ 在党争激烈的宋代，尤其是南宋以后，"善类"一词使用频繁。

> 丙申，左府（郑清之派）语泄，有锡第表郎之传。鹤相与泳〔林舍人〕疑其遏己，遂以吴昌裔疏罢。御史（吴昌裔），舍人（吴泳）弟也。[①]

后村自记却与此不同。前一年轮对时，吴泳正好在待班所。后村和皇帝的议论时间太长，不耐烦的吴泳对退出的后村抱怨说："某立得肚饥矣。"读了后村的奏稿，吴泳还感叹后村的不易。后村离开临安之际，吴泳为其饯行，辩解道："某不意舍弟如此。"[②]吴泳后来还曾举后村以自代。[③]

吴氏兄弟是蜀人，更化之际来到临安。与后村等人被西山举荐类似，他们倚仗的是与西山齐名的鹤山魏了翁。在这一点上二吴与后村的立场相似。他们也满怀对新政的期待，由于故乡直接受到蒙古侵略，故对边防有更切实的关心。兄长吴泳（1181年生，1208年进士）任中书舍人，曾参黜"三凶"等史党；[④]弟弟吴昌裔（1183—1240，1214年进士）与杜范（1182—1245，1208年进士）、徐清叟（1214年进士）于端平二年十二月入职御史台，并称"三谏"，仿若北宋蔡襄诗中所咏"三谏"的南宋版，其动

---

① 卷一九四《行状》。程谱第151页注"鹤相"即魏了翁，本书则采信林希逸文集所收后村《行状》（《竹溪鬳斋十一稿续集》卷二三）的文本。编者注：鹤林舍人，即吴泳。

② 卷一一二《杂记》："轮对，至待班所，则吴叔永舍人已先在彼侍立矣。叔永借余奏劄一观，余答：'对毕，当纳副本，今未敢示人也。'……既退，叔永问曰：'对何其久也？某立得肚饥矣。'余示以奏稿，叔永叹美曰：'诸人皆不敢言矣，君真不易。'……后余为季永所论。叔永与游果山（似）联骑饯余湖山，叔永云：'某不意舍弟如此。'"王宇《刘克庄与南宋学术》（中华书局，2007年）第51页引用此史料中的"今未敢示人也"，认为后村不让吴泳看奏劄，是对其抱有不信任感，但后村退出后即以示之，则此论点不成立。

③ 《鹤林集》卷二三《辞免兼权中书舍人状·第四辞免状》："宫观刘克庄，皆有文名，可充是选。"

④ 《鹤林集》卷二一《缴李知孝宫观梁成大罢黜词头》《再缴李知孝梁成大各更特降两官录黄》。

向颇为引人注目。[①] 他们也将批判的矛头转向郑清之。大为恼火的丞相将徐清叟调任太常少卿，意图剪其羽翼。表面上提拔台谏，事实上封堵批评，是政治上的惯用手段。杜范和吴昌裔立刻表示反对，要求同僚留任，与郑清之的对立进一步尖锐化。[②]

在此期间，传出了后村将被提拔的流言。吴昌裔认为后村是郑清之的爪牙，接着对他进行了严厉的批评。

> 枢密院编修官兼侍右郎官刘克庄，纤能而小慧，亦一利口也。蚤虽能文，见谓轻薄。真德秀其师也，平昔受知，出入其门，及德秀疾病，则遂奔竞而他往。曾从龙其所主也，督府幕属，皆其所拟，及上命督趣，则又变其说以沮行。王迈其乡人也，平时握手，出示肺肝，及为台评所点，则遂拒户而不见……至于刺探时事以闻大臣，传诵风旨以谕台谏，心术巇险，人皆畏之。[③]

弹劾完后村之后，三谏还勾勒了“明党”的谱系。

> 臣范首论何炳，而其亲朋惧；臣清叟连抨明（州）人，而其乡党惧；臣继论刘克庄等，而其宾客惧。[④]

对后村的批评中，关于督府一事，不知“又变其说”所指为何。但从接任曾从龙的魏了翁艰苦战斗的情形来看，后村对勇赴前线一事犹豫不决也有苦衷。至于说后村对师友背信弃义，则吴

---

① 《宋史》卷四〇八《吴昌裔传》：“初，昌裔与徐清叟、杜范一日并入台……人至和《三谏诗》以侈之。”《三谏诗》的“三谏”，指余靖、欧阳修、王素（《古今源流至论》别集卷四“历代人才下”）。

② 《杜清献集》卷六《留徐殿院劄子（同吴察院劄子）》；《鹤林集》卷二二《奏乞留殿院徐清叟状》。

③ 《历代名臣奏议》卷一八五《去邪》：“（吴）昌裔又论四都司疏……”

④ 《历代名臣奏议》卷一五〇《用人》：“端平中监察御史吴昌裔……次月轮事又言……”

氏所言并不实。西山死后，后村为给其送终，还特地请求担任福建参议，[①] 这绝非虚言，而且还被委托撰写西山的行状。另外，从酬赠诗也可看出，后村与王迈的友谊后来反而加深了。

比起后村的“变节”，其与郑清之的亲厚关系才是关键所在。陈宓曾经批评的“都司、枢属，机政所系，无非亲昵之私”的政治现状并未改变。基于此，吴昌裔等人就有了敌视后村的理由。后村似乎为自己再一次去职感到自豪，但他并没有提及太多这一时期的事。当人们正在享受“观潮”时（端平三年秋），后村离开了都门。

> 车前弯帽同声散，关外华簪一揖休。
> 惟有浙江潮好事，肯随逐客到严州。[②]

人情如纸薄，送行的人很快离去，只有浙江潮陪伴后村同行。

王迈和后村相继离开后，莆人方大琮仍留在朝堂。他对南宋的现状感到很悲观。他在奏疏中说，更化停止，“亡之一字，惯熟于上下之口”。[③] 嘉熙元年（1237）五月，临安又发生火灾，烧毁四万七千多家，受灾者达二十九万三千人，比史相末年的大火受灾更严重。[④] 后村的友人、端平二年进士、福州人潘牥（1205—1246）等多人上书，认为更化受挫的根本原因是济王沉冤未雪。[⑤]

---

① 卷一一二《杂记》：“以西山薨，堂白再乞福建参议，以送其终。”

② 卷一〇《桐庐舟中即事》。

③ 《铁庵集》卷一《谏院奏议·端平三年七月分第一劄》：“去岁夏五之后，景象顿异，则以存亡言矣。今也亡之一字，惯熟于上下之口。”

④ 《铁庵集》卷三《西掖奏议·缴奏户部侍郎权兵部尚书兼知临安府浙西安抚使赵与欢奏火灾乞削夺窜斥奉圣旨依累降指挥不得再有陈请录黄》：“乃夏五月延燎之家四万七千有奇，而邸第、官舍、营寨、寺观不与焉。暴露之民为口二十九万三千有奇……岂不烈于辛卯之祸乎？”

⑤ 卷一五二《墓志铭·潘庭坚》：“嘉熙丁酉，士民因火灾上封，多讼故王冤者。”

在朝堂苦思应对之策时，侍御史蒋岘（1196年进士）从中看到了出头的机会。他是后村曾经的同僚、值得信赖的朋友，[①] 此时站出来和众人唱反调，指出火灾与济王之事无关。这种“冷静”的议论，在当时是行不通的，蒋岘因此成为学生们的攻击目标。被逼得走投无路的蒋岘，不分青红皂白地弹劾了方大琮、潘牥、当时在漳州的王迈，以及返乡后起知袁州的后村等人。

这次弹劾掀起了轩然大波，此后舆论骚动骤然平息，且只有中层官僚被降职，对朝局未有过大影响。事实上，《宋史》提及后村处只有此次弹劾事件及后述史嵩之致仕事件。[②] 具有讽刺意味的是，对于后村而言此次事件打消了他之前的风评，也顺便成为新政受挫的象征之一。

事件发生时，提拔后村的郑清之已罢相（端平三年九月）。郑氏被期待实现“小元祐”而登上朝堂，但不仅经营政局失败，甚至还因与商人勾结（不难想象，“明党”中也包括这些商人）而招致议论。批评者认为，虽然收受贿赂、影响人事任命的是其掌握实权的儿子郑士昌，但父子二人是一体相关的。[③]

弹劾郑清之的杜范、吴昌裔，又因与执政李鸣复（1209年进

---

① 同上：“岘亦人也，本善余三人者。余为玉牒所主簿，岘为丞，考试省〔省试〕出，夸余曰：‘君可配〔酌〕酒贺我。’余请其故，岘曰：‘吾为国得一士。’问其姓名，则庭坚也。”

② 《宋史》卷四二四《徐鹿卿传》：“会右史方大琮、编修刘克庄、正字王迈以言事黜，鹿卿赠以诗，言者并劾之，太学诸生作《四贤诗》。”卷四二五《潘牥传》亦提及此事。叙史嵩之的起复问题时，卷四二四《洪天锡传》曾提及后村，但其并未出现在其他重要史传中。在本纪中，淳祐六年（起复事件之年）只记载其赐进士出身，就任秘书少卿、崇政殿说书等。此外，《艺文志》也未著录后村文集。

③ 《宋史》卷四〇九《唐璘传》：“宰相用时文之才，为经世之具，不顾民命，轻挑兵端，不度事宜，顿空国帑。委政厥子，内交商人……其子士昌，招权纳贿，拔庸将为统帅，起赃吏为守臣。”

士）对立而相继离开朝中。[①] 他们虽与郑清之两败俱伤，一起离开朝堂，但两个月后再次拜相的乔行简也未必称得上是胜利者。

前文提到，史嵩之此时已回到淮西前线。此前他因向蒙古通风报信，为蒙使王檝引路，招致了很多批评。史嵩之起复江西安抚使时，给事中洪咨夔封驳，吴泳论奏不可，[②] 史嵩之同乡袁甫（1174—1240，1214年状元）缴还其除刑部尚书的诰命，[③] 吴昌裔也为之呼应。[④] 为此，史嵩之以母亲生病为由，暂时回到故乡明州，但不久又起复淮西制置使，并顺利于嘉熙二年（1238）正月获得执政待遇，翌月升为参知政事、督视军马。

另一方面，返乡的后村在与王迈的赠答诗中写道，“借使终身无一事，亦令千载仰孤标”，“与君死守西山学，莫遣人讥末路蹉”，[⑤] 以表明自己安于在野生活。但乡居期间，他也曾梦到在朝的场景，作诗题为《五月旦日鸡鸣梦袖疏墀下先君问言何事答曰犹素论也先君太息称善闻追班声惊寤以诗识之》。[⑥] 由此可见他从未断绝庙堂之思。

即使身在局外，后村也会通过邸报等方式了解政治形势。构陷后村的蒋岘，其政治生涯也不长久，很快就传来被逐出朝堂的

---

① 《宋史》卷四〇七《杜范传》：“改起居郎，范奏：‘臣论鸣复，未见施行，忽拜左史之命，则是所言不当，姑示优迁。臣前者尝奏台谏但为仕途之捷径，初无益朝廷之纪纲，躬言之，躬蹈之，臣之罪大矣。’即渡江而归。”《宋史》卷四〇八《吴昌裔传》：“会杜范再入台，击参政李鸣复，谓昌裔与范善，必相为谋者，数谗之，以权工部侍郎出参赞四川宣抚司军事。”

② 《历代名臣奏议》卷一八五《去邪》：“监察御史吴昌裔论史嵩之疏……太中大夫、新除刑部尚书史嵩之……起家而帅江右，物议已自沸腾……给事洪咨夔谓近日雷雪之变，皆此人所致，尝行缴驳。权直院吴咏（泳）亦复见之论奏。”

③ 《宋史》卷四〇五《袁甫传》：“擢嵩之刑部尚书，复奏疏云：‘臣于嵩之本无仇怨，但国事所系，谊难缄默。’嵩之诰命，终不与书行。”

④ 见本页注②。

⑤ 卷一一《次韵实之春日二首》一、《三和二首》二。

⑥ 卷一一。

消息。围绕此邸报，后村与王迈写了一系列和诗，与其说他们是为蒋岘被贬而感到痛快，不如说是对自身不公的遭遇表达愤慨。[①]

“善类”们将朝局败坏的责任归于“小人”和史嵩之，或归咎于没有坚持政治方针、起用史嵩之的理宗和郑清之。但他们自己也不能免责。

“善类”们在新政之初大肆抨击史弥远时期的弊政，毫不留情。但是，一旦让他们自己来构思新政的图景时，又显得毫无章法。除防范独裁外，在与敌国对峙、处置流民和军费膨胀等问题面前，他们都显得束手无措。

> 端平更化，人徯其来，若元祐之涑水翁也。是时楮轻物贵，民生颇艰，意谓真儒一用，必有建明，转移之间，立可致治。于是民间为之语曰：“若欲百物贱，直待真直院。”及童马入朝，敷陈之际，首以尊崇道学、正心诚意为一义，继而复以《大学衍义》进。愚民无知，乃以其所言为不切于时务，复以俚语足前句云：“喫了西湖水，打作一锅面。”[②]

《大学衍义》并不能让老百姓吃饱肚子。不过，西山的正心诚意自有其价值，且如前文所述，他并不一味只讲道学。

但大部分“善类”并非如此。在讨论具体政策之前，他们往往先感情用事地发表一些憎恨史氏的极端言论。我们固然可以理解济王事件对时人来说是很严重的问题，但朝臣之所以一直热衷于追溯此事，不过是因为此事可成为政争和操纵舆论的工具。

对善类士大夫来说，在中央试验自己经世致用能力的绝好机会，就是“端平更化”。但他们还未来得及熟悉中央的政治运作

---

① 卷一一《读邸报二首》；《臞轩集》卷一六《和刘编修潜夫读近报蒋岘被逐二首》。

② 《癸辛杂识》前集“真西山入朝诗”。

方式，就相继退出了朝堂。不仅后村等人被弹劾去职，自请降职的人也很多。固然不能忽视他们的抗疏或许是政治策略的一种，但他们离开朝堂确实过于仓促。如果去看这段时间在朝官员的记录，就会发现“出关”“出国门”之类的词句随处可见，甚至还有未得敕许就自动离职的情况。长期处于在野立场的他们，并无即便身处泥潭也要留在中央的执念。

五　《清明集》中的名公

嘉熙三年（1239）正月，平章军国重事乔行简、左相李宗勉（1205 年进士）、右相史嵩之形成了“三头体制”。后村在李宗勉的举荐下升为广东提举。在此之前，后村曾被拟任为江西提举，但他没有接受。他给丞相李宗勉的信中写道，“惟是江西名部，监司高选”，但自己资历不足，不应就职。又表示由于自己尚不知就任于同路的从弟希仁被弹劾，故未以“妨嫌（亲属就任相关职位时应回避任官）”为辞，只提及自己应依次补缺。“今冬男冠女笄，家火寝迫，环堵萧然。”作为一家之长，后村深感有必要任官谋生，且不是依次待补（需次），而是马上任职。此时，李相虽有意让后村草拟诏令，但后村自称“盖素无科第，只合依本分做官。若位置一差，犯众怨忌”。对于回朝一事预设防线，未必是故作姿态，或许是以前入朝的痛苦经历还萦绕于心，也或许是他判断此时并不是进入中央的合适时机。后村表示：“岂若在外面做粗官，有俸禄，足以仰事俯育哉?”[①]一个月后，朝廷再

---

① 卷一二九《书·与李丞相》一：“惟是江西名部，监司高选，恐非庸琐可副使令。”同三：“虽以从弟希仁同在一路为疑，然远方尚未知希伋〔仁〕被论，将谓需次，故控辞申状，止言资望轻浅，不敢以弟兄妨嫌为词。”《与游丞相》一：“今冬男冠女笄，家火寝迫，环堵萧然……如做文字之类，某酷所不喜。盖素无科第，只合依本分做官。若位置一差，犯众怨忌……岂若在外面做粗官，有俸禄，足以仰事俯育哉?”此时游似尚未拜相，集中标题乃后来所添。

次下诏，任后村为广东提举，正合时宜。

> 闽人务本亦知书，若不耕樵必业儒。
> 惟有桐城南郭外，朝为原宪暮陶朱。[1]

后村途经商人们摩肩接踵的繁华泉州城、贾似道临终所在的漳州木绵铺，[2] 进入了广东。

> 几树半天红似染，居人云是木棉花。[3]

南宋时，以广东为中心广泛栽培的木棉花，在后村眼中仍是稀有之物。

> 赣客纷纷露刃过，断无徼吏敢讥诃。
> 身今自是劳盆长，较尔能贤得几何。[4]

看到关口小吏对从江西至广东的武装盐商畏畏缩缩的样子，离任地愈近的后村又紧张了起来。

“建上吏民，犹记绾县章之日；江西（袁州）父老，皆知解郡印之时”，[5] 从后村写给李相的自夸之语中，可以看出他对自身“盐米俗吏”的治事才能非常自信。即使后来有“如某者，久抗走而为俗吏，粗涉猎而非醇儒”[6] 这样的谦逊之辞，也反过来表现出他不同于“殆以雅流自居而不屑俗事”[7] 的士大夫的自负。

嘉熙四年（1240）八月，后村转任当地漕司（转运）之际，

---

① 卷一二《泉州南郭二首》一。
② 卷一二《同安》《木绵铺》。
③ 卷一二《潮惠道中》。
④ 卷一二《循梅路口四首》一。
⑤ 卷一一七《启·广东提举谢李丞相》。
⑥ 卷七六《辞免兼殿讲第一状》一。
⑦ 卷一〇〇《题跋·唐察院判案》：“自义理之学兴，士大夫研深寻微之功，不愧先儒。然施之政事，其合者寡矣……是殆以雅流自居而不屑俗事耳。”

中央政局又发生了变动。在对抗蒙古的战线上，孟珙与后村淮南入幕时期的同僚、邵武人杜杲（1173—1248）等顽强地坚持着。在后村为杜杲所撰神道碑中，特别强调了史嵩之恶意地对其事事妨害。[①] 不过，战况的整体好转与史嵩之的权势扩张有紧密联系。

同年二月，史嵩之被召还临安。接着乔行简引退，李宗勉去世，到年末时，宰执只剩下史嵩之一人，独相体制又重新确立。史嵩之还朝之际，后村按照惯例奉上贺启，[②] 但据《行状》记述，他在暗暗对丞相表示抗议。史嵩之为了供给两淮战线，从广东调运了屯田用的耕牛。后村一面巧妙地应承此事，一面在谢表中漏出一句“每于吏民相告语之间，具言朝廷不得已之意”，隐晦地加以讽刺。[③]

不知是否因为这个缘故，后村一直为史嵩之一党密切关注。[④] 淳祐元年（1241）六月，后村被召回行在奏事时，为史党的侍御史金渊（1214 年进士）所弹劾。后村受命回临安，到泉州时才得知此事。[⑤] 他再度回归了奉祠生活。

---

① 卷一四一《神道碑·杜尚书》：“公勋名日盛，人心所向。惟嵩之以所遣援兵失期，又耻前言不验，至是调曹顺、聂斌各以五千人断贼归路……嵩之劾公拥兵自卫……”

② 卷一一七《启·贺右丞相还朝》：“及新胡之崛起，殆举国之莫当。众方顾影以偷生，公独奋身而敌忾。”

③ 卷一九四《行状》：“史独相，经理两淮屯田，敷耕牛于广右。公以事关边储，急为区画，既应令而民不知。役〔异〕时表谢有曰：‘每于吏民相告语之间，具言朝廷不得已之意。’指此以讽也。”

④ 《宋季三朝政要》卷一“嘉熙元年”条将蒋岘视为“史党”。若此为事实，“四人组”事件发生时，后村应已被史嵩之党所注意。

⑤ 卷一九四《行状》：“辛丑，令赴行在奏事。侍御史金渊谓公以清望自拟，寝其召命。”卷一三〇《书·与宰执》：“昨者，叨恩入奏……某贱迹行至泉州，闻有台劾，归至田里。”《宋史》卷四〇六《刘汉弼传》中可见金渊被视为史党。另外，程谱第 183 页云后村归乡莆田后遭弹劾，从后村的记事来看，有误。

另一方面，身处临安的史嵩之也并不舒坦。他的叔父史弥远与济王案牵扯不清的记忆，至今在人们的脑海里挥之不去。史嵩之篡改了高斯得（1201 年生，1229 年进士）所编的《宁宗纪》，试图掩盖这些污点，[①] 结果却适得其反。另外，蒙古军的攻势并未减弱，蜀地仍遭受着蒙古铁蹄的蹂躏。

淳祐三年元旦，后村拜为侍右郎官时，又被史党的濮斗南（1229 年进士）所阻挠。再次奉祠的他，不仅给丞相送了礼状，还向丞相之父史弥忠（1165—1244，1187 年进士）问候致意，[②] 他的心情无疑是非常复杂的。

然而，史嵩之的处境也越来越糟糕。是年年末，为了躲避批评，史嵩之被逼得五次请奉祠。淳祐四年正月，端平间“三谏”之一的杜范复归朝中，很快就被委以重任，其任同知枢密院事之际，史嵩之提拔了端平间与之激烈对峙的李鸣复为参知政事。正中史嵩之下怀，不满与李鸣复共政的杜范，想要再次离开临安。但是，惊慌的皇帝下令不让他出城门，太学生们拥护杜范的呼声高涨，而且将批评矛头从李鸣复进一步转向史嵩之。[③]

对史嵩之而言，更具决定性的打击是九月其父之死。时人评价史嵩之为擅长“于善类择其质柔气弱易以夺之者，亲任一二”，对“变化士大夫之术”素有心得，[④] 但他此时的作为，不得不说

---

① 《宋史》卷四〇九《高斯得传》：“淳祐二年，四朝帝纪书成，上之。嵩之妄加毁誉于理宗、济王，改斯得所草《宁宗纪》末卷，斯得与史官杜范、王遂辨之。范报书亦有‘奸人劓入邪说’之语，然书已登进矣。（李）心传藏斯得所草，题其末曰‘前史官高某撰’而已。”

② 卷一一八《启·再除崇禧观谢丞相》《谢史端明》。

③ 《宋史》卷四〇七《杜范传》：“以李鸣复参知政事，范不屑与鸣复共政，去之。帝遣中使召回，且敕诸城门不得出范。太学诸生亦上书留范而斥鸣复，并斥嵩之。”

④ 《宋史》卷四二五《徐霖传》：“今日之士大夫，嵩之皆变化其心而收摄之矣。且其变化之术甚深，非章章然号于人使之为小人也。常于善类择其质柔气弱易以夺之者，亲任一二，其或稍有异己，则潜弃而摈远之，以风其余。”

很拙劣。史嵩之的叔父史弥远曾在丁母忧时，等待了半年才起复。根据后来太学生的批评之语，史嵩之正是预测到其父不久将离世，才起用马光祖（1226 年进士）、许堪（1217 年武进士）等未能终丧的官员，为以后自己能先起复、后奔丧做铺垫。三学诸生趁此时机发动抗议，在太学斋舍的廊下张贴“丞相朝入，诸生夕出。诸生夕出，丞相夕入”这样的“大字报”，逼迫朝廷在丞相和学生之间做出选择。当京学准备开除被视为骚乱主谋的游士（寄留学生）时，学生们举行了抗议活动。[①] 在“正论是国家元气，今正论犹在学校”[②] 这样为学校辩护的舆论面前，史嵩之不得已只能去服丧。

取而代之的范钟（1209 年进士）和杜范分任左、右丞相，于是后村的仕途之门再一次打开。淳祐四年秋，后村被拜为江东提刑。

> 某筋力尚堪驱策，向者不惮入广。今江东距闽为邻部，况一闲四载，宁不急禄？[③]

在致范钟的信中，他虽依例表示辞让，却并没忘记透露出上述欲求。

---

① 《宋季三朝政要》卷二“淳祐四年九月”条：“太学生……百四十四人上书曰：‘……自入相以来，固知二亲耄矣。为有不测，旦夕以思，无一事不为起复张本。当其父未死之前，已预为必死之地……而起复未卒哭之马光祖……而起复未经丧之许堪……’太学斋廊榜云：‘丞相朝入，诸生夕出。诸生夕出，丞相夕入。’时相恶京学生言事……讽京尹赵与篡逐游士。诸生闻之，作卷堂文……”另外，史美珩《史嵩之起复问题探》（《宁波大学学报（人文科学版）》2003 年第 4 期，第 123—126 页）为史嵩之进行了辩诬，即史嵩之得到父亲病危的消息赶赴明州，回乡之后才知道父亲的死讯，因此“匿丧不奔”并非事实。史嵩之“匿丧”确有可能并非事实，但对这次破例起复如何看待，仍是一个问题。

② 《宋史全文》卷三三“淳祐四年九月”条，徐元杰之言。

③ 卷一三〇《书・与范丞相》。

> 旧烦于讼。期年，日仅数纸，或无讼。吏不胜饥，多遁去。郡胥或问邑驵何以久无翻诉，驵曰："宰所剖决，农夫皆能传诵，士大夫或传写以教子弟。"

上文节选自后村回顾任官建阳时的文章，当时他管理着"健诉之地"，抑制了频繁"翻诉"的现象，令借此中饱私囊的胥吏（若没有县内无法解决、需上诉至州的诉讼，州之胥吏便可晋升）无油水可捞，因而作为有名判官获得了很高的声望。当后村妻子病重时，百姓希望她尽早痊愈的祈祝声不绝于耳。据说在后村离任 30 年后，听闻他来访的消息，居住于深山穷谷的老人们都前来迎接。[①] 他毫不讳言过去的任职经历，正说明对自己有相当的自信。

江东提点刑狱的职位也给予后村充分发挥审理诉讼才能的机会。以治所饶州为据点巡视九个州军，是他最重要的工作。按规定，从五月到七月，每两年巡行一遍，[②] 但就再三督促的诏书来看，荒废职务的监司数量应该不少。

提点刑狱的职责不仅是处理刑事案件，还包括原本属于转运司管辖范围的民事案件。据后村所述，提刑司有两位属官，负责民讼的是干官，负责狱案的是检法官。[③] 数年后，赴任当地的蔡抗（蔡元定之孙，1193—1259，1229 年进士）再三以"户婚不属

---

① 卷九八《序·送林太渊赴安溪》："……室人疾革，民守县门，为佛老事以祈福……去邑近或十年，远或三纪，而其人闻余至，虽穷〔深〕山穷谷戴白之老，争持幡花迎饯。"

② 《庆元条法事类》卷六《职制门》"权摄差委"："诸监司每岁被旨，分诣所部，点检催促结绝见禁罪人者，各随置司州地里远近，限伍月下旬起发，至柒月拾伍日以前巡遍。"同卷七"监司巡历"："提点刑狱仍贰年一遍。"

③ 卷七九《辟休宁知丞洪涛〔焘〕充本司干官申省状》："某契勘，诸路提刑司属官两员，民讼委干官，狱案委检法。"

本司”为由，留意不侵犯他司的管辖领域，[①] 但因转运司治所遥远（建康府和饶州分别在江南东路的南北两端），提刑司还是会受理此类诉讼。[②]

此外，提刑司的职能还包括官吏的举荐和弹劾、经总制钱的催科（乾道八年以后）[③]、核查灾害报告的真伪等[④]。后村还承担了盐税的催科，对于此项职责，他多有抱怨，认为管理盐务违背了宪司“专以奉行宽大”的宗旨，也不利于宪司发挥制衡漕司的作用，且无法“专心一意于狱事”。[⑤]

加之江南东路中，饶州、信州都是天下闻名的健讼之地。[⑥] 此地充斥着如“牛头阿旁”般令人恐惧的胥吏，[⑦] 以及在各地分派爪牙、在州城设骗局、把持诉讼的豪民。[⑧]

后村到任时，当地发生了严重的干旱。饶州税收的定额为十

---

① 《清明集》（明版，下同）卷九《户婚门·违法交易》“已出嫁母卖其子物业”条：“户婚不属本司。”同“卑幼为所生父卖业”条：“但本司不欲侵运司事。”

② 《清明集》卷一《官吏门·申牒》“监司案牍不当言取索”条：“应诉婚田，念其取使司遥远，间与受状。”

③ 《宋史》卷一六七《职官志》“提点刑狱公事”：“（乾道）八年，用臣僚言，诸路经总制钱并委提点刑狱官督责。”

④ 《庆元条法事类》卷七《职制门》“监司知通按举”条：“诸灾伤路分，安抚司体量措置，转运司检放展阁，常平司粜给借贷，提点刑狱司觉察妄滥。”

⑤ 卷七九《减放盐钱申省状》：“某照得，臬司所以能专〔督〕责郡县，使之奉法爱民者，以其不管财赋，专以奉行宽大、推广德意为职业。迩来〔衍字〕数年以来，朝廷分委刑狱之臣卖盐。”

⑥ 《清明集》卷一二《惩恶门·豪横》“为恶贯盈”条：“饶、信两州，顽讼最繁，奸豪最甚。”《后村集》卷一六二《墓志铭·直宝章阁罗公》：“知饶州余年〔干〕县，旧〔补‘讼’〕牒日数千〔十〕百。”

⑦ 《清明集》卷一《官吏门·禁戢》“禁约吏卒毒虐平人”条：“见吏卒如见牛阿旁，或捆或踢，或叱或唾，神魂已飞。继以百端苦楚，多方乞觅。”此条执笔者吴雨岩（名势卿），《宋史·赵景纬传》中提及其曾为“江东提点刑狱”，此条应是当时的判词。

⑧ 《清明集》卷一二《惩恶门·豪横》“为恶贯盈”条：“方且分遣爪牙，多赍银器，置局州城，赂公吏。”

八万石，但实收已减到八万石，而且还要向前线淮西、淮东运送九万石粮食。[①] 此时又遇上天灾。饶州城的修理也进展不顺，一旦有紧急事件，就将面临束手无策的状态。[②] 后村清楚自己算是顺利克服了如此繁难的治理局面，后来在将淳祐九年（1249）到宝祐六年（1258）这 10 年间的作品结集为《续稿》时，附录了在江东任职时所作判语。“于听讼折狱之际，必字字对越，乃敢下笔，未尝以私喜怒参其间，所决滞讼疑狱多矣”，这些判语累计有“建溪（建阳）十余册、江东三大册”，其中前者因多为县内小事而被删去，后村只摘取后者收入文集。[③]

景定二年（1261）初刻的《名公书判清明集》，也收录了 22 条后村判语。因《续稿》跋文作于“开庆改元（1259）上巳日”，所以后村任职江东时的判语很可能出自《续稿》，不过其任职建阳时的判语也有收录。《清明集》据为底本的，可能是经过编集的“建溪十余册”本，也可能如前引记事那样，是“士大夫传写”之本。虽然尚不明了《清明集》在何处刊行，但从书的特征看，刊于建阳的可能性很高。该地很容易获得后村的判语。

传写和刊行判语，可以说是当时的流行现象。如南宋范应铃（1205 年进士）收集“断讼语”编成《对越集》四十九卷，[④] 其

---

① 卷七九《与都大司联衔申省乞为饶州科降米状》：“窃〔补‘见’〕饶州向来苗米一十八万为额……端、嘉以后每岁仅催及八万……所有岁解淮西总所六万石，淮东总所三万石，无所从来。”

② 卷五二《召对劄子（淳祐六年八月二十三日）》三：“如饶州谯楼欲压，扶以二木，城圮可踰，濠塞为陆。郡兵千人，未尝简稽。以此推之，它州可见。一夫攘臂疾呼，必为执事者之忧。”

③ 卷一九三《书判》附续稿跋：“续稿五十卷，起淳祐己酉，至宝祐戊午，十年间之所作也……于听讼折狱之际，必字字对越，乃敢下笔……所决滞讼疑狱多矣……存者惟建溪十余册、江东三大册。然县案不过民间鸡虫得失。今摘取臬司书判稍紧切者为二卷，附于续稿之后……开庆改元上巳日，克庄题。”

④ 《宋史》卷四一〇《范应铃传》。

“对越”二字当与后村所言“字字对越”义同。此外，还有后村题跋的《唐察院判案》[①]《平心录》。前者的作者是唐璘（1217年进士），后村评价其作曰：“仕者当写一通置之于座右。”后者的作者是吴革，据称由其“门生故吏”编纂而成。[②] 后村称赞吴革在知临安府期间的表现，并给他写信分享自己读《狱空诗》《平心录》的感想。[③] 广东人李昴英（1201—1257，1226年进士）作序的《方帅山判》也是同类著作，“一判出，佐属争手抄。久焉，所编巨，廼汇分而梓”。[④]

方帅指的是方大琮。他如后村一样再次回到官场，先任福建转运判官，之后接替后村，于淳祐元年赴任广东。从江东被召回中央的后村曾引荐方氏，但尚未成功，方氏就在任地去世了。后村为他所撰的墓志中，也称赞其治狱能力，“书判多累千言，少亦数百字，广人珍诵”。[⑤] 此书的编集无疑是在其去世后不久，其僚属请当地名士李昴英作序。从李氏跋文可知，还存在《潜守治狱好生方》一书，[⑥] 李氏亦在文集中留下了四条判语。[⑦]

这一时期集中编纂判语集的背景是，现实对士大夫作为“俗吏”的治理能力提出了要求。判语集的刊行，不仅彰显了作为“有名判官”的官员自身，同时也因应了士大夫对治理手册

---

① 卷一〇〇《唐察院判案》：“叹曰，仕者当写一通置之于座右。”

② 卷一一一《吴帅卿杂著·恕斋平心录》：“其门生故吏汇其历官拟笔判案，曰《平心录》。”

③ 卷一三四《答英〔吴〕帅卿·内简》。

④ 《文溪集》卷三《方帅山判序》：“所部大治，一判出，佐属争手抄。久焉，所编巨，廼汇分而梓，于寄来者稽焉。”

⑤ 卷一五一《铁庵方阁学》。

⑥ 《文溪集》卷五《跋潜守治狱好生方》。

⑦ 《文溪集》卷一一《太学果行斋学生蔡顺孙等劄子乞差充鹭洲书院学宾职事判》《蠲除受纳官事例钱判》《发妓孙惜回南安军判》《革榷酤弊判》。

的需求。这一时期又是“讼学”登场的时代，[①] 对于提起诉讼的一方，这些书也可起到为他们提供“官方倾向与应对之策”的作用。

此外，值得注意的是，这些判语的作者多数属于朱子学统，亦与后村有所关联。此处试罗列《清明集》卷首的“《清明集》名氏”如下，皆为当时的有名判官。[②] 括号内是所记姓名及籍贯，字则省略。

晦庵先生朱氏（　　新安）	西山先生真氏（德秀　建安）
履斋先生吴氏（潜　宣城）	抑斋先生陈氏（韡　三山）
意一先生徐氏（清叟　建安）	留畊先生王氏（伯大　三山）
久轩先生蔡氏（抗　建安）	庸斋先生赵氏（汝腾　三山）
昌谷先生曹氏（彦约　南康）	沧洲先生史氏（弥坚　四明）
西堂先生范氏（应铃　南昌）	茗溪先生章氏（良肱　霅川）
裕斋先生马氏（光祖　婺州）	铁庵先生方氏（大琮　莆阳）
后村先生刘氏（克庄　莆阳）	自牧先生宋氏（慈　建安）
雨岩先生吴氏（势卿　建安）	丹山先生翁氏（合　建安）
秋崖先生方氏（岳　三衢）	实斋先生王氏（遂　镇江）
石壁先生胡氏（颖　潭州）	文溪先生李氏（昴英　番禺）
浩堂先生翁氏（甫　建安）	庐山先生陈氏（埙　南康）

---

① 宫崎市定：《宋元时代的法制与裁判机构》「宋元時代の法制と裁判機構」，《东方学报》京都二三—四，1965 年；《宫崎市定全集》11《宋元》，1992 年，第 206—212 页。

② 这一名单亦见于静嘉堂文库藏宋刊本。《四库全书总目》卷一一〇：“《名公书判清明集》十七卷（《永乐大典》本）……辑宋、元人案牍判语……皆署其人之别号……然名不甚显者，其人遂不可知矣。”盖因馆臣未见此名单。关于《清明集》的各种版本，可参见高桥芳郎：《〈名公书判清明集〉之编印者与版本源流》，收入北京大学中国古代史研究中心编：《邓广铭教授百年诞辰纪念论文集》，中华书局，2008 年，第 827—836 页。

桃庵先生刘氏（希仁　莆阳）　立斋先生姚氏（瑶　延平）
息庵先生叶氏（武子　邵武）　臞轩先生王氏（迈　莆阳）

从开头避朱子讳所留的空白，可看出此书的意旨。紧随朱子之后的是真德秀。第三位是官至丞相的吴潜，如此地位也只能居于第三，位于朱、真之后。曹彦约（1157—1228，1181 年进士）和叶武子（1214 年进士）都是朱子弟子，陈韡则是与真德秀关系密切的陈孔硕（1175 年进士）之子，蔡抗是朱子高足蔡元定之孙。另外，史弥坚虽是史弥远之弟、史嵩之叔父，却与其兄保持相当距离，且长期任地方官，在建宁设立义仓，为真德秀所称颂。① 真德秀、陈韡、蔡抗、方大琮、刘希仁、王迈以及《洗冤集录》的作者宋慈（1186—1249，1217 年进士），都是后村知建阳县时的知己。②

此外，朱子高足、后村的前辈黄榦虽未入此名单，其文集之中也收录了 33 条判语。③ 将"判语"收入文集之中，虽与"雅流"的身份并不相称，却足以展示身为"俗吏"的实绩，无论本人还是周围人都对此无异议。

虽自称"俗吏"，但他们与胥吏全然不同。在名公们的判语中，对胥吏根深蒂固的不信任感是贯穿始终的基调。极端一点说，这两者的出身经历原本就是不同的，士大夫的教诲无法适用于胥吏。不过，健讼之风的盛行并不能完全归咎于胥吏。《清明集》所涉案件的主人公，大多是士人或想往士人靠拢的阶层。

高桥芳郎指出，当时"士人"一词除包括普遍意义上的士人

① 《延祐四明志》卷五《史弥坚》："守建宁，行义仓法。真文忠公纪其政绩……判牍神敏。旧有《书判清明集》，皆能吏极选，弥坚与焉。"

② 卷一五九《墓志铭·宋经略》："余为建阳令，获友其邑中豪杰，而尤所敬爱者曰宋公惠父……师事考亭高第吴公雉……暨入太学，西山真公德秀衡其文，见谓有源流，出肺腑。公因受学其门。"

③ 《勉斋集》卷三八至四〇。

之外，也特指与士大夫有所区别的某类群体。[①] 那些虽还不入流，却又与“庶”有一线之隔的人也被称为“士人”。《清明集》所涉“士人”大多指的是这一类人。对统治阶层而言，他们常常是令人头痛的根源。

> 缘潜彝父子恃其铜臭，假儒衣冠（指纳粟补官），平时宛转求乞贤士大夫诗文，文其武断豪强之迹。

潜彝父子通过纳粟获得“小使臣”（武阶）的身份，[②] 又在乡里横行霸道，如何处置他们，让“未尝罪及士人”的后村感到苦恼。[③]

实际上，在地域社会中发挥影响力的，除了士大夫之外，就是他们这些人。从数量上来看，后者的动向左右着地方统治的成败。他们形成了官僚金字塔下庞大的基底。端平年间，后村兼任侍右郎官（铨选下级武官）时，在他管辖之下的“本选在籍小使臣”有 13900 人。问题在于纳粟补官者不断增加，如此数年后，这些人将占据铨选的大部分名额，后村担忧这样将会阻碍其他人的晋升路径。[④] 到了景定元年（1260），后村任权兵部侍郎时，曾对皇帝说：

> 每坐曹据案书押副尉以下文帖，不知其几千万纸。由此

---

① 高桥芳郎：《宋代的士人身份》「宋代の士人身分について」，《史林》六九—三，1986 年，第 39—70 页。

② 关于小使臣，可参见梅原郁：《宋代官僚制度研究》，同朋舍，1986 年，第 111、197 页。

③ 卷一九三《饶州州院申潜彝招桂节夫周氏阿刘诉占产事》（《清明集》卷四）：“……当职所至，未尝罪及士人……况已纳粟为小使臣，辄作潜监酒户。”

④ 卷五一《轮对劄子（端平二年七月十一日）》二“贴黄”：“本选在籍小使臣一万三千九百余人，内奏补五百〔千〕五百余人，宗室三千六百余人，吏职、军班各千人，而武举不满五百，军功不满千，以恩泽入仕者如此之多……又有（鬻）爵一途，已参注者二千一百余人……皆注监当，而监当阙皆十二年以上，六七人共守一阙。臣恐数年之后，充塞铨部皆以赀为郎之人，而仕进之涂愈狭矣。”

推之，大小使臣之给告身、绫纸者，又不知其几也。[1]

处于武官末阶的副尉人数不断上升，由此推之，大、小使臣的任命书将堆积如山。像潜氏这样的人，大多在教养和品性方面并没有资格被称为士。后村亦对他们抱有一种厌恶感。但与此同时，为了弥补湖州、秀州的粮食歉收，后村还是提出了纳粟补官的建议，[2] 可见要坚持“爱惜名器”是很难的。

胥吏终究只是胥吏，如果下定决心的话是不难处置的。但对于士人则需要另外的对策。暂且不提潜氏的恶行，他们渴望与“贤士大夫”诗文往来、努力想要融入士大夫社会的样子，其实也是“贤士大夫”自己或其先祖们过去的姿态。如果因为做了恶事就对他们上刑，士大夫自身的立足点很可能就分崩离析了。实际的处理办法是，对他们手下留情，尽可能用“教诲”的方式促使他们自觉。让他们学会与士的身份相符的行为举止，引导他们成为地方社会良性发展的力量，而这正是以道学自任的士大夫们的理想。

从曾在泉州地方官任上展现过高超治理手腕的真西山身上也可看出，道学与俗吏是可以并存的，更准确地说，本来就应当共存于同一人身上。后村虽然说过自义理之学兴，俗吏愈加被轻视，他本人也不被视为道学家，但却因出色的判语而跻身于“名公”之间，可谓是践行朱子学“道学 + 俗吏”共存的至高理念的一个典型。

六 公论的芒刺

在史嵩之下台后上位的范钟、游似两相之中，后村与后者关

---

① 卷八六《进故事·辛酉三月十八日》。

② 卷八七《进故事·辛酉七月十五日》：“湖、秀二州水灾……若朝廷采汉文、景及乾（道）、淳（熙）已行，许之入粟于官，籍数来上，随其多寡优与补授。白身人补官，已仕者减举员或转秩，士人免举升甲首……不待科抑，人自乐输。”

系较为密切，却被前者所嫌恶。根据《行状》记载，范钟曾以饥荒中不欲进行官员交替为由阻止后村入朝。范钟罢相后的淳祐六年（1246）四月，后村接到入朝的任命。但此次交接将使任内公务半途而废，并非他的本意，因此直到七月他都一直留在任地，并请求归省老母所在的故乡，却被朝廷拒绝。[①]

七月十八日，离开饶州的后村于一周后抵达信州，此时接到了任太府少卿的命令。[②] 他八月十五日回到临安，二十三日召对，即日赐同进士出身，拜为秘书少监，翌日任国史院编修官，三日后又充任侍讲，几天之内的变化令人目不暇接。[③] 虽然后村不是恩师西山那种大发议论的类型，但也进讲了《尚书·商书》《论语·阳货》《周礼·夏官司马》等内容。[④]

十月一日转对，[⑤] 四天后参列景灵宫祭祀，之后又被命令兼任中书舍人。翌日，又行"上三房""下三房"之中的"上三房"文书，力辞不受，十三日始赴任。[⑥] 据《行状》，当时太学、武学、京学的"三学友朋"皆来祝贺。

中书舍人对年近60的人来说是相当艰辛的工作。友人出示东坡亲笔的《玉堂词草》，后村在跋语中写道：

---

① 卷一九四《行状》："范实忌公，因托言'岁旱民饥，艰于择代'，沮其入也。范去，游独当国，与参与抑斋娄公〔二字改为'屡'〕以公荐。丙午四月，令赴行在奏事。时方祷雨，公虽治任，而拯饥雪枉，备极焦劳，留至七月，乞谒告省亲，不许。"

② 卷七六《辞免府少状（丙午）》："某七月初九日解江东提刑司职事，十八日离饶州……二十五日行至信州，准劄'刘某除太府少卿'。"

③ 卷一九四《行状》："八月望入修门，二十三日面对三劄……宸翰已至：'刘某文名久著，史学尤精，可特赐同进士出身，除秘书少监……'次日，兼国史院编修官、实录院兼〔检〕讨官。又三日，除御史〔三字改为'御笔'〕兼崇政殿说书。"

④ 卷八四《商书讲义》《论语讲义》，卷八五《周礼讲义》。

⑤ 卷五二《转对劄子（十月一日）》。

⑥ 卷六一《史嵩之守金紫光禄大夫求〔永〕国公致仕》跋："越四日，上亲享景灵宫，予立卿监班……予忝时暂兼权中书舍人之命……翌日得省劄，俾行上三房，予力以上三房逊赵汝腾侍郎……十三日，始赴后省供职。"

> 或疑此卷涂抹多而点画拙，似非公书。夫六十老人，词头夜下，揽衣呼烛，顷刻成章，岂暇求工于字画乎？

根据自己的亲身体会，后村判定此帖为真迹。[①] 他虽然过着“在职七十余日，所草外制七十道”的繁忙生活，[②] 但在万分忙碌之中，仍然关注着离开临安这十年内社会风俗所发生的变化。在进讲之际，他对理宗所奏如下：

> 窃见都城风俗稍异于昔，王侯邸第，湖山亭馆，鳞次栉密，丹碧相照。士大夫贵货而贱德，小人崇饮而饰游。[③]

此年与北宋灭亡的宣和、靖康之际正好隔了两个甲子，朝野都在风传“厄运之说”，[④] 还恰巧发生了让这一迷信传闻更有说服力的事件。前年，丞相杜范在就任后不到半年内突然去世（淳祐五年四月），从那之后不到三个月，刘汉弼（1188—1245，1217 年进士）、兵部侍郎徐元杰（1194—1245，1232 年状元）也相继死于非命。二人都是旗帜鲜明反对史嵩之的人，正因如此，这些人是否为山相（当时对史嵩之的称呼）所毒杀的怀疑不断扩散。在史嵩之下台之际，气势汹汹的学生们要求查明真相并开始骚动。朝廷虽也着手进行查证，但因为没有明确证据，最终该事件不了了之。范钟之所以去相，也是由于对事件的处理不够明确而遭到了批评。宰相的位子出现了空缺，人们纷纷臆测究竟谁会坐上相位。史嵩之服丧期满的日子已渐渐临近了。

后村入临安后，不久便在召对劄子里专门针对这个问题表示

---

① 卷一〇五《题跋·方一轩诸帖·东坡〈玉堂词草〉》：“……则此卷乃真迹无可疑矣。”

② 卷六一《史嵩之守金紫光禄大夫求〔永〕国公致仕》跋。

③ 卷八四《商书讲义·盘庚下》。

④ 卷一五八《墓志铭·赵克勤吏部》：“是岁丙午，朝野以厄运为忧。公轮对言：‘丙午、丁未之厄，古无是说。议者推原宜〔宣〕、靖致祸之本……’”

了自己的担忧：

> 深惟本朝以仁立国，势趋于弱。粤自全盛至于偏安，虽二（三）百年间名臣辈出，而夷狄之患未有能当之者……臣窃议其后，若景德之于寇准，庆历之于吕夷简，靖康之于李纲，建炎之于秦桧是也……陛下慨思其人而不可得，遂取其似是而非者而相之……既去而畏之未已，岂非以（王）叔文起复之谋虽沮于独断，庐〔卢〕杞见思之语已喧于群听乎……又不足以望桧万一。[①]

虽然他没提史嵩之之名，却在严厉批评史嵩之尚不及秦桧之“万一”。由于史嵩之起复的传闻风行，“从官、言路、馆学”联名上书，“五庠诸生”也纷纷伏阙上书，皆反对史嵩之起复。[②]

因为如此强烈的反感，最终史嵩之的复出被阻止。官方决定让史嵩之致仕，此事看起来已是尘埃落定，[③] 但其中仍存在问题。致仕并不意味着为官生涯完全画上句号，撤销致仕（落致仕）也是完全可能的。以何种形式致仕，决定了是否会为起复留下契机。任职于中书“上三房”的后村接到了为史嵩之草制的任务，再次被卷入政治漩涡之中。详载此事经过的《掖垣日记》生动描写了当时的情况。

十二月九日，皇帝决定让史嵩之“守本官职致仕”，两天后，此制的词头送到了中书后省。在此之前，后村与行“下三房”文书的赵汝腾（1226 年进士）、给事中赵希塈约定，“如施行未惬公

---

① 卷五二《召对劄子（淳祐六年八月二十三日）》一。

② 卷一一一《题跋·毋惰赵资政奏稿》：“于时朝野传其覆出，从官、言路、馆学联章合疏，五庠诸生投匦伏阙者以千百计，咸请削夺。”

③ 寺地遵的《史嵩之的起复问题——南宋政权解体过程研究劄记》「史嵩之の起復問題—南宋政権解体過程研究劄記」（《史学研究》二〇〇，1993 年，第 47—66 页）主要讨论起复问题，没有言及致仕相关。

论”，则由后村先缴还词头，若皇帝没改变旨意，二赵再行缴还，即分两阶段行动。等致仕之制下达时，后村本打算缴还，但赵希塈认为“致仕指挥欠罪状一二语，此则难但已。若缴则上意回而沮之，恐并此收了，反成纷纷”。后村听从其言，十二日在上奏中写明了史嵩之的致仕罪名。① 其中，他举出山相有“无父之罪”和“无君之罪”。“无父之罪”指其未遵父亲平日训诫，违背其父临终时“戒勿起复”的遗命，隐瞒父亲死讯，照常出入朝堂，并向私党授以邪谋，先起复而后奔丧。不过这些只是表面上的争论焦点，“无君之罪”才显露出这场政争的本质。

针对史嵩之由外帅被召入相一事，后村表示：

> 用诡计微服疾驰，诈称张路分（都监），径入将作监，见百官，秉魁柄，袭（东晋）王敦、苏峻下石头之迹，一也。

从这一条就可看出在朝士大夫对外帅入相是多么敏感。为了缓和士大夫的戒心，史嵩之采用了上述策略，此事不见于其他史料，但后村所述应是事实。

> 外交王檝、倴盏以劫制朝廷，祖秦桧挟挞辣之智，二也。其欲恐动陛下，则警报交于道涂，及欲顺适陛下，则捷奏出于怀袖，与赵高指鹿无异，三也。

后村所述虽有些夸张，但掌握外交、军事权力从而控制朝局的山相，也确实难以摆脱这样的嫌疑。

> 枢印携归四明，斥候摆至四明，堂案决于四明，堂吏役

① 卷八〇《掖垣日记》跋语：“腊月初九夜，御笔：‘嵩之预乞挂冠，今已从吉。可依所乞守本官职致仕，已降宫观指挥更不施行。’十一月〔日〕黄至后省。先是，给事赵克家令赵侍郎茂寔来约予（茂寔时行三下〔下三〕房），如施行未惬公论，则予先缴。如再不报，则二人助之。致仕命下，予折简茂实，报给事以欲〔补‘缴’字〕黄之意。茂实以克家回柬来云：‘致仕指挥欠罪状一二语，此则难但已。若缴则上意回而沮之，恐并此收了，反成纷纷。’”

于四明，除目先禀四明然后出，边事报先达四明然后奏，虽桓温自姑孰制朝权亦未至此，五也。

依后村所言，史嵩之在明州服丧时依然发挥着巨大的影响力。难以想象起复受阻后，史嵩之还能如此行事。

后村对皇帝想要示史嵩之以恩遇的心情表示理解，进而提出建议，“乞明诏著其所以致仕之因，庶几词臣有所按据，见之训词，以塞公议”。[①] 若依后村主张，在词头中坐实“无父之罪”“无君之罪”，则史嵩之将不光彩地退出政界。理宗自然不予回应，仍降下宣谕，要求依自请致仕之例来草制。[②] 接受了为史嵩之草“乞致仕劄子”任务的后村，对所谓“守本官职”中的“职”到底为何提出疑问，又提出在阶官下带永国公，即以“无职”致仕的方案。[③] 但据后村所述，这一回奏在对外公开时，后面提案的部分被删节，询问“所守何职”的部分被放大，因而招致了误解。[④] 此时，外界尚不知皇帝早就准备给予史嵩之“观文

① 同《奏乞坐下史嵩之致仕罪名状（十二日）》：“嵩之有无父之罪四：父在日劝行好事，每悖训言，一也。父临终戒勿起复，首违治命，二也。当日〔五〕内分烈〔裂〕之时，杨〔阳〕为不闻，出入朝堂，食稻衣锦，分布私党，授以邪谋，先起复而后奔丧，三也……有无君之罪七……嵩之督师于外，乃用诡计微服疾驰，诈称张路分，径入将作监，见百官，秉魁柄，袭王敦、苏峻下石头之迹，一也。外交王楫〔檝〕、侪盏以劫制朝廷，祖秦桧挟挞辣之智，二也。其欲恐动陛下，则警报交于道涂，及欲顺适陛下，则捷奏出于怀袖，与赵高指鹿无异，三也……枢印携归四明，斥候摆至四明，堂案决于四明，堂吏役于四明，除目先禀明〔衍字〕四明然后出，边事报先达四明然后奏，虽元〔桓〕温自姑孰制朝权亦未至此，五也……臣窃谓公议咸请诛窜，而陛下终始保全，第令休致，不谓不尽恩意矣。群臣若不体圣意，复于休致之外别请削夺，则曰难行。今臣所陈，止乞明诏著其所以致仕之因，庶几词臣有所按据，见之训词，以塞公议。”

② 跋语：“十三日得丞相柬云：‘上令宣谕，山相致仕，欲示保全，可只作自陈行词。’又付下御前所录嵩之乞致仕奏状，令体此降制。”

③ 《回奏（十三日）》：“但所谓守本官职致仕者，未知守何职。右丞相既非职名之比，所有本官见封永公国〔国公〕，合于阶官下带永国公致仕，庶得允当。”

④ 跋语：“省吏部〔衍字〕节略予奏状中‘合于阶官下带永国公致仕’之文，止将‘所守何职’四字报行，谤之所由起也。”

殿大学士”这一职衔[1]，在他们看来，正是因为后村的奏问才导致史嵩之带职致仕，或者根本就是后村提议的。

十四日，后村在进讲时当面听到了皇帝“除职”的决定，且被催促执笔制书，后村退出时才知道是“除观文殿大学士致仕”。宰相若因犯错而被罢，惯例是以落职或不除职致仕，更何况是国之“元恶”史嵩之，居然被授予只有元勋才能与之匹配的“大观文”之衔。当天辗转反侧夜不能寐的后村，翌日呈上奏状，吐露了自己如果奉命书黄，将得罪公议、两面不讨好的苦衷。但他最终没有缴黄，为了避免台谏、侍从的批评，他劝说理宗按他原先提出的以“永国公致仕”来草制。对此理宗回复，“卿既已遵承”，仍命以观文殿大学士草制。[2]

十六日，后村上奏状试图逃避责任。草制“大观文”本应全权委任给翰林学士。暂且不论翰林院是否缺员，眼下起码有两位直院在。绍兴二十五年，秦熺（秦桧之子）的致仕制也是由学士院降麻的。后村以不想侵内制之职而贻笑天下为由装糊涂，来试探皇帝的反应。但皇帝还是下旨，让后村与翰林一起草制。[3]

十七日，后村与二赵一同缴还词头。至此，他终于表明自己

---

① 译者按，原文为“馆职”，但观文殿大学士应属殿阁学士的贴职，故译为“职衔”。

② 《乞寝史嵩之职名奏状（十五日，不付出）》：“臣昨日进讲，侧闻玉音，已降御笔史嵩之除职……讲退方闻大观文……臣为之终夕辗转不寝……今嵩之忠孝有亏，而所除职名乃与元勋重德无异……臣今未敢缴黄……更望睿慈三入圣恩〔思〕，详臣元奏，寝罢嵩之职名，只守永国公致仕，以塞公议。”《宣谕》：“史嵩之除职致仕，卿既已遵承，又复入奏。可依已降批谕，日下行词。”

③ 《第二奏状（十六日，不付出）》：“今除大观文，则合宣锁降麻，此乃学士院职事……窃见绍兴二十五年秦熺特授小〔少〕师、〔补‘观’字〕文殿大学士、嘉国公致仕，与嵩之致仕一同，系学士院降麻，具载实录。若臣冒昧侵内〔补‘制’字〕之职，岂不贻笑天下。”《宣谕（十六日）》：“既是合以系学士院降麻，可与一向〔面〕书行。”

站在“公论”一边。十八日，针对催促草制的宣谕，后村以“公论交攻难下笔”为由拒绝了。

十九日，有一太学生找到后村，从怀中取出他们所写的意见书面呈。其内容虽不得而知，但无疑在批评后村“软弱”。后村回复道：“若有策可以感悟天听，虽公论交攻，吾愿以一身当之，不敢求苟免。”听闻此言，太学生唯唯而去。[①] 虽然后村称此太学生不过意若示恩，但也有可能是在告知其太学动向的同时，担心决意缴黄的后村在皇帝的固执面前败下阵来，想要向他施加压力。

翌日，后村在斋宿的太一宫上书，以奉养母亲为由请求奉祠。[②] 这一要求未被批准，不过二十二日晚，他接到了皇帝总算让步的消息。最终，制文在后村建议的基础上，拟定为“金紫光禄大夫守永国公致仕”。二十三日，[③] 后村只记下“太学上书”四字，但其言外之意是，此事与之前面见后村的太学生的动向有关联。接着，殿中侍御史章琰（1226 年进士）弹劾后村，使其不得不以一种不光彩的方式辞职。[④] 后村苦心起草的制文[⑤]也没能面世。

---

① 跋语：“十七日，与克家、茂实联衔缴黄……十八日，刑部谢侍〔补‘郎’字〕又来宣谕，趋行词，即以公论交攻难下笔为词以对……十九日，茂寔以简送大学士〔太学生〕某来相见，袖出众士所上书稿，意若示恩于余者。予谢之曰：‘屡尝执论而未报，若有策可以感悟天听，虽公论交攻，吾愿以一身当之，不敢求苟免。’其人唯唯而去。二十日，余斋宿太一宫……即斋宫上疏乞出。”

② 《乞祠申省状（二十日）》：“重念偏亲八十有七，素患目疾，晚而益甚……欲望朝廷特赐敷奏，畀以祠庙，使之奉亲。”

③ 译者按，原文为二十一日，核对史料，当为二十三日。

④ 跋语：“廿二日…则已别降旨挥寝大观文之命，止以金紫守永国公之命〔二字衍〕致仕……廿三日，太学士人上书。廿四日，章殿院琰上殿，〔补‘论’字〕予畏祸揣摩，先传奏牍以卖直，证言削稿以欺君。”

⑤ 卷六一《外制・史嵩之守金紫光禄大夫求〔永〕国公致仕》注：“次日被论，遂藏稿不出。”

读《日记》所附跋语，能深切地感受到后村的懊悔。他留下日记，在除夕日执笔附上跋文并收入文集，正是为了自我辩解。他的自辩每一条看起来都是令人信服的。对于指责后村因畏惧史嵩之而没能断然缴黄，他回应称，当时“士人攻嵩之者免解，士大夫攻嵩者擢用”，缴还的做法反而更容易，此说法是有道理的。另外，据后村所言，太学上书的执笔上舍生是潭州人，当时后村的一个亲戚任湖南转运使，正因科举（漕试）之事被当地士人控诉，上书者担心后村居中为援，才一并弹劾他。[①] 这也是符合实情的。

关于史嵩之致仕制一事，《宋史》描述的经过如下。[②] 史嵩之终丧之际，台谏急先锋李昴英、章琰奏论对其应加贬窜，在驱逐史党时出过力的监察御史黄师雍（1226 年进士）与之呼应，断绝了山相的复出之路，令致仕成为定局。但是，原降御笔只云“守官”，未写守“本官职”。造成以“观文”致仕之命的正是后村，因此黄、章先后对他发起弹劾。也就是说，《宋史》完全无视后村的辩解。关于此事，周密在《癸辛杂识》中公正地列出了双方的说辞，[③] 但也没有站在后村那边。而且，后村在正史中出场之处只有“四人组”事件以及这里。如果把《宋史》中这两处记述联系起来的话，就会对后村产生这样的印象：他在以前的时局中是被害者，接受教训后如今才谄事当权者。实际上，《宋史》中

---

① 跋语：“时士人攻嵩之者免解，士大夫攻嵩者擢用。何祈〔祸〕之畏……又余群从为湖南漕，因科举之事为谭〔潭〕士所诉。士恐余居中为援，遂并见攻。所上之书，某上舍之笔，潭人也。因并志之。淳祐丙午岁除日书。”

② 《宋史》卷四二四《黄师雍传》：“嵩之终丧，正言李昴英、殿中侍御史章琰共疏乞窜斥之，师雍亦上疏论列，帝感悟，即其日诏勒令致仕。权直舍人院刘克庄封还词头，乞畀嵩之以贴职如宰臣去国故事，遂得守金紫光禄大夫、观文殿学士致仕。议者曰：‘大夫，官也。观文，职也。元降御笔但云“守官”，无“本官职”之辞。观文之命，自克庄启之。’”

③ 《癸辛杂识》别集下“史嵩之始末”。

后村的存在感非常薄弱，几乎不会让读者留下印象。既然如此，他的汲汲营营也不过是一场泡影罢了。现在让我们暂时搁置孰是孰非，思考一下掀起这场纷纷议论的历史背景。

后村能复出政坛和连续晋升，赵葵[①]（时任知枢密院事）、陈韡[②]（同签书枢密院事）、郑寀[③]等友人助力良多，后村自己也承认这一点。赵葵家族二世为武将，陈韡则是福建大儒陈孔硕之子，两人出身不同，但都历任边帅。史嵩之去职后，孟珙又于该年九月去世，赵、陈二人的存在便更加重要。值得一提的是，接替孟珙赴任江陵的是贾似道，当时他还只是个 34 岁的新人。

郑寀（1188—1249）是福州人，后村曾为他撰写行状。他在绍定二年（1229）中进士，虽然起步较迟，但淳祐年间，他以殿中侍御史的身份，在驱逐史嵩之同党“三不才台谏”一事中崭露头角，又在“反山相”的浪潮中声名鹊起。至于陈韡，后村在为他所撰的神道碑中提到，他曾打算杀王檝而未果，[④] 可见他与史嵩之的政治方针是对立的。

但是，在针对后村之前，章琰、李昴英等人将批评矛头先指向了陈韡。其理由是，在众人期待已久的“国本”（皇太子）定为赵孟启（后来的度宗）时，陈韡竟出言不逊，而且还曾盛称山相之“孝”，为之包庇。[⑤]

后村在陈韡的神道碑中为之辩解。后村解释道，章琰其实是吴潜（1195—1262，1217 年状元）的走狗，为替吴潜的执政开辟

---

① 卷九一《记·群山阁堂》：“某丙午召对，由卑冗历高华，出上亲擢，亦公密启，已在公圃中矣。”

② 卷一四六《忠肃陈观文神道碑》：“后忝扉掖，预闻大典册，公力也。”

③ 卷一六九《行状·枢密郑公》：“始余久斥，嵩〔补‘之’字〕去，起家使江左。或曰公尝密荐。”

④ 卷一四六《忠肃陈观文神道碑》：“且留其使王檝与计事。公欲伺便杀之，不果。”

⑤ 《文溪集》卷九《论陈枢密疏》：“国本始定，神人所同喜，韡独出语不逊，识者骇愕。奸相负罪，神人所同怒，韡犹盛称其孝。”

道路而策划驱逐陈韡；另一方面，李昴英在汀州任上时，曾因激起军变而被时任招捕使的陈韡弹劾，因此怀恨在心，陷害陈韡。[①]对于后一点亦有反驳的说法。[②]

首先，将史嵩之和陈韡视为朋党的并不只有章、李二人。[③]陈韡更将三学视为敌人。[④] 对于淳祐年间风头正盛的"三学之横"，[⑤] 陈韡作为执政似希望有所压制。

在这种对立之下，郑寀似也与陈韡同一立场。后村对此极力否认，但因郑、陈二人同为福州人，[⑥] 总被视为一体相关。郑寀负责督察前述的官员死于非命事件，因查案不彻底而被人怀疑。[⑦]后村否认郑寀为史党，并摘录了郑寀给皇帝的密奏：

> 陛下必欲行大观文之命，非特刘克庄辈不敢行辞，而犹豫迁延之间，徒使学校之士相继举幡。

此奏疏上呈不久，理宗即批示"已降除职指挥，更不行"，郑寀被后村认为是解决史嵩之致仕制问题的功臣。[⑧]

---

① 卷一四六《忠肃陈观文神道碑》："二人言公庇嵩之、摇国本……〔补'琰'字〕素为潜豢养；昴英激汀卒之变，公尝欲劾之，皆不〔补'悦'字〕于公。"

② 《文溪集》卷九《论陈枢密疏》昴英之孙际明识："尝阅近世言行录载知院陈公韡行状一段云：'先公侍郎任汀州推官，激军变。'……先公侍郎初筮汀推，不过一寮属耳，郡政不在手，何以激变？"后村的记述很可能因袭于此"行状"，而在别处后村又将李昴英描述为变节者。卷一五八《墓志铭・赵克勤吏部》："李公昴英滞郎省，始皆喜〔善〕公……俄而李拜谏官，首劾公去。"

③ 《历代名臣奏议》卷三一一《灾祥》："淳祐七年夏旱，牟子才……上奏曰：'今嵩之已都书殿之荣，陈韡亦受元枢之命，而琰与昴英一斥五月，未闻有召用之期。'"

④ 卷一六九《行状・枢密郑公》："及陈公论三学事偶与公合，谈者遂并攻之，谓公党陈，谓陈公不忿疾史氏。然公本非由陈公进，陈公者，嵩素所媢忌。"

⑤ 《癸辛杂识》后集"三学之横"。

⑥ 编者按：郑寀实为福安人。

⑦ 《癸辛杂识》别集下"嵩之起复"。

⑧ 卷一六九《行状・枢密郑公》："公愤激，与同列再疏，又不报。乃独衔密奏……两疏入，已二鼓，上批：'嵩之守本官致仕，已降除职指挥，更不行。'"

如此看来，在批评史嵩之这一点上，两方的立场是一致的，那么他们仅仅只是有分歧或产生了误解吗？郑寀在次年即淳祐七年弹劾了章、李二人。后村完全没有提及此事，只说这二人因弹劾陈韡引起皇帝不悦而去朝。[①] 而且，被弹劾的陈韡听说此事后，在六和塔待罪，以示谨慎之意。[②] 后村将郑、陈二人描述成被"公论"曲解的受害者。

但如果看看继章、李之后成为台谏的人，则会浮现出完全不同的事件样貌。继任的周坦（1238 年状元）、叶大有（1232 年进士）二人都被视为郑寀的党羽。次月，周、郑一起弹劾了支持章、李二人的程公许（1211 年进士）。[③] 两个月后，郑清之复任右丞相（七年四月）。事实上，周坦与郑清之非常亲近，周坦除去程氏的真正理由是，在贪污传闻不断的郑清之之子任官时，程氏曾经表示过抗议。[④]

郑清之自端平失势以来，一直待在故乡明州。

> 顷郑公归鄞十载，公（王迈）虽贫，岁走一力问安否。郑公后为余言："朋友中可保岁寒者，寔之一人尔。"[⑤]

如果采信以上所述，那么郑清之作为曾经的掌权者已没有在位时的影响力了。后村自己也对郑清之久疏问候。他在给郑的书信中解释道：王迈每年都遣人贺寿，自己没有那么做并非薄情，而是担心常遭谴责的自己如果经常联系，会连累对方，自己始终没有

---

① 卷一四六《忠肃陈观文神道碑》："二事皆上所知，而章、李不考实，以触上怒。"

② 同上："上既出二臣，公待罪不〔六〕和塔。"

③ 《宋史》卷四二四《黄师雍传》："琰、昴英去国，寀于是荐周坦、叶大有入台，首劾程公许、江万里，善类日危矣。"

④ 《宋史》卷四一五《程公许传》："郑清之以少保奉祠，侍讲幄中，批复其子士昌官职……公许缴奏……周坦妻与郑清之妻善，因拜坦殿中侍御史。坦首疏劾公许，以宝章阁待制知建宁府；谏议大夫郑寀又劾之。"

⑤ 卷一五二《墓志铭·臞轩王少卿》。

改变忠诚的证据是，奉祠时在告谢“时相父子”（史嵩之与其父弥忠）的书信中明言“某申公客也”。[①]

但是，后村文集中留存的给史氏父子的信中看不到类似语句。[②] 若恶意揣度的话，后村是觉察到郑清之有复出的可能后，才再度与之取得联络。书信末尾云“旦夕必出而图吾君矣”，与其说是表态追随，毋宁说后村去信的本意在于，在郑清之复归之际，表达自己也想入朝和他一同辅佐皇帝的愿望。

淳祐五年十二月，郑清之拜少师，更被赐临安宅第，其复出的基础越发稳固了。不过，端平入洛的失败、儿子不光彩的名声都对他形成掣肘。于是，郑寀等人担当起了封堵批评声的先锋，郑清之再相后，又将执政吴潜驱逐出中央，[③] 一时间势头无二。一直努力为郑寀辩护的后村，对致仕事件以后的事则闭口不谈。

如后村所言，这是一个除真正的史党之外，人人都对山相口诛笔伐的时代。下至学生，上至台谏、执政，大家都异口同声。但是，反史党的众人之后又开始相互攻击。这并非单纯出于误解。“士人免解，士大夫擢用”，从小人物到高官，每个人都有自己的心思。一旦从史嵩之复出的噩梦中醒来，他们就没有了同舟共济的必要。

《掖垣日记》的跋语记录了若干条后村被构陷的理由，其中一条是：

---

① 卷一二九《书·与郑丞相（第六首）》：“明知寔之岁走介上我公寿，某终不能贡尺笺……其所以迟徊瑟缩至今……而某每遭烦啧，必有数语波及恩地……然两得祠，因谢时相父子书，明言‘某申公客也，不可畔去’……旦夕必出而图吾君矣。”

② 卷一一八《启·除崇禧观谢丞相》《谢史端明》《再除崇禧观谢丞相》《谢史端明》。

③ 《宋史》卷四二四《黄师雍传》：“（周）坦攻参政吴潜去，陈垓为监察御史，时寀、与黧、坦、垓、大有合为一。”

> 初余之召，或言某公荐语尤力，诸人方攻某公，余受无须之祸。[①]

“某公”是谁，后村并未明言，但恐怕就是郑寀、陈韡中的一人。在史嵩之致仕骚动的背后，政治斗争又开始了，后村再次卷入其中而去职。

山相复出的传言直到其去世（宝祐五年，即 1257 年）前都没有断绝过，而每一次传闻背后都有现实政治的复杂内情。理宗经常将对史氏的怀念宣之于口，每每都会引起朝野动荡，但责任并不全在皇帝没有定见上。无可否认，山相复出问题已经演变成了政治斗争的工具。

后村在此之后，常常写“断腕难操起复麻”之类的诗句。[②]他固然受尽委屈，但也很难说是完全无辜的。

*

另一方面，郑清之的复出也唤醒了人们对端平时代的记忆。后村对端平以后的时代变化评价道：

> 陛下慨然改号端平，一变之功，侔于元祐……执事者方咎用贤之无益，疑更化之致寇，再变而为嘉熙，三变而为淳祐，皆求以愈于端平也，然而卒不能有所愈也。于是四变而为乙巳（淳祐五年，指杜范任相时代），五变而为丁未（淳祐七年）。

随着时间的流逝，端平更化失败的记忆在其后时代乱局的衬托下，反而被美化了。后村对淳祐七年的“五变”评价道：

> 惟丁未转局则异于是，以端平之旧相，复修端平之政

① 卷八〇《掖垣日记》跋语。

② 卷三九《杂兴六言十首》六，卷四二《忆昔》，卷四四《耄志十首》一。

事，收拾端平之人材。[①]

然而另一方面，也有人对郑清之的复出讽刺道："先生自号为安晚，晚节胡为不自安。"[②] 对外方面，虽然蒙古正处于内乱之中，南宋得以喘息，可复出丞相的声望仍是江河日下。

淳祐六年末的大雪中，后村在郑清之的目送下离开临安。翌年二月，他接到了知漳州的任命。漳州与后村的故乡毗邻，这一职位可以满足后村之前提出的侍养母亲的愿望。但后村却拒绝了这一任命。在后村离开临安之际，弟弟克逊（1189—1246）去世了。

后村的母亲不愿离开家乡，故不曾随儿子们任官。因此，后村兄弟为了母亲，曾约定"惟有早退"。后村作为"四人组"被弹劾之际，代替他的克逊受召入朝，当时克逊就对母亲依依不舍。即便好不容易位列朝班，克逊入临安后也马上请求到地方任职，最终将任地改到临近故乡的泉州。任江东提刑的后村曾多次请求归养母亲，克逊也请求奉祠。后村收到弟弟的信，看到只有开头和末尾数行是亲笔，其余皆由克逊之子代笔，便担心其身体，为弟弟的奉祠请求陈情于朝，却被众人质疑"欲脱凋郡者（当时泉州非常凋敝）[③]，岂必真病"，没被理睬。克逊终是病逝了。[④]

八年元日，早早下来了拜后村为宗正少卿的任命，他写信拜托当时在临安的林希逸帮忙推辞。接着再下知漳州的任命，又改

---

① 卷五二《召对劄子（辛亥五月一日）》。

② 《癸辛杂识》别集下"郑清之"："初青山之重来也，有作诗讥之云：'……先生自号为安晚，晚节胡为不自安。'"

③ 卷六二《外制·吴洁知泉州》："旧称富州，近岁稍趋凋敝。"卷六八《胡侁仍旧直秘阁知泉州》："而谈者类曰，凋匮不可为。"

④ 卷一五三《墓志铭·工部弟》："相与叹曰：'……吾兄弟惟有早退尔。'予至袁未久，坐前论事狂妄斥归，而无竞被召过家，徘徊亲膝，太夫人迫造朝。甫至，即求外补……擢知泉州……起予江东提刑，岁中乞归养至四五，闻无竞亦请祠。后予被召……于是无竞书来，首末自札仅数行，中间累千百言，令兴甫代作……亟白于朝。诸公曰：'是欲脱凋郡者，岂必真病。'"

福建提刑，且命他在家乡就任（原本福建路提刑的治所在福州），他最终没能拒绝。①

就这样，在朝廷、更有可能是郑清之的关照下，后村才能在临终的母亲前菽水承欢。他的母亲虽然对儿子们在官场的飞黄腾达看得很淡，但淳祐六年后村入朝之际被赐同进士出身，听到喜讯时，她还是开心得食欲大增。后村四兄弟都没有中进士，皆是恩荫出身，或许这也是后村之母心中的挂碍吧。②

后村时年 62 岁。前年方大琮、此年王迈等好友纷纷过世，后村则再次迎来了转机。5 年前开始左耳、左腕已不太灵便的他，③ “晕滑二疾”不时发作，④ 只得戒酒。⑤ 淳祐十一年四月，后村服满后再入临安。

此时，郑清之执政已经 4 年，在甚嚣尘上的批评声中毫无生气。郑安晚为了避风头，屡屡提出还政的请求，在政权交替之际，山相复出的传言又开始满天飞。郑安晚召回后村，无疑是想找一位理解自己的人。他向后村抱怨了诸贤的严苛。⑥ 郑安晚是个宽仁大度有器量的人，并没有因为对方是反对派而一概弃用，世人却从来看不到这点，只一味抓着他的失政不放。

但就连理应是理解者的后村与丞相之间，都产生了隔阂。在五月的召对中，因“不攻安晚过失”，后村受到众论的非难。有

---

① 卷一九四《行状》：“戊申元日，除宗正少卿，公又苦辞。除〔衍字〕时余备数编修官，袖公手书以白。五日，依旧职知漳州……是月又除秘阁修撰、福建提刑，欲公便养也。公又辞，不允。九月朔，即家建台。”

② 卷一五三《墓志铭·魏国》：“独闻克庄蒙天子赐第，则大喜，日加一餐。”

③ 卷一五〇《墓志铭·孙花翁》：“惟余归老后村，左耳与臂遂偏废矣。”

④ 卷一一二《杂记》：“余年六十二，罹陟屺之哀，始得晕滑二疾，初犹三两月一作。”

⑤ 卷二九《余自戊申春得疾止酒十年戊午秋〔补“开”字〕戒小饮二首》。

⑥ 卷一一二《杂记》：“辛亥，余以右史兼内制侍讲。时相安晚年高，二三执政方收士誉。诸人心怀向背，以攻安晚者为贤。余一日见晚，晚不胜愤郁而言曰：‘……某非不容诸贤，诸贤乃不容某……’”

人告诫他说："子为词臣（直舍人院）、讲官（崇政殿说书），日日可论事，一对之顷，不足深咎，当要其终耳。"[①] 于是他决心在"进故事"之际向皇帝进言，从而有了得罪丞相的言论。[②]

此时，后村的身体也不尽如人意。前一年春天后稍有缓和的旧疾，入朝之时又复发了，医生诊断为"风虚"，[③] 即便在酷暑之中，也只能独穿棉衣。[④] 他缺勤的情况自然也增加了。[⑤] 但另一方面，他还兼任着太常少卿，这是需要主持仪式的体力劳动，对年老体弱的后村来说是沉重的负担。某日，后村见到一位生病的太常胥吏，因对俸禄恋恋不舍而在礼仪排练中昏倒，他觉得士大夫不能如此失仪，便申请致仕。[⑥]

然而，担心后村病情的皇帝劝他针灸，再加以服用乌附，后村稍有康复。[⑦] 在十月的直前奏事中，他陈述道，"鞑雏新立（蒙哥六月即位），河患方梗，北风渐劲，南牧未皇，二暂可喜也……而上自缙绅，下至韦布，往往蹙頞而私相告语，凛然有虎兕出柙之恐"，向皇帝施以"针灸"，以作提醒。[⑧]

---

① 卷一三一《书·答翁仲山吴明辅》："某辛亥〔补'召'字〕对，以不攻安晚过失为众论讥诋，端拜受之，不敢自〔补'明'字〕。或见教曰：'子为词臣、讲官，日日可论事，一对之顷，不足深咎，当要其终耳。'"

② 卷八六《进故事·辛亥六月九日》中，后村引北宋杜衍封还厚遇宠臣内降一事，称现在的大臣"以去就为轻，虽内降可执"。另外在"闰月初一日"中，引南朝人劝戒北伐之语，点明端平之役的失败。虽说其直接批评的对象是前线指挥官，但也可以说是对当时正处庙堂的郑清之的间接批评。

③ 卷七八《乞祠状》一："自去春以后，此证始不复作……不谓自四月末，此证复作，初犹稍疏，俄而转密……命医诊视，皆云风虚之证。"

④ 卷七八《乞祠状》四："当此炎暑，人皆挥扇，身独棉衣。"

⑤ 卷七八《乞祠状》六："某重玷班行，甫百余日，疾病告假，乃居其半。"

⑥ 卷七八《乞挂冠状（辛亥）》一："某每见奉常老吏沈靁老〔衍字〕有疾在身，贪恋俸赐，强自支吾，一旦朝省习仪，忽然晕倒。某忝从士大夫之后，自当知陈列不能者止之义。"

⑦ 卷一一二《杂记》："上问宰执，知余疾状，云：'何不灼艾？'宰执使人导玉音。余始灸丹田，饵乌附，自夏徂秋，小愈。"

⑧ 卷五二《直前（十月十一日）》。

后村回忆称，在殿上他虽然没有批评现任丞相，但因御前奏事不纳副本，所述内容也无法外传，导致他和丞相之间产生了罅隙。[①] 而此前就有预兆。淳祐十年，以雷变为契机，监察御史吴燧（1200—1264，1229 年进士）开始抨击丞相，自求罢免，并拒绝了大理少卿的升职慰留。和他意见相同的潘凯（绍定间进士）以及与二人相呼应、封还词头的董槐（1213 年进士），在接受了都人及四学（太学、武学、宗学三学以及京学）的饯别后，意气昂扬地离开了临安。[②] 此次事件让郑清之甚为难堪，但后村却请求他再次起用吴、潘二人。[③]

后村之所以向丞相提出忠告，是因为他自入临安以来，闲言碎语不断，风评不佳，而起用吴、潘二人，有助于减少批评，也是自我保护的一种手段。但他的苦心终归是徒劳的。有一名为陈宗[④]的学生干谒后村，因不遂其愿，陈宗就煽动他的同党上书抨击，[⑤] 后村也慨叹自己不被公论所容。

最后，次月在台谏的攻击下，后村再次去都。归乡途中，他收到了郑清之去世的消息。而为郑清之撰写行状的，还是后村。他将郑氏称赞为端平更化的主持者，行文中丝毫感觉不到二人之间有过龃龉。[⑥] 在为丞相的对立面吴燧所撰的神道碑中，他在赞扬理宗再起用吴氏之高德时，也不忘提及郑清之宽待吴氏

---

① 卷一三一《书·答翁仲山吴明辅》："而某于禋后，适有一疏论山相，荷圣上纳闻。外间闻其直前而不知其论何事，某又不纳副封，安晚始疑其二于己。"

② 卷一三九《祭文·吴茂新侍郎》："左迁而去，饯者倾都，诸生举幡，好事绘图。"卷一四七《神道碑·警斋吴侍郎》："与同台御史潘公凯交章论……二公皆求罢……夕郎董公槐封还词头，亦去。都人士祖饯，四学作为诵诗。"

③ 卷一九四《行状》："公退见丞相，乞召潘凯、吴燧二人，皆忤相国者，大咈相意。语诸客曰：'千辛万苦唤得来，又向那边去。'"

④ 在著名的"开庆六君子"中可见陈宗之名，不确定和此太学生是否为同一人。

⑤ 卷一一二《杂记》："庠士陈宗干谒余，不惬所欲，嗾其党上书。"

⑥ 卷一七〇《行状·丞相忠定郑公》。

之大度。[①]

然而，后村在同为宰相门客的“端平二年组”之一、且是同村人的郑侃墓志铭中，如此写道：“吾欲有言于丞相，如不揖客何？”[②]

另一方面，后村也极力辩明自己与郑清之的关系，云“每至相第，旅进旅退，非更阑夜半客也”。[③] 自太学以来，二人的交情持续了半个世纪。从梅花诗案后，在后村人生的每个节点，郑清之都起过巨大作用。此外，郑清之还是写过《安晚堂集》的江湖派社友，二人应该算是意气相投。然而，在公论的搅和下，二人的友谊还是出现了些许不愉快。

七　“鄂州”前后

后村的最后20年大半都是在乡间度过的。在此期间，他将大部分时间花在写诗、评诗和鉴定友人收藏的书画上，悠闲度日。上了年纪的他，身体多处都出现了健康问题。

> 诚翁仅有四千首，惟放翁几满万篇。
> 老子胸中有残锦，问天乞与放翁年。[④]

虽然活到陆游一般年纪的愿望并未达成，但他投入全部身心来编织“胸中残锦”，诗作相当高产。

如果只读后村的诗，会感受到他人生观的基调是乐天和幽

---

① 卷一四七《神道碑·警斋吴侍郎》：“岂特理宗之德不可思议，若郑公之量亦岂易及哉。”

② 卷一五四《墓志铭·郑德言》：“余晚贰奉常，语议郎汪君之林曰：‘吾欲有言于丞相，如不揖客何？’汪怅然曰：‘使德言若在，必能入卧内以告。’”

③ 卷一三一《书·答翁仲山吴明辅》。

④ 卷三八《八十吟十绝》八。

默。他好似要确认自己的衰老一般，时而在诗中描写揽镜自照的姿态，如“貌丑似猴行者（孙悟空）”[①]（值得一提的是，邻州泉州的开元寺西塔雕造猴行者浮雕之际，正是“四人组”事件发生的嘉熙元年），将衰老具象化，不失为一种洒脱的视角。晚年，他即使患了眼疾，在诗中也表现得如同一个故作狂言的老翁：

> 日啖荔枝三百颗，不知天罚一只眼。
> 异哉野老白露团，烈于贵人寒食散。[②]

然而，即便这个田舍翁只有半边耳目灵光，他仍能切实听闻边境紧张的消息。嘉熙三年（1239），蒙古军已过大渡河，将要进攻大理国，此情报传来后，鞑人将向南迂回、转头攻击薄弱腹地的所谓“斡腹”说甚嚣尘上。

后村在广东时就曾听过这样的说法：[③]

> 淳祐辛丑，余待罪广东漕。一日，经略刘直卿（伯正，1205 年进士）侍郎约议事，至则出密劄、相书，言谍报鞑谋由交趾趋邕、宜，有旨令帅整粝军马，漕积聚钱粮，以俟调发……余始识“斡腹”二字。

在广东时，后村曾与友人泛舟游乐，在著名的九曜石上题名，如今还有拓本留存。[④] 然而就连极南之地也已受到了蒙古影响。“斡腹之说若缓若急，将信将疑，岁岁如此。”[⑤] 这样的状况一直持续着。如淳祐七年（1247）：

---

① 卷二四《揽镜六言三首》一。

② 卷四一《目眚》。

③ 卷一〇八《题跋·赵倅与灏条具轸〔斡〕腹事宜状》。

④ 《北京图书馆藏中国历代石刻拓本汇编·南宋》044 册“黄朴等题名”：“嘉熙庚子孟秋，长乐黄朴成父约同郡唐璘伯玉、莆田刘克庄潜夫，泛舟仙湖”，第 90 页。

⑤ 卷一〇八《题跋·赵倅与灏条具轸〔斡〕腹事宜状》：“自辛丑而复〔后〕，干〔斡〕腹之〔补‘说’字〕若缓若急，将信将疑，岁岁如此。”

> 鬼国与南丹州争金坑，南丹言鞑骑迫境，宜守张皇乞师。公（宋慈）白陈公（陈韡，时任湖南安抚）：“此虏无飞越大理、特磨（在大理东部）二国直捣南丹之理。”已而果然。[①]

在四川（罗氏鬼国）、广西（南丹州）境内的诸蛮争夺主导权时，传来蒙古入侵的消息，朝野上下惊慌失措，当证实消息有误后才如释重负，这样的情形反复出现。

然而，淳祐十一年即位的蒙哥稳固统治后，加快了对南方的攻势，两年后灭大理国，得到了压制南宋的桥头堡。“斡腹”说突然有了几分现实意味。开庆元年（1259）九月，由兀良合台率领的远征南宋别动队出现在广西，进而北上。

> 属者，蛮鞑斡腹深入，湘中之全、衡、永，江西之临、瑞皆失守。惟陈侯元桂（1244 年进士，知临江军。见《宋史·忠义传》）死城郭，他郡率瞯贼未至，委之而去，窜伏山谷，名曰移治。[②]

在急于和忽必烈军会合的蒙古军面前，地方官四散逃窜，让后村很是恼火。当时上四州的邵武军、建宁府也能见到蒙古军的身影，后村不可能漠不关心。

此时，北面的忽必烈与贾似道处于两雄对峙的状态。后村与贾似道年纪相差一辈，但似乎很早就有所交流。后村最初与其父有所交往，而与贾似道相交的证据最早是在淳祐三年。贾似道时任湖广总领，后村曾为其撰《鄂州贡士田记》。[③] 当时贾似道 31 岁，此后不断飞黄腾达。后村曾将他与活跃于淮南抗金前线的崔

---

① 卷一五九《墓志铭·宋经略》。

② 卷一〇九《题跋·建宁县平寇录》。

③ 卷八九《记·鄂州贡士田》：“天台贾公为铸钱使者……一〔士〕饮公德，以余与公有世旧，俾书其事于石。”

与之（1158—1239，1193 年进士）相比：

> 壑公建淮阃十年，忠劳百倍于清献（与之）之时，而怀贤服善，了无毫发矜功伐能之意。[①]

后村给予了至高的赞美。贾似道移任淮南是在淳祐十年，“建淮阃十年”说明文章写于开庆元年二月，即贾氏移镇江陵前不久。此文本来是为崔与之亲笔书信所作的跋文，请托之人是后村的一位远亲，此人当时想成为贾似道的幕客。他自然会向府主贾似道展示后村的题跋。此外，后村还曾帮助为应漕试而缺钱的同乡，将其举荐给贾似道。[②]

接着，贾似道移镇长江上游，翌年后村致信以凯旋将军身份入临安的贾似道，其文如下：

> 去春初，闻移阃外蜀之报，天下士识与不识，皆曰：“此乃（唐代）元载、张延赏欲离间郭汾阳（子仪）、李西平（晟）之故智。”相顾拂郁，发上指冠。及读出师之表，一则曰“不得面君”，二则曰“不遑将母”，又曰“誓求死中之生”，虽甚怯懦之夫，传诵此语，莫不泣下。时友人汤簿伯纪（汤汉，1202—1272，1244 年进士）自建贻书，嫉相之奸，危公之行。[③]

从这通书信可见，这次人事调动，与被比作唐代佞臣的“奸相”和贾似道之间的权力斗争有关。“奸相”指的是丁大全（1238 年进士）。他通过讨好宦官董宋臣等人而成为台谏，接着做出了超出

---

① 卷一〇八《题跋·崔菊坡与刘制置书》：“……而文肃之孙应雷能珍藏此书……应雷方为壑公辟客。”

② 卷一三三《与淮阃贾知院书》：“士友黄牧与某同邑……黄曰：‘……我将挟初补文牒以应漕举，然家贫早孤……我将秋〔杖〕策谒同知相公于辕门。’……故敢犯颜开荐口焉。”

③ 卷一三二《书·与贾丞相》二。

当时人常识之外的举动。他在弹劾了宰相董槐之后，率兵包围了宰相府第，用刀在董槐的脖子上比划威胁，直到将董槐带出都门之外才放走他（宝祐四年六月）。[①] 六年前，因反对时相郑清之，董槐在学生们的目送下意气昂扬地走出城门，与此时形成了鲜明对比。他最终被罢免。据说，董槐想要再度起用后村，但被丁党所阻挠。[②]

对于这桩不同寻常的事件，学生们当然没有保持沉默，后世闻名的“开庆六君子”亦出面对丁大全展开抨击（十一月），可最终丁大全还是轻而易举地得到了权位。同月，他成为执政；六年四月，又升任右丞相。但在开庆元年八月，没能阻挡蒙古军渡过淮水的边帅正是丁党。受此影响，丁大全下台了。继任宰相是吴潜。他在前所未有的国难面前，向皇帝提议到海上避难，引起皇帝的不悦，又在太子问题上惹恼了皇帝，遭到罢免。其罢相不仅是因为他和皇帝的关系，他与贾似道之间的斗争也在暗地里进行着。

最终鄂州之役决定了一切。吴潜被罢免后，取而代之的是贾似道。景定元年（1260）四月，贾似道入朝。在此期间，后村时刻关注着风云变幻的局势。

> 祲扫青山峡，功高赤壁矶。只宜奉头窜，莫待剖羓归。[③]

虽然忽必烈的北归让南宋如释重负，但从潭州转进江西的兀良合台军队尚在，后村曾据此军报作了十首六言诗。[④] 最终，这支军队回到了长江对岸。此时入临安的贾似道流言缠身，后村给他的信中写道：

---

① 《宋史》卷四七四《丁大全传》。

② 卷一九四《行状》：“宝祐丙辰，矩堂董相欲以冶使处公。丁大全言于上前曰：‘刘某恃才傲物。’遂有正言邵泽之疏，实丁意也。”

③ 卷三一《景定初元即事十首》一。

④ 卷三一《得江西报六言》。

去岁九月四日，丑类十万忽越天堑而至，朝野失色，凛凛有被发之忧。于时大丞相甫清蜀祲，一闻鄂警，投袂而起，倍道疾驰，身先将士，蒙犯矢石。虏在江南，大丞相方驻军江北，彼欲攻城不克，欲济师不能，一夕空群遁。此盖东南衣冠礼乐一线之脉几绝而复续者，国有人焉。[①]

贾似道入朝真的受到了热烈欢迎吗？前文已见，史嵩之入朝为相时，朝臣都抱着非常高的警戒心。淳祐年间，传言后村的友人赵葵将入相，也出现了反对声，赵葵本人也表示推辞，最终未能实现。[②] 士大夫若对贾似道入相持有同样的警戒心，亦不足为奇。但鄂州之役足以让一切警惕烟消云散。贾氏的前任宰相风评不佳，亦是一桩幸事。

在由外入相及同为官二代方面，贾似道与史嵩之并无区别。但贾似道之父贾涉既无赫赫功绩，也没有史弥远的负面形象。令他出人头地的姐姐贾贵妃已经去世，这一点如今反而是加分项。他身上能为人所指摘的材料几乎不存在。史嵩之的失败对他也有借鉴意义。贾似道一上台就起用宿儒，费尽心机地收揽人心，正说明了这一点。对此，宫崎市定严厉批评道："这是将不熟政事的空论家集中到政府，宛如历史上南朝贵族政治那样的状态。"[③] 而后村也在其中。

后村于六月二十七日除秘书监，[④] 八月二十八日除起居郎，[⑤] 上奏请辞的同时还在赶赴临安。九月十八日，他在途经福州怀安县

---

① 卷一三二《书·与贾丞相》一。

② 《齐东野语》卷一八"赵信国辞相"。

③ 宫崎市定：《南宋末宰相贾似道》「南宋末の宰相賈似道」，《东洋史研究》六一三，1941 年；《宫崎市定全集》11《宋》，第 319 页。

④ 卷七八《庚申辞免除秘书监申省状》。

⑤ 卷七八《辞免除起居郎奏状》。

时接到了中书舍人的任命。① 他虽予以辞却，但终是打破了“断腕难操起复麻”的誓言。入临安后，十一月一日，他在召对时说：

> 臣惟国家三数年来，凶相②弄权，以富强自诡，辅圣天子而行霸政，为天下宰而设骗局。朝野之人相与窃议曰：“相非相，狙也。”③

后村如此总结丁大全时代，且力陈绝不能允许丁大全起复。翌日，后村应皇帝要求献上了他的文集（收录赋闲十年间的文章）。④ 第三天，他被任命为权兵部侍郎，在 74 岁时终于晋升到和他父亲（47 岁时任吏部侍郎）同等级的高官。

次年一大早，后村在行朝贺礼至第六拜时掉落了笏板，⑤ 之后天基节（理宗生日，正月五日）时，虽然顺利完成了活动，但在明庆寺（相当于北宋开封的相国寺）举行满散拜仪时又差点摔倒。⑥ 尽管如此，他仍然作为中书舍人再度执笔，还努力阻断了丁大全的“上客”麇弇（1206—1264）、⑦ “鱼肉湖南、江西两路数州生灵”的李曾伯之僚佐的复出之路。⑧ 不过，黄震（1213—

---

① 卷七八《辞免兼权中舍奏状》。

② 程谱第 320 页认为“凶相”指史弥远，王宇《〈刘克庄年谱〉考辨》（《中国诗歌研究》2008 年第 1 期）第 97 页则认为其指丁大全。

③ 卷五二《庚申召对》。

④ 卷七八《宣索文集回奏状》。

⑤ 卷七八《自劾奏状（辛酉正月）》：“臣今早随班大庆殿行朝贺礼，至第六拜，笏滑足跌。”

⑥ 卷七八《乞祠奏状》：“臣犹自力，于天基节日随班祝尧（寿）侍宴而退……及至明庆寺满散，拜跪间又几颠仆。”

⑦ 卷八一《缴麇弇令赴行在奏事奏状》：“剽闻舆论，皆谓其人乃大全之上客……大全又荐于潜，潜遂用为宰士，与共谋画。”

⑧ 卷八一《缴令狐震己辟差知象州奏状》：“使蛮鞑足〔得〕以长驱深入，鱼肉湖南、江西两路数州生灵者，曾伯也；赞曾伯闭门不发一矢者，震己〔补‘也’字〕。至今潭、桂之人，莫不切齿其贪谬。”

1280，1256年进士）在为麋弇所写的行状中指出，把他视作丁党一事是可笑的。[①] 而李曾伯是否应该承担放任兀良合台北上的责任，则是另一个问题。

吴潜也被后村严厉弹劾。后村入临安当月，就草诏要台谏严加察举丁大全、吴潜的党羽。不久，吴潜被流放到潮州。翌年四月，丁、吴二人又被相继流放到更远的地方。[②] 后村将丁大全目为“鬼盾”、吴潜目为“偃月”，将二人一并类比为李林甫，[③] 并在缴还令麋弇赴行在奏事的词头时，强调他是前二人的同谋。后村为陈韡所撰的神道碑中提及，“（章、李）欲为潜开路”（陈死于二年七月），碑文中随处可见对吴潜的敌意。在笔记《杂记》中，二吴（吴潜及兄长吴渊）一直以擅长蛊惑人心、不能对其掉以轻心的形象出现。[④]

从端平更化之际吴潜的上书来看，他是典型的儒家官僚，《宋史》传论评价道，理宗朝丞相中“若吴潜之忠亮刚直，财数人焉”，同时他也是《清明集》的名公之一。另一方面，他和兄长多次被弹劾，却仍活跃在政界，并最终升至丞相。后村对他的敌意不知所从何来，但这种抨击无疑是贾似道乐见其成的。

笔者不打算追问后村的上述举动究竟是因长年在野而疏于政情的迂儒之举，还是按照贾似道的授意来做事。自方回、王士禛对后村给贾氏写贺启表示不满以来，后村的研究者大多在努力为

① 《黄氏日抄》卷九六《知吉州兼江西提举大监麋公行状》：“司封驳者，昏不知所为，误驳公党大全。”

② 《宋史》卷四五。

③ 卷五三《策问・壬戌召试文及翁彭方迥》：“凡向来偃月、鬼盾二揆之所娼忌中伤者，以次取用。”

④ 卷一一二《杂记》：“上洞知群臣情态，端、嘉后言者多及宫媪，或言二吴阴与通谱，认之为姑……二吴一生权谲，而不知心术为人主所窥如此。”

其“冤罪”辩白，[1] 笔者则对“辩诬”不感兴趣。后村是应贾似道之召出山的，也有让自己最后的为官履历变得辉煌的动机，同时他所处的立场也会左右其行动，然而后村的辩护者们一概不提上述内容。如果读后村文集中留存的书信，会发现他致力于推举乡里后进的内容逐渐增多，揭示了他作为莆阳乃至闽地的宗师，在提携后进方面为人所期待的立场。姑且不论其对错，论者把入朝仅视为后村个人的问题，忽视了他所肩负的作用。

景定四年（1263）公田法实行以后，就有了对贾似道执政不满的声音。翌年七月，彗星出，皇帝下求直言诏，渐渐出现对贾氏的公开批评。[2] 此时，后村已离开了临安。两年前，他对和籴

---

① 主要论点见前述王述尧的文章。热衷于辩护的有明见（笔名。后署名王明见出版《刘克庄与中国诗学》）的《刘克庄与贾似道》（《西南师范大学学报（哲学社会科学版）》1998 年第 1 期，第 71—73 页）、《刘克庄贺贾之作新论》（《文学遗产》2003 年第 5 期，第 123—125 页）等文章。前者指出，因贾似道与后村是世交，两人的交往在贾似道专权前即已结束。至此尚为辩护一方的常见观点，随后更进一步指出，从后村与史嵩之的对立，可看出他对“权奸”的态度。就算史氏与后村的关系是如此，也不能证明后村对另一位“权奸”定会采取相同的态度。后者的主题与王士禛的意见并非完全相反，而是提出赞美专权前贾似道的并非只有后村一人（这一点也是老生常谈），认为后村晚年入朝是受理宗提拔，与贾似道无关。另一方面，刘锋焘的《刘后村寿词浅论——兼谈后村与贾似道的关系》（《陕西师范大学学报（哲学社会科学版）》1998 年第 3 期，第 139—144、177 页）以寿词为研究对象，颇具新意。他认为，寿词表现出了后村的本意，从中所见对贾似道的谄媚是后村“人格中的污点”。有趣的是，明见和刘氏两人的看法虽然是对立的，但几乎都没有考虑贺启、寿词的仪礼性功能（后村给史嵩之的问候信也并不少），且都无视了后村写给贾似道的书简。“辩诬”中最有说服力的看法，还属点校本《大全集》的编者前言（第一册，第 6—15 页）。文中充分考虑到了贺启的功能，其中对贾似道夸张的称赞（用王士禛的话来说，是将贾似道与伊尹、周公置之同列），应当被视为后村擅长的“四六”体修辞，同时所寄书简（卷一三二《与贾丞相》）中的训诫（引用周公、谢安事，戒其勿蹈覆辙）才是他的本意。编者注意到了启与书的差异，可谓独具慧眼。但文中认为后村在“最重名节”的师友中，也是“南宋中后期第一流人物”；因在“其他将相、侍从、台谏稍正直者”中有很多友人，后村甚至可以凭借这些关系位列宰辅，只是为了节义而没有实施，这样的说法则宛若捧杀。现代中国的研究者不断延续“辩诬”的传统，未必是将研究对象人物放在真实的历史情境中去考察。

② 《齐东野语》卷一七“景定行公田”“景定彗星”。

带来的弊害痛心疾首，为了让浙西一百万石的岁额减半，提议仿照嘉定年间的做法，设置储备大吏赃产的“景定安边所”。[①] 如前文所述，端平年间，他也曾提出压榨大富之家的和籴之法。咸淳二年（1266），他亦表态支持公田法。[②] 或许正是因为对浙西大地主的反感，他才表现出支持的态度。[③]

后村晚年的大事，除了景定年间的入朝外，就是理宗之死。对于理宗的评价，一般认为，他虽喜好学问，但也是一个立场摇摆不定的平庸君主。[④] 之所以有这样的形象，正是因为后村等臣子的进言从未被听取。但也不能忽视，这些士大夫们自始至终都期待皇帝能够成为英主。至少后村对皇帝始终抱有一种虔诚的感情。记录后村一生大事的笔记《杂记》，基调是对理宗知遇之恩的感谢和对其英明的颂扬。这并不只是表面文章，《读大行皇帝遗诏感恩哀恸六首》《大行皇帝挽诗六首》[⑤] 都流露出他对理宗呼之欲出的虔敬情感。他被命令献呈文集时的感激涕零，皇帝赐下御笔匾额“后村”“樗庵”时的欢喜雀跃，都说明了这一点。[⑥]

---

① 卷八六《进故事·辛酉正月二十八日》：“臣谓陛下当法宁考，以前后簿录诸大奸赃家赀田产别为景定安边所。”

② 卷一一一《题跋·建德县赈粜本末》：“咸淳丙寅，江浙春涝夏旱……时中外方多窃议公田有利与害，言人人殊。一旦岁荒民饥，朝家得此以活六军兆民之命……于是前之议公田者，始服庙堂之深思长虑。”

③ 卷九三《记·林寒斋丞尝田》：“江浙巨室有朝为陶朱、暮为黔娄者。惟闽人千（十）金之产，百亩之田，或传十数世而不失。”方大琮也指出：“大家谷食不多，非如江浙家以万计、以千计者皆米也。今家有二三百石甚可数，且半是穅秕。”（《铁庵集》卷二一《书·项乡守（博文）》）据此所述，福建与江浙田产形态的不同，影响了闽人对公田法的评价。

④ 近期出版的研究理宗朝的专著有张金岭的《宋理宗研究》（人民出版社，2008年），认为理宗在端平年间是有为君主，宝祐以后逐渐堕落，与过去研究的理宗形象并无太大区别。有趣的是，其中省略了对连接这两个时期的史嵩之时代的记述。

⑤ 卷三五。

⑥ 卷一一三《谢赐宸翰表》。卷一九四《行状》：“作为新居，揭宸翰所赐‘樗庵’‘后村’二扁，日与宾客觞咏其间，曰：‘吾得此足矣。’”

与其他王朝相比，宋朝皇帝在位时间普遍较长，理宗又是其中屈指可数的在位长达 40 年的皇帝。这一时间段与后村自“梅花诗案”以来的活动时间相重合。后村在理宗去世前不久已致仕，为漫长的官场生涯画上句号，他大概也感觉到，自己的时代要结束了。

*

如本节开头所述，后村的一生相当于南宋的后半期。但并不能说他是南宋后期士大夫的代表。他并没有走在主流正统的道路上，从未能进士登第这点就可看出来。由于朱子学受到公认，社会的道学氛围越来越浓，而后村一直是“城市派”趣味主义者，对待道学以“涉猎”为主。

但后村仍是时代之子。浅而不精、广而不深的知识结构，无疑反映出南宋末年的风潮。正因后村走在时代前列，他吸引了各种各样的人。年轻时，他和江湖派诗人交往，中年一段时期和西山走得很近，后半生又与郑清之、贾似道这样的风流宰相彼此投合。反过来看，其涉猎面之广泛也会招致“误解”。回顾一下吴昌裔对他的评语，“纤能而小慧，亦一利口也”，后村本身确实有会引发如此评价的因素。

后村的轨迹，无疑其他南宋士大夫也有。对同时代士大夫们来说，端平是绕不过去的存在。他们经常将端平这个年号挂在口边，时常追忆。在史弥远时期尝尽了不遇滋味的人们，当时确实都对新时代的到来心潮澎湃。结果端平更化因遇到挫折而终止，但自此之后他们都获得了在中央活跃的机会。这样的记忆一直留在他们心中。尽管他们对理宗的失政表现出严厉批评的态度，但对理宗的知遇之恩也是发自内心地感谢。在他们心中，端平与理宗是一体的。

同时，他们也形成了共识：端平之后，每更替一次年号，王朝就进一步走向衰微。造成国势颓唐的原因是，留有史弥远专权记忆的史嵩之的存在。山相对他们而言，是朝政焕然一新的极大障碍。连史嵩之都忌惮的淳祐年间的学生，虽被标榜为“公论之府”，但却不用承担任何政治上的责任，只顾引起骚动。开禧北伐时的后村，也是大发议论的学生中的一员。但当后村这一代人成为当政者时，则必须承担责任。他们忍受着公论的芒刺带来的痛苦，甚或因此在行动上受到掣肘。后村的去职，与当时来自太学的压力密切相关。

台谏因作为公论的代言人而被看重。每当后村调动官职时，除对宰执呈文外，还要有《谢台谏》之类的启，[①] 正说明了这一点。若不看以公论为盾牌的学生和台谏的脸色行事，就不可能在官场如鱼得水。每当后村受到挫折时，就深切地感受到这一点，从而打算谨慎处世，结果与友人的多年交谊也受到影响。

不止后村，公论也制约了很多士大夫的行动，与此同时，公论自身也在萎缩。在山相史嵩之时代至少还保有“公”的外表。宝祐五年，山相去世。因勾结后宫而崛起的丁大全晋升执政地位，如同要接替山相这一“攻击目标”一般，填补了政治真空。

后村比“四人组”的方大琮、王迈、潘牥都要活得长久，一直见证了贾似道的上台。虽不知他这种对“久违登场的名相”的期待是否出于真心，但把“鄂州之役”与史嵩之、丁大全等人进行比较的话，“善类”们会对贾似道抱有期待是可以理解的。一方面，他们警惕宰相专权；另一方面，却又期待出现能掌控政局的铁腕人物。

像西山那样怀抱热情、立志在庙堂上实现自己经世才能的人只是极少数，包括后村在内的大多数官僚，时而对庙堂有所期

① 卷一一七至一一九《启》。

待，然后又遭到背弃，陷入这种被动的态度中无法自拔。宋朝士大夫获得的待遇是极其丰厚的，奉祠制度的完善也表明了这一点。后村也在对《后汉书·范滂传》的评论中指出，尽管本朝党祸严酷程度仅次于汉、唐，但失败者未曾被逼至死境，可见本朝士大夫所遇之厚。[①] 因此，宋朝士大夫有着强烈的必须回报此恩遇的使命感。朱子、真德秀这样想将道学与政治联结在一起的先师余韵，尚绕梁不绝。

然而将朱子、真德秀、刘克庄三位闽人一起比较，无法否认，后村的格局不大。在与王迈和诗时，发誓“死守西山之学”的他，身处庙堂时却未坚守这一点。这固然有其个人能力的问题，但即便同处于闽人宗师这一立场，能够捧出真德秀这般人物的社会力量已不复存在。而士大夫无法继续维持身份、安闲度日的时代很快就到来了。

兴亡天数亦人谋，战舰蒙冲一炬休。
雪浪如山限南北，不湔江令沈侯羞。（《天堑》）[②]

这恐怕是后村在逝世前，听闻襄阳战败的消息后所作的诗。赤壁英雄今不见，王朝将重蹈南朝的覆辙。

---

① 卷一〇一《题跋·东园方氏帖·山谷书〈范滂传〉》：“党祸东都最惨，唐次之，本朝又次之……予尝为〔谓〕近〔前〕世党人有刀锯之祸，若本朝则烟瘴而已。”

② 卷四七，“一矩”改“一炬”。

第二章　明末的闽人

一　闽人的复杂心态

万历三十五年（1607），李廷机（1542—1616）与叶向高（1559—1627）两位同年（万历十一年进士）一起成为内阁大学士，在官场引起了强烈反响。尤其是叶向高的任命，令时人感到意外。

叶向高进士登第后，被选为庶吉士（在二甲、三甲中通过考试选拔）。当时的341名进士中，庶吉士有28人。明代后期，庶吉士是晋升为大学士的第一道关口。当科的庶吉士，除叶向高之外，还有比之晚7年入阁的方从哲（1556—1628）。[①] 此外，李廷机是一甲第二名（榜眼）。这一科的状元朱国祚（1559—1624）后来也成为大学士，但比李廷机晚了10年。[②] 相比之下，叶、李二人的仕途是比较顺利的。

不过，叶向高也不是一直一帆风顺。对他而言，三年的庶吉

---

① 关于这一年选拔的庶吉士，参见郭培贵：《明代各科庶吉士数量、姓名、甲第、地理分布及其特点考述》，《文史》2007年第1期，第181页。

② 李廷机、方从哲、朱国祚虽身为大学士，由于行状、墓志、神道碑等未遗存，在史书或文集中找不到其生年的直接记录。此处采用《万历十一年进士登科录》（收入《天一阁藏明代科举录选刊·登科录》，宁波出版社，2006年）的年龄记载。但《登科录》载叶向高登第时“年二十三”，实际应为25岁，由此可见该记载未必是真实年龄。后文关于同年进士的年龄也引用此书，但只能反映大概数值。

士生涯结束后，第二道关口是能否留在翰林院。此时，他遭到了浙江出身的实权人物沈一贯（1531—1615，1568 年进士）的阻挠，[①] 不过最后还是被任命为翰林院编修。恰巧此时其父去世，服满后生母又亡故了，直到 36 岁时，叶向高才重回官场（任国子司业）。万历二十六年，他升任皇长子的候补讲官，却又被时任大学士的沈一贯阻挠，理由是“闽人岂可作讲官”。不过，叶向高最终还是在内阁首辅的帮助下就任了。[②] 能成为未来皇帝候选人（此时尚未被立为太子）的老师，叶向高也算是飞黄腾达了。他 41 岁时早早成为入阁候选人，此时的候选人中有 4 位闽人。除叶向高之外，其他 3 人分别是礼部尚书陈经邦（1537—1615，1565 年进士，兴化莆田人）、当时离职的黄凤翔（1545—1615，1568 年进士，泉州晋江人）以及南京吏部右侍郎李廷机（泉州晋江人）。[③] 其中黄凤翔是榜眼，陈经邦也曾入职翰林院，都算是顶尖精英，叶向高是 4 人中最年轻的。但那一次 4 人都落选了。

万历三十五年，叶向高终于入阁，从南京侍郎任上入阁是特例中的特例。顾起元（1565—1628，1598 年进士）的笔记《客座赘语》评价为空前盛事，还特别记录了叶向高入阁时只有 49 岁，

---

① 《蘧编》卷一“万历十一年”：“其阅再试者为蛟门沈公、复庵吴公，业已定余第一矣。而沈公侦其为余，遽欲易以他卷。盖闽中庶常二人，其一为吴龙征，沈公所取士也。往试第一者必留馆，沈公恐余留而吴须出，故必欲抑之以为吴地。复庵公力争之……沈公不能夺也。然自是不喜余矣。”

② 《蘧编》卷一“万历二十六年”：“始皇长子缺讲官……沈公曰：‘闽人岂可作讲官。’坚不与……首揆兰溪赵公不告于沈，遽以余题补。命下，沈大不乐。”

③ 《蘧编》卷一“万历二十七年”：“先是，廷推阁臣，两奉旨再推，先后共十余人。余亦滥预。闽中则宗伯肃庵陈公、仪庭黄公、南少宰九我李公与余而四，亦一时之盛也。”

强调其年轻。[①] 另一方面，李廷机的入阁也从另一种意义上引起了话题。他与叶向高不同，被视为沈一贯一党。如果说叶向高的入阁宣告了沈一贯时代的结束，那么李廷机的入阁则可能体现出，沈一贯下台后依旧具有影响力。[②] 李廷机虽在反对声浪下固辞任命，但皇帝不允。他在就任之初就遭到言官们的弹劾，一直闭门不出，甚至上百次上表请辞，就这样空职了 5 年。

两人的入阁都于其个人问题之外，在别的角度引起了关注。因《元曲选》而闻名的臧懋循（1580 年进士）为祝贺叶向高入相，充满期待地写道："国初称名相者，必曰杨文敏，实为闽人。垂二百年而公继之。"[③] 泉州人黄克缵（1549 年生，1580 年进士）写信鼓励同乡前辈李廷机，称："吾闽自杨文敏公后，寥寥乏人。兹得翁丈，当振起百年运会。"[④] 杨文敏指历经永乐、洪熙、宣德三朝，与杨士奇、杨溥并称"三杨"的大学士杨荣（1372—1440，1400 年进士，建宁建安人）。简而言之，自杨荣以降，福建不仅没有出过名相，而且二百年间没有出过大学士。[⑤]

---

① 《客座赘语》卷三"南部入内阁"："弇州纪：'南都入内阁者三人……皆以吏部尚书。'当时以为盛事。然梁公（储）、杨公（廷和）先在内阁知诰敕，出为南部尚书，此时敕取入阁，至京方改兼文渊阁大学士耳。又张公（治）已正位尚书。未有若万历丁未叶公向高以南吏部侍郎径授礼部尚书、东阁大学士者也。且公年方四十九。"叶氏自己在拜命时上疏陈述道："盖自二百年来，自南曹而参密勿，仅一再见。臣之遭逢可谓奇矣。"（《纶扉奏草》卷二《入阁谢恩疏》）

② 李乐在《见闻杂记》卷一〇"八十二"疑惑道"不知廷机缘何不得人心纷纷指摘"，李氏受到批评主要是因为与沈一贯的关系。南炳文检视比较了《万历起居注》与李廷机文集所收奏疏，指出文集中一部分文字被删除，理由之一是为了模糊他和沈一贯的关系。（《〈万历起居注〉、〈明神宗实录〉和〈李文节集〉中的李廷机内阁奏疏》，《西南师范大学学报（人文社会科学版）》2003 年第 4 期，第 111—122 页）

③ 《负苞堂文选》卷三《贺叶少宰入相序》："我朝置相，未有不自翰林入者……国初称名相者，必曰杨文敏，实为闽人。垂二百年而公继之。"

④ 《数马集》卷三一《柬李九我》。

⑤ 有明一代，叶、李以前成为大学士的闽人有杨荣和同时代的陈山（延平府沙县人），后者与杨荣不同，声名不佳，所以后世很少提及。

万历三十五年，除两位新任大学士以外，其他闽人也值得关注。沈德符《万历野获编》所述如下：

> 向来闽中无大拜者。惟永乐间杨文敏入阁，然不由翰林。此后二百年绝响矣。今上丁未（万历三十五年）科会试，大主考二人为杨荆岩道宾（1552—1609，1586 年进士）、黄毅庵汝良（1586 年进士），俱以礼右侍兼读学入场；而李九我廷机以礼左侍兼读学署部，为知贡举官，俱福建晋江人也。南宫大典以同邑三人主之，此明兴所未有。三月廷试，则张瑞图（1576—1641，天启间为大学士）为探花；五月考馆，则林欲楫（后任礼部尚书）、杨道寅为庶吉士，又皆晋江人。至六月而李升尚书，福清叶从南少宰升礼尚书，同日大拜。盖八闽之盛际极矣。[①]

另外，杨道宾于万历三十五年同叶、李一道成为入阁候补。[②]

下一节将提到，明代福建人在科举中的表现并非不佳。此外，庶吉士选拔也会考虑地域平衡，[③] 至少明代后期福建有两个名额，即便三年后的馆选"惟一人留"，福建仍保有一个留任翰林院的名额。[④] 也就是说，从制度上讲，闽人的入阁之路并没有被封闭。尽管如此，闽人近二百年来仍无人入相。叶、李的入阁固然是件快事，反过来说此现象也可称之为怪事。

曾勉励李廷机的黄克缵，与叶向高也是好友。黄氏虽比李、

---

① 《万历野获编》卷一〇《丁未闽中词林之盛》。

② 《明神宗实录》卷四三三"万历三十五年五月己卯"条。

③ 根据第 147 页注①郭氏论文，庶吉士的地域平衡与会试的南、北、中三卷录取率相近。（原出处第 192—193 页）

④ 《本朝分省人物考》卷七〇"林偕春"："乙丑进士，选翰林院庶吉士。故事，闽中馆选二人，惟一人留。"以及参考第 148 页注①。

叶早一科中进士，但当年朝廷并未考选庶吉士。因此，黄氏虽然以二甲第九名的成绩高中，[①] 却并没有进入翰林院，而是一直在地方任职，此时正在山东巡抚任上。与他同科的进士中，最有名的是顾宪成（1550—1612，二甲第二名），此时已离开朝堂，主持东林书院。与颇有影响力的东林领袖相比，黄克缵虽然相当低调，但在同年中也算晋升得快了。他常对一些事件发表心情复杂的言论。

例如，在给被贬的同乡的安慰信中，他写道："闽人常见轻于海内，而智士当早见于几先，已思种东陵之瓜。"[②] 另外，他在给晚一科中进士的太仆少卿林道楠（1555—1607，1583 年进士，兴化莆田人）的信中写道：

> 闽人寡援。其砥节当官，常百倍于人，然不免于人后。若门下之居西台（监察御史），非所谓刻意励节者乎？犹外推数次而后以冏寺与之。自非公论难以尽泯，则清浊不分而贤否莫辨矣。然此亦吾闽人之过。盖世多阿意奉迎，为人驱除。而吾乡不然……[③]

黄克缵对朋友的怀才不遇表示同情。林道楠曾经"居台十八年"，在湖广、陕西、广西等地任监察御史，长时间在地方盘桓。汤宾尹（1568 年生，1595 年榜眼）为其所写的墓志称，林氏即使面对后辈们的赶超也很淡然，[④] 但恐怕并非如此。

---

① 《明清进士题名碑录索引》，上海古籍出版社，1980 年，第 2562 页。

② 《数马集》卷三〇《答旧兖西道少参胡华流》："忽移西江，遂辞东岱……顾闽人常见轻于海内，而智士当早见于几先，已思种东陵之瓜。""种东陵之瓜"用秦召平的典故。

③ 《数马集》卷三七《柬林柱宇冏卿》："……近京之地飞蝗蔽天……廊庙之上，方分门树党……今且上疏力求乞休矣。"

④ 《睡庵稿》卷一六《太仆寺少卿柱宇林公墓志铭》："乙巳，升太仆少卿。自先生居台十八年，诸晚资者皆前徙，先生泊然。"

黄克缵在信中接着讲了自己的打算。他表示，地方上灾害频发，中央却陷于党争，在这种时势下，贪恋官位是愚蠢的，所以想上疏乞请致仕。不过，在他写给闽人同年、时任应天巡抚的徐民式（建宁浦城人，三甲第二〇八名）的信中，可看出他内心的复杂。

此信中，他对于同年中最愚拙的自己被授予“司马”（万历三十九年，作为对巡抚“考满九年”的奖赏，加兵部尚书衔）[①]之衔一事，表示“盖闽人遭际至此，已为逾分，若南北正卿（南京、北京的高级官僚）非所望也”。[②] 这恐怕并非真心话。叶向高在寄给黄氏的信中，对其留滞九年非常担忧，表示会想办法帮他晋升。[③] 结果，黄氏翌年就升任南京兵部尚书。[④]

在写给闽人戴燿（1568 年进士，漳州长泰县人）的信中，黄克缵也提到了“闽人寡援”这句话。[⑤] 戴燿亦在两广总督任上留滞很久（万历二十六年至三十六年）。这封信提到，朝士多分门户，身处其中，闽人尤为艰难。在信中黄克缵一如既往地勉励友人和自己。这封信的具体写作背景尚不清楚，黄克缵在写给戴燿的另一封信中提到一事，或与此有关。万历三十六年，戴燿因广

---

① 《明神宗实录》卷四七九“万历三十九年正月癸卯”条。

② 《数马集》卷四二《柬徐检吾中丞》：“弟于同榜中最称愚拙，而先叨司马之衔……”

③ 《苍霞续草》卷一八《答黄钟梅》：“闻台下且三考矣。久滞齐东，甚为非宜。容与宰公商之。”

④ 《明神宗实录》卷四九二“万历四十年二月庚寅”条。《苍霞续草》卷一九《答黄钟梅》载：“南中之推，原与太宰言……太宰以顾冲吾新加司马衔，遂以推顾而台下乃得白云司。此署清闲，何足以展大用。”“白云司”指刑部。据此，应是顾冲吾（其志）加兵部，黄氏加刑部。《国榷》卷八一“万历四十年四月辛未”条亦载顾其志任兵部尚书。

⑤ 《数马集》卷三九《柬戴凤岐》：“闽人寡援于世，自非早然树立，不可以吹毛求也。安能仗钺专阃跻位上卿哉？迩来朝士多分门户……”

西钦州的失事被削籍。[①] 对此，黄克缵在信中写道：

> 钦州失事，其损甚小。若使他省之人当此意外之变，重则致仕，轻则罚俸足矣。而遽尔夺职何？闽人受祸独重也。[②]

他愤怒的矛头并不仅指向这一事件。信中话题转到云南的“捐印”事件。所谓“捐印”，指黄克缵的同乡前辈、云南巡抚陈用宾（1550年生，1571年进士，泉州晋江人）的部下，在万历三十五年云南酋长叛乱时，答应酋长要求并给予官印一事。[③] 陈用宾是个能吏，在云南边境的缅甸阴谋犯边时，他曾派同乡黄袭为使者去游说暹罗，让他们与缅甸作战。黄袭可能是从泉州往来南洋的商人。[④] 虽说陈氏的任地在内陆，但他作为泉州人想出了利用海路的办法。可这次捐印事件葬送了他之前的成功。最终，陈氏被下狱。同一时期，帝国边疆辽东的弃地问题，以及后述福建税监高寀横征暴敛等事件，都引起了广泛骚动。与之相比，捐印事件不怎么为今人关注，但在当时却引起了相当大的风波。

回到黄克缵写给戴燿的信。他提到，造成这种局面的除“科道之作恶”外，还有闽人间很少讲香火之情。在他写给泉州人林欲厦（1586年进士）的信中也提到了同样的内容。

---

① 《明神宗实录》卷四五一“万历三十六年十月丁卯”条。

② 《数马集》卷四〇《答戴凤岐总制》：“……即如滇事难发之时，捐印诚为非体。然已平定收复，功足赎罪，乃不免逮问重拟。固科道之作恶，亦吾乡之人少香火之情也。”

③ 《数马集》卷四七《资德大夫正治上卿巡抚云南都察院右都御史兼兵部右侍郎加一品俸毓台陈先生暨配夫人赵氏墓志铭》：“万历三十五年，乡官郑举恨知州黄榜……遂谋凤氏孽孙阿克起兵复土宇。知府陈典知其谋，携印避入省城……克等率兵长驱至省城……索武定印甚急……不得已，从士民请，藩司遂出印与之……征先生与镇臣下司寇狱。”

④ 乾隆《腾越州志》卷八《陈用宾传》：“用宾闽人，闽俗多海商，习其俗。其勾暹罗攻缅，实募其乡人黄袭说之。而暹罗果举兵攻缅。”

> 吾泉人正为人侧目。如弟者又愚不晓事，时时为陈称冤，虽祸甘之……今日见山东一省公揭为冯宗伯（冯琦，1558—1603，1577 年进士）讼冤[①]……吾乡竟无人同赴朝房见执政言其不应死者……闽人之不如齐人可知也。[②]

从信中可以看出，黄克缵并不仅止为友人的不幸叹息，而是赌上自己的官位为他辩护。[③]

虽谓“寡援”，但当时内阁有两位闽人。黄克缵虽勉励李廷机成为杨荣之后的名相，但在这件事上却未见二人互动。可以确定的是，黄克缵曾推动叶向高帮陈用宾伸冤，[④] 对当时闭门不出的李廷机则什么也没说。因此，所谓“寡援”实际上指的是“独相”叶向高。

叶向高一面劝说焦急的友人等待时机，[⑤] 一面为他的请求筹谋。他通过票拟提议，留用以辞职方式进行抗议的黄克缵，并再议对陈用宾的处分。但事情又转回对叶向高偏袒同乡的争论上。[⑥]

黄克缵所说的“闽人寡援”，不仅指在官场上闽人得不到外省人的支援，还指闽人自己没有同气连枝，不过这只是基于个人

---

① 指谥议之际，给冯琦的评价过低。虽不清楚山东人的行动是否起了作用，但冯琦最终被赠予谥号。（《明神宗实录》卷四八五“万历三十九年七月丁卯”条）

② 《数马集》卷四一《柬林隆南宪长》。

③ 据《国史唯疑》卷一一，黄克缵拼死为陈用宾辩护，是因陈氏为其“荐师”。

④ 《数马集》卷四〇《上叶台山相公》：“杀戮重臣，本非朝廷美事……上司寇书，敬抄上奉览。若台台不以为妄，当别具疏以请。专候裁示以为进退。”

⑤ 《苍霞续草》卷一七《答黄钟梅》：“承示所与司寇书，极其恳切。我翁用心如此……但欲具疏为辨，则一时未可。群言方沸，而突犯其怒，必复肆螫，终无补也。不如少徐之，俟人情稍定，议论复明，乃有济耳。”

⑥ 《纶扉奏草》卷二四《科臣因事质证据实奏闻疏》：“昨又见科臣亓诗教揭帖，谓（李）朴疏中所言黄克缵之留用、陈用宾之再议，皆出臣拟旨，与科道官无与，责臣一言剖明……陈用宾以武定事逮系拟死……黄克缵且上章而颂言之……臣与用宾虽系同乡，素无还往。”如同泉州人黄克缵以兴化、建宁人为同乡一样，福州人叶向高亦以泉州人陈用宾为同乡。

经验的印象。黄克缵曾更为具体地叙述：“吾乡迩来居铨部者，鲜克令终。大都平日未尝留意人才，至入曹，又复以政未及我，且周慎自持，不敢荐引一士。又不然，则且薄于桑梓以示公道。此吾乡之通弊也。”[①] 他主张只要是贤能，即便是同乡也可以举荐，但居于铨部的闽人逐渐减少这一事实更引人注意。与其说闽人冷淡，不如说是“闽人寡援”的状况导致他们如此。“闽人寡援”之说不是黄克缵的专利，更像是一种共识。如蔡献臣（1589年进士，泉州同安人）在给郭惟贤（1548—1606，1574年进士，泉州晋江人）的信中说：“闽人素号寡援。”[②]

比上文提及的闽人要更早一辈的郭应聘（1520—1586，1550年进士，兴化莆田人），在给同县人的信中甚至说：“闽人在宦途，为人所忌久矣。”[③] 郭应聘时已官居巡抚（后官至南京兵部尚书）。另外，他在给相邻的泉州人的信中说：

> 吾闽虽居滨海，代不乏才。即三岁计偕、释褐，视名藩不相上下。乃一时仕路，落落如晨星。其或以叙迁者，非置之闲曹，则投之荒徼。何闽人独见薄当道，一至此极？[④]

“一时仕路，落落如晨星”似乎是郭应聘的惯用语，在给同乡科道官秦舜翰（1568年进士，泉州晋江人）等人的信中，他也写了类似

① 《数马集》卷三二《柬潘鹏江吏部》：“……其人果贤，即四海九州之远，犹且荐之，况乡人乎？”潘鹏江，名洙，泉州晋江人，万历十七年进士。

② 《清白堂稿》卷九《答郭希宇开府》。此信中有“翁之入佐内台也”之语，故应是在万历二十三年郭氏升任左佥都御史后所作。

③ 《郭襄靖公遗集》卷二二《柬戴筠台》：“闽人在宦途，为人所忌久矣，而莆尤甚。”收信人是戴科（1524—1583，1556年进士），与郭氏同为莆田人。信中言及“有司与市舶官”的争端，由此推知，此信是在戴科任广州知府的隆庆初年所写。（光绪《广州府志》卷一八《职官表》二）

④ 同卷二三《柬陈我渡》。收信人陈道基（1519—1593，1550年进士）是泉州同安人。因是郭应聘到任广西巡抚后的信，所以写信时间当为隆庆末年。（《明督抚年表》，中华书局，1982年，第677页）

的话，进而说："先辈尝譬之道傍苦李，有摧折而无灌溉，信然也。"[①] 他的前辈闽人也同样有怀才不遇之感，至于此种感受可追溯到何时则不得而知。回到前文的话题，闽人中二百年来没出过首辅确为事实。打破此局面的叶向高回忆说，他过去从未想过入阁，除了自己不谙世务外，身为闽人也是理由之一。[②]

崔来廷的《海国孤生》[③] 是研究叶向高的近著。此书标题取自叶向高在信中的自况。崔氏只将叶向高的孤独感视作其个人所有，[④] 事实上这也是其他闽人的共同感受。

郭应聘认为闽人孤独的原因是"性直谅"，[⑤] 黄克缵也经常将闽人在官场中"正义孤独"的形象宣之于口。但事实并不那么简单。所谓孤独，或指在黄克缵等人的时代，闽人多出任各省长官。

---

① 《郭襄靖公遗集》卷二三《柬同乡科道秦鹭坡郑谦山苏诚斋》："闽人负性直谅，孤特寡援。一时仕籍如晨星落落……"收信人是秦舜翰、郑岳（1568 年进士，福州长乐人）、苏士润（1565 年进士，泉州晋江人）。"道傍苦李"用《晋书·王戎传》典故。

② 《苍霞续草》卷七《寿笔峰林公七十序》："顾自念生平，典在笔札，不谙世务，又闽人也，无揆路之望。"

③ 崔来廷：《海国孤生：明代首辅叶向高与海洋社会》，江西高校出版社，2006 年。"海上孤生"出自《苍霞续草》卷一七《答贺道星》："不佞海上孤生，素无公辅之望。"

④ 谈及对叶向高的既有研究，目前成果尚不多见，他虽是明末屈指可数的大政治家，但在党争时期旗帜不鲜明（有认为叶氏是东林党的史料，学界亦曾作此结论，但冷东的研究否定了这一点，笔者亦赞同）。叶向高在天启间再入阁时，卷入了东林和阉党之间的斗争漩涡，因此学界从政治史角度对他给予一定关注，但并未以之为中心研究。将叶氏作为政治家进行研究的有冷东的《叶向高与明末政坛》（汕头大学出版社，1996 年），从题目可知，此书以叶向高在中央政局中扮演的角色为关注焦点，并不涉及叶氏作为闽人的一面。比"政治家叶向高"更受关注的是，他在福建扶植基督教，招揽耶稣会士艾儒略，由于二人（以及曹学佺，也是闽人）的对话记录《三山论学纪》存世，叶氏在明末基督教传播的研究者中知名度很高。不过，《三山论学纪》中，叶向高不过是在被动地附和艾儒略的议论。基于此，当代中国学界致力于推进福建史、海洋史研究的学者杨国桢弟子崔来廷的著作（收入杨氏主编的《海洋中国与世界丛书》），可谓以叶向高为主人公的第一本专著，且其作为闽人的一面在此书开头即被强调。不过，因为此书聚焦于叶向高个人，只算在传记中附带提及福建。

⑤ 本页注①。

确实，地方长官的地位不如中央堂官，但现在已有叶、李两位阁老。与他们的不满相反，甚至可以说这个时期闽人正在崛起。只因并不如闽人自己的预期，所以才表现出不满吧。

若闽人在官场不只是孤独，而是真的被嫌恶了，其理由为何呢？只是个性使然吗？遗憾的是，闽人自己对这一尴尬的问题闭口不谈。至少笔者找不到能给出理由的史料。有人推测，“福建方言”可能是他们在官场上被视为异类的一个原因。这种推测是有道理的。耶稣会士的记录表明，从外国人的角度看，福建的方言状况比较特异。卫匡国的《中国新图志》指出了福建省内方言的多样性，并举例存在用南京口音的地域（延平府），[①] 以强调其例外性。福建省内方言较难互通的状况以及整个福建的特异性确实让他们印象深刻。但笔者没有找到在明代方言问题能影响到官场的材料，即使有，恐怕也没有相应的分析能力。[②]

笔者能做的就是通过明末闽人的活动来探索他们处于怎样的历史境地，具体地勾勒明末闽人的群像。在此之前，让我们简单浏览一下从刘后村时代到明末之间约三百年的历史。

二　二百年来无相

提起元代的福建，都会联想起泉州的发展。南宋末年的泉州正值夕阳西下之时，却因被纳入蒙古帝国的商业网络而苏醒过来。作为朱子学的发源地，福建书院鳞次栉比，建阳的出版界也保持着活力。

---

① 《中国新图志》，第 128 页。

② 关于清代，平田昌司《制度化的清代官话——科举制度与中国语史第八》「制度化される清代官話——科舉制度と中国語史第八」（高田时雄编：《明清时代的音韵学》『明清時代の音韻学』，京都大学人文科学研究所，2001 年，第 31—59 页）一文，多角度论述了在官场上官话和方言的对抗关系，并提到福建、广东对官话的抵抗最为强烈。

不过，闽人擅长的科举一度被中断。即使延祐二年（1315）再开科举，对参加考试的南人来说，此上升渠道仍非常狭窄。在元代，科举官僚无法成为政治的主角。在《元史》中立传的汉人、南人数量本就不多，福建人尤其少，[①] 而且也没有出现有名的文人。[②] 与元代后半期大放异彩的金华学派（始祖是吕祖谦）和朴素而踏实地做着注释工作的新安学派（参见第三章）相比，闽人在这段历史上没有留下特别的足迹。[③]

那么到明代发生了怎样的变化？福建在科举上重现了宋代那样压倒性的强劲了吗？科举登第者的地域分布、分卷制度、乡试中举人数的省际分配等王朝文教政策，是近年研究的热门话题，下面引用吴宣德的详尽统计调查来概述。[④]

对于整个明朝的科举登第者，吴宣德按户籍和乡贯两个项目进行统计。后者是本贯，但实际上有很多人从本贯移出，故本书引用的数字基本上是能反映现住状况的前者。科举登第者总数为24862人。排在第一位的是南畿（南直隶，包括以南京为中心的陪都圈及明代后半叶成为文化中心的苏州、松江），3892人。第二位是浙江，3444人。第三位是江西，2756人。第四位是北畿（北直隶），2419人。福建排在第五位，2337人（如果按乡贯统

---

① 杉山正明：《忽必烈的挑战——蒙古帝国与世界历史的大转向》『クビライの挑戦——モンゴル海上帝国への道』，朝日新闻社，1995年。

② 元代最显达的福建人，是在地方行政上做出政绩，最后官至行省参知政事的王都中。不过，他之所以仕途起步顺利，源于其父积翁是南宋高官、后被忽必烈看重并在任上遇难。王都中并没有在王朝编年史的大事件中登场。（《元史》卷一八四）其他被立传的福建人（男性）仅有《儒学传》中的陈旅（今存文集《安雅堂集》），《良吏传》中的林兴祖、卢琦（二人都是进士），以及《孝友传》中的三人。除与著名文人有过交流的陈旅以外，其他人仅在列传中留名。

③ 参见林拓：《元代福建文化地域格局的过渡性变化》，《历史地理》2002年第1期，第237—249页。

④ 吴宣德：《明代进士的地理分布》，中文大学出版社，2009年。

计，将超过北畿成为第四位）。①

虽与宋代相比排名下降，但与宋代不同的是，为了调节南人压倒性的优势，明代在洪熙元年（1425）实施了分卷制度。制度的提议者本身就是江西出身的南人，即“三杨”之一的杨士奇。此后，南北登第人数比例略有波动，但最终以南 55％、北 35％、中 10％的比例固定下来。实际的登第人数也基本与此比例一致。那么，问题在于实施分卷制度前后，福建的登第人数有什么变化。从吴氏制作的各科登第者比率表来看，福建在明初洪武年间基本在 10％以上，有时甚至超过 20％，永乐年间保持在 15％上下，引入分卷制度后，下降到了 7～8％。不过，在比率持续下降的过程中，福建人仍在不断奋斗。分卷前后数字下降明显的，还有在明初进士辈出、匹敌首位的江西，而明代后半叶其数字还在进一步下降。与江西相比，福建在嘉靖、隆庆年间（16 世纪中叶）共 17 科中有 523 人登第（1 科平均约 31 人），万历年间（16 世纪后半叶至 17 世纪前半叶）的 16 科中则有 519 人（1 科平均约 32 人）。而江西在前一个时间段内有 519 人，尚能与福建颉颃，在后一个时间段内却降至 392 人。也就是说，尽管纵观有明一代，福建比江西少了 400 人以上，但在明代后半期数字却发生了逆转（期间，浙江与南畿相颉颃，但在万历后半期却拉开了一点差距）。②

接着来看一下人口与进士的关系。吴宣德考虑到了人口因素，因此将专著的最后一章定为“人口与地理分布的差异”。但由于处理人口统计数据很困难（资料遗存最多的“里数”究竟能在多大程度上反映人口的实际情况），吴氏在地理分布上仅统计分析了浙江的数据及其移民、冒籍问题。暂且不管统计上的难

① 见吴著第 59 页《明代直省进士分布简表》。

② 同书第 56—68 页《明代直省各科进士分布表》、第 61 页《明代各地各科中式率表》。

点，为了掌握大概情况，现将梁方仲所引《万历会典》中万历六年的户数，与明代进士登第人数放在一起考察。[①]

地域	进士登第人数	户数
南畿	3892	2069067
浙江	3444	1542403
江西	2756	1341005
北畿	2419	425463
福建	2337	515307

首都圈的北畿直省，乡试中举名额是固定的，[②] 南畿也有同样的优待，有资格参加会试者较他省更多（景泰七年即 1456 年以后到万历初年为止，北直隶、南直隶都是 135 人。与之相对，江西是 95 人，浙江、福建是 90 人）。若暂不考虑名额限制，单看进士人数和户数的比例，就知道闽人还是很擅长科举的。因为南畿、浙江、江西的人口比福建多得多，理论上竞争激烈程度很高（假设对科举意向的强度相同）。如福建在嘉靖十六年（1537）参加乡试的约有 2900 人，十九年有 3000 人，三十七年有 3700 人，各自争夺 90 人的举人名额。[③] 其他南方三省的应试者，或者说潜在有科举意向的人数应比福建多得多。在南卷考试中，福建人与这些从竞争激烈的省份中脱颖而出的佼佼者同台竞技，还能取得上述成绩，说明福建在科举上还是很强劲的。

---

① 梁方仲：《中国历代户口、田地、田赋统计》，上海人民出版社，1980 年，第 203—204 页。

② 郭培贵：《明代乡试录取额数的变化及举人总数考述》，《东岳论丛》2010 年第 1 期，第 47—52 页。

③ 《方山先生文录》卷九《福建乡试录序》："嘉靖丁酉……所简士二千九百有奇。如制，三校之，得士九十人。"《田叔禾小集》卷一《福建乡试录序》："嘉靖十有九年……士三千有奇，简其可者九十人。"《宗子相集》卷一三《福建乡试录序》："嘉靖戊午……某所遴士三千七百有奇。三试之，得九十人。"

若进一步细察，还会注意到其他现象。继省际分布后，吴宣德进而关注进士的府州县际分布。他列表统计了出过20个以上进士的州、县，独占鳌头的是莆田，有502人（一县占一省人数的约四分之一），可见后村的故乡在科举上一如既往地强劲。第二位是泉州晋江（李廷机、黄克缵的故乡），373人。第五位是福州闽县，237人。[①] 另外，根据季平统计的福建内进士分布，嘉靖以后，除过往较多的福州、兴化之外，泉州、漳州也迅速崛起。他将历代各府州数字制成表格。笔者现将明初至万历末年这段时间，划分为洪武～正统（24科）、景泰～正德（24科）、嘉靖～万历（30科）三段，分别统计省内四杰福、兴、泉、漳的进士人数。[②]

地域	洪武～正统	景泰～正德	嘉靖～万历
福州	196	191	224
兴化	77	219	195
泉州	41	63	372
漳州	33	44	176

第三段（嘉靖～万历）长约百年，但即使将数字打个折扣，泉州、漳州进士人数的迅猛发展也是显而易见的。前引《万历野获编》中提到的人物，除叶向高外都是泉州人。

吴宣德的数据是以省为单位统计的，这样一来就难以看到省内的差异。若准确表述，与其说福建一省，不如说福建省的特定地域（兴化、泉州、福州）在科举上非常强。但若笼统地讲，如郭应聘所言“视名藩不相上下”，认为整个福建省取得了骄人的成绩也不算错。在官场起步阶段，闽人不管具体来自哪个州县，

① 吴著第81页《明代拥有进士二十人以上的州县数》。

② 季平：《明代福建进士的地域分布研究》，《教育与考试》2009年第6期，第46页。统计表据同治间重修《福建通志》卷一五二制成，与吴宣德的统计数字有若干出入。

都区别不大。

确认了这一点后，再来考察入仕后的闽人。首先，科举成绩与在官场的表现不一定成正比，正如作为考生偶像的一甲前三名，日后也未必荣达。如张瀚（1510—1593，1535 年进士）在《松窗梦语》中引《吴郡记》，罗列了数位状元及其后来的发展情况（括号内补充了省籍）：

张信（洪武二十七年，浙江）→不明

林环（永乐四年，福建）、李骐（永乐十六年，福建）、林震（宣德五年，福建）→以翰林院修撰终

刘俨（正统七年，江西）、孙贤（景泰五年，河南）→太常卿

曾彦（成化四年，江西）→翰林院侍讲

钱福（弘治三年，南直隶）、康海（弘治十五年，陕西）、罗伦（成化二年，江西）、唐皋（正德九年，南直隶）→翰林院修撰

杨维聪（正德十六年，北直隶）→太常卿

龚用卿（嘉靖五年，福建）→国子祭酒

茅瓒（嘉靖十七年，浙江）→吏部侍郎

唐汝楫（嘉靖二十九年，浙江）→翰林院修撰

罗列完上述状元后，张瀚称“无一登台辅者”，还特别提到三人：嘉靖四十一年（1562）状元申时行（1535—1614，南直隶）入阁时，还不到 50 岁（当时为 45 岁）；王锡爵（1534—1611，南直隶）、余有丁（1527—1584，浙江）同时入阁。[①]《吴郡记》之所

---

① 《松窗梦语》卷六《盛遇记》：“《吴郡记》云：‘国朝大魁，前甲戌张信无闻……无一登台辅者。至今壬戌申时行入殿阁，年未五十，在位极久。且一甲三人，余有丁、王锡爵同时入阁，俱至一品。为一时之胜事云。’”

以如此强调，是因为申、王二人都是苏州人。不只限于上述例子，事实上自此以后，一甲就与仕途荣达密切关联起来。

李廷机等闽人的后辈、崇祯朝大学士黄景昉（1596—1662，1625年进士，泉州晋江人）也是一位不得志而终的福州状元。他也指出，自陈谨（嘉靖三十二年→太子中允）起，马铎（永乐十年）、前列李骐、龚用卿等状元都未升至堂官，只有万历二十年（1592）状元翁正春（1553—1626，福州侯官人）官至礼部尚书。[①]

王世贞也称“福建大魁无显者”，但观点稍有不同。[②] 他指出“福建自开科至宣德间最多高第，以后寥寥矣，然少显贵者”。洪武十八年（1385）的丁显（建宁）、三十年的陈𬩽[③]（福州），永乐四年（1406）的林环（见上文）、十年的马铎（见上文）、十六年的李骐（见上文），宣德五年（1430）的林震（见上文），景泰二年的柯潜（兴化），嘉靖五年的龚用卿（见上文）、三十二年的陈谨（见上文）共9人中，只有柯潜官至少詹事，龚用卿为国子祭酒，陈谨为右中允，其余5人皆早夭，陈𬩽也不得善终。可见偶然因素

---

① 《国史唯疑》卷七：“陈修撰谨以册封领使节迟，谪惠州府推官，国法殊严。抑亦柄臣忌之。闽福郡状元自马铎、李骐、龚用卿及谨，俱不登卿贰卒。后翁正春始一至詹尚书。”此处仅记录到陈谨被贬，其后他升至右春坊右中允，但因服丧归乡，嘉靖四十五年被乱兵杀害。嘉靖三十二年一甲前三名中，除陈谨外的两人，一人于翌年病死，一人被剥夺官身，未能起复。王世贞曾将此科前三名与申时行榜仕途顺畅的三人相比较。（《弇山堂别集》卷一八《奇事述》“癸丑壬戌三及第之异”）

② 《弇山堂别集》卷一八《奇事述》“福建大魁无显者”：“福建自开科至宣德间最多高第，以后寥寥矣，然少显贵者……凡九人，仅柯（潜）至少詹事，龚至祭酒，四品而已。陈至右中允，余俱修撰，皆夭。而（陈）𬩽仅为司宾署丞，以不令终。会元则……惟洪（英）至右都御史。及第者……凡十二人，仅谢琏至侍郎，林文太常少卿，仁杰祭酒，张显宗曾为侍郎，终交阯布政而已。无论阁部、一品，俱不可得。今己未及第林宗伯士章始破天荒矣。”

③ 著名的“南北榜”事件中的南榜状元。此时，北人对登第者全是南人表示抗议，洪武帝直接修改了考试结果，登第者全部变成了北人。

也起了不小的作用，且样本量较少，有状元在仕途上不得志的情况也不足为奇。王世贞还罗列了其他名单，先来看会元。

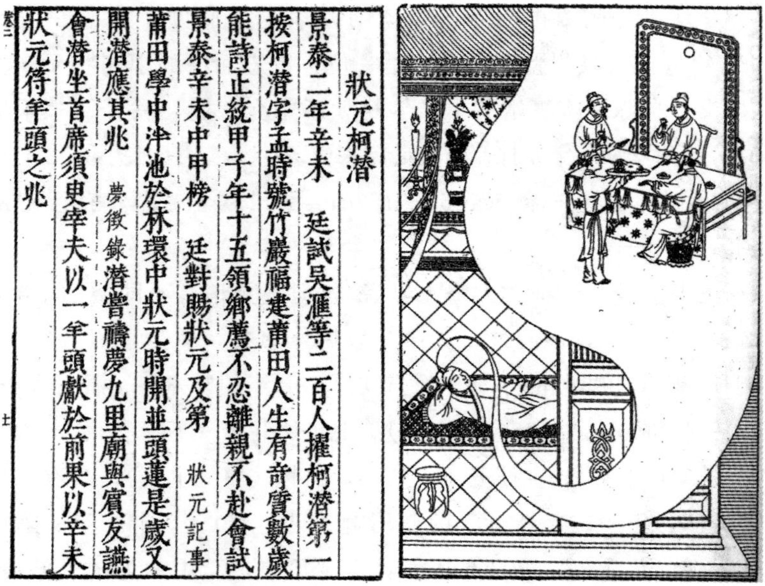

狀元柯潛

景泰二年辛未　廷試吳滙等二百人擢柯潛第一

按柯潛字孟時號竹巖福建莆田人生有竒質數歲能詩正統甲子年十五領鄉薦不忍離親不赴會試景泰辛未中甲榜　廷對賜狀元及第　狀元記事

莆田學中泮池於林環中狀元時開並頭蓮是歲又開潛應其兆　夢徵錄

潛嘗禱夢九里廟與賓友讌會潛坐首席須臾宰夫以一羊頭獻於前果以辛未狀元符羊頭之兆

图 2-1　景泰二年状元柯潜（《明状元图考》，国立公文书馆藏）

王世贞列举了5人，分别是永乐十年的林志（殿试探花，福州）、十三年的洪英（殿试二甲十一名，福州）、十九年的陈中（殿试二甲三十九名，兴化），嘉靖二十九年的傅夏器（殿试二甲九名，泉州）、三十八年的蔡茂春（殿试二甲四名，福州[①]），其中只有洪英官至右都御史（巡抚）。会元虽说只是会试的榜首，但其象征意义很大。接着，王氏列举了进士及第（一甲二、三名）名单及其终官。

洪武二十一年唐震（福州）、二十四年张显宗（→侍郎、交阯布政使，汀州）

① 《皇明贡举考》《明清进士题名碑录索引》作顺天府三河县人。

永乐四年陈全（福州），九年黄旸（兴化），十年林志（福州），十三年李贞（漳州）、陈景著（福州）

宣德二年谢琏（→侍郎，漳州）、五年林文（→太常少卿，兴化）、八年赵恢（福州）

成化八年（1472）李仁杰（→国子祭酒，兴化）

正德三年（1508）戴大宾（兴化）

王氏只记录了其中4人的官职。笔者在《明三元考》中检索了其他人：

唐震——翰林编修。

陈全——翰林侍读。

黄旸——54岁登第，“终编修”。

林志——34岁登第，“历官谕德……居官十五年，恭勤恬静，若与世无涉者”。

李贞——36岁登第，“授编修，改高州教授”。

陈景著——18岁登第，“预修《性理大全》，书成，丐禄便养……终于家”。

赵恢——39岁登第，“仕至右春坊庶子兼侍讲”。

戴大宾——20岁登第，早卒。[①]

如上述般扩大观察的范围，就会发现有官至侍郎的人。成为户部侍郎的谢琏甚至拒绝了同年大学士高谷的入阁推荐，[②] 若此事为

① 《明三元考》：唐震“授编修”（卷一）；陈全“历官侍读，为人公勤笃慎”，黄旸“年五十四，终编修”，林志“年三十四……历官谕德，为人简静，不苟交处……居官十五年，恭勤恬静，若与世无涉者”，李贞“年三十六……授编修，改高州教授”，陈景著“年十八，未娶……预修《性理大全》，书成，丐禄便养，改本府教授。及父殁，复以母老不愿仕，终于家”（以上见卷二）；赵恢“年三十九……仕至右春坊庶子兼侍讲。为人端谨，乡评推重”（卷三）；戴大宾“年二十，未娶……给假归娶，寻丁忧，在途卒”（卷九）。

② 《本朝分省人物考》卷七一“谢琏”：“升户部侍郎，会太学士高谷同年友也，意欲推毂，琏谢绝之。竟未尝以尺素通问。”不过，高谷是永乐十三年进士，二人并非同年。

真，至少说明谢琏有机会入阁。但总体来说，福建进士是低调的，像“与世无涉”（林志）、“为人端谨”（赵恢），或是为了孝敬父母而归乡，此等寡欲淡泊的例子很常见，他们似乎在考试中已用尽所有能量。而且，读了可称之为明朝各省人物名鉴的《本朝分省人物考》后，就会发现，不仅限于一甲进士，在闽人官僚中此种类型的人也很多。

王世贞在指出以上 12 人非但没成为大学士，甚至连堂官（尚书）都没做过后，总结说：“今己未（嘉靖三十八年）及第林宗伯（礼部尚书）士章始破天荒矣。”林士章被任命为南京礼部尚书是在万历九年，[①] 所以王世贞记录上述内容约在此时。不过，林氏并未就任此职就致仕了（58 岁）。三科后的隆庆二年榜眼黄凤翔（时年 49 岁），在万历二十一年也升任南京礼部尚书，同样没有赴任。故而真正意义上的破天荒之人，应该是李廷机。

王世贞仅仅指出这一现象，并没有加以评论。他可能只是作为一个通晓掌故的史家，平淡地陈述事实。其与《吴郡记》和黄景昉的记述不同，后二者是本省人对当地科举的回顾，前者则是外省人的观察。大概是因为福建以外没有类似现象才格外引人关注，但王世贞并没有对闽人仕途不顺的背后原因展开分析（也可能在他的理解中，科举本就是一个命途多舛的世界），只在无法解释异常事态的情况下记录了此种现象。

以上主要讨论一甲进士的情况，虽然具有很大的象征意义，但进士的主力军是二甲、三甲。杨荣（二甲三名）就是其中之一，从这里也涌现出了不少闽籍尚书和高级官僚。先看一下吴宣德的统计。

---

① 《弇山堂别集》卷四九《南京礼部尚书表》。

吴氏编制了《明中央政府主要部门进士任职状况表》和《明代大学士、六部尚书地域分布表》。[①] 资料来源于万历年间焦竑（1541—1620，1589 年进士）编撰的《献征录》。该书为每个官厅都编写了列传，所以很容易统计。吴表统计的时间段虽号称到隆庆年间为止，实际上包括了万历初年。首先是大学士、六部尚书（但不含南京六部尚书）的各省分布，从总数上讲，福建以 14 人居第 11 位（第 1 位南畿 64 人，第 2 位浙江 50 人，第 3 位江西 49 人，第 4 位北畿 44 人，第 5 位山东 26 人），福建以下只有广东、广西、云南、贵州。如果仅限于进士出身的任官者，福建的排名会上升一位，但在科举五杰（南畿、浙江、江西、北畿、福建）中完全落后于他省。若仅算大学士，其他四杰中江西以 19 名位居榜首，达到了两位数，而福建只有 3 名（杨荣、陈山以及李廷机）。

“中央政府主要部门”指“内阁、詹事府、翰林院、六部、都察院”。将各部门的官员人数相加，就能得出每一朝的数字。在总计 1531 人中，进士登第者为 1253 名（占全体的 82%）。仅算进士的话，南畿 233 人，浙江 201 人，江西 177 人，北畿 108 人，福建 84 人，这与科举的排位相同。继而是山东 83 人，河南 82 人。而在历代进士总数上，与福建 2337 人相比，山东 1534 人，河南 1416 人，差距非常大。

吴氏进一步细分，分别统计了分卷制度前后，进士在主要部门入仕的人数。因为分卷前只有 131 人，样本很少，所以这里用百分比来表示。总体来看，前后没有太大差异，福建也只不过比分卷前的 7.6% 少了一个百分点。江西的数据则明显下降（从 36.6% 降到 11.5%），明初江西占比异常突出这点值得注意。根据吴表，若仅算正德年间以后（16 世纪以后），依次是浙江 98 人，南畿 77 人，江西 47 人，山东 40 人，福建 35 人，北畿 34

① 吴著第 87—89 页。

人，山西 29 人，河南 25 人。

再来看前述《本朝分省人物考》。该书收录的不仅有高官，也包含获得任命后即刻辞官的文人，因此可称之为广义上的缙绅录。《献征录》虽同样收录了李廷机，却未收录叶向高，应是到万历初年为止的数据。

《人物考》全书 115 卷中，各省所占卷数分别为：南直隶 31 卷（卷一一～四一）、浙江 15 卷（卷四二～五六）、江西 13 卷（卷五七～六九）、北直隶 10 卷（卷一～一〇）、河南 10 卷（卷八四～九三）、湖广 8 卷（卷七六～八三）、福建 6 卷（卷七〇～七五）（再往下分别是，山东 5 卷，山西、陕西 4 卷，四川、广东 3 卷，广西、贵州、云南各 1 卷）。通过卷数只能大致推测记述体量，若将以上数字用百分比来表示，南直隶占 24%，浙江占 19%，江西占 11%，北直隶占 8%，河南占 7%，湖广和福建各占 5%。虽然像杨荣这样的人物占去了很多字数，但身为状元却不起眼的人物只用两三行就结束了，可以说，字数总量在一定程度上反映出不同省份人物在政治、文化方面的活跃度。与江南和江西相比，福建被远远抛在后面。

由上可见，黄克缵等人基于现实感受的陈述并不是谎言。但与此同时，在《献征录》《本朝分省人物考》的编纂年代之后，闽人在官场上的活跃度令人瞠目结舌。若以党争为主线来讲述明末政治史，这一时期“浙党”“楚党”等词汇频繁出现在史料中。这些并不是地域朋党，只是以党魁的籍贯来称呼而已，而“闽党”并不存在。因为李廷机和叶向高都不是强权领袖，所以没有产生“闽党”一词。闽人虽未以集团的形式发力，但仍在政局中发挥着自己独特的个性。[①]

---

① 编者注：以下“体验倭寇”“宇宙间一大变”“侦探”“红夷”“郑芝龙”五节删去。

第二部分

历史教科书与福建人

第三章　掸去教科书的灰尘

——《资治通鉴纲目》再考

一　蒙尘的教科书

内藤湖南《中国史学史》对《资治通鉴纲目》（以下简称《纲目》）的评价如下：

> 此书并非全部成于朱子之手，据说是他大体上给出凡例后，由门人赵师渊编写，根据朱子遗言完成的。此书从凡例开始就笔法严苛，例如“凡篡贼之臣书‘死’，范增、王舜、扬雄之类”，在正文记述扬雄之死时，笔削作“莽大夫扬雄死”。这种春秋笔法对后世产生了很大影响，既有模仿此例的，也有持相反观点的。日本水户派的史论就是在《纲目》的刺激下产生的。

在《中国史学史》的另一处，内藤湖南将吕祖谦的《大事记》与《纲目》对比，认为“将该书与根据朱子指示编成的《通鉴纲目》相比，别有一番味道。《纲目》寓意褒贬，甚为浅薄”。[①] 这一评价可以说代表了当今日本学界对《纲目》的一般看法，将“在《纲目》的刺激下产生”的“水户派史论”加入《神皇正统记》，

① 内藤虎次郎：《中国史学史》，弘文堂，1949 年；《东洋文库》第一卷，平凡社，1992 年，第 294、298 页。

就构成了解释日本史事的经典范式。[①]

对日本史学的影响且按下不表，内藤湖南评论的重点有二：一是《纲目》并非朱子“手定”的文本，而是委托弟子编集的；二是“从凡例开始就笔法严苛”，“寓意褒贬，甚为浅薄”。此种笔法在同为二次编纂史籍的《大事记》中就没有见到，故内藤湖南认为《纲目》是“浅薄的史书”。

就第一点来说，对于赵师渊的参与程度，各家看法不一。而且赵师渊本人在朱子门人中并不显眼，他对《纲目》编纂的参与程度，无疑会左右后世对此书的评价。此外，中国对“纲目体”的实用性有相当的认可度，而日本的历史学者中，除岛田虔次外，将作为史书的《纲目》视为独具匠心之作的，尚未见其人。[②]谈及《纲目》，史家仅千篇一律地强调其“正统论”的一面，很少真正将之作为历史学的研究对象。中山久四郎于20世纪30年代发表的论文至今仍值得关注，不过其主旨在于论述日本对《纲目》史学的继承史，[③]而未讨论《纲目》在中国的接受问题。

不过，在近代以前的日本，朱子的“正统论”是否被真正理解尚未可知，但严肃主义的“劝惩史学”显得水土不服，因而对《纲目》的贬低很早就开始了。

---

① 内藤指出，“比如朱子学派的《通鉴纲目》，并不清楚在当时的中国流行到什么程度。其传到日本后，北畠亲房是否见过，也存疑”。(1923年讲演录《日本文化的独立》「日本文化の独立」，见《日本文化史研究》，弘文堂，1924年；《内藤湖南全集》第九卷，筑摩书房，1969年，第119页）暂且不提正统论，关于《纲目》本身的影响也需要慎重对待（这也是内藤在《朱子的〈通鉴纲目〉》「朱子の通鑑綱目」中没有写明的含意）。和岛芳男也怀疑《纲目》对亲房的影响（《日本宋学史研究》『日本宋学史の研究』，吉川弘文馆，1962年，第183—184页)。

② 《亚洲历史研究入门1　中国Ⅰ》『アジア歴史研究入門1　中国Ⅰ』“序论”，同朋舍，1986年，第41页。

③ 中山久四郎：《朱子的史学及其〈资治通鉴纲目〉(正)(续)》「朱子の史学特に其の資治通鑑綱目につきて（正）（続）」，《史潮》一—三，1930年，第33—60页；二—一，第72—98页。

朱子之《纲目》，以一字褒贬为主，论义理而非实学。觉古今之间无一人是，此也贬，彼也贬，有如绳缚，诚无用之书。（《经子史要览》）

这是被中山的论文引用的荻生徂徕（1666—1728）的话，与内藤之言大体相近。

那么，当物茂卿将《纲目》弃之如敝屣时，在中国《纲目》是被如何看待的呢？与徂徕生活在同一时代、同属“夷狄”的康熙帝（1654—1722），似乎是《纲目》的热心读者。他的学习成果痕迹以御批的形式保存了下来，《四库全书》甚至因此将《纲目》从原属的“编年类”调到“史评类”。在《四库全书总目》中，《纲目》的介绍如下：

《御批通鉴纲目》五十九卷《通鉴纲目前编》一卷[①]《外纪》一卷《举要》三卷《通鉴纲目续编》二十七卷，康熙四十七年（1708）吏部侍郎宋荦校刊，皆圣祖仁皇帝御批也。朱子因司马光《资治通鉴》以作《纲目》，惟《凡例》一卷出于手定。其纲皆门人依《凡例》而修，其目则全以付赵师渊。后疏通其义旨者，有遂昌（浙江省）尹起莘之“发明”、永新（江西省）刘友益之“书法”。笺释其名物者，有望江（安徽省）王幼学之“集览”、上虞（浙江省）徐昭文之“考证”、武进（江苏省）陈济之“集览正误”、建安（福建省）冯智舒之“质实”。辨正其传写差互者，有祁门（安徽省）汪克宽之“考异”。明弘治中莆田（福建省）黄仲昭取诸家之书，散入各条之下，是为今本，皆尊崇朱子者也。故大抵循文敷衍，莫敢异同。明末张自勋作《纲目续麟》，始以

① “《纲目前编》一卷”有误，当为“《纲目前编》十八卷”。可能是“首一卷，《前编》十八卷”脱落所致。

> 《春秋》旧法纠义例之讹；芮长恤作《纲目（分注）拾遗》，以《通鉴》原文辨删节之失。各执所见，屹立相争。我圣祖仁皇帝睿鉴高深，独契尼山笔削之旨，因陈仁锡刊本亲加评定，权衡至当，衮钺斯昭，乃厘正群言，折衷归一。又金履祥因刘恕《通鉴外纪》失之嗜博好奇，乃搜采经传，上起帝尧，下逮周威烈王，作《通鉴前编》；又括全书纲领，撰为“举要”殿于末；复摭上古轶闻，撰为“外纪”冠于首。陈仁锡稍变其体例，改题曰《通鉴纲目前编》，与《纲目》合刊，以补朱子所未及。亦因其旧本，御笔品题。至商辂等《通鉴纲目续编》，因朱子《凡例》，纪宋元两代之事，颇多舛漏，六合之战，误称明太祖兵为贼兵，尤贻笑千秋。[①] 后有周礼为作“发明”，张时泰为作“广义”，附于条下。其中谬妄，更不一而足。因陈仁锡缀刊《纲目》之末，亦得同邀乙览，并示别裁。乾隆壬寅（四十七年），我皇上御制题词，纠正其悖妄乖戾之失，以阐诬传信。复诏廷臣取其书详加刊正，以协于至公，尤足以昭垂千古，为读史之指南矣。[②]

《纲目》之所以被列入史评类而非编年类，是因为更看重“御批”。今天看来，这只是一种盲目的追崇，但这种处理方式实际上也反映了《纲目》的文本特性。因为《纲目》的历史，在朱子及其弟子编纂完“纲”（大书）和“目”（分注）的文本后并未终止，还包含在《纲目》上附加众多要素的过程。御批也可视作其中之一。

---

① “六合之战”云云，指卷二七“至正十四年九月”条“命丞相托克托督诸军击张士诚”之“目”中曰“西平六合，贼势大蹙”。这里并没有具体记述六合之战，也未写明朱元璋在此战中作为援军赶来。馆臣认为将亦在军中的朱元璋也统称为“贼”，“尤贻笑千秋”。但主力是张士诚军，此处朱元璋并未出现，馆臣注意到了这本可轻轻带过的地方，但如此得意洋洋地抓住批评似不妥当。

② 《四库全书总目》卷八八。

《总目》提要中有很多问题。最大的问题是内藤评语中提及的对《纲目》编集过程的评论（画直线部分）。后文介绍的当代研究表明，这些评论并未经过查证，而是出于主观臆断。不过笔者关注的是更为琐碎的点，即用波浪线标示的部分，此处先更正相关内容。

一，徐昭文的“考证”并不是“名物笺释”，而应与汪克宽的“考异”归为一类。

二，编成“今本”（增入尹起莘等“七家注”）的并不是黄仲昭。

三，《通鉴前编》的作者金履祥并没有将“举要”“外纪”作为附录。

四，陈仁锡与《纲目》合刊的《前编》，并非金履祥之作。[①]

接下来详述之。这里先谈一下从以上一、二点中表现出的四库馆臣态度。馆臣一一列举尹起莘的“发明”等所谓“七家注”，看起来并没有忽视《纲目》文本的附加部分，但恰恰从这里就能看出，实际上并非如此。被馆臣称赞为“尊崇朱子者”，就能突出徐昭文的贡献吗？不，这一评论本身就很可疑。正是因为“尊崇”，其考证的内容才更要受到质疑。

不过，馆臣主要在极力彰显御批，如此轻视或许是不得已的。况且“七家注”的诸人中，被正史立传的有担任《永乐大典》总裁的陈济（《明史》卷一五二）和被列入《儒林传》（《明史》卷二八二）、知名度很高的汪克宽，其余五人皆声名不显，因《纲目》才留名于后世。尽管如此，在康熙帝御览的明末陈仁锡校刊本《纲目》的卷首，仍罗列着他们的名字。而且，陈仁锡本沿袭自明代中后期在建阳多次刊行的《纲目》“七家注”本，

---

① 此外，余嘉锡（1884—1956）的《四库提要辨证》对《纲目》相关也不置一词。是单纯没注意到，亦或是从中可见对《纲目》的典型态度。

也就是说这七人的知名度相当大（图 3-1）。

实际上，笔者不认为《纲目》的大部分读者都认真读完了“七家注”。像林罗山这样批点“七家注”且乐在其中的人毕竟是少数。[①] 不过，可以说掺入“七家注”的版本才是《纲目》通行本，至少大多数读者接触的《纲目》都是“七家注本”。如果没有尹起莘的“发明”，以及根据“朱子手定凡例”对《纲目》正文一字一句加以评述的“考异”“考证”的话，对《纲目》的印象应该会有很大不同。“从凡例开始就笔法严苛”，“寓意褒贬，甚为浅薄”等评价，也是基于此版本引出的。

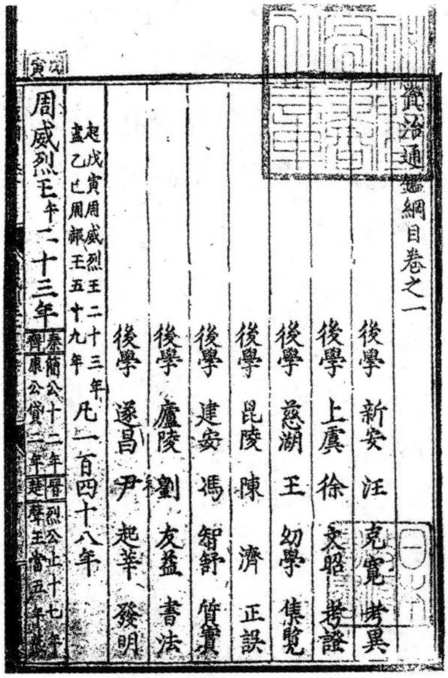
資治通鑑綱目卷之一
後學新安汪克寬考異
後學上虞徐文昭考證
後學慈湖王幼學集覽
後學毘陵陳濟正誤
後學建安馮智舒質實
後學廬陵劉友益書法
後學遂昌尹起莘發明
起戊寅周威烈王二十三年，盡乙巳周赧王五十九年，凡一百四十八年。
周威烈王二十三年 秦簡公十二年 晉烈公十七年 齊康公貸二年 楚聲王當五年

图 3-1　“七家注”诸人（《资治通鉴纲目》，国立公文书馆藏）

因此，考察“七家注”各自是如何产生的，又是如何被掺入《纲目》文本中，是有一定学术意义的。而且，在上述过程中发挥作用的，是四库馆臣关心对象之外的其他人。

在这七人之后，提要还提及张自勋的《纲目续麟》和芮长恤的《纲目分注拾遗》，它们展示了作者个人对《纲目》文本的设想，即“《纲目》本应这样编”，但对《纲目》的历史本身几乎没有产生影响。四库馆臣列举二书，也是将其作为御批之前的铺垫，并非真心予以褒赞。不过，此二书展示了读者对于《纲目》

① 第 172 页注③中山论文（续），第 83 页。

的另一种看法。因为与后述内容有所关联，笔者在这里先行介绍。

前者于崇祯十六年（1643）编成，对一直被视为《纲目》编纂大方针的《凡例》表示质疑。张自勋和四库馆臣一样，把《凡例》看作朱子手定，正因如此才不必绝对遵从。他重视的是《纲目》通行本（“七家注本”）所收朱子写给赵师渊的书信，并从中得出两点认识：一，朱子直到晚年都对《纲目》的编纂情形不甚清楚；二，对编纂助手赵师渊寄予期待。一般认为，“‘纲’由朱子手定，‘目’由助手编纂”。然而，张氏认为不只如此，连正文中的“纲”也大多出自赵师渊之手。四库馆臣进而认为，“惟《凡例》一卷出于手定，其纲皆门人依《凡例》而修”，则有夸张之嫌。张自勋并非仅从印象出发，而是逐一列举具体条文，将《纲目》正文与敷衍师说、被称为“《纲目》之忠臣”的“考异”“考证”“书法”“发明”区别分析，四库馆臣则没有查证内容就贸然论断。如后所述，将《纲目》中朱子扮演的角色和今日之“主编”等同视之，是决不可行的。

芮长恤的《纲目分注拾遗》比《续麟》稍晚出现。芮氏纠正了世人认为“目”亦由朱子手定的误解，且通过重新比较《通鉴》和《纲目》的文字，更正了“目”的杜撰内容。反过来讲，似乎在此之前无人认为“目”是委托弟子所作，但事实并非如此。此观点早已有之，芮氏只是通过具体的例子证明了这一点。无论如何，谈论《纲目》的人基本上只在凭印象言说。在“七家注”出现以后，像吕坤（1536—1618）这样真正去钻研《纲目》文本、逐条探讨的人终归只是极少数（而且他的《纲目是正》今不存于世）。从这一点来说，先不论二书的影响力，其出现本身在《纲目》的历史上就已是划时代的存在。

馆臣对此二书的评价很高。前者的提要云：“证《纲目》传写、刊刻不免讹脱，不必以钞胥刻工之失，执为朱子之笔削（即“七家注”中“发明”“书法”的立场），尤为洞悉事理之言。”[①] 后者的提要云：“于圣人不能无误，而大儒之心廓然无我，亦必不以偶然疏漏生回护之私。是即真出朱子，亦决不禁后儒之考订，况门人代拟之本哉。”并称精心校对《通鉴》与《纲目》文本的芮长恤为“《纲目》之功臣”。[②]

但馆臣真的理解了二书的价值吗？《续麟》提要中所谓指出“《纲目》传写、刊刻不免讹脱”，而这正是“七家注”中“考异”“考证”所关注的问题。张自勋的新意更在于指出朱子本人在摸索中产生的错误，而馆臣忽视了这一点。张氏称，《凡例》写定于《纲目》编纂早期，并非绝对。“《凡例》不必从”是他的得意之句。

因《凡例》为朱子所作，长期具有绝对的分量，而提出“《凡例》不必从”是一个很大的变化。张氏更进一步指出，因为没有必要遵从《凡例》，故而对以此为基础的朱子正统论提出了异议，即主张不承认秦、晋、隋这些“不正”王朝为正统[③]（《纲目》在这三个王朝统一天下时，即承认其为正统）。明初方孝孺（1357—1402）就提出过这一主张，[④] 他并非针对《凡例》而言，而是本就秉持不同于朱子的正统论。张氏则是从《纲目》的文本出发，得出了这样的结论。

此外，《分注补遗》提要云“于圣人不能无误”，这看似与张

---

① 《四库全书总目》卷四七。

② 《四库全书总目》卷四七。

③ 四库馆臣指其为“儒生胶固之见”，不以为然。

④ 《逊志斋集》卷二《释统》以周、汉、唐、宋为正统，曰：“晋也，秦也，隋也，女后也，夷狄也，不谓之变，何可哉？”认为秦、晋、隋、女后（吕后、武后）、夷狄都是“变统”。另外，他虽没有直接叙述过对元朝的看法，但在《正俗》（《逊志斋集》卷三）中曰：“元主中国者八十余年，中国之民言语、服食、器用、礼文不化而为夷者，鲜矣”，恐怕也没有将元朝算入正统。

自勋的主张相同，但馆臣谈的是“目”，而不像张自勋那样去深入分析“纲”和《凡例》。实际上，即便是读了此二书之人，也不会或者说不敢持相同的看法，他们更习惯于把《纲目》的问题简单归咎为由弟子编纂这一点，而朱子仍旧被奉若神明。

相比起《纲目》，馆臣对于《续纲目》则毫不客气地给予批评。不过，仅举出一二错误就目之为“贻笑千秋”，有些滑稽。这固然表明清朝学者对于明人著作经常口出蔑视之语，但也反映出评价《续纲目》可以较为肆意，不像对《纲目》那样有所顾忌。馆臣不仅针对《续纲目》正文，对张时泰、周礼两家注也出言不逊。但实际上“七家注”和这两家注并没有那么大的差距。馆臣之所以看不清这一点，是因为《纲目》被区别对待了。

然而，四库馆臣的见解成了共识。认为朱子参与度有限与对《纲目》的评价不高是紧密相连的，加之朱子学本身地位的下降，早在18世纪，《纲目》的价值就开始崩塌。在近代史学产生后，《纲目》就不怎么被研究了。[①] 编写《中国史学名著评介》（1990—1992）[②] 的仓修良，在发表于2007年的《朱熹和〈资治通鉴纲目〉》[③] 一文中讲述了相关情况。他自我批评式地回顾道，过去的中国史学界，包括他本人在内，因袭了《四库全书总目》等解题书目的讲解，对《纲目》有所轻视。他还提到，叶建华的论文是重新审视的契机。叶氏详细阐述了在日本不怎么被提及的纲目体的实用性。[④] 此外，发表了研究朱子史学思想著作的汤勤

---

① 《通鉴》研究的经典著作——张煦侯的《通鉴学》（修订本，安徽人民出版社，1982年）中，将《纲目》作为《通鉴》的后续作品提及，这种处理方式与其他著作区别不大。

② 《中国史学名著评介》，山东教育出版社，1990—1992年。《纲目》一节的执笔者是叶建华。而且2006年的新版中《纲目》一节并没有加笔。

③ 《朱熹和〈资治通鉴纲目〉》，《安徽史学》2007年第1期，第18—24页。

④ 《中国史学名著评介》第二卷，第113—128页。不过，对《纲目》接受史的记述并不正确。

福，也对《纲目》的编纂过程进行了再讨论。接下来介绍一下二人的论文。[①]

二　编纂过程

本节关注的是《纲目》离开朱子之手后，在编纂工作中朱子参与到了什么程度，是否能看出其参与是次要的。而且，相关材料已经穷尽，很难发现新的事实，关键在于面对同样的材料该如何理解。但这个问题与《纲目》的后世评价相关，本节先简单介绍叶建华、汤勤福的论文。

叶建华将《纲目》的编纂过程分为“原始草稿的编撰期”“完成净本（初稿）时期”“修改定稿时期”三个阶段。第一阶段从朱子得到胡安国的《举要补遗》（司马光为《通鉴》撰简本《举要历》，胡氏为之补遗）开始（叶氏推断在乾道三年，即1167年左右）——这也是编纂《纲目》的契机，到朱子写序文（序例）为止（乾道八年）。在这段时期，朱子写给高弟蔡元定的信中常常提及《纲目》，故编纂的“同志”（序文中的表述）主要是蔡元定。

第二阶段是手定《凡例》、顺利进行修纂的时期。朱子在推测写于淳熙二年（1175）、给吕祖谦的信中云“《纲目》草稿略具，俟写校净本毕”。

但此后修订工作仍在继续。淳熙九年（1182），朱子甚至提出要将“首篇草本”呈献给皇帝，而十三年写给潘恭叔的信中又

① 叶建华：《论朱熹主编〈纲目〉》，《文史》1994年第三十九辑，第271—276页。汤勤福：《朱熹与〈通鉴纲目〉》，《史学史研究》1998年第2期，第46—51页。后者的主要内容收入《朱熹的史学思想》（齐鲁书社，2000年）第五章第四节《从朱熹亲撰〈通鉴纲目〉看其编纂思想的演变》。

云“精力早衰，不能卒业，终为千古之恨耳”，此后再没有言及修改工作。

汤勤福评价叶建华的论文“对前人的结论有突破的地方”[①]，又独自进行了梳理。汤、叶在时段划分上的不同之处在于，汤氏将初稿完成时期（叶氏的第二阶段）推迟了五年，定为淳熙七年，并认为在叶氏提及的修订工作时间下限——淳熙十三年以后，事情有了积极的转机。

认为在淳熙七年完成初稿的依据，是推定写于这一年的朱子致张栻信中云：“所修未必是当，请更须后也。”汤氏认为这是“不满意这一成果，尚须再加修改之意”。但叶建华尤为重视的致吕祖谦信中所言“《纲目》草稿略具”，汤氏却奇怪地没有提及，而“所修”是否指要完成的初稿，也令人怀疑。[②] 另外，1996 年在四川出版的《朱熹集》的点校者之一郭齐也对汤氏的分期提出了疑问。[③]

再看汤勤福认为的淳熙十三年后发生的转机，根据之一是朱子写给尤袤的信。朱子发出书未修完“恐遂为千古之恨”的感叹后，提及对扬雄、荀彧死事的书写。他认为按《通鉴》“旧例”，王莽臣下皆书“死”，独扬雄书“卒”，似涉曲笔，换成“死”更合“温公直笔之正例”。对于荀彧，因为是自杀，所以直书“自杀”即可。

汤氏从“直笔”“据实”中看到了朱子历史观的转变。即对

---

① 载于《史学史研究》的论文没有提及叶文，但在著作中提到了（第 206 页）。

② 叶建华也提到了同一封信，但只将其作为说明“修订工作还在继续”的史料。此外，汤勤福引用淳熙九年《辞免江东提刑奏状》三（《晦庵集》卷二二）中“数年以前，草稿略具”为证，不过将“数年前”视为淳熙二年也说得通。关于这一点，叶氏的解释更为贴切。

③ 郭齐：《关于朱熹编修〈资治通鉴纲目〉的若干问题》，《四川大学学报（哲学社会科学版）》2001 年第 6 期，第 84—90 页。

于在《凡例》和实际编纂工作之间产生的难题——《春秋》“一字寓褒贬”的原则和“据实而书”方法的矛盾，朱子找到了解决方案。而他在绍熙二年（1191）致黄榦的信中说：“此间数日来整顿《纲目》，事却甚简。”汤氏认为，从中可见朱子终于从迷惘中走出来了。

如果此观点正确的话，不仅限于《纲目》，朱子的史学思想在这里发生了很大的转变，这是一个重大发现。笔者不打算讨论朱子的史学思想本身，仅就《纲目》文本形成问题而言，汤勤福所言“朱子在这个时候抛弃了《凡例》”这一点是不容忽视的。他在另一篇论文中考证了朱子写给赵师渊的“八书”，认为“八书”和现行《凡例》都是伪作，不应采信。也就是说，作序时还存在的《凡例》在朱子晚年被放弃了。[①] 另一方面，叶建华认为现行《凡例》是朱子手定的。

虽然二人的见解差异很大，但有一个共同点，就是反驳了《四库全书总目》认为朱子在《纲目》上参与程度较低的论调，尽可能承认朱子的参与。笔者也认同这一点。

接下来讨论《纲目》的被接受问题。

三　在门人圈子之中

《纲目》被公开刊行是在朱子离世近20年之后。在一般读者接触到之前，能知晓《纲目》的，首先是协助编纂的人，其次是就《纲目》质问先生的弟子。叶建华和汤勤福的论文在探讨《纲目》的编纂过程时，都更关注前者。这里笔者将侧重于关注后者。朱子给弟子的答复以“语录”的形式留存了下来，咸淳六年

---

① 汤勤福：《朱熹给赵师渊“八书”考辨》，《史学史研究》1998年第3期，第58—64、78页。亦收录于前揭书第五章第四节。

(1270) 被收入《朱子语类》。因此，这些语录也可看作留给后世《纲目》读者的信息。

但《朱子语类》中言及《纲目》的几乎全在卷一〇五《论自注书》中的“通鉴纲目”条。《语类》全一百二十卷，只有一卷中的一条与之相关。《纲目》的编纂虽然让朱子相当伤神，但从他的整个学问体系来看，并没有占据那么重要的位置。

此卷收录了陈淳、黄义刚、余大雅（两条）、林赐、李方子的记录。其中最长的是陈淳、黄义刚部分。

问：“正统之说，自三代以下，如汉、唐亦未纯乎正统，乃变中之正者；如秦、西晋、隋，则统而不正者；如蜀、东晋，则正而不统者。”

曰：“何必恁地论？只天下为一，诸侯朝觐，狱讼皆归，便是得正统。其有正不正，又是随他做，如何恁地论？有始不得正统，而后方得者，是正统之始；有始得正统，而后不得者，是正统之余。如秦初犹未得正统，及始皇并天下，方始得正统。晋初亦未得正统，自泰〔太〕康以后，方始得正统。隋初亦未得正统，自灭陈后，方得正统。如本朝，至太宗并了太原（北汉），方是得正统。又有无统时，如三国、南北、五代，皆天下分裂，不能相君臣，皆不得正统。某尝作《通鉴纲目》，有无统之说。此书今未及修，后之君子必有取焉。温公（司马光）只要编年号相续，此等处（分裂时代）须把一个书‘帝’、书‘崩’，而余书‘主’、书‘殂’。既不是他臣子，又不是他史官，只如旁人立看一般，何故作此尊奉之态？此等处合只书甲子，而附注年号于其下，如魏黄初几年、蜀章武几年、吴青龙几年之类，方为是。”

又问：“南轩（张栻）谓汉后当以蜀汉年号继之，此说如何？”

曰：“如此亦得。他亦以蜀汉是正统之余，如东晋亦是正统之余也。”

问：“东周如何？”

曰：“必竟周是天子。”

问：“唐后来多藩镇割据，则如何？”

曰：“唐之天下甚阔，所不服者，只河北数镇之地而已。”[①]

田中谦二认为，陈淳和黄义刚是在绍熙元年（1190）以后才参加朱子的讲席。[②] 因此，这些是朱子晚年的言论。上述对话中有两点需要注意。

一，弟子们此时还不理解朱子的正统论。朱子的正统、无统之说，以天下的统一、分裂为基准，道义上正统与否不是问题所在。这一点还没有被弟子们消化。考虑到《春秋》的“大居正”和“大一统”这两个原则，纠结于汉、唐是“变中之正”的弟子们可能更倾向于传统的看法。与围绕《纲目》的编纂与朱子有过交流的淳熙年间的弟子们不同，引文中的弟子对《纲目》的方针一无所知。在谈论正统论的过程中，朱子举例《纲目》，正说明了这一点。

二，朱子第一次提出“正统之余”的概念，与张栻的观点一样，认为蜀和东晋是“正统之余”。但在讨论“无统”时，又云魏、蜀、吴“只书甲子，而附注年号于其下”。这样蜀就与魏、吴一样了。从对话来看，陈淳接续了这一发言并提及张栻的观点，则“蜀章武几年”不会是记录者之误。朱子认为蜀汉是“正统之余”，所以“蜀章武几年”看似是随口一说，但朱子晚年（庆

① 《朱子语类》卷第一〇五《论自注书》“通鉴纲目”。

② 田中谦二：《朱门弟子师事年考》，见《田中谦二著作集》第三卷，汲古书院，2001年，第146页。另外，田中指出，当同一记录中有多个弟子的发言时，不一定是同一时期。在这种情况下，由于陈淳的师事期是1190年和1199年两次，黄义刚则是1193年以后，故该条记录肯定在1190年以后。

元三至五年）弟子林赐[1]所记语录则显示了朱子的迷惘。林赐问："三国如何书?"朱子回答"以蜀为正"，但接着又说"蜀亡之后无多年便是西晋，中国亦权以魏为正"。[2] 这就解决了蜀亡到西晋建立中间两年空白的正统问题。朱子之说的新意，不在于"正统"常在何处，而在于正统不存在的状态下，即"无统"时，如何处理这两年的空白（按正统、无统的原则来说，应该是晋统一天下前 17 年的空白），但朱子"权以魏为正"的表述中，蕴含着只是想让魏来暂代的意图，令人费解。不过，如果把"语录"看作是正确记录下朱子言论的录音机的话，那也只能说是当时朱子的见解。换言之，关于三国正统，朱子的见解直到晚年仍有几次动摇。

与这种含糊其辞的发言相比，余大雅（淳熙六至十六年师事[3]）所记语录，才是我们熟知的朱子观点。

> 温公《通鉴》以魏为主，故书"蜀丞相亮寇何地"，从（陈寿《三国志》）《魏志》也，其理都错。某所作《纲目》以蜀为主。后刘聪、石勒诸人，皆晋之故臣，故东晋以君临之。至宋、后（北）魏诸国，则两朝平书之，不主一边，年号只书甲子。[4]

《纲目》的问题不只是三国以谁为正统，"女主"也是要处理的问题之一。

> 问："武后擅唐，则可书云：'帝（中宗）在房陵。'吕氏在汉，所谓'少帝'者又非惠帝子，则宜何书?"
>
> 曰："彼谓'非惠帝子'者（《汉书》卷四〇《周勃传》），乃汉之大臣不欲当弑逆之名耳。既云'后宫美人子'

---

① 田中著作，第 77 页。
② 《朱子语类》卷一〇五。
③ 田中著作，第 58 页。
④ 《朱子语类》卷一〇五。

（同书卷三《高后纪》），则是明其非正嫡元子耳。”[①]

正如提问者所言，现行《纲目》通过指明被退位的中宗所在地[②]来表明唐朝正统没有断绝。这里补充一下问答中未提及的年号问题，《纲目》在武周期间，一直大书中宗年号“嗣圣〇〇年”，周的年号以分注表示，如“周武氏天授二年”。

提问者又举出与则天武后相似的吕后之例，但吕后的情况很复杂。因为如果“少帝”非汉室血统，吕后专权期间正统就断绝了。余大雅所言少帝“非惠帝子”，在当时已是共识，张栻在《经世纪年》中也称“假立惠帝子亦不得而纪元”。[③]

与此相对，朱子援引《汉书》另一处记载，认为所谓少帝不是亲生，只是发动宫廷政变的大臣们的舆论宣传，少帝即使不是嫡子也一定是亲生的。朱子是否真信少帝为亲生不得而知，倒不如说，他担心汉之正统在此处断绝才援引别的史料。

不过，若按上述思路记述的话，少帝在位年数也应该用大书，但现行《纲目》却不是这样。吕后专权时期分注作“高皇后元年”，关于继少帝之后杀害恒山王一事，纲文中记作“诛吕后所名孝惠子弘等”，目文中记作“少帝及诸王皆非真孝惠子也”（卷三“高皇后八年九月”）。

是朱子在回答余大雅后改变了想法，还是因经他人之手才导致现行《纲目》如此记录，现已无法判断。从结果来看，吕后统治时期虽然很短，但也算无统时期。

朱子“语录”是将他不同时间点的言论原封不动地记录下来，从结果来看，其主张与今日通行的《纲目》仍存在一些龃龉之处。

---

① 《朱子语类》卷一〇五。

② 不过，通行本和《中华再造善本》所收宋刊本、元刊本（后述）中，不作“房陵”而作“房州”。

③ 《南轩集》卷一四《经世纪年序》：“盖吕氏不可间汉统，而所假立惠帝子亦不得而纪元，故独以‘称制’书也。”

四 出版

关于《纲目》在宋元时代的刊行情况，2002年上海古籍出版社出版的《朱子全书》所收《纲目》的校点者（若不是要出版“全集”，在当代恐怕没有人会校勘《纲目》）严文儒曾有专文论述。笔者在其基础上，概述版本的流传。[①]

李方子的序文叙述了《纲目》的问世经过。嘉定三年（1210），李方子得《纲目》书稿于朱子之子朱在，六年后献呈泉州知州真德秀。真德秀读此书后赞不绝口，称之为“万世史笔之准绳规矩”，遂复求朱在新校之本，参稽考定，以泉州府之余财，募工刻印，嘱李方子作序，刊行于世，时为嘉定十二年（1219）。同年，真氏调任江西后，向朝廷上书，请求将《纲目》书版移送国子监，“以给四方之求”。

正如陈振孙《直斋书录解题》所云“今板在监中”，国子监似准备再次刷印。此外，赵希弁《郡斋读书附志》称“陈孔硕、李方子叙其后”，可见除李方子外，陈孔硕也写了序文。

泉州初印本今已不存。现藏中国国家图书馆的宋刻本，[②] 卷首有朱子序，但没有陈、李二人的后序。严文儒认为，此当是将

---

① 《〈通鉴纲目〉宋元版本考》，《华东师范大学学报（哲学社会科学版）》，1999年第3期，第42—44页。

② 八行十七字。卷四六至五一配补其他两种宋刻本。《北京图书馆古籍善本书目》（书目文献出版社，1987年）第272页具体说明了卷四六、卷四七至五一分别配补了不同的宋刻本。同书影印本收入《中华再造善本》（史部·唐宋编）。本章即参考此版本。另外，台湾“国家图书馆”所藏《纲目》宋刊本被著录为“嘉定十二年泉州刻本”，但严氏将其与北京本对校，认为不过是后刻本。此版本，阿部隆一《增订中国访书志》（汲古书院，1983年，第234页）认为是淳祐刊本，根据是校勘者中有宋慈的名字，《铁琴铜剑楼藏书目录》亦认为刻于淳祐间。但这种推断太草率了。如前所述，宋慈是后村的友人，后村为其写了墓志铭。据墓志，宋慈去世是在淳祐六年，确实有可能是他晚年校正的。但宋慈年轻时拜入真德秀门下，有可能借此机会进行过校正。总之，因为有宋慈的名字就认定刻于淳祐年间，证据不充分。

版片移到国子监之后的版本。宋亡后，国子监版片被在原址上新建的西湖书院接管，《纲目》书版亦列其中。同为国家图书馆所藏的宋刻元修本，[①] 西湖书院在重印时进行了部分剜改。此版本有陈、李的序文。不过，与国家图书馆所藏属同系统（西湖书院的版片在明代移交南京国子监）的宋刻明印本（存五十七卷）中，没有陈、李的序。

据《郡斋读书附志》载，除临安外，《纲目》还刊行于江西吉州和四川夔州，但都未附陈、李的序文。吉州本（据赵希弁称，有版片 2800 多块）的残本被上海图书馆[②]、国家图书馆分藏，夔州本（版片 4200 多块）今已不存。

以上是严文儒的梳理，可见陈孔硕、李方子后序的有无是一个关键点。吉州本、夔州本没有两序（与真德秀的刊印是分开进行的，这也理所当然），泉州—国子监系统的版本虽然残存不少，但只有一个版本有两序（严氏认为，从泉州移送国子监的版片也应包括两序，但国子监重印时遗漏了，元代西湖书院重印时又重新增入）。而且，李方子序被之后诸版《纲目》继承，但陈孔硕序却再没有出现。严文儒认为西湖书院本残留的陈序“弥足珍

① 同为八行十七字。存二十九卷。卷九配补另一宋刻本，卷三配补明抄本。此外还偶见元人的修版。卷首所载《资治通鉴御制序》与朱子的《纲目序例》是后人抄补，陈、李的后序为原刻。

② 八行十五字。上海图书馆藏残本为一九、五六两卷。因为有相同的印章，故原属同一版本。尾崎康《上海图书馆藏宋元版解题　史部（二）》（《斯道文库论集》三二，1997 年，第 26 页）认为，此版本的刻工名字又见于嘉泰四年周必大刻《文苑英华》，所以当是“在 12、13 世纪之交，刊刻于临近吉州的地方”，但从泉州初刻本的时间来看就有些奇怪。根据《上海图书馆藏宋本图录》（上海古籍出版社，2010 年）的解题（第 169 页），此残本的一部分（卷五九。20 世纪末出现在市场后，归个人所有）有嘉定十四年临川人饶谊的跋文，记述嘉定戊寅（1218）在郡庠开始刊刻，三年后完成，吉州本与泉州本同时分别刊行。同版刻本收藏于国家图书馆（卷五三、五四）、中国国家博物馆（卷二一、五五、五九）。与上海图书馆藏本同版的残卷，除上述卷五九外，还分藏在吉林省图书馆（卷一八）、山东博物馆（卷五〇至五二、五四）、天津图书馆（卷四八）。

贵”，并将其附录于《朱子全书》所收《纲目》后。

考察《纲目》文本，两序本身也存在问题。一是赵希弁列举的两序，为什么只有李序传于后世；二是李序本身所包含的问题。为了进一步探讨，先具体看一下两则序文。

陈孔硕序文云，“（《纲目》）盖朱文公先生祖司马公之成书，而断以《春秋》之法”。接着陈序指出了《通鉴》与《纲目》的不同之处：前者削去的“四皓定太子事”（四位隐士定汉高祖继任者的轶事），被后者增入；前者“置汉昭烈于藩臣”，“书吕、武称制事而忘其宗（汉、唐）”，后者对此予以更正。不过陈序也提到，以上几点“前辈巨儒固尝辨明而论著之，其大义明甚”。而“先生皆窃取其说而附见于传注之下”，指朱子将胡寅诸儒的议论增入“目”中，由此后人就能对三国、女主等问题有更为详尽的理解，“皆羽翼《通鉴》而补其所未及”。虽说称赞了《纲目》，但同时指出该书的部分观点只是敷演了前贤的主张。接下来陈序阐述的并不是《纲目》本身，而是专注探讨《春秋》《通鉴》等史书的废兴。陈序认为，《通鉴》因“党祸”而几近湮灭，南宋后“此书始得登经帏以备乙览”，朱子生在此时，正值整理《通鉴》的时机。不过，陈序并未赋予《纲目》特殊的地位。正如他感叹《通鉴》废兴时指出的，“述作之艰，亦岂一人之力哉”，史书是多重工作累积后的成果，朱子只是承担了其中的一部分。①

---

① 陈孔硕后语：“盖朱文公先生祖司马公之成书，而断以《春秋》之法……如四皓定太子事，司马公以一时之疑而削去之。又如置汉昭烈于藩臣而帝曹魏……皆因旧史之失，与《春秋》之法不合，前辈巨儒固尝辨明而论著之，其大义明甚。先生皆窃取其说而附见于传注之下，使后世得详焉，皆羽翼《通鉴》而补其所未及，盖有功于司马氏之书也……自元符以来，奸臣得志，党祸一起，至以御制序为非神皇所作，此书堙厄，又不知其几何年。中兴以来，始蒙表出，由是此书始得登经帏以备乙览，而其本益光。朱文公生于绍兴之初，首紬绎而条理之。然则此书之废兴，夫岂偶然；其述作之艰，亦岂一人之力哉……嘉定己卯仲夏后学陈孔硕谨书。”

李方子自称“门人”，而陈孔硕自称“后学”。陈孔硕对吕祖谦则以门人自居。[①] 陈氏与朱子有过交流，这一点可以从朱子文集收录的几封写给陈氏的书信[②]确认。但书信中并未提及《纲目》，也没有其他记录提到陈氏与《纲目》的编纂有关。由此可见，陈序不过是局外人的议论。

另一方面，李方子序文是在《纲目》刊行之际所写，李氏也是朱子晚年的得意门生。在《朱子语类》的《纲目》相关语录的记录者中，有李方子的名字。[③] 李序的切入点亦是《春秋》→《通鉴》→《纲目》的承继关系，云“是继《春秋》而作，未有若此书之盛者也”，特别强调《纲目》的意义。当有人问及《纲目》为何与吕祖谦《大事记》不同，不从“获麟”后开始记述时，李序回答：“《事记》之书，用马迁之法者也，故续获麟而无嫌。《纲目》之书，本《春秋》之旨者也，故续获麟而不可……其间盖欲晚岁稍加更定，以趋详密，而力有未暇焉者。”（此段常被引用以证明《纲目》编纂未完）接着，李序叙述了出版经过，提示应先学习“四书五经”，然后再读《纲目》。序文末附带提到：“著书之凡例，立言之异同，又附列于其后，使览者得考焉。”

虽然计划出版《纲目》并实施的是真德秀，但最先得到原稿的是李方子。李氏还建议了阅读《纲目》前的读书顺序，以助读

---

① 《东莱集》附录卷三收录的哀诗标题为“门人迪功郎陈孔硕”。

② 《晦庵集》卷四九《答陈肤仲》一至六。

③ 上一节有两处“语录”没有引用，一处由李方子记录，另一处是余大雅。前者说了两件事：一，“《纲目》于无正统处并书之”，“《通鉴》于无统处须立一个为主”；二，“权臣擅命，多书‘以某人为某王某公’，范晔却书‘曹操自立为魏公’，《纲目》亦用此例”。后者讨论出仕于则天武后的狄仁杰：“《通鉴》提纲（指《纲目》中的纲文）例，凡逆臣之死皆书曰‘死’，至狄仁杰则甚疑之。李氏之复，虽出仁杰，然毕竟是死于周之大臣，不奈何也。教相随入死例书云‘某年月日狄仁杰死也’。”现行《纲目》中书“司空梁文惠公狄仁杰卒”，至少与朱子初意不同。

者理解，并附上了“凡例”和“异同”（指与《通鉴》的异同）。①李序的热情自然要高于第三方视角的陈序。而且，除李序之外，再未有叙述具体出版经过的文章，故独李序为后世所熟知也是正常的。不过原本两人作序都是受了真德秀的请托，时间应该是一致的。但恰恰其中一则序文在通行本中消失了，这只是偶然吗？而且，即便是残存的李序，本应附录的“凡例”“异同”却不见于现存的宋刻本，这也令人费解。关于《纲目》，宋代熟知目录学的赵希弁也只知道李序的存在，不曾提及“凡例”“异同”。这一问题之后再讨论。接下来先看看《纲目》公开刊行后的反响。

五　类书中的《纲目》

下面将走出朱子门人的圈子。从《纲目》刊行到宋末的半个多世纪里，言及《纲目》的书籍有很多，本书并不打算一一列举，而是重点考察在类书中是如何评价《纲目》的。笔者认为，在宋代，《纲目》虽声名显著，却并未被普及，至少认真读过的人并不多。不过，《纲目》中写了什么、与《通鉴》有何不同，都是士人必知的常识。类书正是为满足这种需求才设置了相应条目。这里引用的两部类书，林駉的《新笺决科古今源流至论》（以下简称《源流至论》）和章如愚的《山堂先生群书考索》（以下

① 李方子后序：“《春秋》，鲁史之旧名也……独司马公处史法废坠之余……其于《春秋》惩劝之法，又若有未尽同者，此子朱子《纲目》之所为作也……则是继《春秋》而作，未有若此书之盛者也……或曰：‘然则此书之作，曷为不继《春秋》？丽泽先生吕公之为《大事记》也，固接于获麟，且托始而迷先几，《斋居感兴》亦既言之矣，今而不易，何也？’曰：《事记》之书，用马迁之法者也，故续获麟而无嫌。《纲目》之书，本《春秋》之旨者也，故续获麟而不可……其间盖欲晚岁稍加更定，以趋详密，而力有未暇焉者……子朱子首释《四书》，以示入道之要，次及诸经，而后可以读此书焉……而著书之凡例，立言之异同，又附列于其后，使览者得考焉。”

简称《山堂考索》），都是宋至明在建阳被多次翻刻的畅销作品。

如标题“决科”所示，《源流至论》是科举的参考书。《四库全书》之所以收录这本“以供场屋采掇之用”的书，是因为它与《山堂考索》都被视为可以一窥宋代制度沿革的书籍，具有一定价值。[①]

《源流至论》共四集（前、后、续、别），前三集由林駉编纂，别集由黄履翁编纂。四集合刊本在元代刻于建阳。[②] 两位编者的详细情况尚不清楚，[③] 仅有嘉熙元年（1237）黄履翁的序文留存下来。

言及《纲目》的部分，见于前集卷五“朱氏之学”和别集卷一“治鉴纲目”两条。前者叙述了朱子去世后，嘉定年间《四书集注》被秘书监收藏，朱子被赠予谥号，在提及其“《诗》《易》《四书》之论”、《仪礼解》后，谈到了《纲目》，接着又转而介绍“语录”“家藏之集”。

《源流至论》还提到《纲目》与《通鉴》的四点区别：（1）“别周末之僭王”，（2）“明昭烈之正统”，（3）“扬子云（扬雄）而系之以莽”，（4）“狄仁杰而系之以周”。（2）～（4）代表了《纲目》一贯的正统论，（2）（3）也见于朱子“语录”。（1）所提出的关于战国七雄的处理（周存在时是“君”，周亡后是“王”）可说是新见。但这一条目从整体来说，是按经史子集的顺序详细

---

① 《四库全书总目》卷一三五。

② 现在通行的是延祐四年序、圆沙书院刊本系统（其明代翻刻本由新兴书局于1970年影印）。其他版本有：大德十一年序、建阳书林刘德常刊本，《善本书室藏书志》卷二〇著录；大德间建阳书院詹氏重刊本，《浙江采集遗书总录》辛集著录。

③ 林駉还编纂了有嘉定丙子（1216）序的《新编分门标题皇鉴笺要》（《爱日精庐藏书志》卷二六），但其本人不见于宋代记录中。弘治《八闽通志》卷七二载，“景炎元年以易魁乡荐”，其人当于宋末参加过科举，但与编书时代并不一致。黄履翁是福州宁德县人，绍定五年（1232）进士（龚延明、祖慧编：《宋登科记考》，江苏教育出版社，2009年，第1485页）。

介绍朱子著述，《纲目》本身并没有得到特别的对待。与同在《前集》（卷二）的单独《通鉴》条目相比，在字数上不可相提并论。

不过，《别集》的“治鉴纲目（论文公褒贬之意）”（“治鉴”是《资治通鉴》的略称）条下，对《通鉴》《纲目》进行了详细的比较。前半以朱子序文为注，陈述其主要内容（即以注释的形式，为《纲目》该如何处理某些问题给出一个标准答案）。后半则列举《纲目》笔法的具体案例。以下将蜀正统论以外的内容分条列举（括号内进行了补充说明）。

①周赧王五十九年，王入秦，尽献其地，归而卒。是年不书正统年纪，置于分注。[①]

②晋恭皇帝元熙二年，刘裕废帝自立，次年以后将宋年号置于分注。之后南朝也照此处理（《通鉴》于《宋纪》以下皆立，以南朝为正）。

③《通鉴》作《武后纪》，并书武周年号。《纲目》皆不书之，但始终书中宗嗣圣年号。

④王莽元凤五年，书“莽大夫扬雄死”。在分注中提到扬雄的文章《剧秦美新》，书“君子病焉”（《通鉴》仅作“扬雄卒”）。

⑤宋元嘉四年，书“晋处士[②]陶潜卒”，分注云：“潜自以先世（陶侃）为晋辅，耻复屈身后代，自宋高祖王业渐隆，不复肯仕。”（《通鉴》原未记陶渊明之死）

---

①　但从《中华再造善本》影印的宋刊本、元刊本来看，五十九年是大书。且《源流至论》后文云“遂分注秦昭襄王五十二年、楚考烈王八年、燕孝王三年云云”，这些纪年是第二年。此处或有误。但从后面的举例来看，《源流至论》使用的可能是另一个系统的版本。

②　《中华再造善本》影印宋刊本作“处士”，元刊本作“征士”。“七家注本”亦作“征士”。

⑥《汉书》中用“幸”来表示皇帝访问太学，《通鉴》亦沿袭之。《纲目》中则用“视”来表示，以示尊师重道。

⑦《唐书》将娶公主书作“尚公主”，《纲目》则曰“公主适某人”，以彰显人伦①（“尚”表现了男方的谦逊，但《纲目》的唐代部分仍有“尚公主”之例②）。

⑧周赧王元年，书“孟轲去齐”（《通鉴》未载）。

⑨唐中宗嗣圣八年，③书“周以狄仁杰同平章事”，以狄仁杰系周，批判其臣道。

⑩汉武帝元狩六年，书“杀大农令颜异”，叹公卿自后取容矣（《通鉴》书“大农令颜异诛”）。

⑪汉武帝元鼎二年，书“令株送徒入财补郎”，叹郎选自后益衰矣（《通鉴》未载）。

然后，《源流至论》称赞了在分注中适当增入前人评论的做法。如周显王三十一年“秦人诛卫鞅”条引胡寅，周赧王十七年“齐韩魏伐秦”条引苏辙，同三十六年“秦赵会于渑池”条引杨时，秦始皇二十九年“韩人张良狙击”条引程颐。

在最后一条注中，《源流至论》引用了“语录”中关于“无统之论”的言论。所引陈淳、黄义刚的记录如前文所示，④这里再次引述原文：“某尝作《通鉴纲目》，有无统之说。此书今未及修，后之君子必有取焉。”而《源流至论》将画线部分改为了“此书今方成”，与之对应的正文则曰“使晦翁非真见此书无歉，

① 王幼学“集览”（卷四二“安乐公主适武延秀”条）直引《源流至论》此条，说明并无他书指出过这点。“发明”解释为“公主自适之”。

② 卷四七“贞元十三年”：“秋七月，起复张茂宗为左卫（将）军，尚公主。”

③ 此处后文云，嗣圣八年后分注的年号为“周武后如意元年”，但《中华再造善本》影印宋刊本中，嗣圣八年的分注是载初元年。影印元刊本亦为如意元年。也就是说，与第193页注②陶渊明的“处士”“征士”问题相反，《源流至论》在此处与元刊本相同。此外，嗣圣八年应是天授二年，即双方都不正确。“七家注本”修正了这点。

④ 两人的记录略有不同，《源流至论》采用的是黄义刚所记。

必不肯发此语也”。[①] 在原来的“语录”中，夹杂着朱子没有完成《纲目》的焦虑，以及完成后可供后来君子参考的自负。而在《源流至论》中，变成了在“完成后”充满自信地说出的话。

此条末尾总结道：“厥今秘阁珍藏，璧星相映，翠幄进讲，遗编有光，而公之言验矣。”认为《纲目》被国家公认，正如朱子生前之预测。《纲目》由国子监刊行一事前文已述，《宋季三朝政要》（卷一）嘉熙元年（1237）条也记载了此事。另外，淳祐四年（1244）徐元杰向理宗进讲《纲目》。[②] 此条当是根据这些史实写成的。

回到《源流至论》指出的《纲目》与《通鉴》之间的差异。除“语录”中已提及的大纲问题外，这里还涉及许多细节。

扬雄（④）、陶渊明（⑤）、狄仁杰（⑥）和张良的书写（常为故国韩国活动，故称“韩人张良”）被视为《纲目》中的典型案例。关于扬雄，在前述朱子写给尤袤的信中已经提到。[③] 虽在“语录”中曾间接提及狄仁杰，[④] 但朱子对陶渊明的评论没有留存下来。[⑤] 对“孟子去齐”（⑧）的看法也可从“语录”中找到。[⑥] 甚至不用刻意去找朱子的相关言论，毕竟这些人都名传千古，稍微注意一下就能发现。

---

① 《古今源流至论》别集卷一。

② 《楳埜集》卷一“甲辰九月十六日进讲”。

③ “按温公旧例，凡莽臣皆书‘死’，如太师王舜之类。独于扬雄匿其所受莽朝官称，而以‘卒’书，似涉曲笔。不免却按本例书之，曰‘莽大夫扬雄死’。”

④ 但言及的并不是将狄仁杰系于“周”，而是评论对其死的书法。参见第 190 页注③。

⑤ 其他宋人亦注意到对陶渊明的书法这点。刘克庄在方蒙仲《通鉴表微》（已佚）的序中（《后村先生大全集》卷一〇六）、王应麟在《困学纪闻》卷一四中均有提及。正因为方蒙仲、王应麟（著有《通鉴地理通释》）研究《通鉴》，所以才能注意到。

⑥ 《朱子语类》卷五四“孟子去齐章”。

关于颜异（⑩），史籍中常将他与害死他的酷吏张汤一并提及。[①] 像颜异这样无辜的死者并不少见。与此条记载同时代写就的尹起莘“发明”，只是简单地评论道：“死不以罪，故书‘杀’而不去其官（大农令）。”（卷四）“入财补郎”（⑪）一事也只是直书而已。

上述两件汉代史事的书法，读书之初就能注意到。后文所引诸儒议论也集中在周、秦部分。而从指出唐代“公主适”（⑦）的书法来看，《源流至论》的考证范围相当广泛。另外，“视学”（⑥）的书法也见于《纲目》的《凡例》。但此时，《凡例》并没有广为人知的迹象（若有，以《源流至论》的风格，不可能不引用）。且不提《源流至论》指出这点有没有意义，至少其观察很细致。

那么，此条的作者（因为“类书”是集体创作，所以此条的执笔人未必是林駉）真的精读过《纲目》吗？因为注记没写出处，所以可能是作者独自考证的，也可能引用了现成著述。还有可能是取材自前述李方子后序中提到的、本应与《凡例》一起附录书后的“立言之异同”。与《凡例》一样，“异同”当时也不为人所知，但不同于《凡例》的是，“异同”不见于后世。另外可能取材自对《纲目》版本进行比较的赵希弁《资治通鉴纲目考异》。此书在比较三种版本的同时，对“温公、文公之书法”进行考察，淳祐六年（1246）秘书省还特意要求借抄[②]（既被要求进讲，可见《纲目》与《通鉴》的书法差异已被时人所重视），由此看来，此书颇受瞩目。然该书也不存于世，所以无法确认。总之，

① 嘉熙二年被进呈朝廷的钱时《两汉笔记》讨论过这一问题（进呈事见《南宋馆阁续录》卷九，颜异、张汤事见《两汉笔记》卷四）。

② 《郡斋读书附志》：“希弁又尝参以泉本，校其去取之不同，并考温公、文公之书法，为《资治通鉴纲目考异》。淳祐丙午，秘省尝下本州，借本书写云。”

作为《凡例》普及之前的书法解读，《源流至论》的相关记载之详细，在现存著述中仅次于“发明”“书法”。

接下来考察被《四库全书总目》评为宋代类书中“最为精博”的《山堂考索》。章如愚，与吕祖谦同为浙江金华人，庆元二年（1196）进士，事迹不详。[①]《山堂考索》的成书时间也不明。通行本分前、后、续、别四集，合计二百一十二卷。上海图书馆藏宋刊残本的淳祐八年（1248）序云（章氏遗稿）“凡一百卷，厘为十集”，与通行本有很大差异。李伟国比较考察了诸版本，发现上海图书馆藏元刊本别集目录下有“温陵吕中增广”字样，因此认为吕中（淳祐七年即1247年进士）进行了增补改编。[②]《山堂考索》中言及《纲目》的部分仅限于别集（卷一二《诸史门・通鉴纲目》）。《源流至论》别集有对《纲目》中段部分的评价，由此大致可以推测出别集的编成时间。与此不同，《山堂考索》相关部分全为引文，故而没有线索。不过由于此卷属于增补部分，也有可能编于宋末或元代（吕中卒年不明，且是否参与增补尚不能确认）。

《山堂考索》引用了《文公语录》三条、书信四通、奏状一封，还有袁枢《通鉴纪事本末》的序文和《纲目》自序。不知编者是否有意与《源流至论》相区别，在材料选择上并无重复。

---

① 元吴师道《敬乡录》卷一三载，章如愚为庆元丙辰进士，官至国子博士。另外，《四库全书总目》言其附传于《宋史・儒林传》是错误的。李伟国指出了此误产生的缘由，明正德刊本书首“山堂先生真像”背面文字中有“按《宋史》本传……”，四库馆臣即据于此。其说当是。李氏又言：“章如愚在《国史》中有传，但在《宋史》中却被遗漏了。明刊本文字引自《国史》系统的史书。”（《〈山堂考索〉的作者和版本》，《文献》1984年第4期，第91—92页）但这个解释没有根据。中国国家图书馆所藏元刊本的刊记与正德刊本所载文字大致相同，但其中没有“按《宋史》本传”（《第二批国家珍贵古籍名录图录》第三册，国家图书馆出版社，2010年，第56页）。在明刊本中增入此文章的是书坊慎独斋。关于它的种种手法，后文将一一叙述。

② 前注论文第92—95页。

对朱子文集的引用尤值得玩味，其特点是通过引用文集中的书信，考察《纲目》的编纂过程（不过，四通书信中的《文公答吕子约书》，讨论《史记》与《通鉴》的异同，与《纲目》无关）。在这点上，可以算是叶建华、汤勤福的古代前辈了。与他们不同的是，《山堂考索》并不是按时间顺序追溯。接下来考察一下引用的这三通信。引用前附有标题。

首先是致刘清之（子澄）的信，标题是“《纲目》义例精密”。

> 《纲目》亦修得二十许卷，义例益精密。上下千有余年，乱臣贼子真无所匿其形矣。

从“义例益精密”来看，朱子对《纲目》充满了自信。然而信中接着写道：“恨相去远，不得少借余力，一加订正。异时脱稿，终当以奉累耳。”[①]这封信写于淳熙五年（1178），[②] 如前所述，正值编纂工作进展顺利之时，引文部分也确实显示出这一点。但如果删去后半，看上去好像《纲目》接近完成了。

其次是致吕祖谦（伯恭）的信。讨论的话题是，《通鉴》记录年号时“以后改者为正”，即在该年中途改元的情况下，纪年会采用后一个年号。如建安二十五年初，汉尚未亡，却记作魏黄初元年，“夺汉太速”。朱子对此感到不满，因而咨询于吕祖谦。[③]不过，《山堂考索》引用这封信时，省略了前一句“此间颇苦难

---

① 《晦庵集》卷三五《答刘子澄》五。

② 汤勤福、叶建华都认为此信写于淳熙三年，但没有给出依据。这里暂且从陈来《朱子书信编年考证（增订本）》（生活·读书·新知三联书店，2011 年，第 160 页）之说。

③ 另外，《中华再造善本》影印宋刊本既不记作建安二十五年，也不记作黄初元年，而是处于中间的延康元年。元刊本记作建安二十五年。这个问题以后再谈。

得人商量，正唯条例体式亦自难得合宜也”。[①] 因为这一条关注的是记录年号问题，确实没必要引用这一部分，但这与前一段“义例精密”明显相悖。

再次是致尤袤（延之）的信（卷三七）。引用了论述扬雄、荀彧之“死”的部分，但又省略了“《纲目》不敢动着，恐遂为千古之恨”这种似是放弃完成《纲目》之语。[②]

特意引用以上三封信，并非偶然，明显有其用意。通过此条末尾引用的奏状（卷二二）可以确认这一点。引文是《辞免江东提刑奏状》贴黄的一部分。在说明了《纲目》的编纂旨趣后，朱子请求“如蒙圣慈，许就闲秩，即当缮写首篇草本，先次进呈，恭候临决”。这也是叶建华断定《纲目》已定稿的证据。也就是说，《山堂考索》与《源流至论》殊途同归，都强调《纲目》已完成。只要仔细梳理朱子的信，就能对汤、叶的结论提出疑义。《山堂考索》应不是做不到，而是没有那么做。

这些“类书”，与《朱子语类》中表现出的朱子晚年的犹豫不定形成了鲜明对比，更强调《纲目》的完成和文本的定型。既然文本已被国家公认，如果从中看出不安和信心不足的话就麻烦了，《山堂考索》为此利用了朱子的信。这样的做法，正如后文将见的那样，是建阳书坊的家传手法。

六　尹起莘与周密

《源流至论》别集对《纲目》有相当详细的介绍，不只因为

---

① 《晦庵集》卷三三《答吕伯恭》：“此间颇苦难得人商量，正唯条例体式亦自难得合宜也。如温公旧例，年号皆以后改者为正，此殊未安。如汉建安二十五年之初，汉尚未亡，今便作魏黄初元年，夺汉太速，与魏太遽，大非《春秋》存陈之意。”《山堂考索》未引用画线部分。

② 《晦庵集》卷三七《答尤延之》。

是朱子的著作，更反映出中央政府的态度。前文已述，嘉熙元年朝廷曾命国子监刊行此书。响应此举的是尹起莘。他因撰《资治通鉴纲目发明》（下文指单行本时作《发明》，指七家注之一时作“发明”）才留名后世。丸山真男的文章中提及尹起莘，[①] 其引用是为了更好地说明《纲目》的精神，并没有关注尹起莘个人。

据赵希弁云，《发明》是经当时的金陵帅臣（制置使）别之杰之手进呈朝廷的。[②] 但在《发明》正文中可以看到自称“臣”的用语，[③] 可见尹起莘本人也有意进呈。

值得注意的是，赵希弁称尹起莘为“建康布衣”，而明代“七家注本”后的自序（丸山即引此）末尾称“遂昌柘溪布衣臣尹起莘”。钱大昕已注意到这一差异，但由于没有更多的材料，所以未下定论。[④]

虽可解释为因由金陵进呈，故武断地称尹氏为建康人，但赵希弁应该会注意到尹起莘序文中有“遂昌”之语。但赵氏只言及魏了翁（1178—1237）的序文，并没有提到自序。此外，魏氏序文收录在他本人的文集中。[⑤]

---

① 丸山真男：《暗斋学与暗斋学派》「闇斎学と闇斎学派」，《日本思想大系　山崎暗斋学派》，岩波书店，1980 年；《丸山真男集》11，岩波书店，1996 年，第 284 页。

② 《郡斋读书附志》：“《纲目发明》五十九卷。右建康布衣尹起莘所著，以发明《纲目》义例。别之杰帅金陵，进其书于朝。魏文靖公了翁为之序。”

③ 卷一“安王元年，秦伐魏”条，有“臣前盖以论之”等语。

④ 《十驾斋养新录》卷一四《元艺文志》条：“按赵希弁《读书附志》载此书云……则非元人矣。赵志云建康布衣，而黄以为遂安人，当考。”黄指《千顷堂书目》作者黄虞稷。他是明末人，所见《纲目》为“七家注本”。

⑤ 《鹤山先生大全文集》卷五六《通鉴纲目发明序》：“朱文公为之《纲目》……亦几无余憾。而尹君起莘又为之《发明》。或疑其赘，而予谓不然……著国统之离合，谨义例之正变，贯事辞之始终，此犹坦白易见。至有直书详述而一字一言之间……不加褒贬而美恶自见者，则《发明》之书于是为不可已。予以疾惫，读尹君之书不能竟帙，而尝涉猎焉……是书若行，《纲目》之忠臣也。”

现存最早的《发明》是明代洪武年间的单行本，其序文和卷首都没有“遂昌”等词，只写作“布衣臣”。[①] 总之，尹起莘在宋代几乎是一个默默无闻的存在，除作为《发明》作者之外，再找不到他的具体信息。[②]

另一方面，魏了翁的序文也没提到两人的关系，更未提及尹氏经历和著述经过。如前所述，在当时的学界中，魏了翁与刊行《纲目》的真德秀有同等影响力。魏了翁于嘉熙元年去世，而别之杰担任沿江制置使是在嘉熙二年（1238）正月到淳祐二年（1242）正月之间。[③] 可能是尹起莘请魏了翁作序（魏氏在端平间入朝，督视军马时亦到过建康[④]），之后通过别之杰向朝廷献呈。

不过，从魏序内容来看，到底算不算为《发明》增光，还需另论。魏序一半以上的篇幅是公式化地介绍《通鉴》与《纲目》，对于“几无余憾”的《纲目》，或有人认为尹氏《发明》是多余的，魏序反驳了这一观点。他认为，“著国统之离合，谨义例之正变”[⑤] 这样的大方针是“坦白易见”的，而“直书详述”“不加褒贬”等优点，都需要一一发明。若此书流传开来，就会成为“《纲目》之忠臣”。若只看此文字，似乎能满足作者的期待，但序文间夹杂着“予以疾惫，读尹君之书不能竟帙，而尝涉猎焉”这样逃避责任的自白，或有泼冷水之嫌。

魏序不见于《纲目》七家注本和明初的《发明》单行本。

---

① 引自美国国会图书馆摄影国立北平图书馆善本书胶卷（日本国会图书馆有缩微胶卷，东洋文库有纸质本。以下简称“善本胶卷”）。

② 元至正《金陵新志》卷一二下载“尹起莘墓”在金陵。该书卷一三上之上宋代“游宦”中也可见其姓名。根据后者，他虽不是金陵出身，但在金陵时并不是“布衣”，当与《发明》作者不是同一人。

③ 吴廷燮：《北宋经抚年表　南宋制抚年表》，中华书局，1984 年，第 446 页。

④ 彭东焕：《魏了翁年谱》，四川人民出版社，2003 年，第 421 页。

⑤ “义例之正变”借用了朱子《序例》的话。如何看待正、变是解释《纲目》的关键。

《发明》进呈时尚附带魏序，或在某个时间点脱落了，其原委不详。或许只是单纯脱落了，也有可能是受魏氏率直之言的影响。进呈之际，以魏了翁的推荐文为招牌，非常有效，但日后序文直白的内容可能会引起问题。

本节及后文将着重研究“七家注”附录的“发明”文本，故未去厘清尹起莘出生地的问题和魏了翁序文脱落的理由。这样的工作并非毫无意义，因为在编定“七家注本”的过程中，或有掺入，或有舍弃，总体而言，其取舍也是《纲目》文本形成史的一部分。例如，“七家注本”中的“发明”也有吊诡之处。

在“发明”中，明人丘濬（1418—1495）《世史正纲》的部分文章以附记的形式掺入。其中多是对夷狄、释老、女主的偏见，明显带有《世史正纲》的特征[①]（后文将提到，《世史正纲》对正统论有独到的见解，对“后《纲目》”影响很大）。

毕竟只是在“七家注”中再附录上一家，也许并不显眼。不过，也有在“发明”标识之后突然出现“丘濬曰”的情况。[②] 编者或许也在犹疑赤裸裸地掺入丘濬的记述是否合适，才将其置于“发明”之下。当该条没有“发明”时，也有附在“书法”后的情况。[③] 若两者都没有，就无法注意到了。[④] 此外，在开创五胡十六国时代的刘渊称汉王这条史事下，“发明”里没有“丘濬曰”，却云“蒙古之混一”，这显然不是尹起莘所说，更有可能是窜入

① 见卷二三“义熙元年……秦以鸠摩罗什为国师”，卷二四“癸亥年十一月……魏立天师道场”，卷三〇“辛丑年三月”任命宦官为三公，卷四〇“贞观二十三年六月”改官名，卷四一“嗣圣七年九月”武周建国，卷四二“神龙元年正月”为则天武后上尊号等各条史事。

② 卷四二“神龙元年十一月”则天武后崩，“发明”下突然出现“丘濬曰：武氏自称皇帝……”

③ 卷二六“戊戌年六月……宋沙门昙标谋反伏诛”条。

④ 卷一七“元康九年春正月（孟）观击（齐）万年获之”条。

的丘濬之语[①]（图 3-2）。

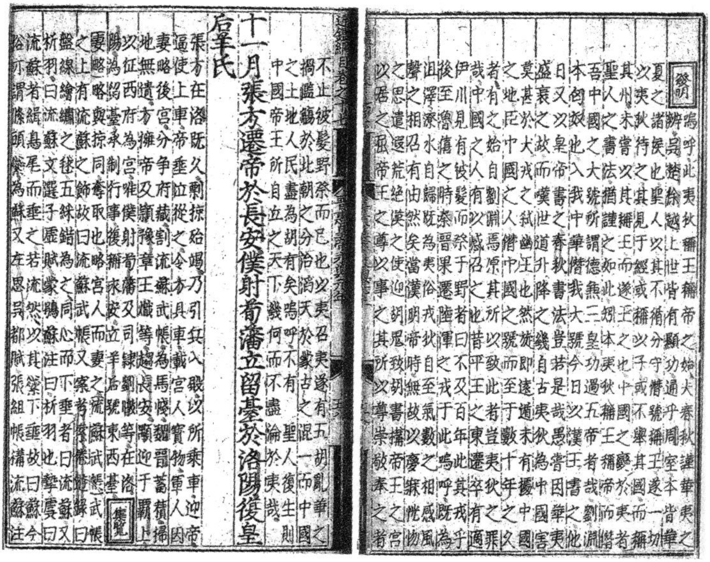

图 3-2　窜入的丘濬文字（嘉靖间刊《资治通鉴纲目》，国立公文书馆藏）

洪武间建阳坊刻本自身并不能保证忠于原本（脱落了魏了翁序文），即便不考虑这一点，仅比较洪武刊本和“七家注本”的文本，除窜入的丘濬文字外，基本是一致的。“七家注本”的一部分内容是裁剪拼贴自他人著作，应无疑义。

再来看看尹起莘的自序。开篇有三处引用自朱子的《序例》。在最后一处，尹起莘引用朱子所云“述其指意条例于篇端，以俟后之君子”，认为朱子“有望于后人发挥而讲明之者，亦甚不浅也”。接着，尹序解释了“先正书法”的“正例”“变例”，认为后者“善可为法，恶可为戒者，皆特笔书之”，这也是直引朱子

① 这里窜入了《世史正纲》卷一一“永嘉二年冬十月，匈奴刘渊僭号”条下的丘濬评论。

的话。具体案例有书张良为韩人、陶潜为晋处士、扬雄为莽大夫，分注吕后纪年，在武氏掌权时期书中宗嗣圣纪年。除张良、[1]陶渊明外，朱子在别处都曾言及，因此不需要“发明”。不过，后文举出的“其间微词奥义”之例证，则是尹氏的独到见解。

(1) 陶侃以藩镇入击贼，而必书“温峤以陶侃讨（苏）峻”（卷一九）。

(2) 褚渊以旧臣为司空，而必书于“齐王道成称帝”之下（卷二七）。

(3) 唐宇文士及，邪佞之臣也，而卒书其爵；五代冯道，失节之人也，而卒具其官（卷四〇、五九）。[2]

以下据“发明”正文稍作补充。案例（1）中，问题的关键是“以”字。“发明”常引《春秋》为证，此处引《春秋》鲁僖公“以楚师伐齐”，以证借他国军队时书“以”字。而案例中是本国军队，“书之曰‘以’，所以见侃本无赴难之心”。[3]

案例（2）是《纲目》特意记录刘宋旧臣褚渊任官一事。《纲目》中“曹、马、刘宋更代之际，非无翼赞之人，然皆不书于册”，原因是“彼皆其本国之党”，而褚渊作为刘宋顾命大臣，却眼睁睁

---

① 朱子并没有直接评价过张良。他对廖德明评价过张良“多阴谋”，廖氏引用程颐的有名评语，谓张良“有儒者气象”，朱子认为是指其“为韩报仇”（《朱子语类》卷一三五），但没有直接解释为何书张良为“韩人”的言论。

② 《纲目发明序》：“……因述其指意条例于篇端，以俟后之君子，则知先正注意是书，其有望于后人发挥而讲明之者，亦甚不浅也。且夫先正书法，有正例，有变例……若其变例，则善可为法、恶可为戒者，皆特笔书之。如张良在秦，而书曰韩人；陶潜在宋，而书曰晋处士；扬雄在汉，而书曰莽大夫；吕后在一统之时，而以分注纪其年；武氏改号光宅，而止书中宗嗣圣之类，是皆变文见意者也。至于其间微词奥义，又有不可得而遍举。如陶侃以藩镇入击贼，而必书‘温峤以陶侃讨峻’。褚渊以旧臣为司空，而必书于‘齐王道成称帝’之下。唐宇文士及，邪佞之臣也，而卒书其爵；五代冯道，失节之人也，而卒具其官。”

③ “《春秋》书‘以’者有之，‘僖公以楚师伐齐取谷’之类是也……夫借兵他国，则书曰‘以’……书之曰‘以’，所以见侃本无赴难之心。”不过《公羊传》和《胡氏传》都认为书“以”表示借“蛮夷（楚）”之兵，与尹起莘所言稍有差异。

看着篡位之事发生，所以必书其事。与褚渊事正相反，“晋荀息受献公之托，辅奚齐、卓子，不克而死。故《春秋》书‘及其大夫’以予之”，《纲目》亦特笔大书，以示对褚渊的批评之意。①

案例（3）是“发明”试图解释某种违例的记录。一般而言，《纲目》在名臣去世之际才会同时书官、爵，但书“佞臣”宇文士及、“失节”冯道之官爵，是为了谴责重用这类人的君主。②

回到序文，此书的写作动机是发明这种“殆未易察”的书法之义。从以上三个例子来看，确实颇下工夫。（1）援引《春秋》似乎有道理，但如果不引用《春秋》中对本国军队使用“以”字的情况，就无法成为范例。关于（2），《春秋》对忠臣、《纲目》对不忠的“特笔”方向不同，不能援以为证。至于（3），不过是歪理。

序文后段还有长篇论述。“发明”引用《孟子》云“孔子作《春秋》，与抑洪水、膺戎狄、放龙蛇、驱虎豹者，异事而同功”。③《孟子》中确实有“抑洪水”“膺戎狄”（《滕文公下》），但没有后两句，只云“驱猛兽”。虽然意思上没有区别，但按此顺序排列的“洪水”以下四句，实则见于胡安国的《春秋胡氏传》序。上文提到“发明”有些牵强地援引《春秋》，且尤其受到《胡氏传》的影响。《胡氏传》在元朝重开科举之际，被认定

---

① “考之《纲目》，曹、马、刘宋更代之际，非无翼赞之人，然皆不书于册。而此独书褚渊者，彼皆其本国之党……至褚渊，则以前朝顾命大臣，躬受托孤之任，乃反卖国于人，则其罪可胜诛哉？昔晋荀息受献公之托，辅奚齐、卓子，不克而死。故《春秋》书‘及其大夫’以予之……《纲目》特笔起义，大书‘以渊为司空’于篡国之下……所以诛乱臣、讨贼子。”

② “士及之佞，太宗亦既知之，乃不能斥而远之，故《纲目》于其卒也，反书其爵，以著太宗不能去佞之失。”“《纲目》凡名臣之卒，则书官书爵。今冯道书法如此……今乃显荣终始之极，其殊遇至于如此。故反书其太师、中书令、瀛王以讥之也。”

③ “凡若此类，殆未易察……此固鲰生所以妄意发明有不容自已者……昔孟轲氏以孔子作《春秋》，与抑洪水、膺戎狄、放龙蛇、驱虎豹者，异事而同功。”

为《春秋》的官方解释，这也被明代所继承。尹起莘虽不可能知道此事，但从结果来看，他的解释符合时代潮流。

宋末元初的周密（1232—1298）曾为“发明”纠误。其笔记《癸辛杂识》《齐东野语》都曾指出《纲目》的问题，也语涉“发明”。

《癸辛杂识》中提到《纲目》的，是后集“《纲目》用武后年号”和“正闰”两处。前者从林竹溪先生处听来，后者被引文占去大半篇幅，择取这些内容，无疑体现了他的《纲目》观。

林竹溪先生就是为后村写《行状》的林希逸。他因著《老子口义》而闻名于今，也有关于《春秋》的著作。[①] 林氏认为，《纲目》纪年至嗣圣二十四年，以武后年号为分注，“此意甚严”，并称武氏开创新王朝是事实，《纲目》既书“帝在某”，则是“民有二王”，并不合适。[②] 武后年号是《纲目》的焦点之一，但在《纲目》盛行之时，几乎不见对此处理方法提出疑义的人。

“正闰”以欧阳修《正统论》为契机展开讨论，其焦点是三国历史正朔的改写。周密列举了以蜀为正的萧常《后汉书》[③]、郑雄飞《续后汉书》[④]、翁甫《蜀汉书》[⑤]，并指出这些著作只是附和

---

① 《宋史》卷二〇二《艺文志》：“陈藻、林希逸《春秋三传正附论》十三卷。”

② 《癸辛杂识》后集“《纲目》用武后年号”：“余向闻林竹溪先生云……晦翁病其唐经乱周，史遂有嗣圣二十四年之号，年之首书曰‘帝在某’……此意甚严。但武氏既革唐命，国号为周，既有帝而又有周……而帝与周同书，则民有二王、天有二日矣，岂无窒碍？”

③ 正确书名是《续后汉书》。有与朱子同时代的周必大所作序文（《文忠集》卷五三《续后汉书序》）。其刊行比《纲目》更早，所以并不是受《纲目》影响。

④ 此书现不存。郑雄飞是端平二年（1235）进士，曾任国史实录院校勘（《南宋馆阁续录》卷九）。虽不知具体写作时间，但他可能会受到《纲目》的影响。

⑤ 现不存。《癸辛杂识》作“翁再”，实为“翁甫”。宝庆二年（1226）进士，淳祐八年任官礼部（《南宋馆阁续录》卷七）。刘克庄看到翁甫所示“新修《蜀汉书》”，评价为“与考亭大旨合”（《后村先生大全集》卷一三一《书·答翁仲山礼部》），可见确实受到了朱子的影响。郑、翁都是在理宗朝重视《纲目》的潮流下写作的。

朱子《纲目》、张栻《经世纪年》的沽名钓誉之作，不看亦可。[①]身为中央官员的郑、翁，能切身感受到理宗朝对《纲目》的重视，不可否认其著作是迎合潮流之作，周密的评论正中要害。此处，周密批评的是跟风作品，而不是《纲目》本身。

后文引用徐谊[②]的话，“汉儒虽以秦为闰位，亦何尝以汉继周耶？若如诸公之说，则李昪自称为吴王恪之后（与自称中山王后裔的刘备一样），亦可以续唐矣”。[③] 此处虽看不出周密引用的意图，但根据接下来所引陈过[④]之说，可以隐约窥见周密之意。

陈过首先从朱子《序例》及“语录”（陈淳、黄义刚录）引出《纲目》正统论，评价《纲目》终结了“甲可乙否，迄无定论”的状况。他认为，《纲目》提出正统断绝（“无统”）说很有新意。以下根据陈过所言罗列正统的续、绝。[⑤]

一绝——周灭亡次年，昭襄王五十二年以降/一续——秦始皇二十六年～秦二世去世

二绝——翌年以降/二续——汉高祖五年～西汉灭亡

三绝——王莽始建国元年以降/三续——光武帝即位～蜀灭亡

---

① 《癸辛杂识》后集“正闰”：“正闰之说尚矣。欧公作《正统论》……其后庐陵萧常著《后汉书》……近世如郑雄飞亦著为《续后汉书》……最后翁再〔甫〕又作《蜀汉书》……盖欲沽特见之名，而自附于朱、张也。”

② 徐谊（1144—1208）与朱子大体同时代。因此，周密不是直接从他那里听闻，而是从其著述中引用的。

③ “余尝闻徐谊子宜之言云……”

④ 陈过的生平不详。《齐东野语》卷二〇“庆元开庆六士”条所载“开庆六士”之一人与其同名。编者注：《齐东野语》所载“开庆六士”中有陈宜中、陈宗，均非其人。陈振孙子陈过字圣规，“圣观”或“圣规”之误。

⑤ “余尝见陈过圣观之说甚当，今备录于此，云：《纲目》序例有云……或问《纲目》主意于朱子，曰……夫正闰之说，其来久矣，甲可乙否，迄无定论……自《纲目》之作，用《春秋》法，而正统所在有绝有续……此昔人所未及。”

四绝——魏、晋、吴并立期/四续——平吴～东晋灭亡

五绝——南北朝/五续——隋统一天下以降

六绝——隋末/六续——武德五（七[①]）年以降

七绝——朱全忠篡位以降

“无统”观念在后世才成为常识，但正如陈过所说，在当时还是新的提法，一般人很难理解。上文徐谊的话中也含有“秦虽不正，但不可以汉继周”的意思。通观中国历史，正与不正另当别论，但必须以王朝的承继为主线，所以《通鉴》才如此记述。朱子的正统论中引入“断绝”的概念，是具有革新意义的。反过来说，陈过特意列举了七绝，又被周密全文抄录，可见“无统”说已深入人心了（不过，陈过没有将吕后统治期的“绝”算在内）。

陈过评价《纲目》的正统论“可谓密矣”，又提出了异议。“无君无亲”的秦朝，由外戚篡夺王朝的隋朝，以及“袭祖父不义之业”的晋武帝，都不能说是“正”，“俱得正统，此其所未安也”。重要的是“正”，“统”不过是既成事实，这与《朱子语类》中弟子们的意见相同。他们最终接受了朱子的正统论，但陈过没有。陈过认为，三代以后正统只有汉、唐、本朝（宋）；秦、晋、隋是“有统无正者”，应该分注；至于汉、魏之际，“亦有不待辨者矣”。[②]

只认汉、唐、宋为正统的观点，与方孝孺、《纲目续麟》相同。“无统”说一旦成立，就没有必要在意王朝的承继了。若想

---

① 《纲目》以武德七年以降为正统。

② “……可谓密矣……然他如秦以无君无亲，嗜杀人；隋以外戚有反相，而皆得天下，是皆始不得其正者。得其次，如晋武帝袭祖父不义之业，卒以平吴一统而与秦、隋俱得正统，此其所未安也……独汉、唐、本朝可当正统，秦、晋与隋有统无正者，当分注。薰莸珷玉，居然自明。汉、魏之际，亦有不待辨者矣。”

以“正”为盾，会出现陈过这种观点是很自然的。但这并非主流意见。

周密大段引用陈过之论，意图为何？周密称陈过之言“甚当”，完全赞成。再来看徐谊的话，有两个要点：一，不能简单地以秦为“闰位”；二，蜀汉虽为正统，但终究不过是类同于南唐。

“发明”中也有比较蜀汉和南唐的议论，认为南唐李昪出身低微，与汉室后裔刘备不可相提并论。[①] 不过，此说似乎不够有力。原本司马光在刘备即位的记事中，即以“族属疏远”将两者并举（《资治通鉴》卷六九）。陈过认为血脉问题不是关键，重点应放在“正”上。周密正是以陈过的观点作为反驳《通鉴》的依据。

周密在《癸辛杂识》中经常引用他人的论述，以表明对《纲目》正统论的不认同。《齐东野语》则是在细节上纠错。周密指出，“盖著书之难，自昔而然”，所以朱子犯错也是没有办法的事，问题在于学者以其误立说。“发明”作为个中典型被周密例举。[②]

①癸巳年（齐武平四年）“齐主游南苑杀其从官六十人”（《纲目》卷三五）。

周密指出，此“杀”字，《北史》本纪作“从官暍死”，《通鉴》误写作“赐死”，《纲目》则因袭其误。[③] 尹起莘的想法则不同。周密没有完整引用“发明”，未仔细研究其论述的逻辑，此

---

① 卷一四“章武元年夏四月，汉中王即皇帝位”条：“李昪，徐州人，世本微贱……此与昭烈大相辽绝。”

② 《齐东野语》卷一三“《纲目》误书”：“《纲目》一书，朱夫子拟经之作也。然其间不能无误，而学者又从而为之说。”

③ “从官暍死者六十人，见本纪。《通鉴》书曰‘赐死’。赐，乃暍之讹耳。《纲目》乃直书曰‘杀其从官六十人’，而不言其故，其误甚矣。”

处节录“发明”的部分长篇论述。

> 《纲目》书“杀”而不书其罪（据“发明”，这表示被杀者无罪，杀者有错）。齐氏至是灭亡已著，固不可律以常理。然纬虽昏狂，未至如洋之暴虐，何乃一旦戮其从官至若是之多耶……参以《北史》本纪，乃是“暍死”六十人耳。《通鉴》出于后来，固当以《北史》为正……《纲目》何见而以“杀”书之哉？尝观《孟子》……凡置人死地者，不必问梃之与刃，刃之与政，其实则均为杀之（《梁惠王上》）……今齐主以盛夏遨游，驰逐苑囿，遂使其从官暍死者至于六十人……不谓之杀不可也……《纲目》不书“暍死”而书曰“杀”，变文起义。齐主虽欲曲辞其责，尚可得乎？

如上，正是因为尹起莘认真读了《北史》的记述，才从“朱子是有意因袭《通鉴》之误”这一点展开论述。另一方面，周密认为《纲目》不过是沿袭了《通鉴》之误。后者的观点确实更符合常识。[①]

②庚戌年（汉乾祐三年）“杀其主承祐”与辛亥年（周广顺元年）“弑汉湘阴公”（卷五八）。

周太祖郭威杀害主君，不书“弑”而书“杀”，不是皇帝的湘阴公之死反书“弑”。“发明”认为，前者是郭威对汉主欲杀自己的自卫行为，但这无疑也是对君主的反叛，故《纲目》既书“反”，又认为汉主有罪而书“杀”。后者则是因为郭威想迎立湘阴公为君，又身为汉之臣子，故书“弑”。[②]

---

① 关于这一点，“考证”也否定了尹起莘的解读。其虽没有引用周密，但写法相似，有参考的可能性。

② “郭威遇祸举兵而不免书‘反’者，威有令将之心，因乱而为己利也。汉主书‘杀’而不书‘弑’者，已实有罪故也。”“至于湘阴之事……则固欲戴之为君……威为汉之臣子而戕其社稷宗祧之主，则其罪有所归矣。”

对此，周密认为，对未即位的湘阴公书“弑”，是倒置书法，推测只是单纯的误书。[①] 后文将讨论的元代“考异”“考证”的观点，与周密相近。[②] 不同的是，“考异”“考证”是从《凡例》出发（按《凡例》，杀害君主无一例外均书“弑”），而周密却未将《凡例》奉为金科玉律。他不过是根据“常识”来判断的。笔者认为，“常识”和《凡例》看起来是相反的，但在简洁明快这一点上又是相通的。

③贞元二年“十一月皇后崩”（卷四七）。

不书皇后姓，乍一看是很奇怪的记述。尹起莘如此解释：

> 《春秋》僖元年书“夫人氏之丧至自齐”，不书其姓。《公羊》谓以其与弑闵公故贬之。今此书“皇后崩”，亦不书姓，岂有故乎？考之《通鉴》，是年十一月甲午，立淑妃王氏为皇后，至丁酉崩，不书氏者承上文也。然则自立至崩，特四日耳。又考之《唐史》后传：“妃久病，帝念之，遂立

---

① “又郭威弑二君，《纲目》于隐帝书‘杀’，于湘阴王书‘弑’。尹又为之说云：‘此二君有罪无罪之别也，此书法所寓也。’然均之弑君，隐帝立已数年，湘阴未成乎君。不应书法倒置如此，亦恐误书耳。”不过，周密所引尹起莘之言，不见于通行之“发明”。

② “考异”：“提要作‘弑其主’。按《凡例》，僭国无统，则曰‘某人弑其君某’。此郭威实汉主之臣，上既书‘反’，下当书‘弑’。且湘阴公未尝即位，君臣之分未明。旧史书‘杀湘阴公于宋州’。《纲目》特书威弑，以示戒。窃意当从提要为是。尹氏曲为之说，非朱子笔削之意也。”“考证”：“‘杀’当作‘弑’。谨按，尹氏‘发明’曰……新安汪氏曰：秦二世、隋炀无道，夷狄、臣下杀其君长，犹皆以‘弑’书。今正其误，‘杀’当作‘弑’。犹恐惑于‘发明’，敢并及之。”“考异”“考证”的观点也有不甚明了的地方。“考异”认为杀害湘阴公一事，《纲目》特书“弑”。但引《凡例》就足以证明，没必要提到“特书”。其认为“特书”＝变例的观点与尹起莘相近。另一方面，“考证”引用尹氏全文后，又引“新安汪氏”，但在本条及他处的“考异”中均未见原文，实际见载于《考异凡例》（后出）的“篡贼例”。为反证尹起莘，“考证”引用了无道之君也书“弑”之说。但“考异”不引用自己的言论，是很奇怪的。如后所述，《考异凡例》恐非汪氏著作。此处引用的“考证”文段，是否为“考证”原貌，也令人怀疑。

> 为后，册礼方讫而崩。”然则《纲目》所以不书其氏者，恶其以病立故也。夫皇后母仪天下，傥欲正位中宫，固当告之宗庙，亲受册礼。今乃病于床箦，遽正坤仪，则非义矣。万一疾必不愈，则有他日追谥之制存焉。乌可以齐体宸极之礼，加之病废之人，其将何以告谢宗庙？此则《纲目》不书姓之意也。不然，他时皇后未有不书姓者，何独于此而阙之哉？

对于这段长篇大论，周密无法再说只是沿袭了《通鉴》。[①] 值得注意的是，尹起莘又引《春秋》为证（《公羊传》的解释也被《胡氏传》所继承）。虽同为妃子，但《春秋》的书法与弑逆有关，与生病不能相提并论。尹氏不过是在强词夺理。有趣的是，杜预认为《春秋》此处是“史阙文”，孔颖达接受了此说，认为《公羊传》《穀梁传》是“妄为之说”。[②] 虽不知周密是否联想到此说，但从结果来看，《公羊传》与杜、孔，尹起莘与周密的关系有些相似。

以今天的眼光来看，后者看起来更严谨。而尹起莘将《纲目》与《春秋》等同视之，即一字一句都不能改动，即使与不过是史书的《通鉴》字句相同，也有其寓意。在他看来，《纲目》沿袭《通鉴》之说是荒谬的。

尹起莘解读出的《纲目》微言大义之处，在周密看来只不过是沿袭了《通鉴》，这样的例子比比皆是。试举一例。对于汉武帝建元六年“闽越击南越，遣大行王恢等将兵击之”（卷四）这条纲文的解说，引用中段如下：

> 故《纲目》前书“发兵救东瓯”于“星孛西北”之下，

① 另外，“书法”虽未引《春秋》，但和尹起莘意见相同。

② 《春秋左传正义》卷二一“宣公元年”条。

> 此书“遣兵击闽越”于“星孛东方”之下，皆以见武帝忽天戒、亟用兵之咎。此固书法之深意也。

但从《通鉴》的相关部分来看，前者在流星和发兵的记事间夹着一条别的史事，后者是连续的。前者可认为是《纲目》删除了中间部分，将流星和发兵联系起来；至于后者，《通鉴》本身就是这样记录的。但对尹起莘来说，这不是《通鉴》的深意，而是《纲目》的深意。在他看来，《纲目》的“纲”并不是《通鉴》的缩写、纲要。虽然表面上相似，实则是朱子一字一句重新赋予意义的新文本。

④开皇十七年“诏诸司论属官罪”（卷三六）。

此处周密对分注的记事提出疑问。《纲目》曰：“萧摩诃子世略在江南作乱，摩诃当从坐。大理少卿赵绰固谏。上命绰退，绰曰：‘臣奏狱未决，不敢退。’帝乃释之。”但《通鉴》载：

> 摩诃当从坐。上曰：“世略年未二十，亦何能为？以其名将之子为人所逼耳。”因赦摩诃。绰固谏不可，上不能夺，欲绰去而赦之，因命绰退。绰曰：“臣奏狱未决，不敢退。”上曰：“大理其为朕特舍摩诃也。”因命左右释之。

因为分注省略了画线部分，所以读起来是赵绰反对连坐萧摩诃，隋文帝听从而赦免之，但实际上想救摩诃的是皇帝。这是缩节《通鉴》原文时因剪裁不当出现的错误。与①～③是针对尹起莘的观点不同，如果周密本人没有精读《纲目》，就不会注意到这一点。

⑤贞观元年“御史大夫杜淹参预朝政”。

这次不是单纯的省略，而是将句子移至他处。《通鉴》载，太子曾对杜淹说：“卿知炀帝不可谏，何为立其朝？”《纲目》将“何为立其朝”移到杜淹后来出仕王世充的相关对话中。[①] 如此也读得通。除非与《通鉴》对读，否则不会注意到这个错误。

如此看来，周密虽与尹起莘立场不同，但也是《纲目》的精读者。他甚至读了尹起莘认为几乎没有问题的“目”的部分，故《纲目分注拾遗》的作者芮长恤往往优先采用周密的解读（不过，芮长恤没有提到后两条）。但芮氏认为“目”的编纂被委托给了朱子弟子赵师渊，所以“误书”并不是朱子自己的责任。而周密不同，认为朱子也会犯错误。笔者认为，朱子正统论的立论也有应补正的地方，因没注意到而误书的情况是不可避免的。

在宋代，还有像周密、尹起莘这样的精读者。前述《纲目考异》的赵希弁就是如此，司户参军徐某还将同一书名的书献给蔡抗（1193—1259）。真德秀知泉州时，徐父在其身边。其时，朱子高弟林学蒙致信真德秀，内容如下：[②]

> 《通鉴纲目》一书，所谓纲者，断断乎出于先师之手，而分注之目，或委诸生。先师平生工夫详于《四书》，故未及修改。自今读之，一章之内文意不相联属，必须检寻温公

① 《通鉴》载：“上曰：‘……何为自不正谏？’对曰：‘臣尔时不居重任，又知谏不从……’上曰：‘……何为立其朝？’”《纲目》改为：“上曰：‘卿仕世充，位不卑矣，何亦不谏？’对曰：‘臣非不谏，但不从耳。’上曰：‘然则何以立于其朝？’”前者需谏言的对象是隋炀帝，后者则是王世充。

② 《秫村类稿》卷一二《代徐司户上参政蔡九轩献〈通鉴纲目考异〉书》：“尝闻之先公云，西山守泉时，先公从之游。泉士林梅坞，考亭之高第也，移书西山曰……西山乃以此书属之先公……今某成是书，为卷三十，为条千四百余……近世尝有著《纲目发明》者，魏文靖为之序，金陵帅上其书且官之，以为儒生光宠。亦有以吉本、泉本校其去取之不同，为《纲目考异》。淳祐丙午有旨行下，写而藏之秘书……今是书之成，其与《纲目发明》者既不同，而其《考异》又以温公本为据，非徒以吉本、泉本校其去取之不同而已。”

> 故本，然后意足明。公倘为主盟，俾敏博通明士数人，以温公本参校，完其阙失，明公从而可否之，名曰《纲目考异》，以成先师之志，甚大惠也。

真德秀可谓是《纲目》的“产婆”。林学蒙知道真德秀主持《纲目》刊行之事，劝其进行订补。真德秀把此项工作托付给了徐父，继承这项工作的徐某摘出了一千四百余条考异，整理成三十卷。其书与近世的《纲目发明》、《纲目考异》（赵希弁撰）不同，徐某对此颇为自信。①

周密是另一类精读者，但他的考辨专书不存于世，也不见其他史料提及。将《纲目考异》献给蔡元定之孙、当时的高官蔡抗，希望在其斡旋下推广开来，也不失为一个办法，却没有实现。《纲目》作为朱子著作已经刊行，并得到了官方认可，补订此书之作，可能被人认为没有传布的价值。赵希弁的《纲目考异》也没有影响后世。结果，作为“纲目考异”类留存下来的只有后述的汪克宽之作。

“发明”之所以能留存下来，或许是因为完全没有质疑《纲目》的文本，只一味致力于发明其微言大义。虽还有像周密一样嘲笑尹起莘态度的人，但在《凡例》浮现之前，对“发明”的批评可能会被视为对《纲目》本身的谴责，所以多数人都保持沉默。

但“发明”似乎并不广为人知。至少在宋末元初，除周密之外，还找不到具体评论它的例子。也许可以称周密是尹起莘的忠实读者。而且，周密的《纲目》论也被主流孤立。“《纲目》误

---

① 如前注引文，徐某认为赵希弁之书“徒以吉本、泉本校其去取之不同而已”，但赵希弁自称“考温公、文公之书法”，徐某的说法稍嫌偏颇。因为徐书专门研究“目”的部分，与尹起莘、赵希弁的路径不同。

书”被《说郛》收录，[①] 也被明初大文人宋濂提及，[②] 除此之外，看不到其说的影响。关于正统论，后世出现了持有同样见解的人，但他们并没有提到周密。

换言之，精读者们[③]都是孤独的。《纲目》的忠实读者除李方子之外，不是朱门旁支（徐司户），就是门人圈子之外的人（尹起莘、周密、赵希弁），这一点很有趣。当然，从“类书”中《纲目》的待遇可以看出，其在宋末元初是赫赫有名的。但有多少人彻彻底底读了这部著作呢？笔者认为，正因身为朱子著作，才阻碍了读者的精读。

这一情况不仅限于宋末。人们常说元代流行《纲目》学，[④] 但如后所述，这是相当可疑的。因此，在明末张自勋出现之前，上述人士是最为深读《纲目》的人。魏了翁称“发明”为“《纲目》之忠臣”，或许是客套式的赞语，却很恰当。四库馆臣把七家注一概称之为“尊崇朱熹者”，反而是粗率的结论，其中也有相当可疑的“忠臣”。尹起莘是否符合《纲目》这一“君主”的原意，另当别论，但确实称得上是一位一意忠勤的“臣子”。

---

① 《说郛》一二〇卷本的卷一〇，被收录为“《纲目》疑误”。

② 《宋学士文集》卷二五《通鉴纲目附释序》：“而周公谨所疏为尤多。”另外，此序是为精读者之一的孔克表（孔子五十五世孙）著作所作，但《附释》现已不存。据宋濂序文，《附释》批评了尹起莘、刘友益的恣意解释，并取史炤（《通鉴释文》）、胡三省、王幼学三家折衷（后面这部分应见于《文渊阁书目》卷二所载“孔克表《纲目音训》一部一册”）。也就是说，这是一部以“七家注”中的三家为对手的著作。尽管“集览”如后述那样荒谬，但还是得到了普及。而《附释》之所以后世无存，可能是因为完全没有跟上民间的出版步调。

③ 还有一位精读者李心传，他指出《纲目》稿本不完备，并将其归咎于对历史不熟悉的弟子们（《建炎以来朝野杂记》乙集卷一二“昔人著书多或差误”）。

④ 周少川：《元代史学思想研究》，社会科学文献出版社，2001 年，第 67—71 页。

七　《凡例》的浮现

阻碍认真研读《纲目》的要因之一，是“七家注本”中位于朱子“序例”之后的《凡例》。[①] 现存宋刊本均无《凡例》，元刊本亦无。《凡例》仅见于此后的新版本中，可以说进入明代后才有了固定位置。在这之后，《凡例》的重要性似乎比朱子“序例”还大。因为《凡例》是《纲目》的原则，只要有了《凡例》，就没必要四处考索朱子的寓意了。

汤勤福认为，将《凡例》与朱子写给赵师渊的“八书”公之于世的是宋末金华学者王柏（1197—1274）。此处详述汤氏的论证过程。

王柏序文（《凡例后语》）讲述了发现《凡例》的过程。对此，汤氏列举了四个值得关注的点。

①王柏将朱子序文（序例）看作是《凡例》之序。

---

① 此处依次列举在明末刊行、作为御批《纲目》底本的陈仁锡本卷首所载文章标题。御制通鉴纲目序（成化经厂本《纲目》御制序）/资治通鉴纲目序（朱子）/重刻通鉴纲目序（崇祯三年苏州知府史应选撰，针对陈仁锡的评阅）/评鉴十八法/资治通鉴纲目总目录/资治通鉴纲目凡例/朱子与讷斋赵氏论纲目手书/资治通鉴纲目凡例后语（王柏）/资治通鉴纲目凡例识语（文天祐）/资治通鉴纲目后序（李方子）/资治通鉴纲目发明序（尹起莘）/资治通鉴纲目书法凡例（刘友益）/资治通鉴纲目书法序（揭傒斯）/资治通鉴纲目书法序（贺善）/资治通鉴纲目书法后跋（刘椝）/资治通鉴纲目凡例序（倪士毅）/资治通鉴纲目考异凡例序（汪克宽）/资治通鉴纲目考异凡例（汪克宽）/资治通鉴纲目集览序（王幼学）/资治通鉴纲目考证序（徐昭文）/资治通鉴纲目集览正误序（陈济）/资治通鉴纲目集览正误序（杨士奇）/资治通鉴纲目合刻各注引（刘宽）/资治通鉴纲目质实序（冯智舒）/资治通鉴纲目合注后序（黄仲昭）/资治通鉴纲目合注序（余以能）/资治通鉴纲目编集诸儒姓氏（末有正德八年刘继善识语）。画线部分，以慎独斋刊本为首的建阳坊刻本多未载。现存建阳本《纲目》多附有正德八年识语，即便在各目录中著录为“弘治十一年慎独斋刊”，也只是根据木记而来，未必可靠。例如，美国国会图书馆所藏版本，既有“弘治戊午慎独斋刊”牌记，又附有刘继善的跋文（王重民编：《国会图书馆藏中国善本书录》，华盛顿，1957年，第100页）。

②王柏引用李方子后序以证明《凡例》的存在，但又称他没有见过《凡例》。因此，王柏没有见过泉州原刻本。

③王柏在赵师渊文集中发现了其与朱子关于编纂《纲目》的书信，在此之前王柏并不知道赵氏参与了《纲目》的编纂。[①]

④王柏从赵氏族人处得到了《凡例》的抄本。

首先看②。对于李方子后序提及的《凡例》不见于现存最早刻本这一矛盾，汤氏完全没有讨论。由于现存版本并非初印本，所以初印本中有可能存在《凡例》。不过，汤氏并不这么看，他完全没有提及刻本的情况。汤氏认为“王柏没有见过泉州原刻本”，但对王柏在何处看到李方子后序这一点，则未作说明。如前所述，现存《纲目》宋刊本中只有一种附有李序。正因有李序存在，才说明王柏有可能见过，但汤氏并未言及这一点。另外，汤氏认为朱子作了《凡例》，但后来由于史学观的变化将之放弃了。朱子放弃的东西，弟子李方子是否会捡起来，这一点汤氏也没有讨论。

关于③，王柏的后语写于咸淳元年，所以看到赵师渊文集是在此之前。《朱子大全》[②] 别集中（收录朱熹门人的书信，序文作于咸淳元年）收录了两通写给赵师渊的书信（与《纲目》无关），却没有收录“八书”，汤氏因而对此表示怀疑。

汤氏顺便对“八书”的内容提出两个疑问。

⑤“八书”之一，记述了朱子编纂“礼书”一事，故应为朱子晚年的书信。但其他信中又有“不知提要（纲文）曾为一一看

① 关于这一点，芮长恤云：“王文宪公尝言，读讷斋赵公文集间有考亭往来书问，乃知纲下之目属笔于讷斋，而昔未之闻。然朱子集中与讷斋论《纲目》手书亦复再四……文宪必尝见之，而竟不言及，何也?”这一说法有误。正如汤勤福所言，朱子文集中并没有收录写给赵氏的与《纲目》相关的书信。

② 汤氏称之为“朱子大全”，但用这个名字称呼朱子全集的宋刻本是不合适的。称“大全”或“大全集”是从元代或明初开始的。

过否”、“恐须更以本书目录及《稽古录》《皇极经世》《编年通载》等书参定其纲”等语，这些是表示处于编纂初期阶段的记述，二者存在矛盾。

⑥另一通信中云“更欲续《大事记》”，这又与朱子对吕祖谦《大事记》评价不高的事实相龃龉。

对于这些观点，郭齐提出了质疑。[①] 关于⑤，郭氏认为，“八书”的内容是围绕修订展开叙述的，不存在汤氏所说的矛盾。不过，对汤氏所列举的论据，郭氏并未直接回应。认为“纲”的写定在编纂初期的汤氏，与认为赵师渊参与了“纲”的写定的郭氏，两人的立论基础本就不同。换一个角度质疑汤氏的前提条件，他预设“八书”是在同一时期写的，这一点颇可议。赵师渊师事朱子的时间确实不长，也未曾在“语录”中直接出现。[②] 但朱子与门人以外的人也交流过《纲目》，赵氏从初期就参与编纂也是有可能的。从汤氏的立场看，应该首先排除这种可能，但他并没有如此论述（此外，被汤氏认定写于编纂初期阶段的两通信中，后一通有赵师渊的字［几道］，是写给第三方的）。

另外，关于⑥，郭齐列举了朱子对《大事记》高度评价的材料（《晦庵集》卷二七《答詹帅书》）作为反证。虽然评价本身可能会发生变化，但汤氏并没有举出这一史料，无法论驳。总之，仅凭这一点，很难从“八书”的内容断定其伪。进一步讲，也不能确定与“八书”绑定在一起的《凡例》是伪作。

汤氏反复论证的一个核心观点是朱子晚年“抛弃了《春秋》笔法”，以至于认为朱子的历史观有所转变，进而推导出秉持

---

① 郭齐论文，第88—90页。

② 不过，田中谦二指出，余大雅成为记录者时，赵师渊与之同席（《著作集》第三卷，第58—59页）。但田中认为“《通鉴纲目》编定完成是在乾道八年（年谱），赵氏师事意外地早”，这一观点有误。

“一字褒贬”的《凡例》不可能是朱子的作品。不过，若与张自勋一样，认为现行《凡例》是编纂初期定下来的话，就会发现问题。汤氏所说的朱子晚年放弃《凡例》，与赵师渊得到的是初期《凡例》并不矛盾。

总之，汤氏断言《凡例》、“八书”是伪作。且汤氏不认为在庆元党禁中非常有骨气的赵师渊①会因害怕受党禁波及而不公开恩师的书信，更何况在党禁解除后，他或他的后代也没有理由隐匿书信。

但收录“八书”的赵师渊文集，一般来说是由本人或其后人编集的。若王柏《后语》所言为真，他也是从赵氏族人手中得到《凡例》的。但汤勤福并不认为“八书”系赵氏后人伪造，对于作伪者及其动机也完全没有讨论。

由于赵师渊文集现已不存，所以无法确认其中是否收录了“八书”。时代晚于王柏、提及赵师渊参与《纲目》编纂的史料有袁桷（1266—1327）为赵与罴（1242—1303）所作的行状和墓志。赵与罴是宋宗室，咸淳七年进士。南宋灭亡后，为了笼络江南人心，元朝优待赵氏宗室，赵与罴于至元十四年被召入京，之后在大都直到去世。

在行状、墓志铭中，赵师渊都作为“伯祖”出现。《行状》称，赵氏是“朱文公高弟”，《纲目》从整理史料、编纂到成书，“皆太常（赵师渊官太常丞）所定”，后进将他与黄榦并称。②《墓志铭》中还写道“与朱文公纂次《通鉴纲目》、‘凡例’”，也就

① 《宋元学案》卷六九称，宰相赵汝愚被谗去职后，赵师渊返乡治学，十余年未出仕。

② 《清容居士集》卷三二《翰林学士嘉议大夫知制诰同修国史赵公行状》：“师渊字几道，官至太常丞，为朱文公高弟。文公述《通鉴纲目》，条分例举，整齐芟夺，迄于成书，皆太常所定。其言理学蕴奥，心受耳属，精析该邃，非若语录所传，剽臆谬妄。东南后进，咸尊太常，与黄榦氏并。于公为伯祖。”

是说赵氏不仅是编纂《纲目》的助手，还参与了《凡例》的编定。[①] 这与后世的“赵师渊编者说”相近，但这一史料至今为止从没有被作为证据引用过。

行状、墓志一般都是根据家人提供的材料所写。在这种情况下，提到墓主祖父的哥哥稍显例外。这正说明，对赵氏一族来说，师渊与朱子的关系是很大的荣誉。

这些证据未必能说明真相。“与黄榦氏并”似乎有些过誉。同理，赵氏参与《纲目》和《凡例》编写的材料可能也出于伪造。仅凭这些无法下定论，但如果将《凡例》、“八书”断定为伪作，首先就要怀疑赵氏周围的人。

在此先来谈一下王柏与《纲目》的关系。首先，他的文集《鲁斋集》未载《凡例后语》，言及《纲目》的也仅有一处。[②] 现存《鲁斋集》是在明代由其子孙编成的（正统八年序刊）。因为隔了很长一段时间，收录的文章有所遗漏也不奇怪，但作为祖先功绩证据的文章却没能收录，这就令人生疑。除文集外，能显示他与《纲目》关系的是元人吴师道（1283—1344）的文章，云：“诸书无不标抹点校，《四书》《通鉴纲目》则尤著者也。”[③] 此文旨在向史局之人介绍金华的前辈学者何基（1188—1268）、王柏的事迹，其中强调了王柏与《纲目》的关系，但没提到与《凡例》的关联。

---

① 《清容居士集》卷二八《翰林学士嘉议大夫知制诰兼修国史赵公墓志铭（代院长作）》。因是代院长阎复所作，也被收录于《元文类》卷五一，标为阎复所作。“伯祖师渊与朱文公纂次《通鉴纲目》、‘凡例’。”

② 卷四收录《续国语序》。王柏在讲述所撰《续国语》的写作动机时，一并提及《通鉴》《纲目》，语涉李方子《后语》，却没有提到《凡例》。

③ 《礼部集》卷二〇《节录何王二先生行实寄史局诸公》：“诸书无不标抹点校，《四书》《通鉴纲目》则尤著者也。”危素的《王柏补传》（《危学士全集》卷一〇）沿用此说。

汤勤福观点的另一个问题是，他只论述了王柏的文章。现行本《纲目》收录了一系列讲述《凡例》的发现、流传的文章（王柏、文天祐、倪士毅、汪克宽），王柏之文居首。只论述王柏的文章其实没有意义。这一系列文章和《凡例》，至少在现存版本中，首见于明刻本，这一点特别值得注意。先要阅读这一系列文章，从中勾勒出《凡例》的浮现过程并加以查证，然后才能断定《凡例》的性质。

让我们重新审视以王柏为首的四篇文章。

（A）王柏《凡例后语》

所述刊行经过如下：

> 一日，观讷斋赵公文集间有考亭往来书问，乃知纲下之目，盖属笔于讷斋，而昔未之闻。讷斋曰："《凡例》一册，已抄在此。"信乎果有是书也。尘编将发，影响自露。及因上蔡书堂奉祠谢君作章为赵之姻，力嘱其访问，曰："尝毁于水，而未必存。"越一年，始报曰："《凡例》幸得于赵君与峦。"录以见授，如获天球弘璧。复得傃轩赵公本，参校互正，遂成全书。

谢作章、赵与峦之名仅见于此。赵傃轩（名希悦）与王柏之间有过交流。另外，他还是朱子的"甥孙"。[①]

另外，还有一些值得在意的记述。王柏引朱子语"《春秋》传例，多不可信，非夫子之为也"，[②] 接着称"《纲目》之《凡例》，乃朱子之所自定"。王柏先据朱子所言，指出《春秋》义例系后人所作，然后却又强调《凡例》确为朱子所作。

然而所引朱子之言是有前提的，"圣人记事，安有许多义

① 《鲁斋集》卷一二《跋赵傃轩帖》："公讳希悦，文公之甥孙。昔倅于婺，不欲见之。及为守，乃蒙下顾。"

② 见《朱子语类》卷八三。

例?”也就是说，不仅后人的“义例”不可信，孔子本身也不可能立“许多义例”。而《纲目》现行《凡例》，如《后语》所说，总计达十九门一百三十七条，正是“许多义例”。引用者为了掩饰这一矛盾，有意省略了朱子的后半句话。引用朱子此言本身就是自找麻烦，但像王柏这样的学者难道没有预料到吗?《后语》中出现了几个具体的人名，若其中两人是朱子、赵师渊的姻亲的话，王柏拿到原稿的叙述就是可信的。若是作伪，手法就过于复杂了。不过，《春秋》义例相关部分确实很可疑。作为再传弟子的吴师道提到了王柏校正《纲目》一事，但没有言及《凡例》的刊行，这一点也值得注意。

（B）文天祐《凡例识语》

文天祐称，《凡例》在金华刊行，但流布不广。“今贰车潘公子舆”刊之学宫，嘱托他写识语。[①]《识语》未记写作日期（其他三篇皆有），不过文中称，从朱子写序的乾道八年（1172）算起，“今百年矣”。按字面理解的话，时间当是宋末，距王柏撰《后语》的时间不久。

刊行者贰车（府州副官）潘子舆已不可考。那么，撰写识语的“郡文学掾庐山文天祐”（文中有“宣学”一词，南宋宣城＝宁国府）呢?其名让人联想到文天祥，他的堂兄弟中有一人名天祐。此人随文天祥四处转战，在文天祥被蒙古军逮捕时战死，[②]其他信息不明。不过，文天祥家族的籍贯不是“庐山”，而是江西吉州“庐陵”。

① 《凡例识语》:“右《通鉴纲目凡例》，得之今贰车潘公子舆。盖金华始锓木，而学者多未见也……贰车念家学考亭，谓刻诸学宫以惠我人。既成矣，复相语曰:‘安得并刻《纲目》，备此一书，以为宣学巨丽之典也哉?’郡文学掾庐山文天祐谨识。”

② 李安:《宋文丞相天祥年谱》，台湾商务印书馆，1980年，第6页。

在后世文献中，关于“文天祐”的记录很少。清厉鹗《宋诗纪事》卷八三称其为“九江人”，曾燠《江西诗征》卷二一记作“庐陵人，天祥弟”。若说是同名异人，然二书采录的诗（《黄山听琴》）是一样的。不知二书是从何处采录此诗的。而且，九江与庐山相距不远。

和王柏的金华本一样，此“宣城学宫本”似乎也未广泛流布。文天祐的《识语》提到了王柏，但后面倪士毅的《凡例序》中却看不到前两人的名字，由王到文的线索被切断了。

（C）倪士毅《凡例序》

此文完全没有提及金华本、宣城本，只云“《凡例》世尚罕传”，给人一种《凡例》的发掘又回到起点的印象。此文将发掘经过总结如下（写作时间为至正二年）：

> 至元后戊寅（1338）冬，友人朱平仲晏归自泗滨。明年春，出其所录之本，谓“得于赵公继清赁翁之子嘉绩凝，始获披阅，遂即录之”。暇日详观，因转相传录，而不能无小误，惜未有他本可以参校，乃随所可知，正其错简三条（“岁年门”二条、“即位门”一条）、漏误衍文共三十余字，以寄建安刘叔简锦文，刊之坊中……又记昔受学于先师定宇陈先生时，得方氏《纲目论》[①] 一篇……今并录以附于后……当与尹氏《纲目发明》并行……至正二年壬午夏五月辛未朔。

倪士毅（1303—1348）是新安（徽州）休宁县人。曾将同为新安人的其师陈栎（1252—1334）的《四书发明》与胡炳文的《四书通》合编为《四书辑释》（有人批评《四书大全》基本是因

① 现存“七家注”诸本中，据笔者确认，多作“方氏”，但在陈仁锡本和更早的万历间苏州知府朱燮元刻本中作“李氏”。

袭此书[①]，因而留名于世。此书的出版商也是建阳书坊的刘锦文。[②]

关于倪士毅，记载较详的是同乡赵汸的《改葬志》。据称，倪士毅以教授学问为生，因其声望，被邻县人邀请开设私塾，23年后于当地去世。[③] 要言之，他虽只是一位乡村教师，却与当时的出版中心建阳有联系渠道，恐怕传承自其师陈栎。[④]《改葬志》载，他的代表作《四书集释》，初稿由"闽坊"（建阳书坊）刊刻，但没有提及《纲目》或《凡例》。

倪序中提到的友人朱晏（字平仲），明人杨琢《心远楼存稿》收录其文，小注记"至正辛卯（1351）进士"，正文中提及"杨氏子琢学于余友仲弘（倪士毅字）先生"。[⑤]

朱晏从赵凝之父贫翁（字继清）处抄得《凡例》，许有壬（1287—1364）《至正集》称贫翁为"同年"。[⑥] 至顺四年（1333）贫翁故乡山西闻喜县所立的《董泽书院碑》上，他的头衔是国子博士[⑦]（碑上也有其子赵凝的名字）。贫翁虽为赵姓，却是南宋初年宰相赵鼎的子孙，与赵师渊家族无关。

梳理清具体的人名之后，其背后的联系也就大致清楚了。特别是倪士毅与刘锦文合作出版《凡例》一事，因还有他们合作刊

---

① 《四库全书总目》卷三七"《三鱼堂四书大全》"条："《四书大全》阴据倪士毅旧本，潦草成书，而又不善于剽窃，庞杂割裂，痕迹显然。"

② 关于倪、刘围绕《四书辑释》的交涉，佐野公治《四书学史研究》第四章"《四书》注释书的历史"中有详细内容。

③ 《东山存稿》卷七《倪仲弘先生改葬志》："以其学教授于黟二十有三年，既没而家贫不能葬……所注书曰《四书集释》，闽坊购其初稿刻之。"

④ 中砂明德：《江南》，第83—86页。

⑤ 萧启庆：《元至正十一年进士题名记校补》，《食货月刊》复刊16（7、8），1987年，第332页。初名晏，后改名克正。

⑥ 卷一六《送同年赵继清赴潮州推官》。

⑦ 《山右石刻丛编》卷三四。

印其他书的例子，故看起来很可信。但关于作为附录刊行的《纲目论》，仍有可疑之处。

如果倪序所述为真，那么倪士毅刊行的《凡例》应该附有《纲目论》。然而，“七家注本”中却不存在这一《纲目论》。也就是说，倪氏的《凡例》又和“七家注本”不属于同一个系统。

更值得注意的是倪序对“发明”的称赞。在后述“考异”中，常见“尹氏曲为之说”之语，[①] 对“发明”持否定态度。“发明”热衷于发掘“变例”，而“考异”始终坚持《凡例》的原则。而倪士毅作为同样要将《凡例》推广于世的人，又同时赞扬“发明”，这显然是矛盾的。倪序中不假思索地称赞“发明”，只能认为倪氏作为学者对自己的主张不甚在意。至少，倪序的这一部分是相当可疑的。

(D) 汪克宽《考异序》

这是《纲目考异》作者汪克宽（1304—1372）的一篇序文。汪序云，“鲁斋王公刊之金华，敬所文君刊之宣城，而传之未广也”。在提及彰显《凡例》的前人姓名后，汪氏讲述了友人倪士毅从朱晏处得到《凡例》一事，倪士毅将之示以汪克宽，为有益于后学，汪氏决定刊行。海宁任用和，因其子师从汪氏，听闻此事后，在家塾将之刊刻。汪氏考察《凡例》与《纲目》的“同异”，附于其后（序文日期是至正三年）。[②]

文中既然提到金华和宣城刊本，汪氏应该见过所附王柏、文

---

① 除第211页注②郭威杀害汉主（书“杀”而不书“弑”）一事外，对于卷一赧王三十一年“其相淖齿杀之”条、卷四五宝应元年四月“杀皇后张氏”条下尹起莘的解释，“考异”均有“尹氏‘发明’曲为之说”、“尹氏曲为之说”的评价。

② “然鲁斋王公刊之金华，敬所文君刊之宣城，而传之未广也。至元丁丑，友人倪仲弘偶得于其友朱平仲，遂以示予。予喜其有益于后学，欲锓枣俾远其传。海宁任用和，以其子从予游，闻而乐之，乃刻诸家塾。予因考其同异，以附于后……至正三年癸未良月既望，后学新安汪克宽谨识。”

天祐序（汪克宽通过传闻了解的可能性很低）。汪序云，这两个刊本传播不广，又云“友人倪仲弘……”，似乎是从倪氏手中拿到宣城本系统的刊本的，但如前所述，倪氏完全没有提到王柏、文天祐。

另外，汪序称理应是“文天祐”的人物为“文敬所”。若不假思索地读下来，“敬所”可能是文天祐的字或号，然而没有旁证。文敬所之名，在倪士毅、汪克宽之师陈栎的一篇列举不信风水者的文章中被提到，“吕诚公（祖谦）、杨诚斋（时）、罗鹤林（大经），近年文敬所、方虚谷（回）”。[①] 文敬所与方回（1227—1307）大概是同时代人，这与文天祐可能是宋末人并不矛盾。另外，其他四人都是名人，由此来看，文敬所至少在陈栎所在的新安一带很有名。而且，宋、元宣城人的文集《宛陵群英集》（卷七）收录了题为《文敬所自杭归》的诗，可见文敬所是宣城人，也就是说不是“庐山人”。

而且，据倪士毅序，得到原稿在“戊寅”翌年，汪序记作“至元丁丑”，二者相隔两年。详细讲述刘锦文刊行《四书辑释》原委的人，正是汪克宽，[②] 可见倪和汪并非泛泛之交。汪氏会犯这样的错误，令人生疑。

此外，据倪士毅序，《凡例》是在刘锦文处刊行。汪氏完全没有提及此事，还支持在别处刊行，无论多么有益于后学，这都是剥夺倪氏功绩的行为，也妨碍了刘锦文的经营。另一方面，汪序具体记述了“海宁任用和……乃刻诸家塾”。任用和是新安（休宁古称海宁）实际存在的人物，在后世史料中可以确认。[③]

---

① 《定宇集》卷七：“问司马温公不信风水……吕诚公、杨诚斋、罗鹤林，近年文敬所、方虚谷，俱不之信。”

② 《环谷集》卷四《重订〈四书集释〉序》。

③ 弘治《徽州府志》卷一〇《宫室》“水南山房”条注：“在万安。里人任用和建，汪仲鲁记。”汪仲鲁在《本朝分省人物考》卷三七有传。

综上，王、文、倪、汪的文章互有牵涉之处，总结如下。

一，王柏《后语》。

汤勤福断言朱子写给赵师渊的信是伪作。但赵师渊家人称其参与了《凡例》的编纂。王柏亦具体记述了从赵氏一族得到原稿的过程。另一方面，其所引朱子之语（准确地说是未引用部分）与对《凡例》的重视有所抵牾。此外，文天祐、汪克宽的文章提到了王柏在金华刊行《凡例》一事，但倪、汪得到的《凡例》与王柏刊行的《凡例》有何关系，并不明确。

二，文天祐与文敬所。

刊行《凡例》的文天祐与汪克宽所言"敬所文君"没有确切的关联，且很有可能并非同一人。

三，倪士毅《凡例序》。

具体描述了得到《凡例》的过程，但对"发明"的赞扬与《凡例》的原则相矛盾。

四，汪克宽《考异序》。

与倪士毅的记述有龃龉，且不提友人刊行一事也很奇怪。

为解决这些枝节问题，还需要其他材料。先来看元代姚燧自作年表的序文《国统离合表序》。王柏等人的序文，均以"《凡例》是稀见之书，所以才有刊行价值"为前提。但姚序的内容与此有所背离。

> 走未壮时，读《通鉴纲目》书于苏门山（河南省）……四十年矣。是岁之秋，同门友许君得卿自金陵过宣，留语再月，间以示之。得卿善其非出己意而新奇为说，特抽《纲目》所有，汇而为编，虽刊置《凡例》之后，犹不为僭。而校官刘君德恭方刊胡公《读史管见》于宣庠，闻之，谓因是工可断手于旬浃。遂聚徽、建二本，重勘校之，得三误焉。
>
> 其一，建安二十五年，徽作延康元年。《凡例》曰："中

岁改元，无事义者，以后为正；其在兴废存亡之间关义理得失者，以前为正。”其下注云：“建安二十五年，改元延康。考之范史及陈志注文，是汉号。《通鉴》所书，乃若曹丕称王时所改者（按《通鉴》，改元前曹丕被授予魏王玺。胡三省注也按《魏志》改元）。今不能悉见例云。”然则为汉为丕，疑犹未决，矧其时正在兴废存亡之间。今以前为正，从建注二十五年。

其一，章武三年，徽大书“三年后主禅建兴元年”。建无三年，余与徽一。《凡例》则曰：“章武三年五月，后主即位，改元建兴。而《通鉴》目录、举要（历），自是年之首，即称建兴。非惟失其事实，而于君臣父子之教，所害甚大。故今正之。”即是观无三年者，则昭烈为无终（章武为刘备年号），独建之失。曰“后主”者，徽、建皆非。尝求其原由……至《纲目》书出，始曰“汉中王即皇帝位”，统斯正矣。而于其子独曰“后主”，何哉？且自建兴以及炎兴，用天子制以临四方者，实四十年。邓艾至成都，书“帝出降”。明年犹书“魏封故汉帝禅为安乐公”。亡国之余且然，岂于即位正始之年，不帝反曰“后主”乎？是与十四、十五、十六卷之起尽（卷头标注从何年至何年的部分）反《凡例》。诸曰“后主”者，皆溺于熟口顺耳，不思而失于刊正者也。《凡例》又曰：“有被废无谥者，但曰帝某，而不用后人所贬之爵。”建兴之帝，未尝被废，亦钧于无谥者。故下取晋帝奕与唐睿宗景云二年注“玄宗皇帝先天元年（应为‘太极元年’条）”、明年始大书“玄宗明皇帝开元元年”者例，大书“三年”，注“帝禅建兴元年”，明年大书“帝禅建兴二年”。庶前后参稽，可皆吻合，无龃龉也。

又其一，天宝十五载注“肃宗皇帝至德元载”，明年惟曰“二载”，未尝大书“肃宗皇帝至德”，为无始。故今于“二载”上加“肃宗皇帝至德”，使得上同于开元。[①]

姚燧（1238—1313）在元朝曾任翰林学士。师从大学者许衡，治学于苏门山，当是其18岁到长安游学前之事（《元史》卷一五八）。姚燧整理《国统离合表》时为大德六年，距读《纲目》已“四十年矣”。也就是说，在13、14世纪之交（比倪、汪早30多年），姚燧就得到了《凡例》。遗憾的是，他没有告诉我们是从何处得到的（不过，他在宣州刊行已著，这也是文天祐《凡例》的刊行地），也不清楚是附录于《纲目》后还是单行本。

再来通过严文儒的论文了解元代《纲目》的刊印情况。现存《纲目》的元刻本中，最有名的是“建安詹光祖至元丁亥（1287）月崖书堂本”（藏于中国国家图书馆、上海图书馆等）。此版本与前文讨论宋刻本时提到的上海图书馆、国家图书馆分藏的四卷残本版式一致，即赵希弁所说的吉州本系统。因为避宋讳，或被认为是宋本，但避宋讳的只有掺入宋末旧版的部分，基本上还是元刻，上海图书馆藏本卷末书“至元丁亥重刊”也能证明这一点。[②]另外，中国国家图书馆所藏完本（收入《中华再造善本》）中也没有《凡例》及陈孔硕、李方子的后序。

除此之外，还有安福州东李氏留耕书堂本，即严氏所谓“元甲本、乙本”。江西安福升格为州是在元贞元年（1295），所以其刊刻在此之后。中国国家图书馆所藏甲本，“目录”后不载序文；上海图书馆所藏乙本是残本，不能确认是否附录《凡例》等内容。这两个版本字迹都很模糊，被认为是坊刻本，但从版式来看

---

① 《国朝（元）文类》卷三四。

② 关于上海图书馆本，尾崎康认为原版由月崖书堂在宋代刊行，该书堂重刊时配补了原版。残存的四十二卷中原版占三十卷，可见以宋代刊行的部分为主（前述论文第26—28页）。

当属月崖书堂本系统。

姚燧所言“建本”即此月崖书堂本。“徽本”当与汪克宽“考异”中所提的“紫阳书院本”[1] 是同一版本。诸现存版本中，将建安二十五年记作延康元年，且大书并记（章武）三年、建兴元年的，最早应是中国国家图书馆藏宋刻本。“考异”只提及紫阳书院刊本的这些部分，其他详情不明，但应该保留了旧本原貌。

“七家注”之一“考证”的作者徐昭文，曾提及《国统离合表序》。从徐序（写于至正十九年，1359）看，他也和姚燧一样，不认为《凡例》是稀见之书。他以《凡例》的存在为前提，列举各个事例，指出其与诸刊本多有不合，[2] 进而展开论述。

> 初朱子之修是书也，《凡例》既定，晚年付门人讷斋赵氏接续成之。今所存“语录”，多面命之辞，手书告戒，至甚谆切。其曰“纲欲谨严而无脱落，目欲详备而不烦冗”（“八书”第三书），岂讷斋属笔之际，尚欠详谨，故有脱误，失朱子之本意？初学受读者，不能无疑也。果斋李氏（方子）曰：“朱子盖欲稍加更定，而未暇焉。”（引李方子《后语》）勉斋黄氏（榦）亦曰：“《纲目》近能成编，每以未及修补为恨。”（《勉斋集》卷三六《朱子行状》）牧庵姚氏序《国统离合表》，仅得三误，其一则建安末年误书延康，今刊本已正之矣。新安汪氏（克宽）“考异”，多所究明，惜其未精也。昭文僭不自揆，辄本大贤之立言，摭诸儒之同异，反

---

① 《纲目》卷一四中，对于汉献帝建安二十五年、蜀汉后主建兴元年各自该用何年号标记，“考异”引用了“紫阳书院本”，后一条中提到“提要”亦“大书（章武）三年”。

② “今诸刊本所书之纲，与所定《凡例》或多不合，至如承统之帝或称为主……凡此之类，相因互误者不能悉举。”

> 覆订定，补漏正误，注于各提要（纲文）之下，间亦窃附己意。[①]

徐序不仅提到前文出现的要素（委托赵师渊，汪氏作“考异”），还提及姚燧，如同将《凡例》传承过程的叙述汇聚一堂。但徐序中也有一些问题。

首先，王柏的名字虽然没有出现在徐序中，但值得注意的是，王柏《后语》的叙述与徐序观点有所差异。王柏看过朱子写给赵师渊的信，认为“纲下之目，盖属笔于讷斋”，而徐序据所见“八书”文字，认为赵氏还参与了纲的编纂，并由此产生了脱误。但将朱子“欲纲、目如此”之语，视为对赵氏的训诫，不得不说有些牵强，而且这能否当作朱子的有心之言也值得怀疑。而且，汤勤福将王柏与“八书”绑定在一起考察，但《后语》并没有像徐昭文那样具体引用“八书”文字，反而引用赵师渊“《凡例》一册，已抄在此”之语。如前所述，“八书”除了最后一通是写给第三方的信以外，其他皆可视作是写给赵氏的，但没有包含赵氏的回信。也就是说，王柏所言“讷斋赵公文集间有考亭往来书问”与现行“八书”是否为同一物都不能保证。故更应将“八书”与王柏分开考察。据笔者所见，提及“八书”的史料最早出现在元末（后述）。

其次是姚燧。徐序说姚燧仅指出三处错误，但“考证”实际上是怎么处理这三条的呢？此处将与“考异”一起讨论。

首先可以断言的是，“考异”“考证”与“发明”不同，没有留下单行本。在“七家注本”及其早期形态《文公先生资治通鉴纲目》（后述）中，只能看到掺入后的文本。因为“今刊本已正之矣”，所以“考证”对“建安二十五年”条没有评论。

---

① “……至正己亥中秋，后学上虞徐昭文敬序。”黄榦原文为“仅能成编”。

其次，“章武三年”条，“考证”与姚燧的结论相同，但谈及理由时未提姚燧的名字。[①] 此外，在卷一四“起尽”处，“考证”引用了“牧庵姚氏”之说并从之。

再次，是第三处唐肃宗“至德二载”条的问题。

> 当书“肃宗皇帝至德”于“二载”之上。谨按，姚氏曰：“睿宗景云二年下分注‘玄宗先天元年’，明年始大书‘玄宗明皇帝开元元年’，至天宝十五载下分注‘肃宗至德元载’，明年惟书‘二载’，未尝大书‘肃宗皇帝至德’，为无始。故今于‘二载’上加‘肃宗皇帝至德’，使得上同于开元矣。”

如前所述，姚燧混淆了景云二年与太极元年，但“考证”原封不动地引用姚文，没有更正。可见，虽称“反覆订定”，但也有疏忽之处。更令人费解的是，在姚燧的原文中，景云、帝奕之例均被认为是订正第二条的依据，“考证”却将帝奕与景云分开，移到了别处。也就是说，姚燧的原文被“考证”毫无依据地割裂了。

接下来看“考异”对此三条的处理。首先是“建安二十五年”条（《纲目》卷一四）。

> 紫阳书院刊本作延康元年。按“改元例”注曰：“建安二十五年改元延康。考之范史及陈志注文，是汉号。而《通鉴》所书，乃若曹丕称王时所改者，今不能悉见。”则此当从闽本及提要（指纲文的单行本），作“二十五年”为是。

将之与姚燧序（第229页）对比，均引用了《凡例》注的部分。仅是如此，亦可能是偶然一致，问题在于“则此”以下文字的逻辑。“闽本及提要”并不是“作‘二十五年’”的依据，加入姚燧的“则为汉为丕，疑犹未决，矧其时正在兴废存亡之间”，文

① “当去此六字（‘后主建兴元年’），补书‘三年’，分注‘帝禅建兴元年’。”

意才通顺。可见，“考异”因割裂了姚燧之文而显得语句不通。

然后是“章武三年”相关。与“考证”不同，“考异”附有详细议论。首先，“考异”与姚燧同样引用了《凡例》注，但有所差异。“考异”指出，“今《纲目》刊本”与《凡例》不同，“不著章武三年”，且和姚燧一样都引唐例为证。此与“考证”的不同之处在于，没有照搬姚燧的错误，而是正确记述了景龙到景云、太极到开元的改元过程。[①] 与“考证”将姚燧第二条割裂掺入第三条不同，“考异”文脉本身与姚序是一致的。这种一致并非偶然，而是“考异”在利用姚燧成果的同时，发现其错误并加以订正。在“至德二载”相关评论中，“考异”也引用了景龙改元景云的例子。[②]

如前所述，“考异”序文完全没有提及姚燧，其正文也是如此。“考异”若无其事地剽窃姚燧，那么“考证”在这一点上就是诚实的吗？“考证”割裂姚燧文字的手法，“考异”也在使用。虽然二书摘抄了姚序的不同部分，但这反映出二书有着“分工”的关系。[③]

以上论述只是一种猜测。接下来将探讨“考异”的内容。

八　《凡例》之二忠臣

首先，需概括一下“考异”的基本特征，有以下三点。

---

① “今《纲目》刊本，于岁首即书建兴元年，而不著章武三年。然唐中宗景龙四年六月，睿宗即位；睿宗太极元年八月，玄宗即位。《纲目》皆分注嗣君改元于先帝之末年，至次年始大书‘睿宗皇帝景云二年’……”

② 卷四四：“据睿宗即位于中宗景龙四年六月，岁首分注‘睿宗皇帝景云元年’，而次年大书‘睿宗皇帝景云二年’。”

③ “考异”“考证”是在哪里看到姚燧之文的？姚燧文集《牧庵集》中收录了这篇文章。《文渊阁书目》著录了此文集，由此而得以目睹是有可能的。但因“诸家著录皆未之及”（《四库全书总目》卷一六六），所以笔者不认为其流布甚广。或许是看到了《元文类》卷三四所收同文。

（1）“提要”的援用

“考异”中频频提及“提要”。所谓“提要”，是《纲目》纲文的单行本，《郡斋读书附志》记由赵希弁在吉州刊行。“考异”并没有提及所使用“提要”的来源，将其所引“提要”的实例与前述《中华再造善本》影印的宋刊本、元刊本进行比较，当后两者字句不同时（数量相当多），“考异”所引“提要”多与宋本相同。[①] 恐怕正是因为“提要”文本保留了《纲目》的较早样貌，“考异”才大量引用。总之，此大量引用行为证明了“提要”与当时通行本的纲文存在差异。不过，虽说“提要”的文字有所不同，但“考异”据之纠正通行本文字的地方并不多，并称“提要”也不完善。[②]

判定标准需多方求证。例如，壬辰年（魏兴安元年）二月“魏中常侍宗爱弑其君焘”条（《纲目》卷二六）附“考异”载：

> 《提要》“中常侍”作“宦者”。按《凡例》：“贼官可见者，并著之。”则此当从《纲目》刊本。[③]

此处因看重《凡例》而以刊本为正。另外，比照文本在其他地方

---

① 另外，前述《朱子全书》所收《纲目》的底本就是此宋刊本，与《中华再造善本》所收同本相比，前者随处可见在不出注的情况下将宋本字句改为元本字句之处。

② 《纲目》卷二六癸巳年“宋太子劭弑其君义隆”条所附“考异”云：“《提要》‘弑’误作‘杀’。窃考《纲目》刊本及《提要》互有得失如此类者。”

③ 值得一提的是，现行《凡例》作“贼官可见者，并著之”，注中举例“秦庶长改之类”。也就是说，并非讲宦官之事，但“考异”却认为指弑君的宦官。另外，理论上讲“提要”中作“宦者”应该没有问题，但又称“当从《纲目》刊本”，有些混乱。这或许是汪克宽弄错了。另一方面，“考证”并未涉及相关部分。有可能汪氏撰“考异”时看到的《凡例》与现行《凡例》不同，但如后所述，从“考异”的杜撰情形来看，很可能只是看错了。

的用字，也存在“提要”更准确的例子。[①] 此外，还有不采用“提要”、《凡例》，从文本本身的用字归纳性地判断正误的情况。[②]

（2）《凡例》的援用

“考异”之“异”，是由于当时通行本（“学者抄录，书肆传刊久”）文本的漏误产生的。“考异”有根据《凡例》来订正的例子，但与后述“考证”相比，整体来看对《凡例》的引用比例较小。主体还是（1）。

（3）对“变例”的否定

与（2）相反。“七家注本”收录了汪克宽的《考异凡例》，[③] 其中引用了朱子否定《春秋》有“变例”的言论（《朱子语类》卷八三“《春秋》纲领”，壮祖录），认为与《春秋》一样要展现“万世不易之法”的《纲目》不可能有“变例”。[④] 下面比较一下《考异凡例》与前述“发明”的立场。例如，“发明”围绕《春秋》中存在问题的“有年”有如下论述（卷九显宗孝明皇帝永平九年四月“大有年”条）：

> 《春秋》之法，美恶不嫌同词。《纲目》取法《春秋》，亦有词同而旨异者。

---

① 例如，卷三汉太祖高皇帝十一年“后杀淮阴侯韩信”条，“考异”载：“《提要》‘后’上有‘皇’字。据晋永康元年书‘皇后杀故太子遹’，唐乾封元年书‘皇后杀其从兄武惟良’，皆不去‘皇’字。此盖刊本漏‘皇’字耳。”

② 例如，卷五孝武皇帝太初三年春“帝东巡海上”，“考异”认为漏了“还宫”二字，并列举以元封元年为首的九个书“还”的例子作为旁证。

③ 汪克宽文集《环谷集》卷四有《通鉴纲目考异凡例序》。此文集是清康熙年间汪氏裔孙编纂。虽曰“序”，但也收录了“考异凡例”。不过，它并非叙述“考异”的凡例，而是对《凡例》与今刊本进行考异，未称之为“凡例考异”，有些奇怪。文集之所以采用这个标题，是因为从《纲目》通行本移录的缘故。比文集更早收录这篇文章的是明程敏政的《新安文献志》卷三二，该处作“凡例考异”。不过，即使被收录进这本同乡前辈文章的总集中，也不一定保证就是汪克宽的文章。

④ “尹氏‘发明’乃或曲为之说。噫，朱子论《春秋》变例，谓门人曰：‘此乌可信。圣人作《春秋》，正欲示万世不易之法。’今乃忽用此说以诛人……”

“词同而旨异”从《凡例》的立场上来说是绝对不能承认的。因此，在《考异凡例》、“考异”正文和“考证”中，随处可见“尹氏曲为之说”之语。若要根据《凡例》恢复纯正的文本，那么将通行本的漏误当真、随意提出“变例”之说的“发明”观点，就必须舍弃。

但要对纲文进行修订的话，就应该预想到《凡例》本身在传录过程中也会出现漏误。“考异”序文只云“友人倪仲弘偶得于其友朱平仲，遂以示予”，但倪士毅又称“因转相传录，而不能无小误”。倪氏始终“未有他本可以参校”，只能“随所可知”加以订正。

综合特征（2）（3），《考异凡例》乃至“考异”正文有时会背离对《凡例》的重视。也存在对《凡例》理解有误的情况。

《考异凡例》列举了《凡例》的几个例子，指出其与“今刊本”的龃龉。这些应该是“考异”特别关注的地方，但也有值得商榷之处。

首先，关于宦官封爵的案例。“封拜例”曰：“凡宦者封爵，皆书‘宦者’字。”《考异凡例》指出“今刊本”唐开元元年高力士条（卷四二）中不书“宦者”，[①] 此处很奇怪。因为这一条并非高力士封爵，而是他任官一事。而且，“考异”对该条也未加讨论。由此可见，《考异凡例》与“考异”正文之间存在偏差。

“考证”也指出这一点，但其引用了《凡例》“封拜例”中的“除拜”一条。[②] “考证”并没有把封爵和任官混为一谈，《考异凡例》却犯了这一低级错误。

另一方面，《凡例》注中列举的宦官封爵案例，是郑众的史

① “封拜例曰：‘凡宦者封爵皆书“宦者”字。’今刊本唐玄宗开元元年‘以高力士为右监门将军、知内侍省事’，分注‘宦官之盛自此始’，而不书‘宦者’字。”

② “谨按《凡例》曰：‘宦者除拜当书者，皆加“宦者”字。’”

事（卷一〇永元十四年十月“封郑众为鄛乡侯”）。这条下的“考异”，针对这一封爵案例，却引用了《凡例》的“除拜”条。[①]由此看来，“考异”正文也存在着问题。“考证”在此处正确引用了与封爵相关的条目。另外，“考异”正文还有其他涉及“宦者”的地方，从其评述来看，卷二在赵高的丞相任命下正确引用了“除拜例”；不引《凡例》仅称“当加宦者”的有卷一〇的孙程等多例；卷四五李辅国封爵条下无评论，但“考证”有；卷四七窦文场条，“考异”有评论，“考证”无；卷四八孙荣义条、卷四九仇士良条亦如此。此种不统一也可以解释为，从单行本收录到集注本之际产生了遗漏，但至少在“考异”中确实存在将“封爵”和“除拜”搞混的例子。

回到《考异凡例》，接下来讨论“即位例”。《考异凡例》指出，僭国始称帝时书“〇王××称皇帝”，注中举例“魏王曹丕、宋王刘裕、梁王朱晃之类”，而在“今刊本”中，只有曹丕书“姓”，其余为宋王裕、梁王晃。[②]

刘裕、朱全忠（即位前改名晃）称帝条（分别见卷二四、五四），前者只有“考证”指出“‘裕’当作‘刘裕’”，无“考异”；后者“考异”所言为他事，据“即位例”加以订正的只有“考证”。[③] 不止一处，而是两处都不见“考异”对该条做出相应评论，该怎么解释呢？总之，可以确认《考异凡例》和“考异”之间存在龃龉。

此外，《考异凡例》继之前的宦官封爵后，又引“封拜例”：“凡殊礼皆书‘自’。注曰：王莽加号九锡之属，王莽是自为之，

---

① “按‘封拜例’曰：‘凡宦者除拜当书者，皆加“宦者”字。’”

② “即位例曰：‘凡僭国始称帝者，曰某号姓名称皇帝。’注云：‘魏王曹丕、宋王刘裕、梁王朱晃之类。’今刊本惟曹丕书姓，宋王裕、梁王晃皆不书姓。”

③ “考异”：“按《凡例》注：‘封其故君，则曰废。’而不曰奉。此‘奉’字当作‘废’。”“考证”：“全忠当作朱全忠。”

以‘自为’书。”并指出“今刊本”并不书“自”，再引“篡贼例”注：“王莽、董卓、曹操等自其得政，迁官建国，皆依范史，直以‘自为’‘自立’书之。”认为董卓、曹操、司马昭等人皆书“自”，而王莽不书，只是一种漏误。[①] 这次“考异”在相应条（《纲目》卷八元始五年五月“加安汉公莽九锡”）下引用了“篡贼例”。

这里还是很奇怪。因为《后汉书》没有记载王莽篡位的过程，当然也没有用“自为”“自立”来表述他的行为的事例。另一方面，“考证”对该条没有评论。此条《凡例》本身（更准确地说是注）就值得商榷，而非“考异”的责任。但如果学者汪克宽认真考究的话，难道会注意不到这种程度的低级错误吗？

再来进一步考索董卓、曹操的相关处。关于董卓，“考异”“考证”都没有评论，因为原文就使用了“自”。不过，再看曹操，只有一处没有使用“自”（《纲目》卷一四建安十九年三月“魏公操进位诸侯王上”）。此处又是没有“考异”，只有“考证”，但引用的《凡例》中有“操等”，没有王莽。[②] 问题不在于没有王莽，而是连董卓也没有，只一人却称“操等”。可能编者觉得王莽很不堪就删掉了，又可能因为本条记曹操之事，所以将董卓也删掉了，但没有认真引用《凡例》（的注）是很奇怪的。虽将《凡例》视为金科玉律，但编者对其态度不够严肃。若仅止于此，也有被收录入“七家注本”时脱落的可能。但检视同为篡

---

① “凡殊礼皆书‘自’。注曰：王莽加号九锡之属，王莽是自为之，以‘自为’书。今刊本‘加安汉公莽号宰衡……’并不书‘自’。愚按‘篡贼例’注曰：王莽、董卓、曹操等自其得政，迁官建国，皆依范史，直以‘自为’‘自立’书之。今董卓、曹操、司马昭等迁官、殊礼皆称‘自’，惟王莽不书‘自’，盖漏误耳。”

② “谨按《凡例》曰：‘凡篡国，其事不同，故随事异文而犹谨其始。’注云：曹操等……皆依范史，直以‘自为’‘自立’书之。其后司马懿、师、昭、刘裕以下皆仿此。”

夺案例的“魏以司马懿为丞相加九锡”条（卷一五延熙十二年正月），“考异”所引《凡例》曰“董卓、曹操等”。这种不统一只是偶然吗？试概括一下以上论述：

一，《纲目》通行本所载《凡例》注中提到了王莽。对犯下这种低级错误的现行《凡例》，“考异”本应进行校订工作，却未做到，其可信度令人存疑。

二，《考异凡例》及“考异”正文沿袭此误，但在司马懿的记事下，又似乎察觉到了《凡例》的疏误。

三，“考证”在这一点上没有矛盾。

除此之外，“考异”还有令人费解的地方。以下列举几处。

一，卷二一“简文皇帝咸安元年”条下引用“岁年例”。这一凡例适用于“汉、晋、隋、唐自初并天下”时，于晋当适用于武帝，与简文帝无关。

二，卷二四元熙二年八月条宋立皇太子的记事中，引用“尊立例”曰“非正统特书者去皇字”，但检《凡例》，则为“非正统则不书，因事特书者去皇号”。也就是说，“在非正统的情况下基本不书，在需要特书时才……”，不适用于无统的宋（同样的情形，在卷四一武后“以豫王旦为皇嗣”条的“考异”[1] 中也出现了，而武周是无统的）。

三，卷三五戊戌年闰月，（北）周“讨”与突厥结盟的高绍义，此记事下引用《凡例》（征伐例），“于夷狄若非其臣子者”当书“击”，但《凡例》原文以“凡正统用兵”为前提，不适用于这种情况。

四，卷四一上元二年高宗“太子弘薨”条，引用《凡例》

---

① 编者注：《纲目》此条下无“考异”，引“尊立例”的是“考证”。

“未踰年不成君曰‘卒’”，认为不是“薨”而是“卒”。但“崩葬例”原文为“曰薨”，注中列举了汉北乡侯。引用有误自不必说，更令人不解的是，此条《凡例》指像北乡侯一样在即位之年去世的君主，与只是太子的李弘毫无关系。

如上所述，“考异”在引用《凡例》时相当靠不住。接下来进一步探讨“考异”与汪克宽的关系。

如前所述，汪克宽在“七家注”中属于有名之人，《明史》有传，传中列举了其著作《凡例考异》（非《考异凡例》）。传记的史源，恐怕来自汪氏故乡后辈程敏政（1445 年生）编《新安文献志》所收吴国英撰《行状》。但除了汪氏最重要的著作《春秋胡传纂疏》外，《行状》并没有详述包括《凡例考异》在内的其他诸多著作。[①] 另外，《新安文献志》收录了汪克宽《通鉴纲目凡例考异》一文（卷三二），此文尚存在一些问题。

汪克宽无疑是有关于《纲目》的著作的。但同乡同时代的《春秋》学家赵汸（1319—1369）称之为《通鉴纲目考异》，[②] 并非《凡例考异》。而且《新安文献志》中收录的另一篇文章（汪克宽弟子的行状），也称之为《纲目考异》。[③] 虽可认为“凡例”二字单纯只是脱落了，但实际上这里仍存在问题。

除“考异”外，在汪氏文集中查找他提及《凡例》的文字，首先有前述《考异序》，但此文亦不可靠，且按下不表。他的文

---

① 《新安文献志》卷七二《环谷汪先生克宽行状》：“乃取圣人手笔之《春秋》……以胡文定公之传为主，而研究众说，会萃成书，名之曰《春秋经传附录纂疏》，翰林学士虞公序，行于世。《易》有《程朱传义音考》，《诗》有《集传音义会通》，《礼》有《经礼补逸》，《纲目》有《凡例考异》。”

② 《东山存稿》卷三《答赵伯友书》：“此间有乡先生汪公尝作《纲目考异》。”

③ 《新安文献志》卷八九《故城县丞汪先生德懋行状》：“环谷先生编《春秋纂疏》及辑《通鉴纲目考异》。”

集是清朝时收集遗文编成的，仅收录了《纲目》通行本所载内容。除此之外，唯一涉及《凡例》的文章是评论隋末历史的《越国公论》。

> 吾邦（被视为新安前辈的）朱子著《通鉴纲目凡例》："凡起兵以义曰'起兵'；其起虽不义，而所与敌者不得以盗贼名之（统治者不正时），则曰'兵起'。"故隋末白瑜婆、王薄之类，人微而事未成，则书曰"兵起"。盖深恶秦、隋之暴，谓人人得而诛之。故汉、唐之初，书法不异，乃立论之至公也。

提到的该条《凡例》在"即位例"中。可以确认，汪氏知道《凡例》的存在，且对其主张表示赞同。

越国公是隋末群雄之一、在徽州本地曾一度建立半独立政权的汪华。汪克宽感叹故乡的同姓前辈在《唐书》中没有立传，为彰显其人，故引《凡例》为证。[①] 但仅凭这段，看不出汪氏对《凡例》的整体评价如何。而且，这篇文章也有可疑之处。因前文写到秦之暴虐，故后文举汉初亦书"兵起"为例，但《纲目》原文在秦汉之交并没有使用过"兵起"。笔者怀疑，这篇文章本身就是假托《纲目考异》作者汪克宽所作。

汪氏的重要著作《春秋胡传纂疏》常常引用《纲目》。他认为《纲目》堪比《春秋》，所以反过来用《纲目》解释《春秋》也就不足为奇了。但文中没有直接引用《凡例》的例子。确认了这一点后，再来看汪克宽援用《纲目》的地方与"考异"之间是否有关联。

---

① 《环谷集》卷三《越国公论》："……惜乎越国公之始末，史不立传，是以《纲目》不获特书以表之耳。"

《胡传纂疏》(卷八)举例“非可以常例而议之也”的书法，《纲目》在汉灭亡前书“魏荀攸卒”，在狄仁杰未被赠官前书“司空梁文惠公狄仁杰卒”，是“先事而致褒贬，岂非取法《春秋》之遗意乎?”[①] 补充一下汪氏的解释，因为荀攸仕于曹操，所以特意书“魏”以贬之；将狄仁杰死后被赠的“司空”提前冠其名前，以示褒扬。

另一方面，《考异凡例》引用“崩葬例”，称谥号“非贤者……不复注”，并举“今刊本”误书谥的唐代十二个人为例，开头就是“梁文惠公狄仁杰”。不知《考异凡例》是否认为这十二个人是贤者，其中确实没有通常被认为风评不佳的人，或许单纯是作为纲文误书谥号的例子而已。[②] 即便查阅狄仁杰条(卷四二)，“考异”也只曰“此误书谥”。

但《胡传纂疏》并没有认为纲文书谥是“误书”，两者明显有分歧。关于贤臣谥号的书法问题，以去世的唐太宗朝大臣裴行俭为例，不仅是“考异”，“考证”也有奇怪之处，[③] 关于这一点后文再谈。此处不管是否为贤者，可以确认的是，对于该在纲文还是分注中书谥的问题，《胡传纂疏》与《考异凡例》、“考异”是不一致的。

---

① “非可以常例而议之也。朱子于《纲目》书‘魏荀攸’，书‘司空梁文惠公狄仁杰’。汉未为魏而言魏，仁杰未赠司空而称司空，亦先事而致褒贬，岂非取法《春秋》之遗意乎?”

② 另外，《考异凡例》所列举的十二人，“考证”认为应分注其谥，即认为他们是贤者。“考证”也关注这个问题，在霍去病去世条下，引用了《凡例》“人事例”中的“宰相贤者曰‘某官某爵姓名卒’，而注其谥”、“凡贤臣特书依宰相例”，认为贤将霍去病当分注其谥。

③ “按‘崩葬例’曰：‘秦汉以后，王侯死皆曰卒，贤者则注公谥曰某’……则此当书‘闻喜公裴行俭卒’，注云‘谥曰宪’。今考太宗贤臣如魏徵、房玄龄、李靖、高士廉等并不书谥。”“考证”也引用《凡例》，结论与“考异”相同。

上文姚燧序中提到的改元问题，《胡传纂疏》（卷二七）中也有言及：

> 愚按，秦以前皆踰年即位。汉惠以后，即位于先君即世之年，然犹踰年改元。自汉帝禅即位，改元于昭烈崩之次月，厥后皆一年二君而两建元矣。然朱子《纲目》必大书先君之年，分注嗣君之改元，以为君臣父子之教，所关甚大，皆取法于《春秋》踰年改元之意。此年虽定公未即位，而追书元年者，以昭公已薨，则是年实嗣君之年，不可不书“元年春”。亦犹晋建武元年愍帝既废，元帝始于三月即晋王位，而《纲目》追书“建武元年春正月”也。

也就是说，汪克宽在原则上认为先帝的年号为“正”，追书新君年号是按例外处理，这与对《通鉴》优先“后改”的年号感到不安的朱子一样。[①] 但《凡例》云“无事义者以后为正，其在废兴之际关义理得失者以前为正”，将“以后为正”视为常态，其中存在差异。

此外，前段引文最后提到东晋建武元年的问题，“考证”也提到了，而“考异”没有。虽然文字不同，但“考证”与汪克宽的论述大致相同（《纲目》卷一七“孝惠皇帝永熙元年”条）。不过也有所区别。

首先，晋武帝在年中去世，惠帝即位，“考证”认为，这一年当依章武三年例大书“太康十一年”，分注“永熙元年”。对于“或曰：愍帝亦四月即位，元帝三月即晋王位，夫何以后为正乎”

---

① 朱子对于年号的书法，如前所述，在给吕祖谦的信中，对司马光优先“后改”的年号甚感不安，他认为把汉建安二十五年改为魏黄初元年是很奇怪的，但没有提及对于其他普通案例是怎么看的。

这一疑问，“考证”反驳道，两者情形不同。武帝、惠帝的年号书法为“《纲目》之正例”，愍、元二帝的书法则“本《春秋》之法”。[①]

乍一看似乎有道理，但原本从武帝到惠帝的继承就与蜀国的情况不一样，并非“关义理得失者”。“考证”在章武三年处也引用了《凡例》，与之相比，此处文字更像是他人模仿汪克宽风格的论述。况且，从“考证”与《胡传纂疏》同样举《春秋》定公即位的事例来看，采用《胡传纂疏》的迹象也很明显。但《胡传纂疏》的重点是《春秋》的“特书”，不过援引晋例为证而已。另一方面，“考证”只是将“《纲目》之正例”与“《春秋》之法”并列起来，其实在逻辑上是有跳跃的。之所以摘引《胡传纂疏》，是为了回答“或曰”这一反驳，但设置该反驳本身就很可疑。《胡传纂疏》原本就没有提到“太康十一年”。恐怕是为了把蜀国初代到二代的年号书法直接挪用到下一个王朝晋，才对《胡传纂疏》的文字进行了改写。

根据《考异序》，得到《凡例》是在后至元三年（1337）。另一方面，据《胡传纂疏》自序，其刊行于至正元年（1341）。也就是说，汪克宽在《胡传纂疏》中引用《纲目》时，应该可以援用《凡例》。且如上所述，他引用《纲目》之处有一部分是与《凡例》相关的问题。但他却对《凡例》只字未提。

---

① “谨按，是年四月晋武帝崩，岁首即太康十一年也。当依‘章武三年’例，以前为正。或曰：愍帝亦四月即位，元帝三月即晋王位，夫何以后为正乎？曰：不同也。是年书‘太康十一年’者，正武帝之终；次年书‘元康元年’者，正惠帝之始，此《纲目》之正例也。愍、元二帝即位之年，即书元年，本《春秋》之法也。鲁昭公在外薨，定公六月即位，故于岁首即书元年。晋怀帝永嘉五年，汉人迁帝于平阳，明年汉封为会稽郡公，晋已旷岁无君矣。又明年被弑，怀帝不得正其终。而愍帝虽四月即位，故必于岁首追书建兴之号，至四年复降于汉，愍帝又不得正其终。明年三月，元帝即晋王位，亦必于岁首追书建武元年，二者非惟本《春秋》之法，抑所以正其统也。”

更进一步讲，汪克宽无疑非常重视《纲目》，而重视“变例”的尹起莘非常尊崇《胡传》。但汪氏作为《胡传》的注释者，与《凡例》的方向性相反。现行本中所见“考异”以及《考异凡例》是否为汪克宽的作品，是非常值得怀疑的。

那么“考证”的情况如何呢？如上所述，与“考异”相比，其自相矛盾的地方很少。正如“考证”序文所言，它辨明了汪氏“未精”之处。[①] 与采用《国统离合表序》却只字不提的“考异”不同，“考证”引用其书时，诚实地提到了姚燧的名字。不过，“考证”的引用有奇怪地割裂原文的痕迹，虽然坚持《凡例》的原则，但事实上也有和《凡例》相矛盾的地方。接下来将考察关于徐昭文及其“考证”，是否有其他材料旁证。

徐昭文与汪克宽不同，正史无传。由其友人贡师泰（1298—1362）的文章可知，朱右写“考证”序文的同一年，“平江路儒学正上虞徐昭文”还健在。[②] 虽然找不到其他信息，但实际上“考证”序文仍存于世，只是“七家注本”未载。

序文作者朱右（1314—1376）是徐昭文的朋友。他有几部与历史相关的著作，入明后入职史局。[③] 从结尾文字可知，此序作于“考证”刊行之际。

对《纲目》的意义稍费笔墨后，朱序云“近代尹起莘‘发明’既相依附（纲文），汪克宽‘考异’又多未精”。将尹、汪放在一起论述颇值得注意。进而称“兹读徐君‘考证’，则涣然冰

---

① 见第231页。

② 见《玩斋集》卷八《跋白沙送别联句》，贡师泰赴任福建途中，友人们在明州设宴，其中可见上虞徐季章（昭文字）之名。该跋写于至正十九年十二月六日。为“考证”作序的朱右，在其《白云稿》中，也有应徐昭文所请、描述此次饯别情形的序（卷四《白沙饯别诗序》）。此外，贡师泰还为徐母写了墓志铭（《玩斋集》卷一〇《徐母叶氏墓志铭》）。

③ 《明史》卷二八五。

释矣”。然后列举了几个具体特例。[①] 下面将“考证”正文出处，以及同一处“考异”是否有评论标注在括号中。

（A）莽之弑帝，必加“进毒”（卷八，“考异”有）。

（B）操、懿进爵，必加“自为”（卷一四曹操，纲文本就作“自立为魏公”。卷一五司马懿并非进爵，应在其就任丞相之际书“自”）。

（C）刘裕、朱晃称帝，必著其姓（卷二四、五四，仅“考证”有）。

（D）汉昭烈章武三年分注“建兴”（卷一四，“考异”“考证”均有）。

（E）晋太康十一年分注“永熙”（卷一七，“考异”“考证”均有）。

（F）汉景帝尊太后则加“薄氏”（卷三，仅“考证”有）。

（G）帝禅立张后则加“贵人”。与（F）同以别嫡庶贵贱之分（卷一五，仅“考证”有）。

（H）窦宪曰“舅”（卷一〇，仅“考异”有），梁冀曰“后兄”（卷一一，仅“考异”有），杨坚曰“后父”（卷三五，“考异”“考证”均有），杨钊曰“贵妃兄”（卷四四，“考异”作“贵

---

① 《皇明文衡》卷三九《通鉴纲目考证序》：“近代尹起莘‘发明’既相依附，汪克宽‘考异’又多未精。比以朱子《凡例》参会今本，未免致疑。兹读徐君‘考证’，则涣然冰释矣。其大者，如莽之弑帝，必加‘进毒’。操、懿进爵，必加‘自为’。刘裕、朱晃称帝，必著其姓。君臣之义，凛不可犯。汉昭烈章武三年分注建兴，晋武太康十一年分注永熙，父子之伦有叙不紊。如汉景尊太后则加‘薄氏’，帝禅立张后则加‘贵人’，于以别嫡庶贵贱之分。窦宪曰舅，梁冀曰后兄，杨坚曰后父，杨钊曰贵妃兄，于以惩外戚僭窃之祸。高力士、李辅国、程元振辈皆书‘宦者’，于以防寺人干政之患。拓拔禄官、南诏酋龙之卒皆以‘死’书，于以戒四夷乱华之渐。李从珂必书‘养子’，又以著异姓绝嗣之危。他如高后废少帝则改曰主，霍光辅少主则改曰帝。至若临、视、如、幸、攻、讨、诛、弑，莫不注意而备书之……其徒将锓梓以传，遂书于首简。”

妃从兄”）。均从《凡例》“以惩外戚僭窃之祸”。

(I) 高力士、李辅国、程元振辈皆书“宦者”（卷四二、四四、四五。高力士条下“考异”未评论，但后两人有）。

(J) 拓跋禄官、南诏酋龙之卒皆以“死”书（卷一八、五一，拓跋、南诏条下只有“考异”）。

(K) 李从珂必书“养子”，以明异姓绝嗣之危（卷五五，仅“考证”有）。

接下来是其他条目：

(L) 高后废少帝则改曰“主”（卷三，仅“考证”有）。

(M) 霍光辅少主则改曰“帝”（卷五，仅“考证”有）。

(N)“临”“视”“如”“幸”的使用（临、视相关，仅“考异”有。幸、如两者均有）。

(O)“攻”“讨”“诛”“弑”的使用（两者均有）。

若朱右所述为真，以上诸条在“考异”中没有，是“考证”的新论述。但有几条在“考异”中已经“被纠正”了，还有几条只有“考异”才有。朱右所言未必为真。

朱序本身就有与事实不符的地方（B），这种列举形式与后述“书法”的贺善序相似，都不够严谨，是否真是朱右所作也值得怀疑。此外，“考证”正文与朱序都很强调太康十一年大书（E），恐怕是为了与（D）相配合，而姚燧序也被有意割裂了，均是为了自圆其说。

朱序无疑是为“考证”的出版而写的。观其将尹起莘和汪克宽并列（徐昭文序中没有提及“发明”），可以推测出汪克宽的“考异”非但不是绝对遵从《凡例》，反而与“发明”相近。而且，“考异”在引《凡例》为据时还对原文进行了删节。换言之，现行“考异”的三点特征（第241—242页）中，（1）源于汪克宽的原作（与《纲目考异》名称相近之书），（2）（3）是后来加上去的。而后人将朱右序从《纲目》中删去，大概是为了掩盖这一点吧。

九　迟来的精读者

汪克宽、徐昭文与《纲目》的关系暧昧不明，而“书法”的作者刘友益，史料较为丰富。虽然他并不是名人，但“书法”中附了很多序文。

首先需要指出的是，刘友益并不知道《凡例》的存在。试举一实例说明。

前文提到“考异”“考证”对贤者去世的处理（谥号的分注、官爵的记载）。“考证”将霍去病的死视为贤者之死（参见第 243 页注②），其依据是《凡例》中“宰相贤者曰‘某官某爵姓名卒’”、“凡贤臣特书依宰相例”两条，以“宰相贤者”的标准看待霍去病。

关于这一点，“书法”是如何解释的呢？它在该条下云“两汉诸臣卒，具官爵姓者，美称也”，并未援引《凡例》。但“书法”此处为什么把霍去病看作贤臣呢？至少在两年前卫青、霍去病攻击匈奴的记事（元狩四年，“遣卫青、霍去病击匈奴”）下，“书法”解释的态度令人疑惑。

> 自元光六年至是，卫、霍凡八出。《纲目》每谨书之，志穷黩也。元光六年、元朔二年，上书“匈奴入寇”，是应兵（对方启战，汉正当防卫）也。《纲目》或书“击走”，或书“击却”，叙其功也。（元朔）五年虽因入寇而出，然《纲目》但叙其赏而已（不书“击走”而只书“击”，并记卫青任大将军）。六年以后，则皆师出无名矣。是故卫青春出，则书“击”而不叙其功；其夏再出，则直书其败。元狩二

> 年，去病春夏凡再出，《纲目》不复一一书之（仅以一条纲文概括），并书所至，以见其穷追深入之实。[①] 及是，卫、霍同出，一则书其部将之失期（“李广失道自杀”），一则书其穷兵之所至（“去病封狼居胥山而还”），皆讥辞也。然则其书“皆为大司马”何？讥也。大司马，古夏官之长也。有小司马，故其长以大别言之，物不两大。今汉益置大司马位，而以青、去病皆为之，无义谓甚矣。他日丁（明）、傅（晏）并为大司马哀帝元寿元年，帝启之也。书曰“皆为大司马”，深讥之。

“书法”认为，《纲目》将汉武帝元朔六年以后对匈奴出兵视为“无名之师”。因为批评的矛头指向命令出兵的汉武帝，所以霍去病并没有受到批评。但除了远征匈奴外，《纲目》并没有记述霍去病的伟大功绩，只让他在“无名之师”的叙述语境中登场，所以应该不会是“贤臣”。

也就是说，“书法”在解释臣下去世之际和军事行动之际的两种书法中出现了矛盾（本人可能没有意识到这一点）。另一方面，依据《凡例》的诸家注，并不会遇到这种问题。因为《凡例》中本就没有记载关于“无名之师”的笔法。在《凡例》中，夷狄入侵时，“正统”书“寇”，“无统”书“入”；另一方面，对夷狄出兵时书“伐”“攻”“击”，应兵时书“备”“御”“拒”。照此机械地处理即可。“考证”判断霍去病为贤者，只是因为纲文在记述其死亡时写上了他的官爵。但“书法”秉持另一标准，所以评价才会变得复杂。

“七家注本”中收录了《书法凡例》，其问题在于“大臣例”和

---

① 该条“书法”云：“兵未有书所至者，书所至何？讥深入也。”并举了北魏、唐朝之例。因为不知《凡例》，像这样收集实例进行归纳处理是“书法”的特征。

“师众例”是否妥当。前者云：“两汉卒，具官爵、书姓者为美辞，不姓者为恒辞，惟不具官爵者乃贬之。”① 后者云：“凡兴师有名曰‘征’，曰‘伐’，曰‘讨’。无名曰‘侵’，曰‘击’，曰‘攻’。”（不过，此《书法凡例》能否出自刘友益之手尚存疑）②

虽然同样是“凡例”，但《凡例》与《书法凡例》有似是而非之处。从上述例子可以看出，二者对于道义问题的重视程度不同。《凡例》根据正统还是无统、攻击还是防卫来分别用字，“无名之师”这样的要素没有考虑进去。而“书法”则承认汉朝也有不义之战。不过，不上不下地使用道义式评判，就会产生矛盾。

另外，在《书法凡例》中，会如上述例子一般加上“两汉……”这样的限定条件，限定了时代，就是承认有很多例外存在（例外之多，让人感觉与“凡例”之名不符）。上段引文接着云：“蜀汉至晋以后，无不书姓者。不书姓者，变例也，惟不具官爵者为贬辞。”《纲目》多依据史书旧文，如果纲文经朱子以外的人插手，书法有偏差也是理所当然的（即便朱子全部寓目，一千三百六十二年的历史记录也很难一体化）。因此，认真通读的话，肯定会注意到这样的偏差。虽不清楚刘友益对《纲目》读得有多深，他也不像引证《春秋》的尹起莘那样融会贯通，但如果不牵涉《春秋》，只比较对待《纲目》文本的态度的话，或许刘友益比尹起莘更尊重《纲目》。

刘友益完全没有提到“发明”，但二者方向一致的评论颇多。不过，虽然他们思路相似，但论证的过程并不相同，主要体现在“发明”频繁列举上。例如，汉高皇帝二年的“陇西地震”条，

① “……蜀汉至晋以后，无不书姓者。不书姓者，变例也，惟不具官爵者为贬辞。”

② 如后文所述，现存元刊本有《凡例》，但没有《书法凡例》。不过，从“书法”的特征来看，从正文中提炼出《书法凡例》是很容易的。

“书法”指出《纲目》中地震有一百零一例，其中两汉有九十次，后面“夏旱”条又指出《纲目》书大旱三十八、旱五十八（卷三）。正因刘友益通读全书并处处备注，故无法像《凡例》那样简洁明了（十分繁琐）。

另一方面，《凡例》几乎没有做过时代限定。“人事例”中的“凡诸臣之卒……贤者曰‘某官某爵姓名卒’，而注其谥……常人则不爵不姓不谥”，乍一看很像刘友益的《凡例》，但并没有像刘氏一样限定“蜀汉至晋以后”云云。若“书法”曾援用过《凡例》，即便纲文中存在渐变，由于《凡例》中没有，所以理应可以将其忽略。

“书法”在尊重“变例”这一点上与尹起莘的立场相近，但尹起莘不像“书法”那样细致地规定如何用字。尹起莘经常引用《春秋》，展开长篇大论，在多数情形下始终坚持普遍的道义论。与此相对，“书法”讨论得更细致，挑出的问题也很多。《纲目续麟》攻击“书法”多于“发明”，正是基于这种特征。

“七家注本”中没有刘友益的自序，却收录了三则序跋。下面依次讨论其内容。

其一是元朝翰林学士揭傒斯（1274—1344）的序文，时间为天历二年（1329）。揭序认为“世之言《纲目》者，亦无虑数十家”，而在领会朱子之意这一点上，“未有若庐陵刘氏《纲目书法》者”。序文后半部分转到对作者的介绍上，称赞他“为此书几三十年”。[①] 此序虽没有提及揭傒斯和刘友益的关系，但见于揭氏为刘氏写的墓志铭中。

---

① “世之言《纲目》者，亦无虑数十家……能言，未有若庐陵刘氏《纲目书法》者……曹氏亲受汉禅，威加中国，卒不能夺诸葛孔明汉贼之分。元魏据有中国，行政施化，卒不能绝区区江左之晋而继之，此万世之至公而不可易焉者……刘氏讳友益，字益友，遭宋讫录，闭门读书……其为此书几三十年……天历二年六月十日，揭傒斯谨序。”

这篇序文在元代史学史上是较为著名的文章。因为揭序指出，强盛的曹魏、北魏并不能夺走“中国”（蜀、东晋）的大义名分，这也是《纲目》所强调的，“书法”正明确了这一点。序中“北魏云云”正是汉族知识分子宣扬的正统论。[①] 这一时期，正统论是一个重大问题，对宋、辽、金三史并修起到了很大作用。汉族知识分子中确实有人主张将宋视为正统，但元朝官员揭傒斯却将“元魏”视为不义之国，还将其与不正的“曹魏”相提并论，这有些不可思议。元魏和元朝确实存在着地方政权和统一政权的区别，所以无法将两者直接联系在一起，但如果怀着恶意解读这篇序文的话，就足够成为中伤他的材料了。另外，将两魏相提并论也令人觉得很肤浅，或许是笔者过度解读了。

其二是门人贺善的序。[②] 开头叙述刘友益命其作“赞”。因该书总结了历代帝王记事的“书法”之精华，十分方便，明代后半期涌现的“纲鉴”诸本中也经常引用。但突兀地从刘氏命其作赞开始叙述，像在自我标榜，稍显不自然。

接着贺序巧妙地总结了“书法”的主要“变例”。对三十条变例几乎都有精彩的解释。此外，贺善还就《纲目》被视为“门人之作”“未脱稿之书”的观点请教其师，刘友益予以否认。

首先，对于门人之作说，刘友益反驳称，朱子自序曰“辄与同志取两公（司马光、胡安国）四书（《通鉴》及其《目录》《举

① 见周少川：《元代史学思想研究》，第69页。

② “先生既取《纲目要领》，命善为之赞矣……若此类者，不可胜举，皆变例也……抑尝请于先生曰：‘或者以是书为门人之作，又或以为未脱稿之书，何如？’曰：皆非也。胡不观《纲目》篇端之自叙乎？夫子固曰：‘辄与同志取两公四书，别为义例，增损櫽括矣。’且如《尚书集传》，止曰订定，岂肯夺门人之名以为己作哉？若以为未脱稿者，则又不然。夫子之修《纲目》也，书成之岁，仅踰强仕，非晚年之绝笔也。是后二十八年，修书者复九……皆在《纲目》已后成，安有书未脱稿而遽及他书耶？书未脱稿而可谓之通贯晓析如指诸掌耶？……至顺壬申二月中和节，门人贺善再拜谨序。”

要历》，胡氏《举要补遗》）”云云，对《书集传》亦只称“订定”(即《朱子订定蔡氏集传》)，不会夺门人之功以为己作。而对于未脱稿说，刘氏否定道，《纲目》成书于朱子壮年时（根据序文日期），并不是晚年绝笔，之后朱子还编纂了《诗（集）传》《易(学）启蒙》《通书解（义）》等书，若《纲目》未脱稿，就不可能着手编纂其他书，也不会在自序中称“通贯晓析，如指诸掌”。

据叶建华和汤勤福的研究，可知朱子在写完序文后还进行了修订工作。刘氏之言对于了解朱子深意的人来说显得很粗陋。若刘氏对《纲目》的认识只停留在“类书”的介绍上倒可以理解，但他是专研此书 30 年的人。

而更令人不解的是刘氏对“门人之作”的反驳。原本将《纲目》视作“门人之作”的观点是指朱子委托弟子参与编纂工作，正如他所反驳的那样，并非“夺门人之功以为己作”。

下面根据揭傒斯撰写的刘友益墓志来梳理他的履历。刘友益出生于江西吉州永新县，宋末兵乱后埋头著述，与世隔绝，花费 30 年时间著成《纲目书法》五十九卷。天历年间（1328—1329），当地进士冯翼翁（1292—1354）入京之际，将《书法》传示“国子先生”，这位先生云“《书法》不作，《纲目》之义又将微矣”，大加赞赏并录下抄本，让诸生传诵。刘氏本人在至顺三年(1332）去世，享年 85 岁。翌年，其子刘矩委托入京的冯翼翁请揭傒斯撰写墓志铭。[①]

---

① 《文安集》卷一三《刘先生墓志铭》：“吉之永新儒师刘先生讳友益，字益友……宋之亡，乡里豪猾并起为乱，与伯兄真长、从弟人玮皆遇害。先生绝而复苏……杜门著书，不与世接……乃著《通鉴纲目书法》五十九卷，盖历三十年而后成。天历中，邑进士冯君翼翁传其书至京师。国子先生得之，大惊曰：‘……《书法》不作，《纲目》之义又将微矣……’遂录副在官，俾六馆诸生传习之。至顺三年三月三日昧爽，先生疾作……卒，年八十五……又明年夏，冯君调官京师，矩具状介以请铭。”

首先值得注意的是国子先生的话。若此言为真，当时大都的国子学中，《凡例》不太为人所知。如果《凡例》的存在是常识的话，国子先生看到《书法》就不会感到吃惊，有《凡例》就够了。

其次，《书法》有一定程度的流传。[①] 冯翼翁为《书法》的行世发挥了作用，王麟为其撰写的哀辞也能证实这一点。[②] 不过，比"书法"时代稍后的"考异""考证"，以"发明"为批评对象，并没有提及"书法"。黄仲昭刻合注本时也将其放在第六位。

在讨论第三篇序文前，先述说一下"七家注本"中没有收录的序文。欧阳玄（1283—1358）和许有壬都为《书法》作序。前者和贺善序一样，都讲到他人怀疑《纲目》是"文公未脱稿之书"或"门人之作"，并称从友人"鄂省宰属冯君子羽（翼翁字）"处得知此作。虽然序文没注明日期，但称"何时归青原故乡，愿即先生一二而扬确之"，可见写于刘友益生前。[③] 欧阳玄与刘友益也是同乡。

另一方面，许有壬称，刘友益的弟子"进士湖广省照磨"冯敬修为了让《书法》广传于世，委托其作序。[④] 冯敬修即翼翁。许有壬《送冯照磨序》（《至正集》卷三二）载，冯氏于甲子（泰

① 龙云为陈栎《增广通略》所作序云，"其书行于海内六十余年"，由此可见，《书法》相当普及。龙云作序的时间尚不清楚，如果序中"乡邑遘毁"指的是元末战乱的话，此序当作于明初。另外，龙云是刘友益的同乡后辈，可能有所偏袒而不可尽信。

② 《麟原文集》前集卷一二《高州通守冯公哀辞》："水窗刘先生著《通鉴纲目书法》，公携诣京师而表章之，遂大行于世……公讳翼翁，字子羽，生壬辰，年六十三。"

③ 《圭斋文集》卷七《庐陵刘氏〈通鉴纲目书法〉后序》："近时儒者，疑为文公未脱稿之书，或疑为门人之作，皆未究所以作《纲目》之志云尔。庐陵刘先生研覃于是三十余载……余从友人鄂省宰属冯君子羽得而读之三复。"

④ 《圭塘小稿》卷五《纲目书法序》："永新刘益友先生作《书法》发明之，其徒进士湖广省照磨冯君敬修欲其说襮于世，俾抒其概。"

定元年，即 1324）进士登第后，任汉阳丞，这无疑与前述王麟的哀辞一致。据此序，许氏在泰定四年去了湖南，[①] 许、冯相遇当在这一年。另一方面，欧阳玄在泰定二年被召入大都任国子博士，由此推断，墓志中的“国子先生”当是欧阳玄。但墓志又载“天历中邑进士冯君”进京，此时欧阳玄由国子监丞迁翰林待制，将这时已经任官的冯翼翁称为“进士”，令人不解。

如上文，关于《书法》的材料相当丰富，而且汇集了揭傒斯、欧阳玄、许有壬等元代著名文人。但仍然存在疑问。

“七家注本”中没有欧阳玄、许有壬的序，也许只是因为没有搜集到，姑且存疑。《书法》传播者冯翼翁的名字在欧阳序、许序中均出现，但揭傒斯序中没有。揭傒斯撰写的墓志中却有冯氏的名字。虽说序文不一定要记载撰写经过或委托者的名字，但不提最大功绩者冯翼翁的名字，令人生疑。

其次，自称刘友益门人的贺善生平，缺乏旁证。[②] 且贺善序中，刘友益的话也有些奇怪。另一方面，欧阳玄序中也提到了“门人之作”“未脱稿之书”之说，但没有记录刘友益的反驳，这就比较自然。至少欧阳玄和贺善的话题重复是事实。此外，许有壬序中特别提到了冯翼翁的贡献，或许这就是许序被遗漏的理由。淡化冯翼翁的作用，与其说是为了突显“门人贺善”这一身份，不如说是为了突显“贺善赞”。贺善的自我标榜前文已述。

虽然这些只是推论，若再联想到“七家注本”所载第三篇文

---

① 《至正集》卷三二《送冯照磨序》：“泰定丁卯来鄂，甲子进士冯君敬修为汉阳丞……再为湖广省照磨。”《元史》卷一八二《许有壬传》：“（泰定）三年六月，升右司郎中……明年，丁父忧。”

② 《宋元学案》卷六九《沧洲诸儒学案》中有贺善条目，但没有具体生平。其按语曰“与黄勉斋、李果斋为同门友，争朱子《纲目》非未成之书，则亦受业朱门者也”。清代浙东学派代表、史学家全祖望（1705—1755）亦持此见解（《鲒埼亭集外编》卷三四《书朱子〈纲目〉后》）。不过，这是因为他误读了贺善序，连其生存时代都弄错了，不予讨论。另外，全祖望对《纲目》亦有很多误解。

章，即刘有益之子刘楶（墓志中作“矩”）《后跋》的奇怪之处，就不得不令人遐想。

刘跋中亦提到“冯君子羽”，但其扮演的角色与前文不同。他从“国学”抄录“朱夫子《纲目凡例》”以示刘楶，其与《书法》“无不吻合，但于立后例、某人下狱例，略有异同”。跋作于后至元二年（1336）。[①]

跋文虽云在“先君子殁且二年”时所写，但刘友益去世已超过两年（1332 年）。下面来看一下所列举与《凡例》不同的“立后例”（《书法凡例》中作“皇后例”）和“下狱例”。

“立后例”很好地体现了“书法”的特征。以下是册立皇后的书法：

> 周秦——不书。西汉——“立夫人某氏为皇后”。东汉——“立贵人某氏为皇后”。汉后主至隋——“立皇后某氏”。唐——“立妃某氏为皇后”。

如上，“书法”指出了不同时代的书法差异。后汉书“立皇后某氏”算“变例”。而《凡例》只区分是否为正嫡皇后（前者是“立皇后某氏”，后者是“立某氏为皇后”）。然后是“下狱例”，《书法凡例》区分无罪和有罪，前者书“下某狱”“征某下狱”，后者书“某下狱”。而《凡例》中更准确地说是“下狱死”例，分为“罪不著者”“罪状明白者”“无罪者”三类，分别书“某官某下狱”“某官某有罪下狱”“下某官某狱”。

但如前所述，《凡例》和“书法”的差异贯穿《纲目》全书，并不是很“吻合”。显然刘楶在说谎。或许其谎言是在为父辩护，

---

① “书成，冯君子羽自国学录示朱夫子《纲目凡例》，无不吻合，但于立后例、某人下狱例，略有异同。而先君子殁且二年矣。然求之《书法》，有确乎不可易者……至元二年丙子十月朔，男楶百拜谨述。”

但刘跋中提到了《凡例》，这与墓志中国子先生对《书法》感到惊讶有所矛盾。国子学抄录了《书法》，冯翼翁抄录了《凡例》，两种说法如同两镜相对，令人疑惑。《后跋》很有可能是第三人伪称刘椝（矩）所写。不过，这个伪造者并不明白《凡例》和“书法”的特征差异，即便知道，伪造者对此也不甚在意。

上文一一探讨了“书法”所附序跋，但事实上也有反证，即台湾“故宫博物院”所藏《书法》单行本。笔者虽未见过，但有阿部隆一的著录。[①] 此版本有至治三年（1323）龙仁夫序、天历二年（1329）揭傒斯序、延祐四年（1317）冯鲁后序、天历二年刘友益抄白、《通鉴纲目凡例》、至元二年丙子（1336）刘椝刊语、“至元丙子冬积善堂刊行”木记，以及卷末至顺三年贺善后序、天历二年欧阳玄后序，正文可见“翰林直学士中大夫知制诰同修国子祭酒欧阳玄校正刊”字样。《纲目》通行本中没有画线部分，单行本中也没有许有壬序。另外，单行本没有通行本中的《书法凡例》，取而代之的是《纲目》的《凡例》。此版本序跋如此之多，与后述的“集览”相似，但更加豪华。龙仁夫与刘友益是同乡，冯鲁是翼翁之父，与刘友益有过交流。[②] 关于积善堂尚不清楚，可能是建阳的书坊。

元刊本上也有贺善和刘椝的序跋，按理来说是可信的，但笔者仍然存疑。上文看起来可疑的揭傒斯序，暂时消除了嫌疑。而且，“淡化冯翼翁，突出贺善”的推测，至少在此刊本中包含了刘友益墓志的情况下，不能成立。但关于贺善和刘椝的疑虑依然存在。笔者反复提到，虽不能说《凡例》和《书法》水火不相

① 阿部隆一：《增订中国访书志》，汲古书院，1983 年，第 235 页。“善本胶卷”收录的残本缺失序跋等。

② 关于龙仁夫，《大明一统志》卷五六载“仕元为湖广儒学提举”。冯鲁有墓志（《申斋集》卷一一《元故从仕郎吉水州判官冯君墓志铭》）。

容，但二者的特征相异。刘桀却认为二者大致吻合。且此积善堂刊本附录有《凡例》。笔者认为，这种“同居”应该是出版商的杰作，为了表现二者相合，而伪造了刘桀刊语。“欧阳玄校正刊”恐怕也是假托的。

*

本节围绕《凡例》展开了不同层面的论述，那么，《凡例》在元代到底传播到了什么程度呢？是像倪、汪所言的稀见之书，还是像姚燧无需任何说明就引用《凡例》一样，传播得相当广泛？

除了以上介绍的，提及《凡例》的元代文献还有程端礼（1271—1345）的《程氏家塾读书分年日程》。[①] 卷二“看《通鉴》”中，首先要求参看《纲目》，然后列举了《通鉴》的阅读要点，在对正文有所把握后，为深入学习而需阅读的文献有《纲目凡例》、尹氏《发明》等。[②] 此书自序写于延祐二年（1315）。

《凡例》虽作为参考书被列举，也不能马上说它已被普及了。从《纲目》原书与《凡例》被分别列举可以看出，此时《凡例》是单行本，有必要将其与《纲目》的普及度分开考察。但程端礼始终是学官，《读书分年日程》也是身处这一立场上所写，据其墓志，该书由国子监分发给了地方学校。[③] 既是教科书，笔者不认为程氏会列举稀见之书。

而欧阳玄、许有壬等曾任职国子监、翰林院的人，或许是为了称颂刘友益的著作，才暂且不提《凡例》。另外，即便刘氏本身是一个鲜少与外界接触的乡儒，如果《凡例》流传甚广，他应

---

① 关于此书的意义，参见宫纪子：《元代的出版文化》，第 385—394 页。

② “看《通鉴》及参《纲目》……然后参诸儒论断、《管见》、《纲目凡例》、尹氏《发明》、金仁山《通鉴前编》、胡庭芳《古今通要》之类，以验学识之浅深。”

③ 《金华黄先生文集》卷三三《将仕佐郎台州路儒学教授致仕程先生墓志铭》：“先生所著，有《进学规程》若干卷。国子监以颁于郡县学，使以为学法。”

该是对其有所认知后才觉得有撰写《书法》的必要。不过，向世人介绍《书法》的冯翼翁是进士，也与著名文人有过交流。如果《凡例》的存在是理所当然的话，可能他就不会如此积极地推广《书法》了。

坦白讲，笔者尚无确定答案，但引用《凡例》讨论《纲目》的例子，除了姚燧、"考异"、"考证"之外，确实很少。除此之外，就笔者所见，吴师道和史伯璿引用过《凡例》。

前文中，提及王柏校正过《纲目》的人正是吴师道。吴氏是至治元年（1321）进士，后在国子监任职。在今天，他以《战国策》校注闻名。在校注中，他经常引用《纲目》（无《凡例》），可算是《纲目》的热心读者。①

吴师道对《凡例》的引用，见于其为宋代赵彦卫《补定安公纪》所写的题跋。② 定安公是西汉最后的君主孺子婴。赵彦卫的著作效仿《春秋》"公在乾侯"的笔法（《纲目》于唐中宗被废期间，书"帝在房州"，就是仿效此例），在孺子婴被封为定安公的十八年间，每岁首书"公在定安"。吴氏对这一点进行评价之后，指出《纲目》与此不同。赵彦卫因笔记《云麓漫钞》而闻名，这篇文章属于《续钞》部分，当是开禧二年（1206）以后的作品。

---

① 《礼部集》卷一〇《〈纲目〉改订文》，对《纲目》进行了若干补订。

② 《礼部集》卷一七《赵彦卫〈补定安公纪〉后题》："江阴赵彦卫作《西汉定安公纪补》，首书元年，四年书'策命孺子为定安公'，五年至十八年，每岁首书'公在定安'。其说以为孺子虽幼，实系大统，公在乾侯，圣经可法，意亦美矣。愚按，《通鉴纲目》于莽篡之年，注'新莽始建国元年'，盖从篡贼于〔干〕统，正统已绝之例。意以孺子未立而废，不得以系统也。按孺子婴，宣帝玄孙……非若吕后取他姓子比矣……则孺子虽未正帝位，固已为天下之君矣……又考序〔凡〕例云：'正统虽绝而故君尚存，则追系正统之年而注其下，唐武氏例。'是赵氏补纪殆类此。但其书法，则有可议者……窃因而思，以为《纲目》所书，宜自初始二年下注'新莽始建国元年'……而书'孺子在京师'……孺子系统，盖欲正新莽篡窃之伪，明刘氏之未尝绝耳。诸将共立玄，而玄遣兵诛莽，其事自当系玄。《纲目》以玄不成君，注'汉帝玄更始元年'，处之当矣。"

虽然写作时间不能确定，[①] 但赵彦卫恐怕没有见过《纲目》。

吴师道认为，《纲目》在王莽篡位之年不大书年号而分注“新莽始建国元年”，“盖从篡贼于统，[②] 正统已绝之例”，朱子认为孺子婴不能系统。此处引自现行《凡例》中的“岁年例”。吴师道与承认孺子婴为正统的赵彦卫观点不同，但他虽引用了《凡例》，也并没有马上站在《纲目》这边。吴氏认为，与吕后取他姓之子即帝位不同，孺子婴是汉室后裔，虽未即帝位，已然是“天下之君”。吴氏引用《凡例》的下一条“正统虽绝而故君尚存，则追系正统之年而注其下，唐武氏例”（现行《凡例》作“如唐之武氏”），[③] 认为赵氏补纪与此类似。

吴氏列举了各种理由，反驳了赵氏的书法，认为若要承认孺子婴是君主，当大书其年号初始二年，下注“新莽始建国元年”，且书“孺子在京师”。吴氏也没有遵从《纲目》。他还认为“明刘氏之未尝绝”非常重要，诸将拥立刘玄时，根据《凡例》的下一条“其不成君”，分注“更始元年”即可。

吴氏引用的是现行《凡例》中连续出现的三条。关于第一条，吴氏曰：“盖从篡贼干统，正统已绝之例。”现行《凡例》该条下有注曰“如汉之吕氏、新莽之类”。如果吴师道看到此注，就不必使用推测词语“盖”了。也就是说，他看到的《凡例》中没有此注。笔者在前文王莽的案例中，认为《凡例》的注有些可疑。恐怕《凡例》也存在几个版本。现行《凡例》只是其中之一，尽管经过了“校正”，但很难说是最好的版本。

史伯璿的《管窥外篇》也提及了《凡例》。据《四库全书总

---

① 《直斋书录解题》卷一一。《云麓漫钞》（中华书局，1996 年）附录三《版本源流考证》。

② 现行《凡例》作“干统”，意思不通。编者注：当以“干统”为是。

③ 吴氏原文作“序例云”，“序例”是朱子序文，此处与《凡例》相混淆。

目》，此书的序文写于“至元丁未”（至正之误），在元灭亡前一年。史伯璿出生于温州平阳，目前仅知他还著有此书的正编《四书管窥》。[①]

《管窥外篇》全面讨论了《纲目》所涵盖的时代，《纲目》正文、尹氏《发明》以及《凡例》都是其探讨的材料。此处只研究其引用的《凡例》条目。[②]

对于《凡例》“即位例”中的“复号例”注曰“如西秦之类”，《管窥外篇》云：“近代汪氏注《凡例考异》，谓‘西秦但称单于，未见有复称王之事。《凡例》此注可疑’”针对此观点，史伯璿引史书中“称王”的史事加以反驳，“《凡例》所引，正是此年事。汪氏失于简点，而遂疑《凡例》。信著述之不可草草也”。[③]

汪氏无疑指汪克宽。本应是《凡例》维护者的汪克宽却指出“《凡例》此注可疑”。该条也见于“七家注本”中的《考异凡例》。如下：

> 今刊本晋武帝太元十年书“乞伏国仁称单于”，注云“是为西秦”。十三年书“西秦王乞伏国仁卒”，而不书西秦复称王。疑（纲文）脱简也。[④]

不过，若史伯璿所言为真，汪克宽就是在以纲文为依据，质疑《凡例》。如前文所述，从他的学问风格来看，这也是可以理解的。另外，史伯璿对于前文讨论过的“书谥”问题（第 243 页）

---

① 《大明一统志》卷四八：“史伯璿，平阳人。精究《四书》，得朱子之旨，所著有《四书管窥》及《外编》行世。”

② 该书除《纲目》正文外，在论述王侯之死书“卒”的根据时，还引用了《凡例》及其注。虽然文字有细微差异，但与现行《凡例》条文大致相同。

③ 《管窥外篇》卷下：“近代汪氏注《凡例考异》，谓‘西秦但称单于，未见有复称王之事。《凡例》此注可疑’……又至义熙五年，乾归自后秦逃归，复称王。《凡例》所引，正是此年事。汪氏失于简点，而遂疑《凡例》。信著述之不可草草也。”

④ “考异”正文亦同。

是这样说的：

> 入《纲目》以来，人臣之卒，未有书谥者。至唐裴行俭，始以谥书。自后往往书谥。以《凡例》推之，恐当以书爵而注其谥者为正。更详之。

首先需要指出的是，关于裴行俭的谥号，“考异”“考证”都进行了评述。既然史伯璿云“以《凡例》推之”，就说明他没有看过“考异”“考证”。此处“考异”引用《凡例》，认为对此前出现的唐贤臣（魏徵、房玄龄、李靖、高士廉等）也当采取同样的处理方式（即将谥号重新加在分注中）。笔者查证了以上四人的死亡记事是否附有评论，魏徵（有“考异”）、房玄龄（无）、李靖（有“考证”）、高士廉（有“考证”），“考异”只评论了魏徵。另一方面，“考证”在裴行俭条虽云“后皆仿此”，但其已在李靖、高士廉条指出过同一问题。“考证”中经常出现“后皆仿此”，但同样的案例在前文已经出现过。“后皆仿此”这一短语反复出现，使得首尾不连贯。“考证”这一著述未经整理就草草出版了，之后收录于集注本中时可能被窜改过，产生了这样的混乱。

史伯璿进一步指出，唐后期三位名将李晟、马燧、浑瑊虽“同功一体”，却只有浑瑊不书谥号，并云“不书谥者正合《凡例》，书谥者往往未及修改耳。姑志于此以俟知者”。[①] 虽不知他是如何评价此三人的，但既云“同功”，应该认为三人是贤臣。故而这里所说的“不书谥”，是不写在“纲”文中的意思。

那么，关于这三个人，“考异”“考证”是怎么评论的呢？“考异”只评论了马燧，“考证”则三人皆有。[②] “考证”还指出，

---

① “按，三人同功一体。《纲目》于晟、燧书谥，于瑊独不书谥，抑有说乎？意者不书谥者正合《凡例》，书谥者往往未及修改耳。姑志于此以俟知者。”

② 编者注：李晟条下“考异”亦注曰“此误书谥”。

浑瑊和李晟谥号相同，《通鉴》中却未书浑瑊之谥。此处虽未提到马燧，但将浑、李二人相提并论这一点，再结合前述裴行俭的例子，“考证”似乎承袭了史伯璿的构思。若徐昭文序确实可信，“考证”在《管窥外篇》序文的八年前就完成了，但徐序是否可靠呢？另外，“考证”被窜改时，也可能利用了史伯璿的著作。而且，在建阳，史伯璿是为人熟知的作者，也提高了这种可能性（后述）。

另外，《管窥外篇》也提及“考异”“考证”论述过的睿宗、玄宗年号的大书、分注问题。《纲目》在中宗景龙四年分注睿宗景云元年，翌年大书“睿宗景云二年”，玄宗亦照此例。但《纲目》在肃宗处只书“二载”，其上无“肃宗皇帝”。史伯璿对此做出了类似“发明”的解释，认为是“正肃宗不待君父之命而自立之罪”，并对尹起莘不发明这一点感到疑惑，但没有提到“考异”“考证”。[①]

而且，史氏又引开元十三年“幸孔子宅”条下“发明”曰，汉肃宗（尹起莘之误。应为显宗，即汉明帝）时书“诣孔子宅”，此处书“幸”为“变文”。对此观点，史氏认为“《纲目》一书，朱子与赵讷斋书及《朱子年谱》[②] 皆以有赖整顿、未及修改为言。然则此处书‘幸’，恐只是误因史氏旧文，未及修改者尔”。[③] 可见，他是知道朱子写给赵师渊的信的。

在此，总结一下从《管窥外篇》中了解到的信息。

---

① “独于肃宗，不于次年大书‘肃宗皇帝’，而但书‘二载’。窃意书法往往如此，正是正肃宗不待君父之命而自立之罪，非笔误也。而尹起莘更不发明此意何邪？”

② 此《朱子年谱》应指李方子所编，但单行本现已不存，其摘要被收录在真德秀《西山读书记》中。乾道八年载“《资治通鉴纲目》成”，虽没有修订未结束的记述，但在完本中应该有。

③ “……更详之。”另外，《管窥外篇》的《四库全书》本中，于“赵讷斋书”之“书”下注“钞本作‘者’”，“者”意义不通，此从《四库》本之“书”字。

①汪克宽并不像《纲目》通行本中体现出的那样，是《凡例》的绝对拥护者。由于仅此一例，看不出汪克宽除了对《凡例》注外，是否对正文也有质疑，但至少与《考异凡例》或“考异”正文体现出的态度有所区别。

②另一方面，史伯璿似乎并不知道“考异”“考证”的存在。虽说也有可能是知道却置之不理，但史伯璿在优先参考《凡例》的同时，也以尹起莘的风格解释变文，并不是绝对遵从《凡例》。他若是知道“考异”，就会同样将尹起莘作为批判对象。至少他应该没有置之不理的可能性。而且，他读过汪克宽为《凡例考异》所作的注。

③史伯璿读过朱子给赵讷斋的信。这些书信可能附于《凡例》后。

④现行“考证”可能参考了史伯璿之说。

存在问题的是①和②。上一节笔者已对《考异凡例》与“考异”正文的矛盾进行了说明。结合本节内容，现在通行本中收录的《考异凡例》可能不是汪克宽的作品。另一方面，《纲目》正文所附“考异”，如前所述，是“与‘提要’进行比较，对文本进行归纳性处理”，正符合“考异”之名，可认为是汪克宽的作品。而且，引用《凡例》的部分是后来掺入的。关于伪造者，将在后文叙述。

元人金居敬（1321—1369）[①] 曾著《通鉴纲目凡例考异》一书，现已不存，见于《元史·艺文志》。金居敬声名不显，也不清楚这部著作的具体情况。不过他是新安学派赵汸的门人，可能

---

① 《铁琴铜剑楼藏书目录》卷五《春秋属辞》的解题中，可见作为校正者及该书著者赵汸门人的金居敬其名。另外，弘治《徽州府志》卷九记载洪武二年，金居敬于49岁去世。金居敬也属新安学派，在《新安文献志》中所见汪克宽的《凡例考异》，也许是和此书混淆了。

与汪克宽有过接触。《管窥外篇》云“近代汪氏注《凡例考异》”，或许指的是这本书。另外，现行《考异凡例》过于粗糙，恐怕也不是金居敬所作，很有可能是出版时伪造并假托汪克宽所作。

十　劳作的内容

行文至此提到的“发明”“书法”“考异”“考证”都是讨论《纲目》的笔法，与“七家注”其余三家的性质完全不同。另外三家都是对《纲目》中“目”文的语句进行注释，与前四家繁琐的争论无关。不过，“七家注本”中体量最大的是这三家，尤其是“集览”“质实”（“正误”虽对“集览”补正了四百条以上，但与“集览”“质实”相比，分量仍较少）。而后续建阳刊行的史书中，“集览”“质实”经常被引用。不过，“质实”是“集览”的翻版，看前者就能了解后者的特征。先来探讨“集览”的序文。通行本收录了王幼学的《序例》。

王氏云：“用是伏读文公《通鉴纲目》，志在涉猎，冀可粗通。奈其中有假字古文，有援引幽邃，或句读疑难，读而值之，训故弗明，理辞弥踬，未免澄凝绎味，郑重覃思，甚至移日通宵，竟不会其指要。”节略确实产生了难读的地方，但笔者并不认为有如此多的“假字古文”。即便《通鉴》将正史中的生僻字带入《纲目》，但王氏所言过于夸张。

总之，王氏“迺重寻古史，申请老师，虽举南荣之宿滞，冰释于一旦，复苦华子之忘病，尤剧于中年”。于是王氏下定决心，“细绎经传群书，采刺儒先曩说”，彻底地查考《纲目》的文辞，对“山河形胜、动植飞潜、南北方言、荒裔殊俗”亦旁搜博采加以注释，为了方便句读，还标注了“句绝”“为句”。“集览”的重点在于地名和物产的考证，但对于书中是否体现了有关“南北方言”的探讨，笔者尚抱有疑问。

然后，为了便于检索，王氏根据《纲目》篇章编辑“集览”。但在诸国林立的情况下，年号“若皆小字分注，似觉要领支离”，王氏采取了便宜的处理，“今从变例，以闰秦、吕后、新莽、刘玄、南朝、五季不得统者，与晚周、汉、晋、隋、唐正统之国一体特书。如七雄、西楚、曹魏、孙吴、北朝君国，及诸窃号僭名，俱不枚标显列”。王氏辩解称“非敢别为义例”，但笔者并不认为分注年号会引起那么大的混乱。倒不如说为了方便阅读，索性放弃了年号标示这一《纲目》的根基，令人觉得很草率。更成问题的是，王氏不承认秦朝为正统（闰秦），将北朝视为“窃号僭名”加以区别对待。这很难说遵从了《纲目》。

从大德三年（1299）到延祐五年（1318），王氏编写此书花费了约20年时间，完成后又用了6年时间进行校正。但这篇序文不像出自将一生奉献给《纲目》的人，其语气对于笃学的人来说太轻浮了。作序日期是完成此书的泰定元年（1324）。[①]

---

① “用是伏读文公《通鉴纲目》，志在涉猎，冀可粗通。奈其中有假字古文，有援引幽邃，或句读疑难，读而值之，训故弗明，理辞弥踬，未免澄凝绎味，郑重覃思，甚至移日通宵，竟不会其指要。迺重寻古史，申请老师，虽举南荣之宿滞，冰释于一旦，复苦华子之忘病，尤剧于中年……紬繙经传群书，采剌儒先曩说，事必穷其波源，而随加演注；字必究其巢穴，而即便翻音。凡载《纲目》文辞，靡不锐心核实。至如山河形胜、动植飞潜、南北方言、荒裔殊俗，亦无放失，悉用旁搜……句读若涉疑昧，则必剖判义理，而注曰‘句绝’；或备录一句全文，而注曰‘为句’。庶尔后读之，脱复迷忘，赖有此编矣。犹患属辑无伦，漫然难检，遂本《纲目》篇章，揭以帝王载祀……且无统之作，动辄二三，多至十数，若皆小字分注，似觉要领支离。今从变例，以闰秦、吕后、新莽、刘玄、南朝、五季不得统者，与晚周、汉、晋、隋、唐正统之国一体特书。如七雄、西楚、曹魏、孙吴、北朝君国，及诸窃号僭名，俱不枚标显列。大概欲端绪同归，便于披阅而已……编始于大德己亥，迄于延祐戊午，积二十年，七易稿而编甫成……因题之曰《通鉴纲目集览》。既成六年，三复雠正……时岁次甲子泰定元年正月灯夕前一日，古舒望江慈湖王幼学行卿端拜谨书。”

《集览》尚残存三种单行本（此外，有的版本附有正文和“考异”，但也称之为“集览”），时间较为明确的是洪武戊辰（二十一年）梅溪书院重刊本，[①] 该版本中另有五篇序文。

首先是“进士罗允登”序。罗允登在公务之余拜访了当时声望甚高的王幼学，“蒙示《通鉴纲目集览》若干卷，公所自著也。试一披览，则平时读史之疑，至是恢恢游刃乎肯綮间矣”，是与王序相唱和。“余然后知欲求《纲目》《春秋》之旨者，不可以不观尹氏之《发明》，欲尽《纲目》训诂之详者，又不可以不观吾行卿（王幼学字）之《集览》。”[②] 此序作于丁卯，即泰定四年（1327）以后，罗允登的经历尚不清楚。[③]

其次是《文献通考》作者马端临（1254年生）之序。马氏认为“名物之音训，句读之疑惑”，世人往往以为与《纲目》大义无关，但王行卿没有忽视这一点，而是“孜订精研，引援详悉。此书成，后学之读《纲目》者可以冰释理解矣”。然后以程颐《易传》序为首，引用文献表明不同学者对于训诂的态度，显示

---

① “善本胶卷”收录了三种单行本。其中，除洪武重刊本（有木记）外，元刊本中也有五篇序文，但与前者顺序不同。本文依洪武本顺序，元刊本则依次为贡奎、马端临、鲍迩、王寔、罗允登。

② “余录同安，闻望江王行卿名德尚矣。终更之暇，始获拜公之门……蒙示《通鉴纲目集览》若干卷，公所自著也。试一披览，则平时读史之疑，至是恢恢游刃乎肯綮间矣。余然后知欲求《纲目》《春秋》之旨者，不可以不观尹氏之《发明》，欲尽《纲目》训诂之详者，又不可以不观吾行卿之《集览》。三书当并行于世无疑也。丁卯进士罗允登叙。”是“丁卯进士”，还是此序写于“丁卯年”，尚不清楚。结合下一条注释，当是前者。

③ 桂栖鹏《元代进士研究》（兰州大学出版社，2001年）第110页所载泰定四年进士中有罗学升之名（《滋溪文稿》卷三〇《书罗学升文稿后》）。二者是同一人（字学升）吗？在写这篇序时，他只是县的属官，之后也没有显达。

了马氏是一个博览群书的人。作序日期为延祐四年（1317）。[①] 若马氏所言为真，在此书完成之前，他就看过了。

第三是翰林待制文林郎兼国史院编修官贡奎的序。序文内容与前两者大体相同，不过贡奎明确写道作此序是受王幼学之托。延祐六年，《集览》完成后，贡奎接受委托写了此序。[②] 此外，从其他史料看，国史院编修官贡奎参与了《成宗实录》的编纂。[③] 换言之，《集览》得到了史官的认可。

第四是至正辛巳（元年，1341）鲍迩序。鲍序夸言道，《纲目》是史书的集大成者，《集览》则是史书注释的集大成者。序文记王幼学的年龄为“今已八十有八矣”，[④] 结合前述《序例》，王幼学46岁开始着手编写，到71岁时完成。其后18年里，他一直致力于出版手稿吗？鲍迩的生平尚不清楚。

最后是至治元年（1321）“将仕佐郎蕲州路教（授）”王寔序。王序指出，《通鉴》有司马康、史炤的注释，《纲目》又增损《通鉴》，《集览》正是为补两家注释之不足而作。[⑤] 因为《纲目》

---

① “至其名物之音训，句读之疑惑，往往以为非大义所关，过眼还迷、习而不察者皆是也。望江王君行卿始著《集览》，间窥一二，则孜订精研，引援详悉。此书成，后学之读《纲目》者可以冰释理解矣……使文公可作，当为忠臣首肯。延祐丁巳嘉平既望，鄱阳马端临书。”

② “君请序之卷首，因得论其本末云。延祐六年秋七月，翰林待制文林郎兼国史院编修官宣城贡奎序。”

③ 嘉靖《宁国府志》卷八：“贡奎，字仲章……再迁应奉翰林文字同知制诰兼国史院编修官，纂修《成宗实录》……天历二年，奉使还，卒于家。”《元史》中立传的贡师泰是他的侄子。

④ “同安（望江的雅称）王行卿用力于是，今已八十有八矣……我朱夫子因之以寓笔削，集大成者朱夫子也……今皆萃而集之，然则又集大成者，吾行卿也……至正辛巳蒲节双溪鲍迩再拜书。”

⑤ “司马文正公作《通鉴》，其子康释之。蜀人史炤又释之。朱文公因《通鉴》作《纲目》，增损司马氏之旧，故读者求释于二家，若阙焉者。望江王行卿学朱氏书，绝补二家之释，会粹成编，观其用心勤矣……至治元年岁次辛酉正月既望，将仕佐郎蕲州路教西岷王寔题。”

所增补的《通鉴》未记史事部分并不多，所以考证《纲目》中的名物，几乎与考证《通鉴》一样。也就是说，王序无意中表露了其看法，认为《集览》是《通鉴》注释的一种（因为完全没有对《纲目》书法的解说，对正统、无统的理解也很奇怪）。相对于其他序文试图借助朱子和《纲目》的威望来抬高《集览》，王序可以说是相当诚实的。王寔见于至顺《镇江志》卷一九“侨寓”，亦记载他是蕲州路儒学教授。他的著作今不存，不过《镇江志》称其人“博学能文，多著述”。①

如此看来，明初刊本《集览》可谓序跋众多。明确表示受委托撰写序文的只有贡奎。不过王幼学很可能也向其他四人呈上书稿，并委托他们撰写序文。毕竟王幼学声名不显，在元人著述中也找不到他的名字。

关于王幼学，当地的清代地方志（康熙《望江县志》）载其略传。传中记载王幼学被蒙古兵掳走，后被他人收养，利用家中藏书积累学问。至元年间，他在 60 岁时返乡，至正年间于 93 岁去世。其他内容，不过是根据王幼学《序例》叙述了一遍《集览》的撰写过程。而且，“年六十始归”也与实际年龄不符。清人的墓碑记中，除了记载其供奉在乡贤祠之外，只引用了与《集览》相关的记述。② 从县志中对其前半生有如此具体的记述来看，王幼学实有其人，但作为乡贤，王幼学没有留下什么传说材料。

---

① 至顺《镇江志》卷一九：“王实，字应夫。历通州、蕲州路儒学教授……博学能文，多著述。”

② 康熙《望江县志》（国立公文书馆藏）卷九“理学”：“生于宋季……罹北兵俘掠至河南，陈氏得之，养以为子……元世祖至元间，年六十始归葺望江旧业……（据《序例》所述）……当时名公如宣城翰林贡奎辈皆为序。至正间年九十三，终于家。”若鲍迩记述为真，王幼学在至正元年（1341）是 88 岁，所以生于宝祐二年（1254）。因此，他在至元末年刚超过 40 岁，“年六十始归”云云很可疑。不过，这里提到了贡奎等人的序文，修志者应见过《集览》的单行本。卷一二《元大儒慈湖先生墓碑记》为邑人龙之珠所作。

五篇序文中，没有一篇提到刊行的事，这是令人费解的。元刊本是否存在尚不得知，[①] 刊行时间明确的只有洪武本。

然而，在明初的集注本《文公先生资治通鉴纲目》（后述），以及附有“考异”的《集览》（出版商可能是有意将“纲”“目”各自的代表性注释合刊）景泰单行刊本[②]中，除王幼学的《序例》外，前述五则序文全部删除。“七家注本”也是如此。

那么，这五人称赞了《集览》的哪些内容？此处以《集览》卷二七（据单行本）为例进行查证。《集览》单行本的风格如下：一、不书正文。二、对每一条纲目选取需要解释的字句依次解说。每条纲目用“○”来区分。下面以刘宋泰始二年这一年为样本，按纲目分段，呈现其解说情形。

○“当璧”“景和”“当奉九江”“犹羊公之言”

---

① 王重民《中国善本书提要》（上海古籍出版社，1983 年）第 94、95 页提到“北京图书馆”的三个版本，这三个版本经由美国寄存台湾（后述）。第 268 页注①所言“善本胶卷”收录的三个版本是在美国用缩微胶片拍摄的，拍摄者是王重民。除有“洪武戊辰孟夏梅溪书院重刊”牌记的版本，另外两个版本分别由王重民著录作元刻本、洪武间刻本。但把其中一个版本定作“元刻本”只是根据序文的记述，并没有其他证据。另外值得注意的是“元刻本”有涂黑的地方。其他两个版本，相应部分填写着文字，或保持空白。总之，此“元刻本”确实不是初刻。另一个值得注意的是，洪武重刊本（戊辰即二十一年）与前述《发明》单行本在同一年出版。刊行方前者是“梅溪书院”，后者是“建安书市”，虽然不同，但正如罗允登序中所说与《发明》“并行”一样，明初受到重视的《纲目》注就是这两部书。另外，《书林清话》卷五指出，《天禄琳琅书目》卷五和《铁琴铜剑楼藏书目录》卷九著录的元刊本，是明景泰间刊魏氏仁实堂本。

② 这一版本除了收录在“善本胶卷”之外，宫内厅书陵部也收藏了同版。后者印有桃山时代日莲宗的僧侣日典的印章。开头缺损，卷一至四、七、八、四六据别本补抄，因而缺少刊记；卷五、六、九以后（除四六）与前者完全相同。此景泰本有将“考异”编入正文（《集览》之后）之卷（卷四三、四七至五九）以及末尾总结卷两种类型。在后者中，年号既有大书，又有细书，还有黑底白字，格式混乱。不知是否因为吸收了多个之前的刻本，还是原本就不想统一版式。另外，在补抄卷中，虽也有使用“七家注本”的地方，但卷一、二并非如此，而是在纲文后按照“考异”、目、“集览”、“正误”的顺序排列，如果这是忠实地仿照了原刻本的话，则又存在其他形态的另一个版本。

“当璧”的典故引自《左传》昭公十三年记事，但不清楚王幼学是否直接引自《左传》原书。类书《古今合璧事类备要》外集卷六二《财用门》及吕祖谦《东莱博议》卷五有“当璧而拜”条，其注引用了《左传》相应处，也标明了年份。将《集览》的引文与之相比，因引用了被前者省略的部分，所以不是引自《事类备要》。《东莱博议》中可见所引全文，但也没有引用此书的证据。不过，类书中的大字条目是一种成语清单，可以设想出编者据之制作词语集作为注释用的词库，需要使用时也能知晓原典出处。

“景和”是“宋主子业年号也”，“当奉九江”是“晋安王子勋先为江州刺史，故称九江”（另外，胡三省对“九江”有长篇论述），虽然很细心，但也不必要特意出注。“犹羊公之言”是伐吴之际羊祜之言，出处是《晋书》，《纲目》中也出现过。

○“瑕丘”“无盐”

前者引《汉地志》、《括地志》（唐代地理志，当时已散失）。“《括地志》云‘兖州瑕丘，即任城樊县’”，与《史记》注中所引“《括地志》云‘汉樊县城在兖州瑕丘县’”（卷四）不同。本来唐代地理志就不会写“唐之○○即汉之××”。此处并不是引用自《史记》等文献，大概是为了解释瑕丘才颠倒了语序。

后者云“注见秦二世三年”。从“秦二世三年”处看，仍是引用了《汉书·地理志》和《括地志》。这次可以找到所引《括地志》的出处（《史记正义》），但不知是否直接引自《史记》，也不是引自王应麟的《通鉴地理通释》。通观《集览》，仅止引用文献，几乎不会像胡三省那样进行考证。

○“军晋陵”“义兴”“长桥”

“军晋陵”——将动词“军”释为“军，谓屯守也”，之后叙述地名沿革，引用了祝穆《方舆胜览》中常州（卷四）的“建置沿革”。[①] 也有几处标明了出自《方舆胜览》。元代也有名为“方舆胜览”的书，指收录于《翰墨全书》的《圣朝混一方舆胜览》，但《集览》引用的是祝穆的著作。[②]

“义兴”——按“见晋孝武帝太元十七年”所指，可以找到关于郡建置的记述。《纲目》（卷一八）正文中也有关于郡建置的记事，《集览》只是引用了《纲目》。

“长桥”——“垂虹桥也，一名利往桥，在苏州吴江县。东西长千余尺，用木万计。前临具区，横绝松陵，湖光海气，荡漾一色，乃三吴之绝景。”与之前公式化的说明相比，文风相当不同。此段引用自《方舆胜览》关于垂虹桥的说明，并没有此处“长桥即垂虹桥”之意。[③]

如此判断的依据，可能是苏轼诗集的注，其中有“松江长桥名垂虹”。[④] 但这种绞尽脑汁的曲解是徒劳的。正如后述陈济《正误》所指出的那样，无论怎么想，桥一定是在义兴。在义兴地界

---

① “晋陵，即延陵季子之采邑。汉改毗陵县。晋置郡，后讳毗，又改晋陵。隋置常州，治晋陵、武进二县。”《方舆胜览》卷四“常州·建置沿革”：“吴延陵季子之采邑也……汉改延陵为毗陵县……晋为毗陵郡，又讳毗，改晋陵郡。隋于苏州常熟县置常州……治晋陵、武进两县。”《翰墨全书》所引《圣朝混一方舆胜览》中也有建置沿革，但没有记述晋的改名与治所两县。关于《圣朝混一方舆胜览》，参见宫著第526页。

② 注明了《方舆胜览》的，有卷三“阴陵山”（乌江县西北四十五里，《混一》未记距离）、卷九“汶山”（将《方舆》卷五五的沿革和事要的记述合在一起，《混一》未记沿革中的“秦汉君长”云云）、卷十三“赤壁”（见于《方舆》卷二八、五〇。关于赤壁的位置，自古以来就有各种各样的记载，所以解释很长，《集览》几乎完全照抄。《混一》中没有这样的考证部分）、卷五〇“乌林”（《方舆》卷五〇。与赤壁隔江相望。《混一》更为简略）。

③ 《方舆胜览》卷二：“在吴江县，即利往桥。东西千余尺，用木万计。前临具区，横绝松陵，湖光海气，荡漾一色，乃三吴之绝景。”

④ 《增刊校正王状元集注分类东坡先生诗》：《与秦太虚参寥会于松江而关彦长徐安中适至分韵得风字二首》之注。

不可能出现吴江的桥。

这样的错误不止一处。例如，《纲目》卷一五延熙十四年魏国内乱的记事中，司马懿和王凌的战场在“百尺”，《集览》解释云：“百尺，村名。今蠡州博野县有大百尺村。”蠡州是元代河北的地名，见于《舆地要览》（后述）。不过，读《纲目》正文可知，王凌当时在淮南，所以战场不可能在河北。另外，唐李世民与河西军阀薛举之战的记事[①]中有地名“高墌”。《集览》云：“高墌，城名，在今大都路霸州保定县”，犯了同样的错误（《正误》对以上都有订正）。

值得注意的不是《集览》的糊涂和杜撰，而是为什么会产生这种错误。这可能是因做注解工作时割裂了正文而引起的。编者首先选出需要注释的词，然后不顾正文，在各种文献中检索出处。比起一个人完成，分工的可能性更大。总之，并没有进行最终对照正文、从而定稿这一步工作。

再回到长桥的话题，胡三省注认为是义兴的桥。此外，《正误》中有十几处注明“按胡三省”，[②] 以之为依据纠正《集览》的错误。《集览》与《正误》的一个区分点就在于是否参照了胡注。

在《通鉴》胡注前通行的是史炤的《释文》。前引王寔的《集览》序中也提到，元代流布广泛的《通鉴》注释是史炤的。《集览》引用史炤的地方有数十处，没有标注史炤名字的引用更多。

〇“吴兴”

《集览》只记载到宋代被改名为安吉州，出处是《方舆胜览》卷四。但从读者的角度来看，应该很想知道当时（元代）的地

---

① 卷三七戊寅“秋七月唐秦王……”条。

② 例如，卷四元鼎四年“遣使喻南越入朝”条中的“尚乐”，《集览》解释为“崇尚音乐”，《正误》则解释为“今按胡三省注，乐音洛，谓好尚逸乐也”。

名。前文亦有使用“大都路”等元代地名的情况。再举一例，张良狙击秦始皇的博浪沙，《集览》云：“按《舆地要览》，汴梁路……”[1]汴梁路也是元代的行政区划名称。但这些只是少数，与后述《质实》必定要说明“本朝（明）”形成了鲜明对比。

恐怕即使《集览》想说明今所在地，当时的史料也不支持。这里提到的《舆地要览》只是《元一统志》的节要本。[2]即便想用这本书统一标示当时的地名，但《舆地要览》本身过于简略，没有相应的内容。若使用较为详尽的《方舆胜览》，自然无法说明元代的地名情况。不过，也可以独辟蹊径，由注释者自己考证地名。宫纪子就指出，元儒的经书注解中经常记述在元代相对应的地名，这可能是因为他们查看了地图。[3]但概观《集览》，笔者认为，注释者并没有做这样的工作。

○“赭圻”“自标”“隐恤”

“赭圻”条下标明了“史炤《释文》曰”。

“自标”条下终于出现了对词义的解释：“标之言表也，记也。本作‘以羽仪自标显’。”在词义解释上，《集览》经常引用元代的辞书《古今韵会举要》（多简称《韵会》[4]，也会称《韵会举要》[5]），这里也是如此。[6]“本作……”指“《通鉴》原文作”，对照了《通鉴》这一点非常“了不起”（另外，这一部分并不存在于后述的《少微通鉴》中，可能使用了部头更大的节本）。

“隐恤”——“隐，痛也。恤，愍也。”又进一步解释为“心

---

① 卷二始皇帝二十九年条。

② 宫著第525—526页。

③ 同上第530页。

④ 例如，卷四孝景皇帝二年六月条中，“冗官”注：“《韵会》注，宫中之冗食人也。徐氏曰：‘无定所执也。’”包括“徐氏曰”在内，全部引自《古今韵会举要》卷一一。

⑤ 卷四五上元二年九月“置道场”条，“膜拜”注引《韵会举要》。

⑥ 《古今韵会举要》卷六“标”：“标之言表也……标，记也。”

哀痛而怜愍之”。后半部分只是对前半展开说明。“隐，痛也”在别处也用过，该处标明出自《说文》。[①]《韵会》中没有解释“隐”字，但解释了“恤”字（卷二六）。

○“流查”“三峡”

前者需要解释词义。“查，与楂通，水上浮木也。”不过，这出自史炤。另外，胡注也解释为“水上浮木”，仍源自史炤。

“三峡”条下引用了盛弘之《荆州记》，也是出自《方舆胜览》。[②] 又引用杜甫《少陵诗注》中的“王洙曰”“杜修可曰”。杜甫诗注中，较为可靠的是《分门集注杜工部诗》或《补注杜诗》。《集览》经常引用杜甫诗注。[③] 朱子的《楚辞集注》也是《集览》惯用的参考书。[④]《集览》将诗集注释当作辞书使用。

○“恇桡”

这确实不是一个常见词。“恇，怯也。桡，弱也。桡，女教反。”文字与史炤注“上，去劫切。下，女巧切。畏恐也”完全不同。“恇，怯也”是《说文》的解释，也见于《韵会》（卷八）。

桡字相关，在别书如《汉书》中有“挠楚权”（本纪和《郦

---

① 卷三九贞观十一年秋七月条。

② 《集览》“三峡”：“盛弘之《荆州记》：三峡七百里中，两岸连山，略无阙处。重岩叠嶂，隐天蔽日。自非亭午及夜分，不见日月。”与《方舆胜览》卷五七引“盛弘之《荆州记》”文字相同。

③ 例如，卷五〇会昌五年七月条的“兰若”，注云：“杜甫《大觉高僧兰若》诗注：兰若，寺也。若字，案，梵语音惹。《释氏要览》云：‘兰若者，梵言阿兰若，唐言无诤。’《回分律》云‘空静处’，《萨婆多论》云‘间静处’，《智度论》云‘远离处’，《大悲经》云‘阿兰若者，离诸忽务也’。数说不同，其实无诤。”乍一看，《集览》似乎引用了各种佛典，但杜甫该诗的注（《补注杜诗》卷一四）的“修可曰”中，“《释氏要览》云”以下均有。“兰若，寺也”是引自“洙曰”。只有字音注是引自别处。

④ 有时《集览》会标明引自《晦庵集注》（例如，卷一三建安十二年十月的“鹑尾”），其他引用《楚辞》处（40 处左右）实际也参考了朱子。另外，也引用了《楚辞辨证》（卷三四戊子年十一月条“升遐”）。据《藏园群书经眼录》卷一二，有《楚辞集注》《辨证》合刊的元代建阳刊本（后至元年间刊行）。

食其传》[1]），注“挠，女教反，弱也。字或从木”。[2] 但这里的引文有些奇怪。《汉书》该处作“桡楚权”，是木字旁，颜师古的注也不是“字或从木”，而是与正文对应的“其字从木”。也就是说引用有误，但联想到前文《括地志》的例子就不足为奇了。这并不是粗心所致，而是为了自圆其说。尽管如此，能从《汉书》中找到出处也不容易，但《韵会》“桡”字的解说（卷二二）中写明了出自“前（《汉书》）《郦食其传》”。《韵会》中是正确的木字旁，但没有引用颜注。[3] 恐怕《集览》是以《韵会》为线索（《韵会》中挠、桡并列），通过检索《汉书》找到颜注，又重新进行了编排。

○“舸”“舫”“竖榜”“蔡兴宗之先见”

舸——“加我反。南楚江湖，谓船曰舸。”“南楚”云云原本是《方言》的解说，《韵会》亦载，应该是转引。《韵会》中没有“加我反”，《广韵》（经常被《集览》列为出处）与之不同，作“古我反”。恐怕出处也是杜甫诗注。[4]

舫——“甫妄反，方舟也。”与史炤的解释（府望切，并两船曰舫）不同，但音注“甫妄反”，史炤在别处也如此解释（卷八）。“方舟也”出自《韵会》（卷八）。

竖榜——“竖，立也。榜，木片也。”《说文》中有此释义，《韵会》亦载。

蔡兴宗之先见——内乱频仍，畏祸而逃离都城的人很多，而

① 编者注：实在《汉书·张良传》中。《韵会》有误。

② 《纲目》卷五三天复元年二月“以韩全海……”条，“挠权，挠，扰乱也。《汉书》‘挠楚权’注：挠，女教反，弱也。字或从木”。

③ 《古今韵会举要》卷二二：“桡，女教切……又弱也。前《郦食其传》‘谋桡楚权’。”

④ 《分门集注杜工部诗》卷八《忆昔行》“洪河怒涛过轻舸”：“郑曰：舸，加我切。”

蔡兴宗敢于劝阻逃难的人，人们很佩服他的先见。《集览》认为，“兴宗尝曰：‘清荡可必，但臣所忧者，更在事后’”，这是他的先见。“先见”的前文是“衣冠惧祸，咸欲远出。至是，流离外难，百不一存”。无论怎么读，《集览》的解释都有问题。《正误》注意到这一点，纠正道，“先见”指的是蔡兴宗被劝避难之际所说的拒绝之语，并云“《集览》不详其意，而草率引证，故多类此”。[①] 要说为什么会出现这样的错误，是因为只看了附近的记事。如果看了前一卷，就能找到正确答案，确实可以称之为“草率”。此外，关于“先见”，胡注云“见上卷”，《正误》可能是因此才注意到的。

〇“松滋侯”：“寻阳王。先为王晏所执，贬为松滋侯。”

该卷在八条前已有该记事，笔者认为此条没有意义。

〇“悬瓠”：“县名也。属汝南郡。”

该解释在《集览》其他地方也多次出现，[②] 但史料中指的是悬瓠城，并没有将之记述为县名。《集览》之说恐怕没有依据，而是擅自解释为“县”。

〇“陆馛”：“姓名也。馛，蒲拨反。”

《纲目》记南朝王时，王号后只书名，所以对北朝人物贴心地解释道“姓名也”，但有些多此一举。音注见史炤在别卷的注释（卷一三）。

〇“淮次”：“淮水之滨也。”

这样的注似无必要。

如上所述，笔者选取了《集览》对某一年记事的注释以窥其

---

① “史云：‘子业之世，衣冠惧祸，咸欲远出。至是，流离外难，百不一存。众乃服蔡兴宗之先见。’史文明白如此。《集览》不详其意，而草率引证，故多类此。”

② 卷二一兴宁二年夏四月条。胡三省引《水经注》曰“悬瓠城，汝南郡治”，这里确实是郡治、县治所在，但本身并不是县名。“质实”正确地解释为城名。编者注：卷二七“质实”亦曰：“悬瓠，县名。”

特征，显然《集览》是一部相当粗糙的著作。笔者并没有查验全书，也可能偶然选到了质量较差的一年，但从《正误》指出了“四百余条”（实际数量有五百多条）错误来看，所选样本应代表了《集览》的平均水平。

当然，《集览》也有值得谅解之处。无论如何，之前已有史炤的著作存在了。例如，对于这一年，史炤注解的词语如下：

络绎、呵叱*、庞孟虬*、睢陵*、索儿、下邳、觊*、璪*、慰劳、顾琛*、昙生*、标、元怙、犀利、济不*、矜、拍手、之行*、间行*、熇、贮、兵难*、控挤*、酬譬、募、勔、昙瓘、部陈*、塘埭*、捷、栅、骁果、溃、扞宗、寨、首辞*、暗、鬻爵、贩卖、冲之、赭圻*、舟楫*、沿流、挂帆、陵轹*、谐、毙、锋镝、诘朝*、懦簿、姥山*、道蔚*、朝请、囊、流查*、突围、舸*、僧暠*、抄*、婴城、艘*、怯桡（《纲目》作“恇”）*、恚*、匮之、赜*、赣*、创*、诳*、番禺*、既梗、洄洑*、蚁聚、泝流、趣*、蓼潭*、闳、疟*、堕、舫、脾、偕、刎*、慷慨、锁、鄱阳、峤道、晔、沂、推鞍*、向、陲、旰食*、狡猾、昱、为质*、尉元*、秏*、管钥、豁、离沮*、左衽、涪、蜂起、下磕*、璨、重赂

*表示胡注中亦有。

史炤的注解基本上是音注，而且不少是人名的读法，条数即使不像看上去那样多，也绝不少。另一方面，《纲目》对《通鉴》进行了删节，所以注解的机会也减少了（《纲目》中没有画线的词语）。《集览》的工作虽说和注释《通鉴》差别不大，但显然在这一点上，注解《纲目》有不利之处。史炤注已然存在这一点，胡三省亦面对过，但相较而言《集览》更为不利。

为了扭转这种不利，注释必须要有分量，要表现出广搜博览的

样子。《集览》中引用最多的，除《韵书》外，内容与其他史书注释无甚差别，从《史记》《汉书》注中可引《左传》，其余依次有，朱子弟子蔡沈的《尚书》注释《蔡传》(《集览》中常称《蔡氏传》，约引百条)，《礼记》注释，再次是老、庄、列三道家（因林希逸《口义》不时出现，原典文本可能也引自《口义》)[①]，程颐《易传》。

《蔡传》《伊川易传》是元代重开科举时的官定文本，《礼记》注释也是科举常用书，在出版教科书的建阳也很常见。源自这些著作的引文往往不必要地长，或许是为了表现得有分量。胡注虽也有长篇大论和文不对题的地方，但其史学观点有独创性。[②]《集览》对此几乎没有兴趣。虽然号称彻底地考证了名物，但大体上只是引用他人的解释，偶尔试着考证，也常陷入被《正误》批驳的窘境。引用道家也不过是为了显示广博。

上述只是在管窥《集览》的内容，但已能大致抓住其特质。与其说《集览》的学术水平低，不如说此书尚非学术著作。《集览》的注释相当机械，且进行注释时似乎脱离了《纲目》正文。后者尤为值得注意。陈济《正误》一一指出了其因不与《纲目》正文对照而产生的错误，将错误根由归结为“草率”。但这只是王幼学个人的问题吗？

总之，《集览》序文“积二十年，七易稿而编甫成”之语，无法令人信服。另外，尽情赞颂此书的诸人也口灿莲花，是他们

---

① 例如，卷一赧王十七年条的“坚白”→《庄子》，卷一〇章和二年“帝崩”条的“察察”→《老子》，卷二六戊戌年六月条的“朝三暮四”→《列子》，均引用了林希逸《口义》。可能是参考了这三家的合刊本。

② 另外，由于“有民族抵抗思想”，近代以后胡三省更受欢迎，但至少在音注部分，清人已指出胡氏一方面对史炤吹毛求疵，另一方面又抄袭史注且不予注明。森贺一惠的《史炤〈通鉴释文〉与胡三省〈音注资治通鉴〉》「史炤『通鑑釈文』と胡三省『音注資治通鑑』」进一步对胡氏的音注进行了详考，证明胡三省对“司马康注”进行了蓄意窜改，用以补强自说（《富山大学人文学部纪要》49，2008 年，第 113—139 页）。正如森贺所说，有必要冷静地重新审视整个胡注。

（其中也包括马端临）自己的水平就不高，还是未必看过此书内容、只是为褒扬而褒扬？虽没有足够证据，但笔者推测，除了王寔稳妥的序文之外，其他序文皆为伪造。进一步说，学者王幼学本人的形象也很模糊。即便承认他是真实存在的，收到的赞词（据序文和后世同乡）与著作之间差距太大。从著作质量来看，《集览》不像是出自学者一人之手，更像是建阳编者的集体制作。《集览》的内容与下一章介绍的王逢著作非常相似，后来明朝政府刊行《纲目》时将《集览》附于后，误作“王逢《集览》”，[①]无意间说明了两者的近似性。其后的刊本除了王幼学自序外没有采用其他序文，可能是因为建阳人了解编纂《集览》的伎俩，觉得空泛的褒扬不恰当吧。

不过，在“七家注本”之前，《集览》的单行本多次刊印，足见受到了重视。《集览》作为阅读《纲目》的参考书无疑很受关注。孔子五十五世孙孔克表在明初编成《通鉴纲目附释》一书（今不存）时，将王幼学与史炤、胡三省并列为注释的三大家；[②]陈济致力于为其正误；因《剪灯新话》而闻名的瞿佑也做了类似的工作。不管怎么说，建阳本确实在学术世界引起了相应的反响。但不少著述将《集览》算作元代“纲目学”盛行的产物，显然是不正确的。既然编者（们）轻视《纲目》的年号标示、曲解其正统论，该著作就不应被称为“《纲目》研究”，其只是为应对科举等其他需求而产生的。

---

① 《明宪宗实录》卷一一三“成化九年二月丁丑”条：“先是，上命儒臣考订宋儒朱熹《资治通鉴纲目》，尽去后儒所著《考异》《考证》诸书，而以王逢《集览》、尹起莘《发明》附其后。”将王逢与王幼学混淆，不是因为王逢自己的名声，而是因为《少微通鉴》非常普及（参见下一章）。结合官方刊行的《纲目》底本为建阳本，说明了建阳版史书的普及力度。《考异》《考证》之所以被剔除，是因为它们揭示了文本的摇摆不定，对于钦定文本是不必要的，但《发明》《集览》作为附录刊行，说明诸注中这两者在当时受到了重视。

② 《宋学士文集》卷二五。

十一 诸注合流

著有《集览正误》的陈济（1364—1424），从民间应召编纂《永乐大典》，被任命为总裁官，[①] 也是“七家注”中地位最高的人。他对《集览》的订正，如前所述，虽然有一部分借助了胡注，但大致是令人信服的。不过，陈济的序文（永乐二十年，1422）云完成此书用了“三十年”，有些夸张，[②]《正误》的工作量并没有那么大，让人怀疑是否花费了那么多时间。陈济死后，同僚金实为其写的行状云“所著有《纲目集览证误》若干卷”。[③] 虽然“证”和“正”有所区别，但应是承认了陈济做过这样的工作。但正如序文和行状所言，《正误》在陈济生前并没有刊行。

订正《集览》之作还有瞿佑（1347—1433）的《纲目集览镌误》[④]（笔者参考的是朝鲜本）。它先是指出有问题的字句，然后引用《集览》，逐一指出其错误，并没有涉及《纲目》正文。相比于陈济对《集览》“盛行于世，惜其草率欠精”的简单叙述，瞿佑序更为具体。

> 望江王氏之著《集览》也，自谓“积二十年，七易稿而

---

① 《明史》卷一五二《陈济传》。

② “王行卿《集览》为《纲目》而作，是以盛行于世，惜其草率欠精，缪戾为多。如三家文，若元表政君之类，有误初学非浅。蚤岁阅习，见有未当，辄用他书考正，无虑四百余条。间有标举而无注者，阙其所不知，固无足议，亦为逐一考补，久而成编，至今三十年矣。谓夫摭前人之短，非谨厚者所为，藏诸巾笥，不以示人。历年既久，重加修改，义有所疑，旁质同志，索稿观之，时见与可，力劝梓行，亦不之许……犹虑一旦溘先朝露，姑掇旧稿，大字净书，以遗儿辈习之……时永乐壬寅正月上日，后学毗陵陈济识于北京寓舍。”

③ 《觉非斋文集》卷二〇《故右春坊右赞善陈先生行状》：“所著有《纲目集览证误》若干卷……藏于家……葬里之某山，乃涕泣求予状其行实。”“标举而无注者”指陈氏见到的单行本有空白处。此版本确实存在，见第 271 页注①。

④ 见国立公文书馆所藏朝鲜刊本。

后成”。其用心盖亦勤矣。读《鉴》者争先快睹，视犹指南，共珍惜而尊信之。予自幼阅（《纲目》）分注，遇有疑难，试出是编以考焉，则亦缺然无所稽载也。窃意所志者不过地理之沿革、官制之变更、音训之异同、句读之断续而已，遂高阁束之，未暇遍览也。不料残龄久拘囹圄，长昼默坐，无所用心。适都督袁公赍《纲目》一部，乃建宁新版，就于分注下附刊《集览》者，因得以备观焉。则荒辞猥注，层见错出，地理不分南北，官制不辨古今，音训谬于理，而句读不成文，甚则违道背义而肆为臆说者有之。盖向者自为一书，虽有舛误，人未易见。今附录于后，随事证验，玭璺瞭然，始不可得而掩矣。

瞿佑遂开始订正工作，并受都督袁公之命整理出216条，析为三卷。序文作于永乐八年。①

上一节笔者论述过的问题，瞿序几乎都提到了，并对《集览》展开了猛烈的批评，而且还揭示了《集览》的流通形态。如前所述，《集览》最初是作为单行本刊行的，但不能断定是否刻于元代，从瞿序的记述来看，元末确实刊行过《集览》。瞿佑初观《集览》，觉得无用，当是阅读单行本时并未注意到其诸多错误。而将其与分注（即《集览》所注原文）对照时，错误就显现出来了。

在分注后附载《集览》的刊本，现存较早的是后述宣德年间的刘宽裕本（但不仅有《集览》，还有别家注）、前述景泰刊本

---

① “……辄不自揆，每事以片楮录之，久而盈箧。公因命标注于卷上，遂不获辞，既而仍存其旧稿，凡二百一十六条，析为上中下三卷。第以患难中别无书籍可考，而新版又多脱略，乏善本校正，为可恨耳……永乐八年岁在庚寅冬十月初吉，钱塘瞿佑谨书。”

（亦附有《考异》），更早的就不得而知了，[①] 但在建宁（建阳），类似的刊本应该很早就出现了。

然而，瞿佑《镌误》的刊本也有一些可疑之处。朝鲜刊本除自序外还有一篇序文，开头部分缺失，作者和日期都不清楚，其中还提及了陈济。瞿佑看到陈济出版《正误》，云“吾志成矣”，甚至想过将自己的原稿藏之不出。[②] 陈济自序并没有言明《正误》出版之事，其行状也只是提到“藏于家”。也就是说，在陈济去世的永乐二十二年，《正误》还未面世。另一方面，瞿佑自序的日期是永乐八年（据《中国古籍善本书目》著录，上海图书馆藏永乐八年刻本[③]），既没讲出版之事，也没有言及陈济。

令人生疑的是那篇作者不明的序文。陈济《正误》刊行于宣德年间，[④] 瞿佑去世是在宣德八年，[⑤] 确实有可能看到《正误》的出版。但这篇序文有一点令人不解，只是单纯地将瞿佑和陈济并列，既不载二人有过交流，也没提及《镌误》和《正误》的关系。也许序文作者（刊行者一方的人）看到了《正误》的出版，试图炮制其成功才出版《镌误》，因此写下了让人误会瞿佑和陈济有关系的话。

---

① 王重民在景泰刊本的提要（《中国善本书提要》，第 93 页）中指出，《永乐大典》卷一二二七五、一二二七六所载的《纲目》中附有《集览》，但附加《集览》的是馆臣。不过馆臣也许是直接抄录了附有《集览》的刊本。

② “永乐间，瞿长史宗吉、陈赞善伯载俱博学多才……宗吉尝镌定王氏《纲目集览》之误，时在非所，偶得其书读之……得二百一十有六条，俟加详焉，始入梓补各卷之末，此宗吉志也……既而见伯载已梓行其《正误》，曰‘吾志成矣’。”

③ 《中国古籍善本书目》卷六。上海图书馆藏。

④ 《北京图书馆古籍善本书目》第 275 页著录《正误》单行本二卷，“宣德四年张辅刻，成化六年陈鉴重修本”。宣德四年本应是杨士奇为之作序之本（后述）。但笔者认为《镌误》的出版者看到的不是这个单行本，而是后述的《文公先生资治通鉴纲目》。

⑤ 瞿佑卒年一说宣德二年，此从徐朔方《瞿佑年谱》（《小说考信编》，上海古籍出版社，1997 年，第 465—491 页）。

笔者持此怀疑的理由是《镌误》后附录了《纲目考异辨疑》，仅有数条，正如其名，对《考异》提出了异议。附有“集览”“正误”的《纲目》本也同时包含了“考异”（后述）。而瞿佑自序中完全没有提到《考异》。《辨疑》恐怕与瞿佑无关，只是出版时为抗衡竞争对手而作的“赠品”。

然而，《镌误》在与《正误》的竞争中失败了。朝鲜刊本的出现，说明《镌误》确实引起了一定反响，但并没有被重刻。大概是由于216条对比400多条（瞿佑的指摘与陈济的当然有很多重复，但并没有借鉴后者，稍微认真读过《集览》，任谁都能注意到相同的地方有问题）的体量差，以及贬谪之身与《永乐大典》总裁官的地位差距，《镌误》才没能在建阳的出版竞争中胜出。已被编入《纲目》正文的一方很早就胜出了，《镌误》没能炮制其成功。

再回过头来，将话题转移到编入“集览”“正误”“考异”的《纲目》版本。与此相关的是收录入“七家注本”的明初大学士杨士奇（1366—1444）的序文。在序文作者中，杨士奇当然是地位最高的，这似乎说明了《纲目》地位的提升。作为一个藏书家，他也收藏了《纲目》的相关版本。杨氏得到过故乡前辈刘友益的《书法》单行本，[①] 又称国子监刊刻了《凡例》的单行本。[②] 杨氏对于《纲目》合注本给予了肯定。截取其部分序文如下：

> 昔王行卿尝著《集览》，以便学者，其意善矣。然其间不无《文选》蹲鸱之陋。亡友右春坊赞善陈济伯载，为正其

---

① 《东里续集》卷一七“《通鉴纲目书法》”：“五十九卷六册。吾得之国子司业张智……揭文安公叙之曰‘其辞《公羊》《穀梁》，其义《春秋》，其志朱子’。”

② 《东里续集》卷一七“《通鉴纲目凡例》”：“十九类……今太学有刻板，余家一册，邹仲熙侍讲所惠，又有钞录汪克宽《凡例考异》在后。”此《凡例考异》当是抄录自已有刻本。这篇文章写作时间不详，他健在时曾云，出现过附有《凡例考异》的刊本（后述），应是抄录自该刊本。

谬误四百余事，名曰《集览正误》。伯载学博识端，于此书致力勤而历年多，考据精切，殆无余憾，有助于《纲目》者也。其书故藏于家，近陪太师英国公（张辅）[1] 在史馆，间论及《纲目》书，公益深叹《集览》之误，因出伯载所著，公阅而是之，曰"宜广其传"。遂取梓行之。嗟乎！《纲目》有关治道之书也。伯载此编，诚不可无者。太师公勋德大臣，好贤重儒之有素，而图其不泯，所存厚矣。士君子有志尊主庇民之道，而欲稽古以扩充焉者，是编岂小补之哉？建阳尹盱江张光启氏，既以尹氏《发明》、徐氏《考证》及《集览》《考异》纂集于《纲目》书中，而属书林刘宽绣梓，复请是编刊于卷末，以备全美，其用心亦勤矣。予深嘉之，故为序诸简首。宣德四年岁次乙卯五月甲子，荣禄大夫、少傅、兵部尚书兼华盖殿大学士庐陵杨士奇序。

泛读一遍，也许不会有违和感。事实上，没有人对这篇序文提出过质疑。概括地讲，杨士奇在张辅的劝说下出版亡友的《集览正误》，得知此事的建阳知县张光启请求将其掺入汇集诸注的《纲目》中，也得到了杨士奇的认可。张辅精研《纲目》，"深叹《集览》之误"，杨士奇趁机推荐了《集览正误》，这种叙事逻辑非常通顺。此事也见于他的文集《东里续集》（卷一四）之《通鉴纲目集览正误序》。

问题是，文集中并没有画线部分。理应如此。正如文集中的标题所示，杨序应该是赞美友人作品的文章。本应"深嘉"友人的著作，但在前引序文中，褒扬对象却变成了建阳知县的"用心"。画线部分很明显是被掺入杨士奇序文中的（这种"嵌入术"在本书后文中还能见到多次）。而且杨序末尾的宣德四年并非己

① 英国公张辅（1375—1449），《明史》卷一五四有传。

卯年，而是己酉年。《东里续集》中当然没有记载这一时间。

《纲目》的合注本，在“七家注本”之前存在以建阳刻《文公先生资治通鉴纲目》（以下作《文公先生》）为标题的各种版本。收藏于中国大陆的多个图书馆、中国台湾“国家图书馆”、普林斯顿大学图书馆等处。以其中几种为例，台湾藏本首卷载“古舒慈湖王幼学‘集览’/后学布衣尹起莘‘发明’（此处也没有‘遂昌’）/后学新安汪克宽‘考异’/后学毗陵陈济‘正误’/建安京兆刘宽裕刊行”，普林斯顿大学图书馆藏本则没有陈济、刘宽裕的名字，[①]《中国古籍善本书目》著录了在王、尹、汪诸注基础上增加“张光启纂辑、刘宽裕刻本”的版本。[②] 张光启是宣德年间的建阳知县。各书目的著录基本以卷头罗列的名字为根据，因为没有刊记，都含混地著录为“明初刻本”。

其中唯一有刊记的是《文公先生》，现存一本藏于御茶水图书馆成篑堂文库。除正文（残本。存卷二八至三〇、四三至五九）外，还有合注各序（书耳有“目序”，标明了叶数），以及杨士奇序（书耳有“《纲目》序”，叶数独立于其他序文，而且仅此

① 屈万里：《普林斯顿大学葛思德东方图书馆中文善本书志》，艺文印书馆，1975年，第118页。另外，该本解题中提到张光启，认为“建阳知县张光启”在景泰年间的《节要续编》（后述）中也出现了，而《建阳县志》称其为宣德年间的建阳知县，相隔近20年，所以《县志》的记载是错误的，而且从版式来看该本是景泰年间的。但版式鉴定的根据不明，因此不能否定这种可能性。然而，《县志》关于张光启的记载是正确的，屈万里（或者说写作此书志底稿的王重民）是错误的。毫无疑问，张光启是宣德年间的知县（见下一章）。

② 见《中国古籍善本书目》卷六，标注尹、汪、王姓名的有上海图书馆（残本。卷一至一三、二二至五一）、中国历史博物馆（卷五二至五九）藏本；增加陈济、刘宽裕姓名的有天津图书馆、吉林大学图书馆、浙江图书馆、福建省图书馆（全本），北京师范大学图书馆（卷二八至三五，无前半部分）藏本；以张光启取代陈济之名的有中国社会科学院文学研究所、天津图书馆、陕西省图书馆藏本。不过，关于北京师范大学图书馆本，南开大学胡宝华教授告知，至少残卷中只有王、尹、汪三人之名。特此感谢。

为隶书。不知是为杨士奇的文章特别改变了字体，还是与别刻合刊所致）的残片。其中“目序”有缺失（一、二、七叶），残留的是王幼学《叙例》、尹起莘《发明序》以及徐昭文《考证序》，接着是“宣德龙集壬子季冬之良日书林京兆刘宽”的识语。王氏《叙例》后有“宣德龙集壬子日新书堂刊行”的木记。①

宣德龙集壬子是前述杨士奇序文三年后的宣德七年（1432）。明末陈仁锡本也收录了刘宽的识语，和成篑堂藏本的文字基本相同。日新堂是元代以后建阳有名的书坊，其与《纲目》的关系，如前文所述，倪士毅序文记述了刘锦文刊行《凡例》一事。根据刘氏族谱，刘锦（即刘锦文）兄弟的玄孙名刘宽。② 正如“锦文”即“锦”，“宽裕”亦即“宽”。此外，成篑堂藏本的杨士奇序也没有前引“七家注本”序文的画线部分。

不过，成篑堂藏本是否是原刻，这一问题并不简单。虽说有木记，但未必是原刻，如慎独斋本之例（参见第 217 页注①）。从成篑堂藏本的杨序、刘宽识语中可以看到加工的痕迹，其中要紧的是对后者的改动。现在通行本的刘宽识语如下：

> 文公先生修《治鉴纲目》一书，推究本义，未易观读。近代尹氏为之《发明》，微显阐幽，而文公笔削之深意粲然明白。汪氏又为之《考异》，徐氏又为之《考证》。其分注名物难知，句读难晓，又得王氏为之《集览》，陈氏又为之

---

① 著录于川濑一马编：《御茶水图书馆藏新修成篑堂文库善本书目》『お茶の水図書館蔵新修成簣堂文庫善本書目』，1992 年，第 1004 页。另外，题记中记载了德富苏峰在明治四十一年购得此书之事。

② 方彦寿：《建阳刘氏刻书考（上）》，《文献》1988 年第 2 期，第 196—228 页。方氏使用刘氏族谱介绍其系谱。据此，移居建阳的始祖刘翱被认为是京兆人。后来的建阳刘氏自称“京兆人”就是由此而来。另外，以他为始祖的“西族北派”系谱，如贾晋珠《谋利而印》第 82—83 页所示，其中可见刘宽之名。贾晋珠说在系谱上看不到“锦文”之名，然刘锦通称刘锦文。

> 《正误》，是书可谓明矣。惜乎各为卷帙，学者难于披阅，有终身不得见者，莫不慊然。今得族弟仁斋先生刻纂而辑之，合而为一……宣德龙集壬子季冬良日，书林京兆九十三翁刘宽谨识。

引文中画线部分与成篑堂藏本不同。首先，成篑堂藏本没有“九十三翁”。不过，更大的区别是“族弟仁斋先生刻”在成篑堂藏本为“邑宰盱江张侯（光启）”（图 3-3）。要说哪一个反映了原

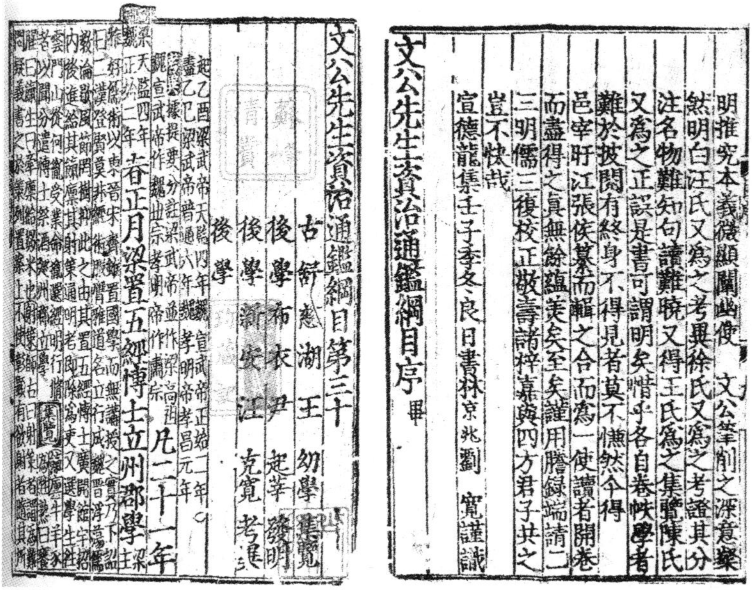

图 3-3　《文公先生资治通鉴纲目》的刘宽识语与卷端题名（御茶水图书馆成篑堂文库藏）

貌，笔者认为是前者。就笔者所见，前者仅见于陈仁锡本，在日本所藏慎独斋系统的刊本中也没有此识语。仅从这一点来说，成篑堂藏本看起来更早。另外，如前所述，有版本题有“张光启纂

辑”，现在成篑堂藏本只有卷四三题有“张光启纂辑”。[1]

不过，下一章将讨论的《少微通鉴节要》《通鉴节要续编》的出版者刘剡（详见下文）才是编纂的主导者。成篑堂藏本“今得　　邑宰盱江张侯”中间空了两字，而邑宰（知县）是没必要空两字的。笔者认为，大概是替换了“今得　族弟仁斋先生剡”（如下章所见，刘剡相关出版物在“先生”前空字的情况很常见），直接沿用了原“识语”。成篑堂藏本或普林斯顿藏本中间被掺入“张光启纂辑”，而其他卷相应的地方是“后学（以下空白）”，综合考虑，应是原本应填入陈济名字的地方被改成了张光启，且没有彻底改完。[2] 另外，观察杨士奇序书耳的“《纲目》序”处（慎独斋本也是如此，陈仁锡本作“《纲目集览》序”），还能看到前述杨士奇序画线部分（有了画线部分，就与“《纲目》序”相符）的痕迹。[3] 日新堂初刻时，应是有画线部分的，成篑堂藏本可能是嫌其不自然而将其删除。如果成篑堂藏本的“《纲

---

① 普林斯顿藏本与此同。普林斯顿藏本的特征，见对该图书馆的收藏有很大贡献的义理寿（Irvin Van Gordon Gillis，1864—1948）给北平图书馆馆长袁同礼的信，与成篑堂藏本特征一致。该馆的何义壮（Martin Heijdra）先生告诉笔者这封信的存在和普林斯顿藏本的特征。特此感谢。另外，东京都立中央图书馆所藏《纲目》末尾有“弘治戊午慎独斋刊”的木记，但遗憾的是首卷从嘉靖按察司刻本配补，“七家注”的序文均不存在。不过，其中卷四一、四六配补了《文公先生资治通鉴纲目》，此与成篑堂藏本、普林斯顿藏本基本同版。

② 《天禄琳琅书目后编》卷九著录了《资治通鉴纲目》，从“集览”“发明”“考异”“正误”的记述顺序来看，该本无疑是《文公先生》。“书内第十六卷不书‘济《正误》’，别著‘张光启纂辑’，殆从别本窜入者”，笔者认为并非如此，而是由陈济改为张光启，从前述卷四三在成篑堂藏本和普林斯顿藏本中都有“张光启纂辑”这一点可以看出。但正如这篇文章所示，原本是“后学毗陵陈济《正误》”。

③ 杨士奇序也有不自然之处，在“岂小补之哉”和“予深嘉之”之间（即画线部分）空出两个字，进行了换行。画线部分有57个字，此杨士奇序的版式为每行12字，该处缩进一个字（为使代表皇帝的“主”字抬头），为每行11字。如果把画线部分的57个字认为是11×5+2的话，应是把原本有画线部分的5行缩掉，把剩下的两个字削去了。

目》序”是原刻就有的，可以推测删除画线部分是为了在卷端显示张光启的名字。总之，杨士奇的原文无疑只是针对《集览正误》而写的。

讨论虽然有点细，但暂不论成篑堂藏本是不是原刻，宣德七年《文公先生》确实已经出现了。而且，卷端题名或有或无的陈济《集览正误》、各书目的《文公先生》著录中没出现名字的徐昭文《考证》[①]，观其正文，分别汇编于各卷末（图 3-4）。[②] 就笔者所见，在《文公先生》诸版本中，包含《考证序》的只有成篑堂藏本。另一方面，《文公先生》的《集览叙例》与《集览》单行本的是同一版本（据成篑堂藏本、普林斯顿藏本），从中可窥见初期合注本中的“力量对比”。先不论质量好坏，集注本是以《集览》居首，接着以《发明》《考异》《考证》《集览正误》的顺序排列。从刘宽识语来看，介绍说明最多的是《发明》和《集览》，但值得注意的是，刘宽把《发明》放在了前面。可能《发明》是《文公先生》的最大卖点。通过下一章的叙述就能确认，导演这一切的正是刘剡。

相比之下，其中《考异》《考证》的存在感就较为薄弱，至于关键的《凡例》，就笔者所见，现存《文公先生》诸版本中都没有《凡例》。但如果没有《凡例》的话，《考异》《考证》就失去了意义。实际上，有证据表明初期合注本是附有《凡例》的，如朝鲜刻本。

---

① 《考证》不仅没有出现在卷端，各版本也缺少《考证》的序。虽未全部确认《文公先生》诸版本，至少台湾藏本和普林斯顿藏本没有《考证序》。不仅如此，普林斯顿藏本只有朱子《序例》和《集览叙例》，台湾藏本只有《序例》和尹起莘《发明序》（后者由该图书馆特藏组张围东告知，特此感谢）。像成篑堂藏本这样有三家序的恐怕没有他例。另外，成篑堂藏本的一、二叶无疑是朱子《序例》。第七叶原本有谁的序文无法定论，可能是陈济《正误序》。

② 北京师范大学图书馆藏残本（卷二八至三五）中，《集览正误》《考证》也出现在卷末。这一点亦由胡宝华教授告知。查过台湾藏本，是一样的。

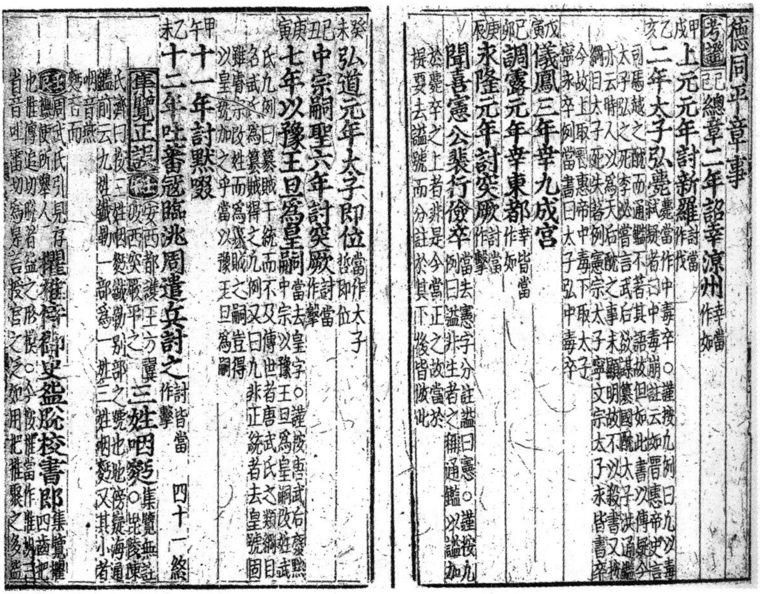

图 3-4 《文公先生资治通鉴纲目》的“考证”和“集览正误”（东京都立中央图书馆藏《资治通鉴纲目》，卷四一为配补）

蓬左文库所藏朝鲜本《资治通鉴纲目》主要对《纲目》进行训义，其序文时间为正统丙辰（元年，1436），距宣德七年仅四年。当时朝鲜热衷于引进《纲目》和下一章所述的《少微通鉴》，中国一刊行就马上引进了。附录有《资治通鉴纲目序例》、《朱子与讷斋赵氏师渊论〈纲目〉手书》、《建安旧刻本李氏方子后序》（从接下来王柏等人文章的题名方式来看，如果不是泉州本就奇怪了。但其文本本身显示底本是建阳本）、《金华刻本王鲁斋柏后语》、《宣城刻本庐山文氏　　识语》（名字部分空白）、《海宁任家刻本新安汪氏克宽序》、附录的倪士毅序、《凡例》，中间隔着柳义孙《训义序》（正统三年），再是《凡例考异》（但版心为“考异凡例”）。没有《集览叙例》，正文也没有《集览》的标示。但从新附录的《训义》的内容来看，有参考《集览》和《集览正误》的痕迹。可能因为在朝鲜添加了新的注释，所以认为《集览叙例》不必要而未收，更重视《凡例》及其衍生著作。没有《发明序》大概也是因为这个原因。那么，没有《考证序》该如何解释呢？朝鲜本的底本《文公先生》中无疑没有《考证序》。从时间上看，也可以说此朝鲜本从侧面反映了《文公先生》初期刊本的形态。

不过，现存《文公先生》中看不到与《凡例》相关的文章也是事实。如何理解这种情况呢？《天禄琳琅书目》卷八著录了《文公先生》，其中有一部分和《凡例》有关。该本配有《朱子〈纲目凡例〉》(不过，与他本不同，此本版面被缩小了。著录者推测可能是书贾为了冒充宋刻本，而从他本割取补入)、《朱子〈序例〉》、《集览序例》、《发明序》、《朱子与赵师渊论〈纲目〉书》、《王柏〈识语〉》。“集览”“发明”“考异”分标在《纲目》各条之下，间载陈济“正误”，将各人名字列在每卷标题后，并称“京兆刘宽裕刊行”(解题称不知刘宽裕为何人，所以此本应该没有刘氏识语)。此本有王、尹、汪、陈、刘之名并列，若采信《中国古籍善本书目》的著录，当属现存本最多的天津图书馆藏本系统。此解题没有言及“考证”，可能是因为徐昭文的名字没有在卷端标出，也没有序文，所以没有注意到实际上正文中有“考证”。事实上，如果没有《考证序》、刘宽识语这两条线索，读者会不知道《考证》的作者是谁。成篑堂藏本有《考证序》，接着是《刘宽识语》。其他书坊翻刻《文公先生》时取出了这部分，所以才没有留下。另外，虽然朱子写给赵师渊的书信和王柏后语是存在的，却没有文天祐以下的序文，令人费解，其理由尚不明。

综上，关于《文公先生》有各种各样的谜团，不知道原刻本是什么形态，尤其不知道《凡例》是以什么形式刊行的。笔者认为，即使调查现存所有版本，也很难厘清其附录部分的增减关系。下面再确认一下围绕《文公先生》正文部分的刊行情况。

一，最初的核心是《集览》。景泰年间的魏氏仁实堂本也以《集览》为核心，在此基础上增加了《考异》。其虽注释质量不高，但市场需求很旺盛。通过将单行本注释编入正文，一时成为《纲目》出版物中的领先者。

二，与此同时，如陈济、瞿佑的著作所示，学者对《集览》表达了不满。《文公先生》随即引入《正误》，同时又将《发明》《考异》附于“目”文。不过，要说后两者哪一个更重要，在当时应是《发明》（刘剡引用尹起莘的例子，将在下一章介绍）。

三，此时《纲目》中《考异》《考证》的存在感尚不强。但已见部分显示，二书编入《纲目》之际有被窜改。这也为《凡例》和《考异》《考证》的地位上升奠定了基础。

十二　慎独斋

下面终于讲到“七家注”的最后一家。《质实》作者“建安木石山人冯智舒”的序文大略如下：

> 近代以来，古舒王氏为《集览》以备其事，固善心也。但其间舆地郡邑之沿革，多有缺略；事物典故之本原，尤有遗漏，观者靡不憾焉。愚因不揆谫肤，乃于暇日将是书再四校勘，逐一搜寻。其典故遗漏处，一以元儒所著“五经笥”之备载者，随篇而释之……一遵本朝所颁《一统志》之详悉者，依类而附之。由是历一纪，易五稿，始克成编。[①]

写作日期为成化元年（1465）。“易五稿”重复了王幼学之言（王

① “……名曰《质实》……时成化元年春正月之吉旦，建安木石山人冯智舒谨书。”

氏是二十年七易稿)。按文字所述，冯智舒之功，在于用元儒的朱子学文本和明代《一统志》，来补充《集览》在事物典故、地理沿革上的遗漏（尤其是与当时地名的对应）。

然而，虽然花费的时间是《集览》的一半，但此项工作本不需要10年。乍一看会被其分量所迷惑，但问题在于其内容。假如去看前文作为《集览》考察样本被抽出的那一年，《质实》在这一年中的地名注释有68处，似乎很多，若如序文所言参考了《一统志》，就不过是机械性的工作。而且，《质实》中还包含了相当多的“未详处所”，虽是实话实说，但在八月的一条注释中反复出现了4次，令人腻烦。不过，不管冯氏知道与否，他在将地名之类的名词全部挑出来这点上，用力得非常彻底。

其次较多的是人名注释，有11例。如“沈攸之，吴兴武康人，庆之从父兄子”，只是叙述登场人物的籍贯、与已登场人物的关系。虽算得上贴心，但这样的工作不需要动脑。

除此之外的词释，还有“雷同”“羽林”“军旅”“社稷”“左衽”5个词。其中在相应位置解释了的只有“雷同”，其余是“见他处”(《集览》也使用了这种方式，但《质实》使用的频率要高得多)。“雷同”释为“事多曰雷同，《记・曲礼》上篇‘毋雷同’”，语释和出处没有有机联系。另外4个词语，例如“羽林……见元封二年”，注释云读相应条目就能明白，实则该处是《集览》的注。

序文强调《质实》充实了地名解释，本身并没有错，但这反而显示出它没有其他卖点。名为“五经笥”的元儒著作恐怕并不存在，“五经笥”(原本指活字典)实际上指代替辞书的工具书，可能就是《集览》。

关于“建安木石山人冯智舒”没有其他记录。第五章将探讨的《大方纲鉴》的《先儒名公姓氏》(从“龙门司马氏”即司马迁开始，列举了正史作者、注释者到史评作者，再到《少微通鉴》《纲目》的相关人员等众多人名，一直到明代）中有其名。《先儒名公姓氏》对相关人士都有相应的介绍（多数只是引用《一统志》），但关于冯智舒，只云“建安人，著有《纲目质实》”。因为冯氏是生活在《一统志》成书以后的人，所以没有“按《一统志》”是理所当然的，正因没有其他流传下来的事迹，所以不得不这样写。仔细一读就会发现，此《先儒名公姓氏》穿插着建阳所刻史书的历史。其成书是在《大方纲鉴》诞生的明代后期，若本地出身的冯智舒真有什么值得传述的事迹，理应要写些什么。

文中从“建安冯氏”往后数第七人（其间有仁斋刘氏，即刘剡）为“建阳刘氏”。“刘弘毅，建阳崇化人，著《纲目质实》。”这里《纲目质实》的作者出现了两人。实际上，“七家注本”中亦载“刘弘毅《质实》”[①]（图 3-5）。不过，刘弘毅与冯智舒不同，是建阳出版界的著名人物。

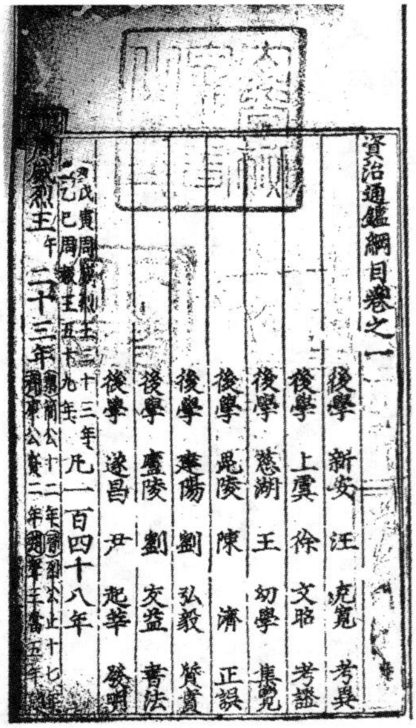

图 3-5　刘弘毅↔冯智舒（嘉靖间刊《资治通鉴纲目》，国立公文书馆藏）

弘治十二年（1499），建阳书坊街道发生大火，造成“古今书板，荡为灰烬”的损失。当时的中央政府官员、福建人许天锡认为，建本传播了太多错谬，“今一岁之中，阙里既灾，建阳又火，上天示戒”，他奏请将科举相关书籍的版片废

① 例如，嘉靖三十九年的书林杨氏归仁斋刻本（《第二批国家珍贵古籍名录图录》第四册，国家图书馆出版社，2010 年，第 258 页）和嘉靖八年慎独斋刻本（国立公文书馆藏，图 3-5）均如此。

弃，并“名诏有司，大为厘正”。[①] 然而，建阳出版界的趋势并没有改变。

此时，慎独斋的刘弘毅开展了广泛的出版活动。火灾之后，他翻刻了《大明一统志》、史书节本《少微通鉴》的后刻本（下章论述）和《十七史详节》[②] 等，类书《山堂考索》《文献通考》《宋文鉴》等也相继出版。[③]

“七家注本”中继冯智舒序文后的，是江西提学、闽人黄仲昭（1435—1508）的序文。其中与《纲目》出版相关的部分如下：

> 仲昭承乏提督江西学政，因为学者定读书之法。其于诸史，则欲其熟观《纲目》以端其本。顾书坊刻板，岁久刓缺，而其所附《考证》《考异》及《集览正误》三编，俱类刻于各卷之后，殊不便于览观。又元儒庐陵刘友益所著《书法》一编，甚有功于朱子《提要》之旨。建安冯智舒所集《质实》一帙，尤有功于王氏（幼学）舆地之详，旧皆未尝附载于篇也。仲昭每欲重新缮写，而取上五编之言，各附入本条之下，刻梓以诏学者。[④]

① 《明孝宗实录》卷一五七“弘治十二年十二月乙巳”条：“吏科给事中许天锡言……迩者福建建阳县书坊被火，古今书板，荡为灰烬。先儒尝谓‘建阳乃朱文公之阙里’。今一岁之中，阙里既灾，建阳又火，上天示戒……俗士陋儒妄相裒集，巧立名目，殆且百家。梓者以易售而图利，读者觊侥幸而决科……伏望名诏有司，大为厘正，将应习之书，或昔有而今无者，检自中秘所藏，与经生学士所共习者，通前存编，删定部帙，颁下布政司，给与刊行。”

② 此书（正德十一年刊行）的刊记中有“七十三翁”，若此为真，则刘弘毅出生于正统九年（1444）。

③ 关于慎独斋的活动和现存刻本的数据，参见张丽娟：《明代建阳书坊慎独斋刻书考述》，《王重民先生百年诞辰纪念文集》，北京图书馆出版社，2003 年，第 340—351 页。

④ “……弘治丙辰闰三月甲戌，后学莆阳黄仲昭书。”

仅就这篇序文而言，黄仲昭对《纲目》下的工夫有两点。将《考证》《考异》《集览正误》编入各条文下，以便阅读；新增《书法》《质实》两家。此外，因为《文公先生》已将《发明》《集览》编入文中，所以序文并没有记载移动此二书到相应的位置，实际上看了黄氏刊本，就知道《发明》《集览》也汇入了。[①]

黄仲昭之所以关注《书法》，大概是因为刘友益是江西人。为了彰显当地笃儒的工作，黄氏视其为教育行政的成果而列举出来。序文日期是完成刊刻的弘治九年（1496）。由于这篇文章的存在，时常有观点认为“七家注本”是黄仲昭完成的，其代表是《四库全书总目》。

但黄仲昭的《未轩文集》卷四收录了相当于这篇序文的文章，与引文有两处不同。它没有提及画线所示的冯智舒《质实》，因此，“上五编”实为“四编”。现存黄仲昭刊本卷末所载的《书新刻〈资治通鉴纲目〉后》也证实了这一点（与《未轩文集》的不同处，只有实际列举了赞助刊行之人的姓名这点）。也就是说，在他的倡议下刊行的是“六家注本”。多出来的文字又是“嵌入术”。

如果说《文公先生》的真正主角是刘剡，那么“七家注本”的主角就是刘弘毅。明确指出这点的，是陈仁锡本以及慎独斋本的一个刻本[②]所载的建阳知县佘以能的文章（《合注序》）。佘序先鹦鹉学舌般地重复了黄仲昭序的内容，然后讲述自己在北京得到黄仲昭本，随后到建阳任职，因公务前往书坊，对照黄本和通行本，发现过往版本有未备之处，于是命令“义官刘洪”刊刻新版。佘以能感慨道：“修是书者，正在吾邑之考亭（朱子）……

① “善本胶卷”收录，但不是全本，缺少前半部分。

② 第297页注③张丽娟的论文指出，云南大学图书馆藏本有佘以能序。

刊是书者，又在吾邑之书林（刘洪）。”写作日期是弘治十一年(1498)。[①] 余序很好地体现出，虽然中间有黄仲昭，但《纲目》的起始（编纂）和结尾（刊行）都出自建阳。

刘洪（刘弘毅）正是在黄仲昭“六家注本”的基础上增添《质实》的人。慎独斋刊本《山堂考索》的刊行者为“书林义士刘洪”。[②] 而且，他还有“木石山人”的号，从《十七史详节》中“建阳慎独斋”“建阳木石山人刘弘毅”等文字即可知。[③] 也就是说，木石山人冯智舒是他的化名。将冯智舒之序记为成化元年所作，是为了显得版本更早的手法。即使冯氏实有其人，也只是被刘弘毅雇佣而已。

嵌入余序与黄仲昭序的部分若合符节，是知县余以能[④]为“共犯”，还是序文是在他不知道的情况下写的，这一点无法确认。总之，编刊“七家注本”的刘弘毅进行了不少加工。

笔者注意到，这种加工与之前提到的杨士奇序非常相似。也就是说，这是建阳的传统手法。从下一章所见《少微通鉴》的改编模式来看，可以假定从刘剡到刘弘毅，手法实现了升级。这在

---

① “吾考亭朱子因司马文正公所辑《资治通鉴》而修《纲目》……曩者我书林刊刻旧本，传之四方，奈何久而刻板刓缺，而所附《考证》《考异》及《集览正误》三编，俱类刻于各卷之后，学者不便观览。而元儒刘氏所著《书法》一编，冯氏所集《质实》一帙，亦未尝附载于篇，故四方少有见闻。迩者前江右提学莆阳仲昭黄先生，因书林旧本残缺失次，多所未备，乃重新校正，而取上五编之言，各附本条之下，刻梓以诏学者……昔予在京师时，得其缮写全集，阅玩未忘。及予承乏建阳，乃因公务临莅书坊，校勘是书与所得于仲昭先生者，果多刓缺未备。乃出示义官刘洪，命其从新绣梓，以广其传……越三载，板刻始成，来请予为序……且予承乏是邑，仰思修是书者，正在吾邑之考亭，而遗风可想；刊是书者，又在吾邑之书林，而文献足征……弘治戊午春二月癸巳，乡贡进士文林郎建阳县知县铜陵余以能谨书。”

② 《善本书室藏书志》卷二〇。

③ 《天禄琳琅书目后编》卷一五。

④ 据嘉靖《建宁府志》卷五载，他被任命为建阳知县是在弘治九年。据其出生地铜陵所在的池州地方志（嘉靖《池州府志》卷七）记载，他在任上去世。又据《建宁府志》，继任者在十一年，也就是作这篇序文的那一年到任。

陈仁锡本所载刘宽识语、余以能《合注序》已然提及，但不知为何至今没有引起太多注意。说起《纲目》，“七家”尤为人们所关注（虽说如此，但并不是每一家都被认真考证过。例如，关于尹起莘，除钱大昕外，几乎无人在意他的籍贯由金陵变成了遂昌。另外，刘弘毅在将“七家注”汇为一编之际，注意到只有一人没有标注籍贯。他在熟知的《大明一统志》［卷四四］中找到了尹氏的籍贯，因此才变为遂昌）。“黄仲昭编成七家注”之说是主流观点，但这反过来说明出版商的工作常被人轻视。不过，二刘才是“七家注”诞生的大功臣。关于《纲目》，总结前述内容如下。

在刘剡阶段，先是对《考异》《考证》进行加工后编入《纲目》。恐怕与《凡例》有关的王柏《后语》、文天祐《识语》、倪士毅《凡例序》、汪克宽《考异序》《考异凡例》、《考证序》都经过他的加工，把朱右序从《考证》中剔除的也是他。

如上文所述，“七家注”相关文章几乎都有问题。首先，肯定有问题的是汪克宽的《考异凡例》，而他的《考异序》也令人生疑。他刊行的是《纲目考异》，其中并不视《凡例》如金科玉律一般反复引用。《考异序》中叙述在海宁刊行的部分恐怕是真的，汪克宽真正的《考异》当在那里刊刻。元末史伯璿所见的正是这个版本。经过刘剡的窜改，捏造了汪克宽从倪士毅处得到《凡例》云云。同一篇文章中，作为《凡例》早期刊行之例的王柏、文天祐（敬所）部分也很奇怪。而且，文天祐与文敬所似乎并非一人（朝鲜本缺少文氏名字或与此有关）。

但王柏《后语》中记载了得到《凡例》的具体过程，也可以确认他与赵师渊家族的关系。汪克宽序云“友人倪仲弘偶得于其友朱平仲”，很可能是参照倪士毅序文写的。在这种情况下，很难说他是在知悉王柏与赵氏的人际关系之后才摘录了全文。但王柏《后语》也有自相矛盾之处（这一部分强调了《凡例》的意义，可能是刘剡窜改的），且金华的后辈们在讲述他与《纲目》的关系时并没有提到《凡例》。而且，刘剡对金华学派非常关注（见下一章），收集王柏的资料想来也不困难。以上内容完全是笔者的臆测，故不多言。可以确认的是，王柏刊行了《凡例》，且它不可能像现行《凡例》那样粗劣。

文天祐《识语》的问题在于作者本人身份不明。而刊刻《凡例》的宣城，恰恰是姚燧刊刻《国统离合表》的地方，这二者倒有所牵连。或者说，在宣城刊刻《凡例》一事可能是虚构的。当然，这也只是臆测。

那么倪士毅的《凡例序》呢？倪氏得到《凡例》的具体路径是明确的。但向世人介绍他的代表作《四书辑释》和表明他与刘锦文有书信往来的，正是刘氏家族的后辈刘剡。刘剡很可能产生了以《凡例》为纽带将倪、刘联系起来的想法。序文中赞扬"尹氏《纲目发明》"，与刘剡将《发明》《集览》打包售卖的意图相吻合。

接着是徐昭文序。徐昭文实有其人，但他比起同被视为"《凡例》组"的汪克宽，在知名度上有云泥之别。与无名的王幼学相比，徐昭文甚至未出过单行本。这也反映在《文公先生》对其的处理上，在卷端他的名字并没有与其他家并列。好不容易在"七家注本"中可以和其他家并列，可悲的是经常被误作"徐文昭"（图 3-1、3-5）。徐昭文虽然时而会批评汪克宽，但实际上《考证》常被定位为《考异》的助手。

不过，《考异序》和《考证序》最大的不同在于对《凡例》的深入研究方式。后者援用朱子给赵师渊的书信，强调"纲文"本身存在脱误（当然其责任归咎于弟子）。虽不知这些信是否像汤勤福所说的那样是伪作，但从史伯璿所言来看，至少在元末，"八书"已经和《凡例》一起广为人知了。总之，以"八书"的出现为契机，萌生了《凡例》绝对主义。后来“惟《凡例》一卷出于手定，其纲皆门人依《凡例》而修，其目则全以付赵师渊”说法的根源正是《考证序》，这篇序文的分量较他序要大得多。

不过，此序是否可信又是另一个问题。从给赵师渊的“八书”，推导出“纲文”因被委托给弟子而产生了错误，这在逻辑上是有跳跃的。如果猜测这种跳跃是为了包装《凡例》而故意为之的话，未免有些小人之心了。不过，《考证》可能为了强调《凡例》而割裂姚燧的文字，并沿用了史伯璿的观点。如果后者为真，那么《考证》成书应该晚于序文的至正十九年（1359）。刘剡熟知史伯璿的著作（后述），他可能对《考证》原本进行了加工。

与这些围绕《凡例》的文章相比，《集览叙例》、陈济《正误序》看起来似乎没有问题。但是，早期作为《纲目》注核心的《集览》，其质量以及对《纲目》正统论的无视，很难称得上出自笃儒之手，而且有不核对正文就注释的迹象。纠正了《集览》数百条错误的《正误》，其质量挑不出毛病，但就《正误》序文来说，其语气与王幼学相近（用“三十年”来对标王幼学的“二十年，七易稿”）。不过，陈济是《永乐大典》的总裁官，而称颂其著作的杨士奇是大学士。后者的序文显然被加工过，但这与杨士奇无关。

但也不能断言。上文比较了“七家注本”和《东里续集》中的杨士奇序，指出前者被不自然地插入了额外内容。不过，《东里续集》不是杨士奇自己，而是他的子孙编的。[①] 现存已知的为

① 《四库全书总目》卷一七〇“《东里全集》九十七卷《别集》四卷”：“李东阳《怀麓堂诗话》曰：‘杨文贞《东里集》，手自选择，刻之广东，为人窜入数首。后其子孙又刻为《续集》，非公意也。’”李东阳直接指出有问题的是诗的择选，但《续集》由其子孙编纂这点没有改变。

天顺年间（1457—1463）刻本。[①] 总之，比之正编，《续集》的分量更多，采录范围也更广。笔者推测，可能杨氏后人看到《文公先生》中的序文，删除了奇怪的部分，或者其看到的是像成篑堂藏本那样经过删节的序文，就这样原封不动地收录到《续集》里。

怀疑是无止境的，暂且止于此。结合下一章的内容来考虑，即便不是全部都可疑，刘剡对《文公先生》进行"第一次编辑"时无疑做了很多加工。

与之相比，刘弘毅不过是在重复前人的工作。增加《书法》、编成"六家注"的是黄仲昭，刘弘毅在其基础上增加《质实》（实际上还增加了一家）之时，只是做了一些加工。《质实》本身也是前人著作的翻版。不过，相对于刘剡作为编辑者在各种著作中表现出的活跃，刘弘毅作为出版者也进行了多方面的活动，而且影响力极大。"七家注本"之所以这么深入人心，没有他的力量是做不到的。

虽有很多疑问无法证实，很多结论是多重推测的结果。但笔者认为，上述足以证明建阳出版人与"七家注"的形成、普及过程有多么密切的关系。尤其是对刘剡来说，这种工作轻而易举，在下一章会进一步确认。

*

在日本，最热衷阅读《纲目》的是山崎暗斋一门。丸山真男在论述暗斋学派的文章中提到了谷秦山（1633—1718），他对于"七家注"有如下评述：

> 《纲目》之《凡例》，朱子既殁，几近湮沦。赖王鲁斋极力搜索，得复行于世（咸淳乙丑）。然尹起莘作《发明》，刘

---

① "善本胶卷"收录。

> 友益作《书法》（二人皆宋人）。众未思《凡例》，则王书亦不久晦蚀也。其后历八十年至至正壬午，新安倪士毅复得之，锓梓以传，即今本。汪克宽《考异》、徐昭文《考证》（二人皆至正中人），皆依此而作，纷纭之论遂定。盖王、倪之功，实在尹、刘数百万言之上，而尹、刘一生研精覃思之处，徒成妄作。学贵知要，岂信然邪？刊本宜删削《发明》《书法》，仅附刻《考异》《考证》即可。（《秦山集·庚辛录》）

这是一篇精心梳理《纲目》通行本附录的经典文章。因为出现了《凡例》，认为“尹、刘一生的投入完全是白费力气”的不仅仅是他。这也代表了认真阅读《纲目》之人的感想。

《纲目》通行本将观点相左、风格各异的各种注释并列一处。而且，除朱子《序例》之外，各序文，可能也包括《凡例》，都是四处拼接的产物。将其若无其事地编在一起正是“建阳派”的作风。如果是以《凡例》为卖点的话，正如谷氏所说，《发明》《书法》等就没有意义了。但是，“七家注本”刊行两百年后，谷氏目所能及的依然是“七家注本”。如果说让《凡例》浮现的是建阳，那么《发明》《书法》也是靠建阳存留于世的。

《凡例》本身是否由朱子手定，最终无法下定论。不过，即便这是真的，在朱子居地建阳，却开展着以《凡例》为盾，对《考异》《考证》进行调整、窜改并嵌入《纲目》的出版活动。虽与知县佘以能之言的意思不同，但没有建阳，《纲目》就不会广泛流传到这种程度。

考虑到“七家注”普及的广度和时间之长，《纲目》已不再是朱子及其弟子们的共同作品。包含“七家注”在内的全体才是《纲目》的文本。被谷氏、徂徕、湖南（笔者不认为内藤认真读过）多加评述的文本，其编制者毫无疑问是建阳的出版人、编辑者。

第四章　不肖的孝子——《少微通鉴》

一　明代的“通鉴”

> （太康元年）五月，（孙）皓登殿稽首以见晋帝。帝赐坐曰：“朕设此座以待卿久矣。”皓对曰：“臣于南方，亦设此座以待陛下。”帝大笑。贾充问皓曰：“闻君在南方，每凿人眼目，剥人面皮，此何等刑耶？”皓曰：“人臣弑君及奸回不忠者，则加此刑耳。”充默然甚愧。

这是亡国君主孙皓对胜利的西晋君臣反唇相讥的话，出自《三国演义》结尾处。关于这一逸事，16 世纪中叶成书、杭州人郎瑛的笔记《七修类稿》有如下评论：

> 《十三国春秋》[①] 云：“晋武帝与侍中王济弈，济问孙皓：‘闻君在吴，剥人面、刖人足，有之乎？’皓曰：‘人臣失礼于君者，则如是。’济时伸足局下，矍然收之。”《晋史》《纲目》俱同，独《少微鉴》又改王济为贾充，“剥人面”为“凿人目”，人臣弑君不忠者则如是，伸足收之则无也。以是论之，答贾充甚当，而济足事微，对君或不坐。史之不同如是，此之谓未可尽信也欤？[②]

---

① 《太平御览》卷三七二作“《三十国春秋》曰”，引用了此事。因为是记载两晋的史书，所以《三十国春秋》为是，但郎瑛看的是哪一个文本，尚不清楚。

② 《七修类稿》卷二二“孙皓答人不同”。

首先必须指出，这段解说与事实不符。《晋书·王济传》确实记载了王济听到孙皓的讥讽而收足一事（不过，这段史事中并没有言及“刖人足”之语[①]）。但《纲目》中并没有记载这件事。《纲目》记载的是前引材料中涉及贾充一事。[②]《通鉴》也未载弈棋一事。也就是说，郎瑛因两书都记载了“剥人面”这句话，所以将两书混淆。郎氏称“《纲目》俱同”是单纯的误解，抑或仅是场面话，这一点不得而知。这也不是本书要研究的问题。郎瑛称，“改王济为贾充”的是《少微鉴》这部书。

《少微鉴》只是简称。在此书的众多版本中，标题虽各不相同，但作为商标的“少微”二字几乎从未缺席。此书是《通鉴》的节要本，被认为出自北宋末年的少微先生江贽之手。后世流行版本的源头是明代宣德年间的建阳刻本，全称为《少微家塾点校附音通鉴节要》。

实际上，本章开篇引自《少微通鉴》（以下简称《少微》），在《通鉴》原文中，记述了引见的日期，“文武有位、四方使者、国子学生”汇集的场面，贾充的“默然甚愧”以及孙皓的“颜色无怍”，和《少微》所载基本相同。[③]

---

① 《晋书》卷四二《王济传》：“帝尝与济弈棋，而孙皓在侧，谓皓曰：‘何以好剥人面皮?’皓曰：‘见无礼于君者则剥之。’济时伸脚局下，而皓讥焉。”“刖人足”一句在《晋书》收录这一史事时被遗漏了。

② 《纲目》卷一七晋武帝太康元年四月“赐孙皓爵”条：“帝临轩大会，引见皓，谓曰：‘朕设此座以待卿久矣。’皓曰：‘臣于南方，亦设此座以待陛下。’贾充谓皓曰：‘闻君在南方凿人目、剥人面，此何等刑也?’皓曰：‘人臣有弑其君及奸回不忠者，则加此刑耳。’充默然甚愧。”

③ 为便于比对《通鉴》（卷八一）和《少微》（卷二六），下列《通鉴》原文，用下划线表示《少微》的相应部分。“庚寅，帝临轩，大会文武有位及四方使者，国子学生皆预焉。<u>引见归命侯皓</u>及吴降人，<u>皓登殿稽颡。帝谓皓曰：‘朕设此座以待卿久矣。’皓曰：‘臣于南方，亦设此座以待陛下。’贾充谓皓曰：‘闻君在南方凿人目、剥人面皮，此何等刑也?’皓曰：‘人臣有弑其君及奸回不忠者，则加此刑耳。’充默然甚愧</u>，而皓颜色无怍。”在这则记事中，有一个小细节是末尾的“皓颜色无怍”。《少微》《纲目》省略了这一情节，趣味减半。《三国演义》的结尾（第一二〇回）也止于“充默然甚愧”。

但郎瑛却称"独《少微鉴》……"，这一点颇值得玩味（《少微》原文为"凿人目、剥人面皮"，并非像郎瑛所说，将"剥人面"改为"凿人目"）。他不先引《通鉴》，而是引《纲目》为证（但引证有误），批评一番后，又援引《少微》。可见，他并未读过《通鉴》（另外，《七修类稿》《续稿》都没有引用《通鉴》[①]）。

比郎瑛稍早的陈霆（弘治十五年进士，正德年间活跃于官场[②]），其所著《两山墨谈》也提到"少微江氏作《通鉴节要》"。与郎瑛不同，陈霆知道《少微》是史书的节略本，且因节略字句产生了很多谬误。

> 《汉书·项籍传》："羽学书不成，去；学剑，又不成，去。""去"者，罢弃之意。本谓学书、学剑皆以不成而弃去。而《少微》节其字，谓"学书不成，去学剑又不成"。（删除了末尾"去"字）遂使学者例以"去学剑"为句。《彭越传》："上赦越为庶人，徙蜀青衣。西至郑，逢吕后从长安东。"本谓"徙越置蜀之青衣县，越西行至郑，道逢吕后自长安来"。而《少微》节其句曰："传处蜀青衣西，逢吕后从长安来。"遂使学者以"传处蜀青衣西"为句。此亦因读汉史，而偶举其一二。他凡谬误，固未能尽摘也。[③]

再来看《通鉴》的原文。前者与《少微》相同（卷七，二世皇帝元年九月条）。然而，后者与《汉书》一样，都有"西至"（卷一二，高帝十一年三月条）。不过，陈霆也没有讨论《通鉴》，

---

① 《七修类稿》卷二六"老杜许蜀不真"、《续稿》"天文难知"中仅提到司马光以魏为正统。

② 陈霆在武宗朝前期因忤逆权宦刘瑾而失势，后重回官场，曾任山西提学佥事（《两浙名贤录》卷二四）。

③ 《两山墨谈》卷一二："少微江氏作《通鉴节要》，学者多喜其径便，而不知以其节省字句，故多谬误……"

而是在比较《少微》和《汉书》。恐怕他也和郎瑛一样没有读过《通鉴》。《两山墨谈》中也没有引用《通鉴》。[①]

在上段引文之前，陈霆写道："盖追叙前事而习其后称，故不觉其谬误耳。"要言之，陈霆讥笑世间普通的史书读者只略微读过《少微》而已，不愿深入阅读原典。他在同书的另一个地方，轻蔑地称只看《少微》的人为"小生末学"。[②] 尽管陈霆认为精读《汉书》是值得赞扬的，但普通学生往往不读《汉书》，只读《少微》(《少微》在某种程度上可以成为代替正史的工具书，这一点将在后文叙述)。不过，陈霆自己也没有读过《通鉴》，在这一点上与偏爱《少微》便利之处的读者没有太大差别。

陈霆的批评实则无足轻重。对史书的读法并没有因之产生大的转变。从陈霆只会给细节处挑毛病就可以看出，其学识水平一般。接下来看看比陈霆稍早、可说是真正学者的福建人蔡清对《少微》的评论。

才子蔡清（1453—1508）是乡试榜首，成化二十年进士。其

---

① 引用了《通鉴》相关著作。卷四、九，引用刘恕《通鉴外纪》；卷二、四、一一，引用金履祥《通鉴前编》；也有读过陈桱《通鉴续编》的迹象（卷一二"陈子桱《通鉴续编》，其面目俨然《纲目》也，独惜其义例有未然者……"）。另外，卷三、一八引用《续通鉴》，他也看过后述《续通鉴节要》(《节要续编》)（卷一一）。这里的《续通鉴》是指何书？在卷三的引文后，陈霆称"《续通鉴》作于李焘"，但所引北宋末政和六年的史事，与李焘生活的时代相距不远，而《续通鉴》此段与正史的差异令人费解。该条记事"雄州安抚和诜引契丹亡人"以下内容，不见于李焘的《续资治通鉴长编》，而见于《宋史全文续资治通鉴》卷一四。《宋史全文续资治通鉴》（以下称《宋史全文》）刊行于元代，作者不详。还有一种《续资治通鉴》，元代刊行于建阳，被称为《宋鉴》，其中也不见上述内容。此外，卷一八所引的是建炎三年的史事，记录北宋历史的《长编》自然不可能记载，《宋史全文》也未载，反而载于《宋鉴》(《后集》卷二)。如此看来，《续通鉴》是个容易混淆的称呼。事实上，误认为《续通鉴》作者是李焘的，不只有陈霆。造成这一混乱的责任在建阳出版界，笔者将在后文详述。

② 卷一七："凡此谠言直气，盖与申屠嘉、汲长孺相望而兴者。而《通鉴节要》乃不能略载，小生末学能知者或鲜矣。"

代表作《四书蒙引》《易经蒙引》广为流传，也著有与《通鉴》相关的《通鉴随笔》（已佚）。[①] 他的《四书蒙引》有三处引用了《少微》。其中两处涉及《通鉴》所载时代之前的部分（如后所述，《少微》附录了《通鉴》时间起点周威烈王二十三年以前的上古史），这里只讨论剩下一处的问题。

蔡清引用的是孟子向子思询问“牧民之道”时的对话。[②] 原文是《通鉴》周显王三十三年条的记事，为什么不直接从《通鉴》中引用呢？乍看之下并不清楚。从《四书蒙引》讨论孟子与齐宣王就伐燕一事谈判的时间问题，可以看出蔡清是读过《通鉴》的。《通鉴》认为伐燕之岁为宣王十九年（《通鉴》纪年以周为正统，实际上此处指周赧王元年条），这一点宋代黄震《黄氏日抄》（卷三）已经讨论过了。蔡清引用相关材料后云，“《考异》亦无他据”。这是蔡清自己的话，可见他连《通鉴考异》都过目了。[③]

蔡清之所以特意引用《少微》，可能是因为《四书蒙引》本就是因应科举而作的举业之书。《少微》同样也是科举用书。

而且，学子登第之后并不意味着《少微》将被束之高阁。张吉[④]比蔡清早一科中进士，在成化二十一年（1485）被贬到西南边疆景东。在“去家几万里”（张吉的家乡是江西余干）的偏远之地，张吉所带的书有《易本义》（朱子撰）、《书蔡传》（朱子弟子蔡沈编）、《诗朱传》（朱子《诗集传》）、《春秋胡传》（南宋初胡安国注释）、陈氏《礼记集说》（元陈澔撰）。除以上“五经”的科举官定文本外，张吉还带了“少微江先生所纂《资治通鉴节

① 《千顷堂书目》卷五。

② 《四书蒙引》卷九：“《少微鉴》载：孟轲尝问：‘牧民之道何先？’”

③ 《四书蒙引》卷九：“《通鉴》以伐燕之岁为宣王十九年，则是孟子先游梁，而后至齐见宣王矣。然《考异》亦无他据，又未知孰是也。此段今断从《黄氏日抄》。”

④ 《本朝分省人物考》卷五九有传。

要》”。选择的理由是“取其编帙省约，多则不克致也”。[①] 因为轻便，携带起来也容易。

顾炎武云：“当正德之末（16 世纪上半叶），其时天下惟王府、官司及建宁（建阳）书坊乃有刻板。其流布于人间者，不过“四书”“五经”《通鉴》《性理》诸书。”[②] 此处所言《通鉴》即是《少微》。

上述让人得以一窥明代前半期《少微》的流传情况。关于《通鉴》的接受史，寺田隆信通贯地进行了勾勒，其内容也涉及明代。[③] 此外，近年来中国学者左桂秋著有《明代通鉴学研究》一书。[④] 不过，前者主要讨论司马光的《通鉴》，而不是《少微》。后者提到了《少微》，但只是从“官方史学”和“民间史学”的角度介绍与《通鉴》相关的著作，并没有探讨《少微》本身。当今中国史学界，在史学史中一度被轻视的明代部分研究也日益繁荣，《少微》也随之得到了重视。但目前的研究还停留在厘清《少微》版本，以及考察其普及情况的阶段，并未深入窥探其内容（恐怕这将是今后的方向）。之所以如此，是因为“《少微》只不过是《通鉴》的节要本”这一评价本身并没有改变。如果说第三章讨论的《纲目》是《通鉴》的嫡子的话，那么《少微》只不过是众多《通鉴》节本中距《通鉴》最远的庶子。连《纲目》这

---

① 《古城集》卷三：“乙巳，论事忤旨，坐贬景东，乃西南极陬，去家几万里。所持《易本义》、《书蔡传》、《诗朱传》、《春秋胡传》、《礼》陈氏《集说》及少微江先生所纂《资治通鉴节要》而已。取其编帙省约，多则不克致也。”

② 《亭林文集》卷二《钞书自序》。

③ 寺田隆信：《士人的史学修养——〈资治通鉴〉的流布》「士人の史的教養について——あるいは『資治通鑑』の流布について」，《历史》八二，1994 年；《明代乡绅研究》『明代郷紳の研究』，京都大学学术出版会，2009 年，第 72—94 页。

④ 左桂秋：《明代通鉴学研究》，中国海洋大学出版社，2009 年。笔者未见此书，查其博士论文（山东大学），在全文 132 页中，涉及《少微》及其《续编》的内容见第 31—32、100—101 页。笔者估计博论出书后也没增补《少微》相关内容。

样优秀的“继承人”，其内容都被束之高阁了，《少微》这样的“不肖幼子”更是如此。但正是这一“幼子”，在明代的社会上大行其道，并与“嫡子”《纲目》相杂糅，成为滋生出庞大“纲鉴”群的母体。从这一点出发，追溯《少微》文本的发展历史并非毫无意义。

二　少微先生

不过，《少微》一书并非自古就没人关注。对这本书讨论最详细的恐怕还是书志学家王重民（1903—1975）（王氏一般被称为目录学家，此处着重突出其书志学家的一面）。

王氏写过《少微》数个版本的提要。其中一条云：“《少微家塾点校附音通鉴节要》，存十七卷，一册，十八行本（北京图书馆藏）。”之后是介绍这一版本的文章。首先，王氏并未按照书志的模式介绍此书内容，而是指出此书存在的问题（六角括号为引用者的补充。圆括号为《中国善本书提要》的补订部分）。

> 旧说谓宋江贽撰。按贽事迹，余未能于宋、元人撰述内考得，仅于〔明〕凌迪知《万姓统谱》、〔清〕萧智汉《历代名贤〔列女〕氏族〔姓〕谱》内寻获一二。萧盖本于凌，①凌盖本于《明一统志》，《明一统志》适不在手头，兹依凌、萧二家书述之：
>
> 贽字叔圭（按《提要》作字叔直），〔福建〕崇安人。②初游上庠，与龚深之以学《易》著名。隐居里中。近臣荐其贤明，不赴。著书立言，名动京阙。政和中，太史奏少微星见，诏举遗才。命下，邑宰〔据《万姓统谱》，其名陈难〕谒其庐，聘以殊礼，复以诗勉其行，三聘不起，赐号少微先

生。著有《通鉴节要》二十卷〔《万姓统谱》未记卷数，只云“行于世”[1]〕。

邵懿辰《四库简明目录标注》卷五谓“诸家书目载其书，往往有宋、元板”，余检明、清以来藏书目十余种，多不著板刻，惟〔清徐乾学〕《传是楼宋元板书目》载元本《少微附音通鉴》五十卷，注云“王逢、刘剡”；〔明人〕《近古堂书目》〔卷上〕载《少微通鉴节要》，注云“史炤音释，王逢辑义”；〔清范邦甸〕《天一阁书目》载《资治通鉴节要》二十卷，题宋江少微编，门人刘剡识。后两家并不著明为何代刻本，然按之徐氏所谓元本者，而书为明中叶人刘剡所编，是三家所藏，并为明刻，所谓往往有宋、元本者，非也。盖是书传自乐平人王逢及其门人刘剡，武宗所见〔指后述司礼监本武宗御制序所言“近偶检《少微节要》”〕，当亦非宋、元旧本，疑即王、刘校刻本也。然则是乃伪书乎？曰：余固疑之。晁氏《读书志》〔晁公武《郡斋读书志》卷一上〕云“绍圣后，龚原、耿南仲〔与王安石三家〕注《易》，并行场屋”；原即深之，其书今有《佚存丛书》本。③赟与原所著书，并在场屋有名。赟节《通鉴》，为温公后第一人（龚原出王安石门，则赟于温公为后辈），稍后诸家节本并出，赟书遂微。盖以其书非大雅，宋、元人亦不为著录，今人亦不获见王逢、刘剡以前刻本。北京图书馆藏残本二〔此提要著录版本为十八行本，另一版本为十四行本，现寄存于台湾〕：纸色较旧，《北京图书馆善本书目》〔指《国

---

① 在东洋文库藏《历代名贤列女氏姓谱》中确认，王重民用该书补充《万姓统谱》记事的，只有《通鉴节要》的卷数部分。如后所述，《少微》的卷数，旧本有五十六卷、三十卷、五十卷，但到了明代后半期，二十卷本占主流。萧智汉应是据此补充的卷数。

> 立北平图书馆善本书目》。[1] 现中国国家图书馆藏十八行本残本（卷一一至一八），《北京图书馆古籍善本书目》仍著录为元刻本[2]〕遂并定为元刻，余覆核之，④亦为王、刘传本，明中叶所刻也。⑤是书全从陆状元本〔南宋中期刊行的《陆状元集百家注资治通鉴详节》一二〇卷〕出，不但音释注解、所注出处并同，即所加按语，亦莫不相同，两书相照，其窃取痕迹，至为显明，盖即王逢、刘剡撮出，而托之江贽者。特以文词简略，较陆本又节五之一，更便阅读，故自明中叶以后，传播既广，⑥又为武宗命儒臣所重编，反压倒陆本矣。陆本所附诸儒讲议，不及朱黼〔宋人。著有史学著作《三国六朝五代纪年总辨》等〕，此本有之，当采自吕东莱书〔传为吕祖谦编纂的《增节入注附音司马温公资治通鉴》一二〇卷〕，王、刘未必能见朱氏原本也。此本原作三十卷，今存卷第十四至三十，凡十七卷。

王氏不仅查阅了历代书目，还调查了北京图书馆、北京大学图书馆以及美国国会图书馆藏《少微》诸版本，并与南宋中期出版的《通鉴》节本之一《陆状元通鉴》（以下简称“陆状元本”）进行了文本比较。文章虽短但内容很丰富。不过，在笔者所标数字及下划线部分，也存在着事实错误、调查不足、逻辑跳跃等问题。而且波浪线部分所下结论从根本上就不对。笔者在自己的旧著中

---

① 如《中国善本书提要》的编辑说明所示，王重民所说的《北京图书馆善本书目》指1933年编刊的《国立北平图书馆善本书目》。该目录编完之后，为防备日军的文化掠夺，北平图书馆的善本被寄存于美国国会图书馆，现寄存于台湾。在《国立北平图书馆善本书目》中，著录有两种元刻本。不过，其中一个并非五十卷，而是五十六卷，以此为是。

② 《北京图书馆古籍善本书目》，北京图书馆，1989年，第69页。但将此十八行本残卷定为五十卷恐怕是错误的。正如王重民所说，十八行本是三十卷，十四行本是五十六卷（不是五十卷），从后述日本所藏诸本也可确认这一点。

也因沿袭王重民而犯了较多错误。[①] 以下内容算是带着反省意味的再考证。

首先解决中小问题，即假定为编者的少微先生江贽（①②③）。正如王重民所言，现存言及江贽的文献都未早于明代。最早的是15世纪中叶（比王逢、刘剡活跃的宣德年间稍晚）编纂的《大明一统志》，因而王重民认定《一统志》是江贽相关记述的原出处，这一推测是正确的。王氏在写此提要时手头没有《一统志》，所以没办法与《万姓统谱》进行比较。

比照两书可知，《万姓统谱》的记事只是在《一统志》（卷七六）的内容上有所增补。字叔圭、在太学与龚原齐名、少微星现于政和年间、被知县招揽这四点，《一统志》未载。以上内容，在比《一统志》时代稍晚的弘治《八闽通志》（以下简称《通志》）中都能看到，[②] 因此《万姓统谱》的内容有可能抄自《通志》。《通志》还记述了江贽的六世孙于成化十七年（1481）建社学一事（卷四四），以及江贽的旧宅所在（卷七三）。

地方编纂的《通志》比《一统志》的内容更为详细，本身不足为奇。从《通志》的记述可知，当时江贽的子孙一直生活在故里，很可能增补的内容就来自其后代。《通志》记录了江贽的旧宅所在，可见其时江贽为地方名人。

值得注意的是，按王重民所言，《少微》得到普及是由于宣德年间王逢、刘剡刊行的改编本。最早引用《少微》的读书案例是在弘治以后。不过，宣德年间，朝鲜已经采用《少微》作为官

① 《江南》，第112—114页。

② 弘治《八闽通志》卷六六：“江贽，字叔圭，崇安人。初游上庠，与龚深之以《易》学并著名。后归隐里中。近臣荐其贤，召不赴。政和中，太史奏少微星见，朝廷举遗逸。命下，邑宰陈难谒其庐，聘以殊礼，复以诗勉其行。凡三聘不起，赐号“少微先生”。所著《通鉴节要》行于世。”

员考试的教科书了（世宗十二年，1430[①]）。在《李朝实录》中此后也多次出现《少微》，这间接证明在 15 世纪，《少微》在中国已广为人知。

如上所述，《通志》作为一部地方文献，编于《少微》已普及之后，其所记事迹（在太学的名声、少微星出现的时期、被知县招揽），是断然可信的吗？负责编纂《通志》的是福建人黄仲昭，他也是《纲目》六家注的刊行者。弘治正是刘弘毅所处的时代。北宋末年的少微先生和生活于成化年间的六世孙（如果《通志》文字无误）之间相隔约 350 年，虽并非不可能，但时间跨度有点过大了。而且《一统志》本身，由于其官修性质，不太可能采信这样的记述。尤其是“人物”一项，由于取材自地方，所以有可能混入一些自我夸耀的信息。

由于缺乏其他材料，对江贽生平无法探究出更多信息。不过，王重民从②到③的逻辑过于跳跃。②本身的可疑之处姑且不论，从江贽与龚原皆以学《易》著称，并不能推导出“贽与原所著书，并在场屋有名”。王重民认为“有名”，可能源于《万姓统谱》记载的“所著《通鉴节要》行于世”。而“行于世”三字是《通志》增补的，《一统志》中未见。

《少微》附有江镕的序文。王重民在嘉靖刻本《新刊古本少微先生资治通鉴节要》的提要中，[②] 指出该书卷首有此序文，“为

---

① 《世宗实录》卷四七“十二年三月戊午”条。

② 《中国善本书提要》，第 101 页。另外，王重民之所以从嘉靖刻本而非宣德本中引用这篇序文，大概是因为他所见后者没有序文。国立公文书馆藏本也没有江序。不过，哈佛大学燕京图书馆藏本中，此序文与《读通鉴法》《资治通鉴总要通论》《释例》一起附录（沈津主编：《美国哈佛大学哈佛燕京图书馆中文善本书志》，广西师范大学出版社，2011 年，第 340—341 页）。另外，沈津指出“阿部隆一《中国访书志》所谓的哈佛大学燕京学社藏元刻本，正是此版本”，这是指《增补中国访书志》（汲古书院，1983 年）第 315 页的记述。但阿部自己并没有看到哈佛本。阿部的解题是针对上述台湾寄存本，他虽然并没有阐述推定为元末明初的根据，但结论是正确的。

阐述此书源流最早之史料”，并移录全文，但未加评论。下面重新介绍全序，并加以探讨。

> 《通鉴》一书，易纪传而为编年，上下数千百载，兴亡治乱，了然在目，诚史学之纲领也。然编帙甚繁，未易周览，后之君子固尝节其繁，而取其要矣。其间详者犹失之泛，略者又失之疏，学者病焉。少微先生江氏家塾有《通鉴节要》，详略适宜，于两汉、隋、唐，则精华毕备；于六朝、五代，则首末具存，点抹以举其纲，标题以撮其要，识者宝之。其后建宁公默游晦庵先生门，尝以此书质之，先生深加赏叹。自是士友争相传录，益增重焉。今南山主人渊，力学清修，有光前烈，复取此书附益而润色之，增入诸史表、志、序、赞，参以名公议论、音注，简严明白，得失晓然，以为庭下训。客有过之曰：“善则善矣，与其袭珍以私于家，孰若锓梓以公于世？”主人笑曰：“少微先生养高林泉，名动京阙，皇帝三使人聘之，终不能移其嚣嚣乐道之志。凡著书立言，亦惟自明其心，非欲求知于人也。先世有书，唯恐人知，余得其书，顾乃恐人不知耶？”客固请，予嘉其言，以赞其请。主人曰诺，于是乎书。时嘉熙丁酉良月朔，迪功郎、新邵武县南尉、巡提私茶盐矾私铸铜器兼催纲江镕谨序。

整理此序文的信息如下。

一，原本已加以“点抹”，栏外有标题（提取正文内容）。这是后来的《少微》中也具备的特征。但此时只有熟人知道此书，还没有出版。

二，江贽后人江默曾向朱子出示此书，得到赞扬后，抄本开始流传。

三，后人江渊进行了增补，补入正史的表、志、序、赞，名公的议论以及音注。

四，经某人劝说，终于在嘉熙元年（1237）刊行。

序文中的记述与王重民的观点略有偏差。如前所述，王氏认为江贽和龚原的书一并流行于科场；但江序云，朱子赞扬之后，抄本开始流传。两者所言的《少微》普及程度和时期都不同。而且从江序后半部分的笔致来看，《少微》并不如王氏所言流布得那么广。

但这篇序文本身是否百分百可信呢？关于江默，朱子的弟子中确实有同名人物（字德功），朱子文集中也收录不少写给他的书信。[①] 而且，据《通志》记载，江默的籍贯与江贽一样是崇安，乾道年间进士，曾游学于朱子门下，卒于建宁知县任上。[②] 江默似乎能对得上序文中的“建宁公”。但序文中所谓江默与江贽的世代关系，《通志》并没有提及。

撰写序文的江镕，名列《通志》“选举”门（卷四九）绍定五年（1232）的进士登第者中，所以江镕实有其人。

江默与江镕虽然可以得到确认，但对《少微》进行种种增补的“孝孙”——被称为南山主人的江渊，却没有其他记录。除了同为崇安人外，江贽与江默、江镕的关系也不甚分明。

实际上，早有人用质疑的眼光看待这篇序文，他就是《十七史商榷》的作者王鸣盛。他在讨论《通鉴节要》时，在扼要介绍序文的内容后，认为在宋代的众多撮要史书中，朱子不会赏叹这部“钞掠剽拟之作”，所以序文不可信。

王鸣盛随后写道：“入明而如此辈者益伙。”[③] 王鸣盛本来就

① 《晦庵集》卷四四。

② 弘治《八闽通志》卷六五：“江默，字德功，崇安人。乾道中第进士……后知建宁县，卒于官，邑民像而祠之。默从朱文公游。”

③ 《十七史商榷》卷一〇〇：“《通鉴节要》五十六卷，宋少微先生崇安江贽撰……愚谓宋人史学，提纲撮略之书……亦已多矣。乃江贽先有此钞掠剽拟之作，想晦庵必不赏叹及此。江镕序云尔，恐不足信。入明而如此辈者益伙。”此“五十六卷本”如后所述，应是元刊本或承袭该系统的版本。

对宋、明史学非常鄙视，他是基于“朱子不可能赞扬《少微》这样的书”的预判来下结论的。这种直觉是正确的。朱子确实对《通鉴》很感兴趣，不但编纂了《纲目》，还作跋称赞友人袁枢所编《通鉴纪事本末》。[①] 朱子也是会照顾学子便利的人。但《少微》的编纂构思与《纲目》不同（后述），很难认为朱子会称赞这样的节本。

笔者怀疑，为了让人信服《少微》得到过朱子的认可，序文才带出与朱子有交集的江默来。不管江贽是什么样的人，《少微》无疑是江氏一族的著作。但所谓的“江贽作”是为了让其比其他节本的时代更早而使用的花招，有可能出自后代江某（其身份不明，可能就是江渊）的加工，也可能本就是江某编纂了《少微》。如果江镕的名字也是伪托的话，那么序文的日期也不可靠。

王鸣盛只说序文的一部分恐不足信，却承认《少微》本身是宋代之作。在这一点上王重民亦同，但王重民应是相信这篇序文的。可是，不仅宋刊本现不存，而且正如王重民自己所说，未见宋代的典籍提及《少微》，由此看来，很难以江序为据立说。

笔者的立场与王鸣盛相近。不同的是，王鸣盛只对朱子赞赏之说感到可疑，笔者则对作者本人的经历怀有疑问。虽然没有材料可以否定宋代存在江贽的原型，但笔者认为成书于北宋末年的文字记述不可尽信。总之，可以确认的是，序文与王重民“《少微》在宋代已流行，后诸家节本并出，贽书遂微”的构想相悖。王重民很重视“陆状元本”，此处所说的“诸本”恐怕主要考虑的是“陆状元本”。但将《少微》的消长与“陆状元本”关联起来，本身并没有任何根据。在查证此点之前，先把目光转向王重民认为并不存在的元刊本。

---

① 《晦庵集》卷八一《跋通鉴纪事本末》。

三　元刊本的存在

王重民云《少微》“未能于宋、元人撰述内考得”。笔者在出版《江南》时也这样认为。但只需稍微一查，就知元代提及《少微》的文献是存在的。

笔者指的是孔克齐《至正直记》卷二“江西学馆”一文的记述，此文为叶德辉（1864—1927）的《书林清话》所引，近年宫纪子对其也有介绍。[①] 文中介绍了学馆的读书方式，为了携带方便，采用将基础读物合册装订的方法。这些书籍包括《四书集注》、《经传》（“五经”注释）、《诗苑丛珠》、《礼部韵略增注本》、《少微通鉴详节横驰》。[②]《四书集注》、《经传》（“五经”注释）、《礼部韵略》是科举所必需的，自不待言。此外，《诗苑丛珠》是采集对偶相关词语的类书，借用《天禄琳琅书目》（卷六）著录的至正二十四年西园精舍刊本解题之言，是“以备初学挦撦之用”。可见，《少微》也和这些书一样被当作教科书使用。

孔克齐是孔子的后裔，生活于元末。他从在其家乡溧阳游学的江西人娄奎那里听说了这个方法，并加以仿效。这毕竟只是一个地方的情况，不能成为估测《少微》普及程度的材料，但至少证明，元末至正年间《少微》一书确实已经存在了。

引文中，《少微》的书名中没有“节要”而使用了“详节”一词，这意味着此书不单单是节略本，附加的部分也是卖点所

---

① 叶德辉《书林清话》卷一“书之称册”；宫纪子：《元代的出版文化》，第435页。笔者读了宫著才注意到该材料，深感惭愧。另外，宫认为《少微通鉴详节横驰》的“横驰”是“订在一起”之意，但从对其他书籍的记述方法（“○○一册钉”）来看，“横驰”也包含在书名中。

② “江西学馆读书皆有成式。《四书集注》作一册钉，《经传》作一册钉，《少微通鉴详节横驰》作一册钉，《诗苑丛珠》作一册钉，《礼部韵略增注本》作一册钉。庐陵娄奎所性游学溧上，其子弟皆如此云。易于怀挟，免致脱落也。此法甚便，吾甚效之。”

在。“详节”在宋元时常被用于书籍之名，最有名的是传为吕祖谦所编的《十七史详节》，会有“详节”本的也不仅限正史。例如元刊残本《增入诸儒议论杜氏通典详节》[1]、宋代《郡斋读书志》（卷五）所载《会要详节》等。《通鉴》节本“陆状元本”的增修本也称“详节”，即《林公省元集注资治通鉴详节》。[2] 元至顺《镇江志》（卷一一）亦载，学校备有“《通鉴详节》十三册”（另外，《通鉴》有一百二十册，《纲目》有二十册）。此外，宋刊《吕大著点校标抹增节备注资治通鉴》一百二十卷[3]、元初在山西平阳刊行的《增节入注附音司马温公资治通鉴》一百二十卷[4]，其中的“增节”一词与“详节”旨趣相同。

“节要”也常被用作书名。名为“通鉴节要”的书在宋代似已出现，[5] 但今不存。在《宋史·艺文志》中，与吕祖谦的编年史

---

① 至元刊本藏于东京大学东洋文化研究所，该版本也被影印入《四库全书存目丛书》中。

② 上海图书馆藏宋刻本，一〇四卷。《上海图书馆藏宋本图录》（上海古籍出版社，2010年）的解题称：“林姓省元事迹无考，书中有题签作‘《林之奇集注资治通鉴详节》五函’。此书注家中有‘林曰’，但‘林省元’或为伪托。”另外，与该馆所藏元刻“陆状元本”相比，后者除了卷一至一六的序文等附录部分、卷六〇以后评论变少之外，两书基本相同。

③ 《中国善本书提要》，第92页。“吕大著”指官至著作郎的吕祖谦。

④ 同上，第91页。

⑤ 司马光自作“节要”之说根深蒂固，王重民也如此认为。《宋史·艺文志》亦载司马光作《通鉴节要》六十卷，南宋周必大否定了司马光自作说（《文忠集》卷一八七《书·黄日新》）。他注意到《节要》的司马光自序（他用了“所谓”一词）中有“神考宠以冠序”之语和“退居独乐园，取旧编，削繁芜”之文。但此序文中的头衔门下侍郎，是司马光在神宗死后两个月就任的，当时还没有使用庙号，之后司马光卒于宰相位上，没有再次回到读书生活中，“退居”云云明显与此不合。而且，如果把写作时间前推至元丰年间司马光在洛阳时所作，就更不会称“神考”了，该序文没有提及元丰年间之事也令人生疑。周必大怀疑这篇序文的真实性，并断言书籍本身亦“非文正亲节甚明”。周必大所言为是，其所见序文即“陆状元本”中所载《温公亲节〈资治通鉴〉序》。司马光所作撮要为《举要历》，朱子在《纲目》的《序例》中提到的即为此书。司马光本人感叹《通鉴》太过浩瀚是非常有名的逸闻，故而才伪托他编了节本吧。

著作《大事记》同被列举的有“《吕氏家塾通鉴节要》二十四卷”。

元好问《集诸家〈通鉴〉节要序》一文，[①] 常被引作叙述北方“通鉴学”传播的史料，其中亦有“东莱吕氏《节要》”，以此书为基础所编弋唐佐本也是一百二十卷。吕氏家塾本的卷数正好是其五分之一，这恐怕并非偶然。两书分量是一样的，只不过改变了卷数的分割方式。

与之相比，至顺《镇江志》所记的十三册本，由于不知道每册的厚度，所以难以评断。不过，与同时例举的《通鉴》《纲目》的册数相比，应该算是比较少的。而且，前述《至正直记》中的《详节横驰》的分量可以装订成一册，而现存的《少微》合为一册则显得稍厚，[②] 很可能《少微》被进一步缩减了（“横驰”可能就是这个意思）。

据《元典章》（卷三一）记载，《通鉴节要》被翻译成蒙古语，在蒙古学校中教授，翻译本的具体形态尚不清楚。众所周知，元代《通鉴》的节本非常流行，前述寺田的论文、更为详细的宫著都论述了这一点。[③] 或许因为这已成为常识，李逸友编著的《黑水城出土文书》在指出元代《通鉴》盛行后，认为额济纳旗出土的史籍残片（F6：W36）是《通鉴节要》，[④] 但段玉泉认为这是《纲目》的残叶。[⑤]

然而，在明初藩王墓中出土了元刊《通鉴节要》即《少微》

---

① 《遗山集》卷三六《集诸家〈通鉴〉节要序》。

② 另外，《诗苑丛珠》元大德刊本（国立公文书馆藏）约 480 叶，《礼部韵略》元至正刊本（国立公文书馆藏）约 310 叶，后述《少微》赵氏本约 630 叶。

③ 寺田著，第 83—88 页；宫著，第 106—110 页。

④ 科学出版社，1991 年，第 58 页。宫著第 107 页从此说。

⑤ 段玉泉：《黑水城文献〈资治通鉴纲目〉残页考辨》，《宁夏大学学报（人文社会科学版）》，2006 年第 3 期，第 68—71 页。如标题所示，该文主要指出《俄藏黑水城文献》编号 TK316 的残页是《纲目》，同时也对 F6：W36 残叶进行了探讨，认为二者是同一版式（但印刷的纸质不同）。

的实物。[①] 据报告人崔巍介绍，此书全称与宣德本相同，即《少微家塾点校附音通鉴节要》，共五十六卷（与王鸣盛所见版本卷数相同），并附有《外纪》四卷，目录末尾有“至治辛酉赵氏钟秀家塾新刊”木记，半叶十三行，行二十二字，框高14.9厘米，宽9.8厘米，巾箱本，共两函十六册，卷首附有序文。崔巍虽然没有提及序文作者，但残存的一叶与江镕序内容相同。

也就是说，《少微》刊本至少可以追溯到至治元年（1321）。虽然“赵氏钟秀家塾”不详，但从版式上看，可以认为是建阳本（现《中华再造善本》中有此本的影印本）[②]。

除此之外，还有一个版本可以窥见宣德本以前《少微》的面貌，即王重民提要的问题所在④中的“北京图书馆本”。王重民指出，“北京图书馆”有两种残本（现寄存于台湾），《国立北平图书馆善本书目》著录为元刻本，但王逢、刘剡本应为明刻本。

笔者所探讨的并非这两种残本的原件，而是美国国会图书馆制成的国立北平图书馆本的缩微胶卷（为了保护国立北平图书馆的善本不受日本侵略而暂寄美国时，参与其移送的王重民制作了缩微胶卷）。[③] 因为笔者尚无法从书志学角度对纸张进行判断，从内容来看两者是一样的。

即便无需鉴赏能力，仅从内容来看，就能确认这两个残本在宣德本以前。具体判断标志后文详述，较明显的一点是，刘剡所做加工的最大特色是“正统纪”，即采用《纲目》的年号纪年，但此二残本并非如此。虽然两书都非全本，但十四行本包含《纲目》“无统”时期的南北朝，十八行本包含五代。两个时期都是

---

① 崔巍：《明鲁荒王墓出土元刊古籍略说》，《文物》1983年第12期，第85页。现藏于山东博物馆。

② 北京图书馆出版社，2006年。

③ “美国国会图书馆摄影国立北平图书馆善本书胶卷”（以下简称“善本胶卷”）所收。

《纲目》分注年号的时代，宣德本忠实地沿袭了《纲目》的纪年方式，在则天武后统治时期也依照《纲目》，使用中宗“嗣圣”年号。另一方面，两种残本仍依《通鉴》的纪年方式。

就正文的文本而言，两种残本和宣德本几乎没有差异。只不过，宣德本散见[新增]的评语。其中大部分出自“胡氏（寅）”“范氏（祖禹）”，这一点很像刘剡的作风（不过，元刊本中也有“范祖禹曰”）。《纲目》经常引用胡、范二人，宣德本则标记出“胡氏”“范氏”。虽然数量很少，但引用“尹氏”也只存在于刘剡刊行的版本中。[1]

这些[新增]，在两种残本和赵氏家塾刊本中均不存。也就是说，宣德本是增补元刊本之作。更详细地讲，王重民把十四行本定为“五十卷”，不过是据宣德本是五十卷而做的推断。十四行本中残存的是卷三三至四四，缺少结尾。若和宣德本相比，例如，十四行本卷四二“太宗皇帝下”，在宣德本中是卷三八。由此可以猜想，十四行本和赵氏家塾刊本（十三行）同样是五十六卷。实际上，成篑堂文库就藏有十四行五十六卷本。[2]《国立北平图书馆善本书目》也已更正为五十六卷了。十八行本只剩下卷三〇的中间部分，但因为已到后周显德年间，所以可认为是三十卷本。另外，京都府立综合资料馆藏有源自三十卷本系统的明初刻本。[3]

也就是说，这两种并不是王重民所说的宣德本系统。即便不是元刻，也有元刻的影子。如果此两种就是元刻，再算上赵氏家塾刊本，现存就有三种元版，分为五十六卷和三十卷两个系统。

---

① 卷一一“元封元年”条：“[新增]尹氏曰：‘弘羊一贾人之子……’”等。

② 《御茶水图书馆藏新修成篑堂文库善本书目》第978页认为此版本为元刊本。虽然没有出示证据，但至少可以确定在宣德本之前。此十四行五十六卷本，两册零本中的一册是卷四九至五六。

③ 十八行三十卷，洪武乙亥西清书堂刊。

亦可证实元代《少微》已行于世。

然而，就此断定《少微》比其他“节要”“详节”本更为普及还为时过早。《宋史·艺文志》之所以著录《吕氏家塾通鉴节要》，或许正因其在元代具有影响力。元好问的文章中提到《吕氏节要》，托名吕祖谦编的平阳刊本《增节》也存在于世。相比之下，《少微》还只是个“初出茅庐的小子”。正如王重民所指出的，《少微》之所以普及，是由于明代刘剡、王逢这对搭档之功。

四　“陆状元本”、《纲目》、《少微》

因为有更早的元刊本，所以王重民的假说⑤——宣德本是王逢、刘剡抄袭“陆状元本”之作——就不能成立了。不过，元刊本抄袭“陆状元本”的可能性依然存在。

从王重民提要的后半部分来看，他不仅比对了“陆状元本”与“宣德本”，还参照吕祖谦本进行了详细的考察。然而，王氏所考察的对象，与其说是“善本”，不如说是珍品，令人怀疑这位著名书志学家是否有时间全力投入调查之中。正常来讲应是抽取样本，然后进行比较。

与之相比，笔者的时间应该更为充足，但也难以做到比较全书。本节将选择五代第一年的史事进行比较，这足以说明问题了。笔者与王重民不同，将《通鉴》本身和《纲目》都作为比较的材料。这样一来，就可以观察到节本各种各样的省略方法。

这里简单地介绍一下“陆状元本”。虽然此版本是现存《通鉴》诸节本中最有名的，但很大程度上是受明末毛晋汲古阁翻刻的影响。[①] 最初的“陆状元本”成书于12世纪末。作者陆唐老是

① 《陆状元增节音注精议资治通鉴》(影印收入《四库全书存目丛书》)。

一个寂寂无名的人物，也不像是能成为状元之人。关于这一点，王重民引述了多种史料，称陆唐老在淳熙十六年（1189）由太学上舍任官，翌年参加科举，成为进士。王氏引《宋史·选举志》“进士择年长者一人为状元”、《癸辛杂识》“上舍释褐，恩数以优者为状元”之例，认为陆唐老被称为“状元”或与上述情况类似。[①] 庆元三年（1197）刊行的蔡氏家塾本与建阳刊行的宋刻本现藏于静嘉堂文库，王重民为之写提要的是元代增修本。也就是说，他比较的是元刊本和《少微》的宣德本。因此，要查证王氏的考察结果，就需要比较他所用的两个版本，而“陆状元本”元刊本与《少微》宣德本（或元刊本）即便不相似，按理来说，宣德本也存在着抄袭宋刊本的可能，因此本节还要将其与宋刊本进行比对。不过，宋刊本和元刊本的正文除了排版错误以外没有别的差异。[②]

“陆状元本”卷一一四以下是五代史事。卷首有按语，“（《通鉴》）所援引事多是旧史（《旧五代史》），其言辞详略，与今欧阳公《五代史》（《新五代史》）多有同异，亦非词赋所引用，更不具注也”。[③] “陆状元本”的特征之一是标注了正文史事的出处（即正史）。有毅力的读者，可以将《通鉴》与正史相对照。按语提到，新旧《五代史》的异同与科举无关，故不一一注明。宣德本（卷四九）中也有该按语的删节版。

“陆状元本”在按语之后是《后梁纪·太祖神武元圣孝皇

---

① 《中国善本书提要》，第 92 页。

② 宋刻本与元代增修本的差异在于，前者标明了史事的出处，评语也很多，后者则未插入评论，也不记出处。查证“善本胶卷”中收录的数种元代增修本（没有全本），每种版本都有配补，各版本中有出处、评论兼备的，有缺少出处的，有两者皆无的。

③ “按梁、唐、晋、汉、周，旧各有一代之史。本朝欧阳文忠公始削为《五代史》。司马温公虽时取欧阳公一二论说，而所援引事多是旧史，其言辞详略，与今欧阳公《五代史》多有同异，亦非词赋所引用，更不具注也。”

帝》，与《通鉴》相同。然其所记“在位七年，寿六十一”则《通鉴》不载。接着“讳晃”以下，介绍了朱全忠的生平，比《通鉴》更为详细。另一方面，宣德本也记录了朱全忠的在位时间和年龄，生平介绍部分比“陆状元本”简洁，可以认为是“陆状元本”的缩减版。从这些外在的文字看，宣德本确实有可能源于“陆状元本”。

《通鉴》以后梁的年号“开平元年”为正统，“陆状元本”也是如此。另一方面，宣德本先是标明干支纪年“丁卯”，后大书唐朝年号“天祐四年”，在分注中云“四月以后，梁太祖皇帝朱晃开平元年，西川称唐天复七年。是岁唐亡。梁、晋、岐、淮南、西川凡五国，吴越、湖南、荆南、福建、岭南凡五镇”。此段照抄自《纲目》，也就是刘剡所说的“正统纪”（另外，元刊本也以“开平元年”为正统）。

问题在于记事的内容。首先来比较一下《通鉴》（卷二六六）和“陆状元本”。为了便于对照，此处采用《通鉴》中华书局标点本的记事编号。该年共计五十一条记事。其中“陆状元本”亦载的有一、三、九、十三、十五、十八、十九、二十一、二十二、四十二、四十六共十一条，所采录的各条中，文字也有所缩减。没被采用的记事，大部分是地方的小动向。确实，即便省略这些内容，也能把握这一年的动向。另一方面，《纲目》在该年记录了二十二条记事。“陆状元本”比之《通鉴》的文字，只是单纯的缩略（用词稍有改变），而《纲目》以“纲”为基础搭配“目”时，经常改换《通鉴》的行文顺序。《通鉴》标点本中属于同一编号的记事，在《纲目》中也会被细分。因此，不能简单地将这二十二条内容与“陆状元本”的十一条进行数字比较。若以《纲目》从《通鉴》的哪一条中析出记事来算，有二、三、九、十、十三、十四、十五、十七、十八、二十一、二十二、二十

三、二十五、二十七、二十九、三十一、三十五、四十、四十二、四十五、四十六共计二十一条（划线部分与“陆状元本”相同）。

可见，《纲目》采用的记事更多。“陆状元本”舍弃不记的诸国、藩镇情况（二、十、十四、二十五、二十九、三十一、三十五、四十五），个人的任官、封王（十七、二十三、二十七）以及后梁与后晋的小规模战斗（四十），在《纲目》中都有记述。

《纲目》为五十九卷，占《通鉴》二百九十四卷的五分之一（此卷数不是偶然，恐怕是编者有意为之）。从数字来看，似乎缩略了不少，但考虑到“目”是小字，所以缩减的分量并没有那么大。

那么，宣德本的情况如何呢（除去年号标记和评论部分，同元刊本一样）。首先用数字标示，宣德本有九、十三、十四、十八、二十二、二十五、三十一、四十、四十二条的内容。其中九、十三、十八、二十二条与“陆状元本”重合，字句在“陆状元本”基础上进一步节略。其中，第九条岐王李茂贞记事的正文虽节略自“陆状元本”，但在注中增加了介绍李茂贞的部分。[①] 此外，十四条封马殷为楚王的记事，二十五、三十一、四十条后梁与后晋两国军队在潞州的冲突，“陆状元本”都没有记载。仅通

① “陆状元本”云“岐王治军甚宽（注中插入了岐王的人物介绍），待士卒简易。有告部将符昭反者，岐王直诣其家，悉去左右，熟寝经宿而还，由是众心悦服。然御军无纪律。及闻唐亡，以兵羸地蹙，不敢称帝”。《少微》仅保留划线部分，未记载众心悦服的理由，但这样也语句通顺，文字简洁。另外，《少微》并不只是一味缩减。在这里裁剪一段记事，大概是因为岐王李茂贞不是重要人物吧。在蜀国王建称帝的记事中，“陆状元本”留下了显示其政治作风的记事，而《少微》将之全部裁剪，也是出于同样的理由。“陆状元本”注曰“李茂正（避贞字），深州博野人。本姓宋，名文通。为博野军戍卒。黄巢犯京师，茂正以功补扈跸都头。僖宗赐姓名，拜凤翔、陇右节度使。昭宗时封为岐王”。《少微》注在“岐王李茂贞，据凤翔”以下与划线部分相同（字句有细微差异），又加上“唐庄宗改封秦王，至唐明宗时，国除”。也就是说，“陆状元本”只记述到封岐王之时，《少微》则说明了李茂贞之后的情况。

过这些差异，也可知宣德本并非单纯的抄袭。

同时需要指出的是，宣德本中有一些看上去令人费解的地方，而“陆状元本”和《通鉴》中并不存在。其一是“以清海节度使刘隐为南海王”的记事。宣德本在附注中解释道，刘隐不久就会建立南汉。而《通鉴》的相关记事为“以隐为大彭王”，“陆状元本”与之相同。且《通鉴》本就未记载刘隐被封为南海王一事。《通鉴》开平三年四月庚子条载刘隐被封为“南平王”，记载刘隐去世的乾化元年三月乙酉朔条作“南平襄王”。另一方面，《新五代史》记乾化元年（开平元年后四年）刘隐被封为南海王。《宋史》卷四八一《南汉刘氏传》称刘隐“开平初，兼静海军节度使，封南海王”，但《少微》是否花工夫参考了《宋史》，令人怀疑。“陆状元本”相关条在刘隐的注中曰“梁封为南海王”，那么“陆状元本”注的出处是史炤《通鉴释文》的可能性很大。但“陆状元本”虽有这样的注，正文中却是与《通鉴》相同的“大彭王”。为什么宣德本会改成“南海王”呢？

若考虑到同一处还记载着“王审知为闽王”，就能理解了。《通鉴》及“陆状元本”都记载了开平元年王审知兼侍中一事。而《通鉴》将王审知封王与刘隐封南平王记在同一处。

也就是说，宣德本将开平元年南楚马殷、吴越钱镠封王的记事合并，顺便也一并记载了时间不同的刘隐、王审知封王事。在将开平三年封“南平王”之事提前时，又改成了“南海王”。虽也有可能是受到“陆状元本”乃至《通鉴释文》的影响，但在刘隐去世之年（后梁年号为乾化元年）的记事中，又按照《通鉴》记作“南平王”，这样看来又似乎并非如此。

其次是后梁、后晋两国军队在潞州冲突的记事。“陆状元本”不载此事，所以问题可能出在他书。这条记事在《通鉴》中系于八月，而宣德本则置于九月蜀王即皇帝位的记事之后。因为“陆状元本”未载，所以《少微》可能直接参考了《通鉴》，在缩节时产生了错误；也可能沿袭了“陆状元本”以外的节本。笔者没有找到参考《纲目》的痕迹。

仅比较这一年的记事，宣德本和“陆状元本”的文字还是有相当差距的。就其他附录部分来看，与“陆状元本”相同的也不多。接下来，笔者就王重民认为几乎相同的“诸儒议论”，以卷一一四、一一五的后梁、后唐为限，进行比较。

“陆状元本”除了在各皇帝统治最后引用“《五代史》赞”之外，依次引述了范祖禹、（程）伊川、胡（寅）三、荆公（王安石）、颖滨（苏辙）、胡（寅）二、曾巩的评论。而宣德本在王朝交替之际，引用了两次司马光的《历年图》，在“新增”部分才引用了胡氏（胡寅）。换言之，元刊本只引用了《历年图》。不得不说，“陆状元本”和《少微》并不相似。笔者不清楚王重民选取的比对样本到底是哪一部分，可能那一部分正好比较相似吧。不过，换一处比较，就会发现两书之间的差异。

综上所述，笔者与王重民的判断不同，认为“陆状元本”与《少微》的关系是非常薄弱的。两书的源头相同，又因为节本中“陆状元本”一直到元代都很有影响力（明代虽有汲古阁本，但并不意味着此版本在明代有相当的影响力，其刊行更多是出于怀古趣味），所以《少微》有可能以之为底本。然而，如果称之为抄袭，那么包含“陆状元本”在内的所有《通鉴》节本也都算抄袭。

不过，真正的问题并不在于是否抄袭。在对史书的处理上，“陆状元本”和《少微》有很大不同。

“陆状元本”卷首指出了《通鉴》与《新五代史》的异同，表示不再一一注明出处。也就是说，五代这部分是例外的，其他时期大体都标注了出处（元代的增修本又省略了）。不过，查阅

《少微》，以唐代为例，只有太宗和玄宗部分标注了出处，这是为了方便想更多地了解“贞观之治”和“开元之治”的人。

另外，“陆状元本”的节略方法，并没有像《纲目》那样下工夫，只是单纯地缩编。但结果反而更忠实于《通鉴》的文章脉络。不过，正如南海王的例子所示，《少微》也会根据记事的相似性，将不同年份的事件拼到一处记述。《纲目》虽有时也会总述类似、关联的记事，但像封王这样相当重要的记事，并不会这样处理。《少微》的做法打破了编年史的记述规则，因而也不会为朱子所赞赏。

但《少微》将十国的封王记事集中在一起是有其深意的。其考虑的与其说是“何年何月某人成了○○王”，不如说是“在此处总述十国之王，让读者记住这四人”。

《少微》并非一味地缩略。在元刊本中，像汉代的记事，就从《汉书》中增入了大量内容。

高祖——本纪所载诏、《张良传》（《通鉴》不载的“四皓”相关内容）、班固赞、《叙传》、班彪《王命论》

惠帝——班固赞两则（惠帝与萧何、曹参）

文帝——班固赞两则（贾谊、文帝）、《叙传》、本纪中给匈奴的和亲诏

景帝——班固赞（景帝）

武帝——《食货志》（兴利之臣相关）、《游侠传》序（附处刑郭解的记事）、班固赞四则（武帝、董仲舒、公孙弘等、司马迁）、《叙传》、本纪（得宝鼎之事）、《司马迁传》（解说《史记》）

单纯地缩略对考试并没有帮助，所以才从《汉书》中选择与科考有关的内容插入《少微》中。在增入《通鉴》未载记事这一点上，《纲目》也是一样的（例如，《纲目》中也加入了“四皓”），

虽然同样是出于教育的考虑，但两书的目的并不相同。总之，必须承认，《少微》在编纂上有不同于“陆状元本”的想法。正如王重民所言，《少微》的广泛流传是宣德本问世以后的事，但在之前的阶段已经在编纂上下了很多工夫。

五　“松坞师徒”

（1）先生

明宣德三年（1428）的木记①题为翠岩精舍刊《少微家塾点校附音通鉴节要》五十卷本，即王重民所写提要的版本。笔者注意到，此版本并列三人的名字，分别为“眉山　史炤　音释”“鄱阳　王逢　辑义”“京兆　刘剡　增校”。史炤《通鉴释文》如前一章所述，在胡三省注出现之前通行于世。此后，其影响力并没有减弱，即使作者的名字被淡化了，但因为《通鉴释文》一直存在于《少微》中，也得到了更多被公众看到的机会。至于后两人，王重民在一个《少微》的续编本的提要中有所介绍。② 相关部分引用如下。

> 按《平津馆鉴藏记书籍·续编》页五下：“《资治通鉴节要》二十卷，题少微先生纂述，松坞王逢释义，仁斋刘剡增校”③，则此（《节要续编》）题“松坞门人”者，剡自谓为

---

① 卷一末尾有“宣德三年戊申翠岩精舍新刊”的木记。笔者查阅的是国立公文书馆藏本。

② 《中国善本书提要》，第102页。

③ 王重民只引用到这里，但关于该本的说明还有后文。据后文，此版本还配有《续资治通鉴节要》三十卷（中和处士释义、木石山人校正）、《资治通鉴外纪节要》五卷（史炤音释、王□〔逢〕辑义、张维翰笺注、周礼校正），以及正德四年刘吉序、同年慎独斋校正新刊木记。洪颐煊指出，此本由慎独斋刘弘毅刊行，之后代替了之前的五十卷本，以二十卷本的形式流传开来。王重民所说的“吉澄校刻本”（见下一章）也是跟随这一潮流的一个版本。

王逢门人也。此王逢鄱阳人，正统间举经明行修不就，与撰《梧溪集》之王逢非一人。

由此可知王逢、刘剡似乎是师徒关系。另外，王重民特意指出的撰写《梧溪集》的另一个王逢（1319—1388），虽与此王逢同样不应朝廷征召，但在《明史》（卷二八五）中有传（籍贯为常州江阴）。他早在宣德本出版前就去世了。

关于王逢，王重民所言“举经明行修不就”的根据是什么呢？王逢和刘剡这对搭档，曾参与出版上一章提及的倪士毅《四书辑释》的重订本，王重民在此书的提要中专门为其撰写了小传。[①] 其史源为同治《乐平县志》卷八。[②] 此处摘录相关信息如下。

①字原夫，号松坞。乐平县怀义乡人。

②师事洪初（野谷）。洪初的学统从朱公迁上溯至吴中行，更可上推至黄榦，即朱子门人。

③厌科举业，埋头于经史研究。

④宣德元年荐授富阳训导，不就。

⑤日与门人何英、吴存、余进等在乡塾钻研学问。

⑥宣德三年（1428）复以明经辟，召见，极论“礼乐”二字，日晡不彻。明日复赐对，上问“兜鍪”二字，逢未对，遂坚辞不就职。

⑦归即杜门，不入城市，年八十余卒。

⑧学者称为松坞先生，祀乡贤。

---

① 《中国善本书提要》，第41—42页。

② 早于王重民、据《大清一统志》介绍王逢生平的是日本桂湖村（《十八史略国字解》上，早稻田大学出版部，1924年，第9页）。此外，市川任三在《中国善本书提要》出版之前，也注意到《乐平县志》中有王逢传（《十八史略》，明德出版社，1968年，第42—43页）。

王重民进一步在《乐平县志》卷九王逢所作文章（《主忠信序》）中，发现王逢曾在永乐十五年（1417）游历建阳，认为刘剡受业于王逢当在此时。王重民指出，这对搭档重订了《四书辑释》，并进一步对《少微》进行了释义、重纂。他还推测，《县志》所载王逢的著作《史略标题》，可能仅是为了方便初学者，在元代曾先之《十八史略》的基础上增加了标题。王重民认为，王逢虽非“鸿儒博学”，但其纂述“足供乡塾讽读，振起村俗”。

如上所述，明代初期王逢因在建阳刊行了几部书而为人所知，但他不过是在地方历史中留有痕迹的一介村儒。而另外一个王逢是相当有名的诗人，两人间有很大的落差。作为书志学家的王重民对出版者王逢非常关注，虽说影响有限，但确实有意彰显王逢。可以说村儒的辛苦至此得到了回报。

然而，王重民指出，《乐平县志》著录的王逢著作，也包括另一位王逢的《梧溪集》。相隔四百多年的《县志》的记录是否可信，有待查证。特别是⑥朝廷的征召，感觉和江贽的事迹重合。虽然没有提到少微星之类的奇特天象，但两日谒见皇帝的故事还是让人难以置信（至少《明实录》这一年的记事中未载）。宣德三年是《少微通鉴》的出版年份，这恐怕并不是巧合。

王重民只是照抄了《县志》的记录，不一定完全可信。虽然完成了书志学家发掘资料、介绍作者的任务，但前述《少微》续编的提要云，“正统间举经明行修不就”，这与《县志》中“宣德年间谒见皇帝”的说法相矛盾（难以想象谒见过皇帝的人被再次推举为“经明行修”）。因为王重民是分别为各书写提要，并没有把相关问题总结成一篇论文，所以这不是他的责任。硬要追究责任到《中国善本书提要》的整理者身上，也有些牵强。而且，要解释这一矛盾，需查证“正统间”云云的史料依据，可惜王重民并未说明，这一点只能存疑。

换一种思路，尽可能对王逢的有关记录抽丝剥茧，看看会发现什么。若像考证江贽一样，从时间上追溯《乐平县志》的记录，可发现清代《宋元学案》（卷八三）中有不少上述内容。《学案》中，②的学统自不必说，还载有野谷门人王逢的小传，也提及③～⑥的内容。关于⑤，《学案》只列举了何英的名字。关于⑥，《学案》有“礼乐”二字之事，但没有与此对应的“兜鍪”之事。[①] 这些记录无疑也是从地方志中摘录来的。总之，《学案》中，同治《县志》所见内容基本都有。另外，虽说《学案》提到了王逢，但并不意味着把他视为一位学者。对于《学案》来说，追溯学统才是最重要的，个人往往被忽视了。[②]

而且，据《明史·艺文志》，《四书通义》（《四书辑释》的重订本）的作者也是王逢。此处也附有小传，在言及王逢之师洪野谷是朱公迁的弟子后，记载了④⑥之事，但关于后一点只提到了“以明经辟召”，没有谒见皇帝之事。因为著录于《明史·艺文志》，所以出处当是明末清初黄虞稷的《千顷堂书目》（卷三）（另外，《明史·艺文志》在史部也列举了王逢的著作《通鉴释义》《史略标题》）。[③]

那么，黄虞稷是从哪里得到这些信息的呢？他了解这个默默无闻之人的可能性几乎为零，也无法见到后人编纂的地方志。虽能推测他可能是从《四书通义》的序文中得到了信息，但笔者所

---

① 《宋元学案》卷八三：“师事野谷洪氏……乃厌科举业……宣德初，荐授富阳训导，不就。退归乡塾，日与门人何英等相讨论……复以明经辟，及门强起。召见，极论‘礼乐’二字，日晡不彻。明日复赐对，坚辞不就职。归即杜门环堵，足迹不入城市。”

② 关于《学案》轻视个人的例子，可参见前一章对为《纲目书法》作序的贺善的处理（第三章第256页注②）。

③ 这些也沿袭了《千顷堂书目》，但《千顷堂书目》作《史略标疑》。编者注：《明史·艺文志》实未著录王逢这三种著述及小传，以上俱见于《千顷堂书目》。

见版本中未找到相关内容。[①]

关于王逢的个人生平，除了后文会谈到的他与建阳书林的关系外，只有这些内容。不过，若关注其学统的话，会发现意想不到的事实。

关于王逢有两人之说，在王重民之前，桂湖村[②]乃至《铁琴铜剑楼藏书目录》的作者瞿镛就注意到了，后者有非常重要的观点。瞿镛提及朱公迁的《诗传疏义》题为“后学番易朱公迁克升疏义，野谷门人王逢原夫辑录，松坞门人何英积中增释”。这本书是由朱子《诗集传》敷演而成（因此朱公迁称“后学”），番易指的是鄱阳，所以朱公迁是王逢的同乡前辈。这本书的序文（正统九年）作者是何英，在《县志》中亦有其名。瞿镛指出，何英序中有“先师松坞先生”曾言“野谷洪先生初从游先正朱氏公迁先生之门，受读三百五篇之诗”，因此有朱公迁→洪初→王逢→何英这一学统存在。[③] 这样②中朱公迁→洪初→王逢的传承关系可以得到证实，但瞿镛没有提及朱公迁以前的学统。

朱公迁似是比王逢更有名气的人。明代后期冯从吾《元儒考略》（天启元年序刊）中有其传记。据传记，公迁父师事黄榦再传

---

① 笔者所见为蓬左文库藏《四书辑释章图通义大成》（朝鲜古活字本）和国立公文书馆藏《重订四书辑释通义大成》。提及此书的有顾永新：《从〈四书辑释〉的编刻看〈四书〉学学术史》，《北京大学学报（哲学社会科学版）》2006 年第 2 期，第 106 页。因该文的主题是《四书通义》所因袭的倪士毅《四书辑释》，关于王逢仅述其“不就职”事迹，并以“王重民有传”作结。另外，佐野公治《四书学史研究》第 240—249 页也提到该书，但也对王逢不感兴趣。

② 参见第 332 页注②。

③ 《铁琴铜剑楼藏书目录》卷三：“《诗经疏义》二十卷，明刊本。题‘后学番易朱公迁克升疏义，野谷门人王逢原夫辑录，松坞门人何英积中增释’。前有至正丁亥阳所朱氏自序，次朱子《集传序》并注，次正统甲子何氏序……案《乐平县志》，原夫于明宣德初荐授富阳学训导，寻以明经召见。放归杜门，讲学乡里，称曰松坞先生。著有《诗经讲说》二十卷，则非元之席帽山人也。其称野谷门人者，何氏序云‘先师松坞先生尝谓：野谷洪先生初从游先正朱氏公迁先生之门，受读三百五篇之诗’，是野谷为洪氏初之号，松坞所从受业者，而于阳所已为再传弟子矣。”

之吴中行，又传学于公迁（也就是说，②的学统与之前提及的何英相结合，就贯通了）。元顺帝时，公迁以遗逸被召入都，任职翰林院，经常劝谏皇帝，“帝嘉纳之”。然为当权者所恶，公迁也知不能容于世，故而请辞，转任金华郡学正。[①] 但大都是否真的发生过此事，令人怀疑。[②] 如果他是入过翰林院之人，在《元史》中都可以立传了。即使《元史》漏掉了，也找不到其交际圈外围的证据。

《元儒考略》云，后来公迁遇到金华著名学者黄溍，特被敬爱，但黄溍文集里没有提到公迁。之后，公迁在元末的战乱中四处辗转，也曾在朱子故乡婺源逗留过，最终归乡并去世。王圻《续文献通考》（万历三十一年序刊）卷一七三的记述较为简略，但内容大体相同。

事实上，两书“征至京，授翰林直学士”的史源是《少微》的“续编”——《节要续编》。[③] 关于《节要续编》将在后文叙

① 《元儒考略》卷四：“朱公迁，字克升。江西鄱阳人。父梧冈翁，闻同郡准轩吴中行（字直卿，乐平人）得闻朱文公门人黄榦之学于广信饶鲁，往准轩受业焉……元顺帝时，以遗逸征至京，授翰林直学士，每劝帝……帝嘉纳之。当国者恶其切直，不能容。公迁亦知世之不可有为，力辞，不许。章七上，乃出为金华郡学正。翰林侍讲学士黄溍少许可，一见公迁，特加敬爱焉。会兵乱，转徙无定处。已而寓婺源，后归家，卒。”

② 《大明一统志》卷五〇只记载其至正年间为处州学正。从后述第 340 页注②的何英序“以特恩授校官”来看，在此之前，公迁怎么也不可能当过翰林学士。《一统志》当是真实情况。

③ 《增修附注资治通鉴节要续编》卷三〇至正七年七月：“以朱公迁为金华郡学正。初，公迁以遗逸征至京师，授翰林直学士，每劝帝……帝嘉纳之。当国者恶其切直，不能容。公迁亦知世之不可有为，力辞，不许。章七上，乃出为金华郡学正……翰林侍讲学士黄溍最少许可，一见公迁，特加敬爱焉。公迁字克升，鄱阳人。其父梧冈翁，闻同郡准轩吴中行（字直卿，乐平人）得闻朱子门人黄榦之学于广信饶鲁（字仲元，号双峰先生），往准轩学焉……所著有《朱子诗传疏义》二十卷，《四书约说》四篇，《四书通旨》六卷，行于世。”此外，图 4-1 所示为《新刊翰林考正纲目点音资治通鉴正要会成》（陈仁锡汇编，钟惺订正，张溥标题）。虽然标题中没有“续编”，但属于后述“翰林考正本”系统，原是将正编、续编合订，刊行于明末，该书是其中的续编部分。这则记事最初收录于《节要续编》卷三〇，而在《正要会成》中被收录于卷二〇，因为到了后期，二十卷本成了主流。

述，但其元代部分的史源《元史节要》中也没有这一记事。换言之，这是《节要续编》新增的部分，紧接着是“松坞王氏”王逢对其师（朱公迁）学问的长篇大论（图 4-1）。为何在至正七年插入这一记事，若说仅因此时朱公迁被任命为金华郡学正，恐怕不能令人信服。该条前有张枢、董平[①]两人受召入翰林院而不就的记事，由此看来，可能是把该记事粘合给了朱公迁。即便如此，仅一介学官就能在编年史记事中堂而皇之地出现，还附有评论，这只能说是自卖自夸。王逢的评论可以说是朱公迁著作的广告。虽然这一逸事未必广为人知，但之后王宗沐、薛应旂两个版本的《宋元资治通鉴》也将之沿用，[②] 可见他们是认真读了《节要续编》的。

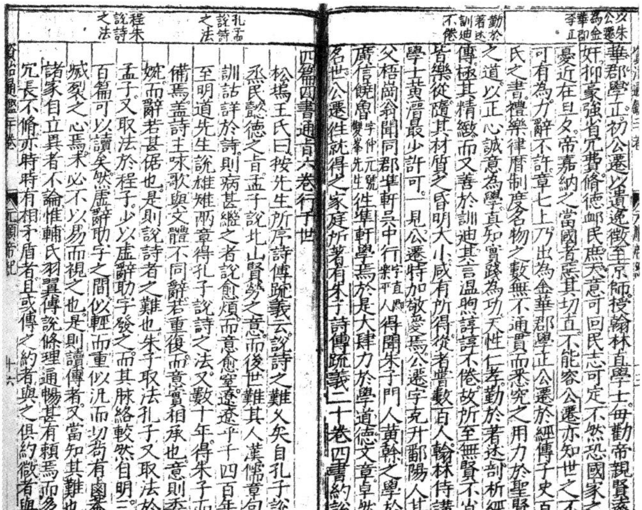
以朱公遷為金華郡學正
勤於著述訓迪不倦
華郡學正。初公遷以遺逸徵至京師授翰林直學士每勸帝親賢遠
奸抑豪强省冗費脩德卹民庶天意可回民志可定不然恐國家之
憂近在旦夕帝嘉納之當國者忌其切直不能容公遷亦知世之不
可有為力辭不許章七上乃出為金華郡學正公遷於經傳子史百
氏之書禮樂律曆制度名物之數無不通貫而深究之用力於聖賢
之道以正心誠意為學真知實踐為功天性仁孝勤於著述剖析經
傳極其精微而又善於訓迪其言溫煦諄諄不倦故所至無賢不肖
皆樂從隨其材質之昏明大小咸有所得從者嘗數百人翰林侍講
學士黃溍最少許可一見公遷特加敬愛焉公遷字克升鄱陽人其
父梧岡翁聞同郡華軒吳中行字直卿樂平人得聞朱子門人黃榦之學於
廣信饒魯字仲元號雙峯先生往華軒學焉於是大肆力於學道德文章卓然
名世公遷往就得之家庭所著有朱子詩傳疏義二十卷四書約說
四篇四書通旨六卷行于世
孔孟說詩之法
程朱說詩之法
松塢王氏曰按先生所序詩傳疏義云說詩之難久矣自孔子說
烝民懿德之旨孟子說北山賢勞之意而後世難其人漢儒章句
訓詁詳於詩則病甚繼之者說愈煩而意愈窒逮乎千四百年
至明道先生說雄雉兩章得孔子說詩之法又數十年得朱子而
備焉蓋詩主咏歌與文體不同辭若重復而意實相承也意則委
婉而辭若甚倨也是則說詩者之難也朱子取法孔子又取法於
孟子又取法於程子少以虛辭助字發之而其脉絡較然自明三
百篇可以讀矣然虛辭助字之間似輕而重似汎而切苟有鹵莽
滅裂之心焉未必不以易而視之也是則讀傳者又當知其難也
諸家自立異者不論惟輔氏羽翼傳說條理通暢甚有賴焉而多
冗長不脩亦時時有相矛盾者且或傳之約者與之俱約徵者與

图 4-1　《节要续编》中的朱公迁事迹（架藏本）

① 编者注：《节要续编》原文作“董立”，且仅载“枢不至”，未言董立如何。

② 王宗沐《宋元资治通鉴》卷六二“至正七年七月甲寅”条，薛应旂《宋元资治通鉴》卷一五〇。

《节要续编》对朱公迁的聚焦仅止于此，未谈及他就职金华之后的事（因此无法知道其卒年），这一点也令人起疑。《两浙名贤录》记，梅熙听到公迁的讣报后，不远千里来服丧，后来梅熙在洪武初年任官。[①] 若此记录为真，那么公迁当在明朝建立前就去世了。《宋元学案》未说明史源，记述了公迁曾感化欲乘兵乱起事之人，之后不久就去世了。[②]

如上所述，王逢的师徒传承有可疑之处。与其说是朱公迁本人，不如说是记述他的方式存在问题。王逢之师洪初，据《国榷》载，洪武年间曾被朝廷征召，参与蔡沈《书集传》的补订工作。[③] 但仅知王逢与洪初是同乡，其师徒关系的具体情况并不清楚。述说这一学统的是王逢和他的门人何英。

关于王逢，还有王重民未介绍的其他材料。此处抄录《少微》所附刘剡识语如下。[④]

> 永乐丁酉（十五年）冬，鄱阳松坞王先生携师　野谷洪先生讳初，字善初。所受克升朱先生讳公迁，并皆鄱阳人。其学得之于父梧冈先生，梧冈得之于双峰饶子（饶鲁），饶子得之于勉斋黄先生。[⑤] 所著《诗经集传疏义》来书林，而又会聚群书五十余

---

① 《两浙名贤录》卷一〇“梅景和熙”：“少受业于番阳朱公迁，别余二十年，千里闻讣，熙至番阳为服心丧……洪武初，举博学明经。”

② 《宋元学案》卷八三：“朱公迁，字克升，梧冈子。有家学，历婺、处二州教授。辟兵转徙徽、栝、歙、信之间，已而以病归里。先生有笃行，里人乘乱喜戕人者，闻其来，为之止杀。先生曰：‘是可化也。’力疾访之，其人感悟，然病遂以是笃，五日而卒。”这里没有提及朱公迁曾在都城任职。

③ 《国榷》卷一〇“洪武二十七年九月己酉”条列举了所有参与人员的名字，其中就有洪初（《实录》未载这一名单）。另外，后述张美和（翰林学士）的名字也在此列。

④ 王重民所见宣德本上没有此识语（如果有的话，王重民应该会注意到）。国立公文书馆藏本也是如此。笔者见此识语于宫城县图书馆藏嘉靖刊、隆庆重刻的《新刊高明大字少微通鉴节要》，以及国立公文书馆藏朝鲜刊本《少微家塾点校附音通鉴节要》附录的《外纪增义》上。

⑤ 文中对洪初、朱公迁的说明采用小注形式。

帙，辑而录之以附益焉……坊中好事者已请求刊行。时剡得供翻阅之事，而得请学焉。暇日论及史学，　先生尝曰："《少微先生通鉴节要》一书，甚有益于学者。不旬日读之，而数千载兴亡治乱，了然在目，诚为读史之捷径也。然统纪淆混，学者莫知适从。当以　文公朱子之例读之，然后进于《纲目》，庶乎三纲五常之道、《春秋》经世之法可得而识耳。苟字义翻切之未详，虽旁搜苦索之劳，未免其意之龃龉也。吾尝将眉山史氏（史炤）《通鉴音释》、慈湖王氏（幼学）《音训》《音义》《集览》等及诸书，训释而标注之，以备遗忘。非敢以为学者设也。"请之数四，乃得出示，名曰《资治通鉴释义》。观其名物、制度、音义，不待圈点而句读，粲然明备。又补正其脱略凡二十余处。初学得此读之，明白易晓，诚为至宝者也。剡敬承

师命，正其统纪（引入《纲目》的正统论）。坊间好事者既请板行矣。①

另一方面，刘剡在刘氏一族前辈（宗公）刘恕②的《通鉴外纪》的基础上编纂了《外纪增义》。《少微》和《外纪增义》均由刘剡从侄刘文寿刊行。

很难判断此识语有多少可信度。首先，值得注意的是识语中又提到学统，但人物介绍特地施以小注，这一点有些奇怪。至少表明，以朱公迁的知名度，不得不这样进行说明。

① "……而文寿见而喜曰：'是吾志也。'固请梓行……时岁在著雍涒滩中夏甲戌，门人京兆刘剡敬识。"此识语的格式，朱子前空一格尚能理解，洪初前亦空格，提到王逢还要提行，似乎太过，令人费解。

② 刘恕是江西筠州人。贾晋珠《谋利而印》第82—83页引用的刘氏族谱中未见刘恕之名。当然，这只是单纯的附会。在后来的"纲鉴"中，刘恕被认为是京兆人。

从经书注释的话题切换到史学话题也有点可疑。关于王逢参访书林一事，王重民所引王逢《主忠信序》中云“永乐丁酉（十五年）冬，予游建阳书林，始获识于虞某[①]”，与此时间一致。关于这一点，还有前述瞿镛提到的王逢弟子何英的证词，即《诗传疏义》建阳刊本所附后序[②]。因为是自己人的证言，所以还需谨慎对待，下面先来看其具体内容。何英云，《诗传疏义》为黄溍所叹赏（序中朱公迁与黄溍相遇，在以特恩任金华学正后，未涉及入翰林院云云），后来成了稀见之书。

> 永乐乙酉（三年），先师（王逢）宗兄世载游书林，至叶君景达家，因阅《四书通旨》（这也是朱公迁的著作），而语及《疏义》。景达尚德之士，屡致书来请梓传。岁丁酉，英侍先师馆于叶氏广勤堂，参校是书，旁取诸儒之说，节其切要者录而附之。稿成，未就锓刻，先生还旆考终。正统庚申（五年，1440），景达书来嘱英曰：“所传《诗传疏义》辑录，遗其稿，数卷不存。愿为补葺而寿诸梓。”英窃虑其所遗忘，恐成湮没，况景达欲广惠爱之仁，故不揆浅陋，敬取先师所受余稿，谨录补遗，重加增释，足成是编，名曰《诗传疏义详释发明》。质诸同门友京况刘剡，以卒先师之志。

另外，广勤堂的叶景达还刊行了《针灸资生经》，书中有正统十

---

① 虞某的情况不详，谈及建阳虞氏，据《书林清话》（卷四）介绍，虞氏务本堂在元代刊行了很多书籍。

② 《经义考》卷一一一“朱氏公迁《诗传疏义》”：“先师松坞先生尝谓，野谷洪先生初从游先正朱氏公迁先生之门，受读三百五篇之诗……时先生以特恩授校官，得正金华郡庠，日纂月注，以成其书，名曰《诗传疏义》。黄文献公溍一见，深加叹赏……”如加点部分所示，并未记载入翰林院一事，说明金华郡学正是朱公迁的初官。刘剡被称为“同门友京况（《四库全书》本为‘兄’）刘剡”，“京况（兄）”当是“京兆”之误。

二年的木记。[①]

在何序中，话题从《四书通旨》转到《诗传疏义》，故事模式与《少微》刘剡识语的例子相似。不过，学者到建阳与书坊合作的故事，可以追溯到元代。王逢文章中提到的“虞某”可能与“虞氏务本堂”有关，这家书坊在洪武二十一年（1388）刊印了《易传会通》[②] 一书，作者董真卿的行动可以证明这一点。

故事追溯到元代。董真卿的父亲董鼎曾为《书集传》作注解。另一方面，新安学者陈栎也在同乡学者胡一桂的劝说下进行着同样的工作。胡一桂与建阳出版界相熟，并刊行过自己的作品。他劝陈栎作注解，无疑是看出能够刊刻行世。但另一方面，胡氏和董真卿也有联系，也向对方说了刊行的事情。因此，董鼎的侄子拿着胡一桂的介绍信找到陈栎，提出要在其叔父的遗作中插入陈栎的注解。陈栎以没有看到董鼎的著作为由拒绝。翌年此人又带了一份样稿给他看，陈栎于是提供了自己的数篇注解作为回赠。于是，真卿又给陈栎写信，把其父的全部原稿交付陈栎，委托他删定。虽然此稿已经胡一桂等人添削，但陈栎对此仍感到不满，所以进行了全面的修改。后来在建阳顺利刊刻，看到成品，陈栎非常惊讶。原来和董真卿商定的书名为《蔡书传附录增注》，实际却改成了“集成”。“集成”是朱子这样的大学者才适用的名字，陈栎认为，此名有所“僭越”。而且作为共同编纂者的他，书上却没有署名，此书成了董鼎的个人作品。此外，序文因是故去之人所作，与改订后的内容并不匹配，所以陈栎作了修改，成书却照原样刊印了。更有甚者，把陈栎的五十余条论述变成了“新安胡氏曰”，即胡一桂之说。对于将自说挪给他人一事，

① 《仪顾堂题跋》卷七。关于叶氏的活动，参见井上进：《明清学术变迁史》，平凡社，2011 年，第 27—28 页。

② 《书林清话》卷四“元时书坊刻书之盛”。

陈栎认为不是胡、董做的。[①] 在他看来，是书坊所为。在当时，陈栎与胡一桂的声望还是有一定差距的（后来，陈栎的著作也在建阳刊行，才变得有名）。

陈栎的记述，生动地描绘出当时建阳书林和学者围绕经书注释出版的交流情况。陈栎自己并未出过新安，但胡一桂、董真卿等人会将作者推销至建阳。上一章介绍的倪士毅与刘锦文的关系，也体现出学者与出版者的紧密关系。

回到王逢的话题。在明初，他也追随这些前辈，不在家乡而在建阳工作，因为那里书籍齐全。他推销的是朱公迁的《诗传疏义》。那时尚未刊行，后来这项工作由其门人何英完成。而曾商议过刊行事宜的同门刘剡，已将朱公迁的事迹编入《节要续编》了。

（2）门人

刘剡到底是自称松坞门人的学者，还是该称其为编纂者？在前一章讨论《纲目》时就曾提及此人，在日本比《少微》更有名的《十八史略》，其通行本的出版也与刘剡有关。

《十八史略》及增加元史部分的《十九史略》有几种版本，

---

① 陈栎《定宇集》卷一〇《与高四叔翁》："去年婺源胡双湖数相勉将《蔡氏书传》编附录纂疏，勉从其言，成得三分之一。继而海口董养晦又挟双湖书来，欲借所编采入其叔父董深山所编中。以不见深山所编，拒之不发。今夏养晦之来，携乃叔所编四册见示，遂亦发数篇授之。盖深山之子季真将携入闽板行甚坚，彼中已有刊主矣。近季真贻书，尽发全书共十一册来，诿以删定。但其所编多泛滥不切，自家议论尤泛，使人不满。其书先已经王葵初及双湖删之矣。""又"："《蔡传集成》亦闻置一部。此名亦大言无当，到何处谓之集大成？初与约并名而刊，为改乃父之序文，外面书套之语亦商量写定。到后一切反之，今刊者却是元序……震哥云：'彼拐先生耳，至彼必自刊乃父名。'予对以未必其然。我之忠厚不逮后生之明了远矣……夺吾说以畀新安胡氏者，五十许条。""又"："凡'新安胡氏曰'者，皆吾人之说也。双湖至公平，使其在也，必不肯如此。董亦不敢如此。"《与徽学屠教授书》："去冬编《蔡书传附录增注》已成，已与番阳一董兄谋刊之闽坊矣。"

其中的问题非常复杂。关于这一点，笔者依据市川任三的整理工作①，只讨论与刘剡和王逢有关的内容。

现在通行的《十八史略》是由曾先之编撰的二卷本改编成的七卷本，与原版本最大的不同是根据《纲目》更正了“统纪”。刘剡对《少微》的改编也是如此。也就是说，首先能确认一点，刘剡以《纲目》为武器，改编了《少微》《十八史略》这两部影响力巨大的通俗史书（但在中国本土，《少微》对后世的影响力要大得多）。在此基础上，再来讨论《十九史略》。

国立公文书馆藏有《十九史略大全》一书（以下简称《大全》）。有“嘉靖岁次癸巳至善堂新刊”的木记，为嘉靖十二年（1533）建阳刊本。市川在上述解说中提到过，也许是因为与其他诸本相比时间晚了很多，所以只是简单地提及。

首先，此版本开头有大德元年（1297）予章周天骥的序文。周序是《十八史略》的序文，是在“书林翠岩刘氏”刊刻时所写。建阳翠岩刘氏在泰定二年（1325）刊行过胡一桂的《诗传纂集大成》②，天历二年（1329）刊行过科举用类书《新编古赋题》③。

但同为国立公文书馆所藏《十八史略》（《立斋先生标题解注音释十八史略》，是建阳书坊余氏正统六年［1441］刊本在江户元和年间的活字翻印本④。以下简称“余氏本”），其周天骥序文中“书林翠岩刘氏”的部分变成了“书林叶氏”。无论是《大全》还是“余氏本”，刘氏、叶氏这两家不同的书商都出版过，此记述当是沿袭了前一个版本。收录周序的现存最早版本是余氏本，

---

① 市川任三：《十八史略》“解说”，明德出版社，1968年。

② 《皕宋楼藏书志》卷五。

③ 《天禄琳琅书目》卷六。

④ 书中有“建阳县丞何景春捐俸刊”。但能否按照字面意思理解为由建阳的地方官捐俸出版，是另一个问题。

但很难说这个版本的周序就合乎原貌。不管怎么说，正如在《纲目》中看到的那样，此书的序文也被窜改过。

周天骥序之后，是临川人陈殷[①]的洪武五年（1372）序文，陈殷曾为《十八史略》作音释。《大全》和“余氏本”的陈序有一点不同。前者的陈殷序文标题作“题《十九史略》序”，文中称编了“十卷”。与之相对，后者的陈殷序则称“七卷”。显然《大全》在作伪。序文的标题以“十九史”为名，文中却以《十八史略》为对象，明显露出马脚。[②] 而为了配合《大全》“厘为十卷”的说法，又将序文中的“七卷”改为“十卷”。

接着是陈殷同乡朱素的正统四年（1439）序文。朱序中也有关于《十九史略》的叙述，但还是很奇怪的。首先，朱素称《十八史略》作为教科书很优秀，但对于初学者来说，多有文义难通之处，因此有很多人作了音释。不过，出人意料的是未提及陈殷之名。接着，朱素说友人吴友忠集“诸家之说”损益之，分注于各字句之下，取名为《史略音义》，并请自己校正。朱素读了吴氏的成果，称赞《音义》体现了作者曾先之之心（“予固嘉之”），之后云：

> 书林刘公剡取梁孟敬（寅）先生所编《元史》，重加节略校正，附于其末，用备一朝事迹，名之曰《十九史》，刊行广播，甚盛心也，予深嘉之。

又提到“予深嘉之”。市川已经指出此处和前文衔接不畅，反复称“嘉之”也很不自然。

---

① 王重民在《立斋先生标题解注释文十八史略》的提要中，引用了《临川县志·陈勉传》中的“祖殷，尝音释《十八史略》”（《中国善本书提要》，第145页）。陈勉是成化五年进士。陈殷是作为其祖父被顺带提及的，他的知名度可想而知。

② 《题〈十九史略〉序》：“定为一编，故名其篇曰《十八史略》……愚因音而释之，厘为十卷。”

市川怀疑道："后一段话是否与吴氏《史略音义》有关，也就是说，刘剡所附《元史》是否原封不动地收入吴氏书中？还是说刘剡将两者全然分开，朱素是对这种机灵的处理方式表示赞赏？"另外，附加了《元史》部分的吴友忠《史略音义》，可能是市川引用的《天一阁书目》卷二著录的"《标题详注十九史音义明解》十卷，刊本。明庐陵曾先之编次、临川陈殷音释、王逢点校、吴忠音义，成化七年书林熊氏中和堂刊"。[①] 从著录信息来看，吴（友）忠施以音义的似乎是《十九史略》，但事实并非如此。"音义"的对象仍是《十八史略》，朱序本来就是为了彰显吴氏成果而写的。刘剡云云，无疑是为了配合《十九史略》才附会上去的。

《大全》在《古今历代撰史诸儒姓氏》之后有木记，其中列举了前出之《史略》注解，有临川吴氏、九江陈氏、松坞叶氏。九江陈氏与临川人陈殷虽不吻合，但正如市川所云："在陈殷序中所见的其印鉴上有'陈殷九江'，所以'九江陈氏'当指陈殷。"叶氏即周天骥序文中的叶氏，吴氏是吴（友）忠。而且，这里的"松坞叶氏"值得注意。松坞是王逢的号。看来叶氏也和刘剡一样自称王逢的门人。

那么，《十八史略》中被刘剡附入《元史》这一点又是怎么回事呢？市川指出，"余氏本"的一个版本（五山版）插入了其他书的内容。其中有①务本堂刊的封面（如市川所言，是虞氏务本堂），②识语"松坞先生师友校正，标注音义，增刊元代事略"，③宣德五年（1430）京兆刘剡序云，虞叔载持《十八史略》来，使明正统，并附加音义，其欣然接受，并增以张公《元事略》。

其中③如前所述，证明刘剡为之"正统纪"，并提及他参与

---

① 另外，四年后，刘氏日新堂又刊刻了吴忠音义本《标题详注十九史音义明解》（《北京图书馆古籍善本书目》，第 160 页）。

修订《十九史略》。但正如市川所言，刘剡增加的是张公即张九韶的《元事略》（《元史节要》），而《大全》却称采用的是梁寅的《元史》（《元史略》）。哪一个为真呢？

如后所述，刘剡编纂《节要续编》时主要使用的是张九韶的《元史节要》，梁寅的《元史略》为次。不过，《节要续编》基本上按年代记录，《十八史略》虽也按年代顺序记述，但并不拘泥于年号，二者的特征不同。与后者更相近的是梁寅的《元史略》。

但《大全》的说法是否正确，还值得商榷。笔者查阅《大全》的元代部分，并不认为是以梁寅《元史略》为底本。且附加的《元史》部分，各种记述自相矛盾，可能是刘剡改编《十八史略》造成的。此外，《十九史略》中也包含余进的《通考》，[①] 他也是王逢的门人（“松坞门人鄱阳竹窝余进宗海《通考》”）。而且五山版识语②中记有“松坞先生师友”，说明王逢也与《十九史略》有关。可见，与《十八史略》一样，《十九史略》也与松坞师友之名有着很深的联系。而且，《十八史略》也有王逢（他的著作《史略标题》中记录了此事）及其弟子“松坞叶氏”的参与。

那么，《十八史略》是以王逢为中心，与弟子们一起改编、增补的吗？事实并非如此，订补的主体当是门人们。不过，将师徒分而论之可能是毫无意义的。这样的工作本就该被视为集体制作（《少微》《诗传疏义》几乎集中在同一时期出版），“松坞先生师友”“松坞门人”应该被理解为制作集体的招牌。

笔者这样认为的理由，是注意到《少微》所附王逢“释义”的内容。王逢云，他曾训释、标注过王幼学的著作（但除《集览》外，王逢所举《音训》《音义》可能不存在，这是一种为显得征引广博的话术），这一点可以确认。至于王逢“释义”中引

---

① 仅存朝鲜刊本及日本翻刻本。

用《集览》的地方，也无需一一斟酌。因为前文比较《少微》和“陆状元本”时，提到过《少微》的后梁部分，此处就从该部分前后举一例分析：辛未年（梁乾化元年）条“问其鼎”，以及两年后癸酉年条“露布”。

首先来看“露布”的“释义”，引用了《文心雕龙》《史记索隐》《初学记》《春秋佐期》等书。看上去博览众采，但无论是排列顺序，还是引用内容都和《集览》一样。《纲目》癸酉年记事后的“集览”注“露布”曰“见晋恭帝元熙二年”。若追溯该条，就能找到前述引用文献。另外，在举出“问其鼎”的出处《左传》时也是如此，流程是《纲目》该条下的“集览”→“见梁大通元年”→《左传》引文。

“释义”对于公然抄录《集览》一事确实并不讳言。然而，如此原样摘抄他书而成，并不恰当。而且“释义”的水平并不高。此外，前述《四书通义》的水平，与倪士毅的原著相比，质量也下降了许多，很是粗糙。① 虽说《四书通义》在《千顷堂书目》中著录作王逢的作品，但从其内容来看并不是这样。王逢只不过是将金履祥、许谦、朱公迁、程复心、王元善、史伯璿等人的著述“参录会通”，真正的主编纂者恐怕是刘剡（图 4-2 中使用了其字刘用章）。

据刘剡《少微》识语，似乎王逢将《少微》带到建阳后，刘剡才知道它的存在。但从元代开始，《少微》就已经成了建阳的商品。很难相信刘剡不知该书。王逢带到建阳的只有朱公迁的著作，正是以此书为借口，《少微》才与“学者”王逢扯上了关系。大体在同一时期编成的《纲目》也十分重视《集览》。因此，笔者认为主导《少微》编纂的也是刘剡。而且，他的工作不仅包括

① 参见第 335 页注①顾永新的论文。

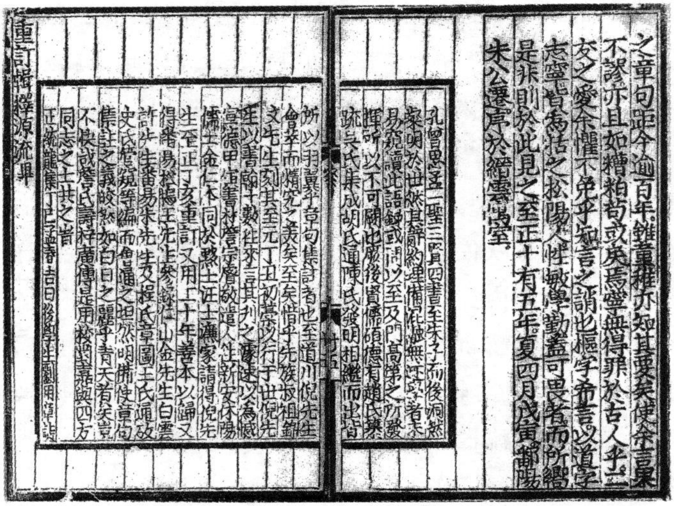

图 4-2　《四书通义》的主编刘剡（国立公文书馆藏）

史书，也涉及经书注释，还参与了朱公迁著作的出版。为了打广告，才在《节要续编》中加入朱公迁的事迹，并让王逢进行解说。目前不清楚王逢是何许人，可能两人是师徒关系，抑或正好相反，刘剡才是驱使王逢的人。

六　刘剡的手段

关于宣德本（因为刘剡是主编，以下简称刘剡本）与以往《少微》的区别，如前述识语所言，充实了附录的内容。[①] 其一是

① “于是首之以《历代帝王传授总图》，以见国统之离合；先之以《读通鉴法》，以见史学之大要，为修齐治平之用；次之以《总要通论》，以见历代君臣治乱存亡得失之由；又次之以《资治通鉴释例》，使知《通鉴》之书一字一义、褒贬予夺皆有深意……大节有四：其一，尊东周君，以见赧王入秦历七年而周家之绪尚存；别吕政之为后秦，以见庄襄窃周之余才三载而嬴氏数百年之宗祀遽灭。其二，黜篡贼王莽之号，而尊孺子婴之年。其三，昭烈帝室之胄，亲承大统，大书以表其年……其四，表中宗嗣圣之年，而黜武氏之僭乱。”

以《历代帝王传授总图》表示国统之离合，此后《少微》甚至“纲鉴”中也都附加了此图（后者还追加了《少微》的“续编”所附宋朝传授之图、元朝传授之图）。其二是《读通鉴法》。其三是元代潘荣的《通鉴总要通论》。此文是对截至宋代的各王朝君臣关系、治乱兴亡、宗教问题等类似话题的总结，《少微》的后期版本又为之增补注释部分，也被收入“纲鉴”中。其四是司马光曾孙司马伋所辑《通鉴释例》。此文见于“陆状元本”，但在原来的《少微》中不存。

识语又称，据正统论改动的地方有四处（东周、后秦；王莽、孺子婴；三国；唐中宗）。后两者无须赘述，前两者将在后文详述。此处先讨论正编以外《外纪》部分的改动。元至治刊本编入了《通鉴》所述时间范围之外的刘恕《通鉴外纪》（“陆状元本”也是从黄帝开始的），据识语称对此部分进行了“增义”。

刘剡称《外纪》作者刘恕为“宗公”，没有任何根据，只是在宣称自己才是《外纪》的正宗继承者。那么“增义”到底增加了什么呢？元至治刊本始自黄帝，而“增义”始自盘古。仅仅只是时代向前延伸吗？下面来看看识语。

> 尝谓《易》称“包羲氏没，神农、黄帝、尧、舜氏作”[①]。今自神农以上，首出庶物，继天立极，圣神之君而又阙焉，未尝不为之慨叹也。一旦访得　仁山金先生《通鉴前编》，读则始于帝尧。又得东阳白云许先生《观史治忽几微》，则始于太昊包羲氏矣。及见四明陈氏之《世编》，古冈黎氏之《古今一览》，又皆始于盘古及天皇氏，不胜喜悦，因而笔之，谨其世而著其号，削其怪而存其常，以俟考焉。

---

① 原文是“包羲氏没，神农氏作……神农氏没，黄帝、尧、舜氏作”（《系辞传下》）。

> 一日，予从侄文寿以 宗公秘书省丞道原公《外纪》全书拜而言曰："尝闻书每称三皇五帝，而是书始于黄帝，余皆阙之。今《少微通鉴》所采《外纪》，尤更简略，旧板累经誊刻，不能无讹舛矣。又自周考王以上诸王元年，不书甲子年数（《外纪》的下限到周考王为止。这里指仅"元年"不书甲子），互有参差。倘得吾叔考而补其未备，以示儿辈，诚一快事。"其言适与予意所合，遂以前所笔者，撮其大要，而参之以《外纪》之全书，自盘古、天皇氏以迄神农氏，而接乎黄帝，以见上有所承，使知上古圣人开物成务制作之实。自帝尧以后，用邵子《经世书》甲子，以注于元年之下，使得以有所考。

刘剡夸言读了很多古代史著作，铺陈大段，结果只是为了向世人推销《外纪》。所列举书籍，除了号称是其先祖的刘恕《通鉴外纪》外，还有宋末元初金华的《尚书》学家金履祥的《通鉴前编》，其弟子许谦的《观史治忽几微》（涉及伏羲至司马光去世的元祐元年，[①] 今不存），元末明初有两人——明州陈桱的《世编》和广州黎贞的《古今一览》（二卷，今不存[②]），还有北宋邵雍的《皇极经世书》，非常丰富。

参照这些书籍编成的"增义"确实使元刊《少微》附录的《外纪》面目一新。元刊本《外纪》忠实于原编，是从黄帝开始的。与之相比，仅凭从开天辟地的盘古开始这一点，该书就有可能畅销。

从盘古到黄帝这段中国史前时期，是陈桱《世编》（现已成为《通鉴续编》的一部分）的主干，而此书仅见于刘剡识语的参

---

① 后述《节要续编》的许谦小传中，也将之列为许谦的著作。

② 明黄佐《广州人物传》卷一三有黎贞传。他在辽东时，目睹了孙贲之死，故当是洪武年间人。《古今一览》在《千顷堂书目》卷一中著录为两卷，内容不详。

考文献。刘剡在正文中云："今采四明陈氏《世编》，增纂而分注之"，也表明了这一点。不过，他在识语中称金履祥为先生，在其名字前还特地空一格，而陈桱不过是与他人并列。陈桱也曾写过《通鉴前编》的"举要"。刘剡看过的《前编》，可能不是原书而是陈氏的"举要"。无论如何，刻意忽视受其惠最多的作者、以金华学派的大学者为招牌，当是为了宣传效果。

至于刘剡自己追加的内容，大半都不着边际，例如天皇氏，从唐司马贞的《补三皇本纪》中补充了陈桱未记的"兄弟各一万八千岁"，此外与陈桱著作还有很大不同，如"三皇五帝"特别是"五帝"为何人的问题。《史记·五帝本纪》自不必说，是从黄帝开始的。司马贞补正时作《三皇本纪》，并记"伏羲、神农、轩辕（黄帝）"和"天皇、地皇、人皇"两种说法。陈桱为了解决两论并记的问题，将天皇、地皇、人皇置于盘古之下，将伏羲、神农、黄帝立于"三皇纪"中，且将五帝置于少昊之下。

五帝的人选自古以来众说纷纭，如《孔子家语》中孔子回答宰我，五帝为"黄帝、颛顼、帝喾、尧、舜"，回答季康子时则为"伏羲、神农、黄帝、少昊、颛顼"。对此，南宋胡宏的《皇王大纪》下了定论，认为从创制世界的角度看，应将重要的"伏羲、神农、黄帝、尧、舜"列为五帝。受此影响，前述胡一桂承认从黄帝开始排列五帝的文献更多，但：

> 然皆缺而未备……今愚本之《易》，参之胡氏（胡宏）……庶几仲尼之意云耳。

也就是说，胡一桂认为这些说法都不完备。《易》很重视伏羲，胡一桂以此为基础，对胡宏之说表示赞同，在自己的《十七史纂古今通要》的"五帝纪"中，选取了和胡宏一样的人选。

刘剡在"五帝纪"的标题下，以"双湖胡氏一桂曰"的方式引述胡一桂的观点，在末尾处云：

> 然皆缺而未备。愚按，黄帝而上缺伏羲、神农，黄帝以下缺少昊不书，而《少微通鉴》因之。今愚本之《易》，证之以双湖胡氏之论，采而辑之，以备考焉。

这又是一种嵌入技巧。刘剡灵活地借用胡一桂的文章，为《少微》的不完备找借口，然后又用胡一桂之论佐证自己的观点，但实际上语意暧昧。刘剡对于黄帝之上缺少伏羲、神农的不满确实与二胡一样，但他们并未把缺少少昊视为问题。刘剡不过是想显示此书与以往缺少少昊的《少微》[①] 的差异。

然而，刘剡此处虽宣称“五帝纪”从伏羲开始，但接下来却罗列了胡宏等人舍弃的从女娲以后“传十五氏”、“共工氏”、“炎帝神农氏”、“传八帝”，卷二又以“五帝纪”为标题从黄帝开始算起。换言之，刘剡并非坚持某种观点，只是为了突出与以往作品的差异才临时这样处理。

这样的小手段在正文中也能看到。称其为小手段或许有些失敬，毕竟依据《纲目》正统纪是一件意义深远的工作。但此项工作只是机械地将年号改为《纲目》的标记方式。其更改的地方即所谓“大节有四”，除了按《纲目》的方法处理三国时代、则天武后时期以外，刘剡还修改了两处。

《纲目》中，周亡后暂时无统，至秦始皇统一天下方尊秦为正统。刘剡本在这一点上是一样的，但他把秦始皇置于“后秦纪”中，与其父庄襄王的“秦纪”区分开来。理由是，他认为秦始皇“实为吕氏”，嬴秦在庄襄王时就已经断绝了。

秦始皇是吕不韦之子的说法在《史记》中已有记载，属于“常识”。《通鉴》也依《史记·吕不韦列传》所述，记载了吕不

---

① 在赵氏家塾本《通鉴外纪》中，黄帝、帝颛顼、帝喾、帝尧、帝舜被列为五帝。

韦明知宠姬怀孕还将她献给公子（后来的庄襄王）一事，《纲目》亦是如此。但《通鉴》并未将“秦纪”拆分，《纲目》也未立“后秦”名目。但宋人胡寅[①]、真德秀[②]等认为六国之“秦”和秦始皇之“秦”是两回事，有后者属于“后秦”之论。

刘剡并不是知悉这些论述之后才采取这样的处置的。他直接依据的是南宫靖一《小学史断》的论述，此书成于端平三年(1236)，并像《纲目》一样逐渐为世人所认可。

> 作史者当于庄襄元年东周既灭，方书“周亡”，然后进秦，使接周统于庄襄终年。吕政嗣位，特书“秦亡”，然后正其姓氏，别为“后秦”。

南宫的论述有两个要点：一是如《通鉴》《纲目》一般，不是将周的灭亡时间置于周赧王五十九年，而是置于七年后四分五裂的东周被灭之时；二是新设了“后秦”。

关于后者，胡、真二氏已经提及，南宫靖一将之与东周之论相结合，产生了新意。他的论述如下：

> 秦自孝公以来，累世窥周，一念僭窃。至庄襄百有余年，东周始灭，彼固谓嬴秦之业可传之不坠。未几，吕政立，而嬴氏之秦已亡。呜呼！赧王入秦之后历七年，而东周如线之绪尚存。庄襄取周之余（东周）才三载，而柏翳数百年之宗祀遽灭……天道好还……无毫发爽。而世之窥觎僭窃于人之国者，每迷而不悟，悲夫。[③]

---

① 《读史管见》卷一“文信侯饮酖死”：“柏翳宗庙至是而绝。为史者当自始皇元年书为‘后秦’，正其姓氏，庶几实录矣。”

② 《大学衍义》卷一七《辨人才·奸雄窃国之术》：“故先儒以谓，始皇既立，伯翳之祀已绝。史氏纪录，宜曰‘后秦’可也。”

③ 与上段引文一起被刘剡本引用。

关于《小学史断》，胡一桂的《十七史纂》曾参考之，也有逸闻称，比刘剡稍晚的毛澄（1461—1523）参加殿试的策论全抄自此书，[①] 但该书评价并不高。南宫靖一本人是宋代进士，也算是一位精英。[②] 他评价道“至朱文公《纲目》一书成而后，古今之大经大法，粲然如指诸掌”（自序），没有对《纲目》公开提出疑问，还采用了东晋元帝是牛氏之子这样的野史（刘剡未采用这条史事，可能是因为对晋没有像对秦那样厌恶）。虽然世俗之人爱看，但很难说是正统派。因此，《小学史断》很少被公然采纳。能够毫不犹豫地援引此书、准入门槛如此之低的，只有刘剡。另外，刘剡有意营销尹起莘的著作，而尹氏是彻底的厌秦论者。

刘剡的加工还有一点，就是对王莽的处置。在上述“大节有四”的说明中，他简略地称：“黜篡贼王莽之号，而尊孺子婴之年。”这与对东周、后秦的处理不同，看上去符合《纲目》的风格。王莽时代是陈过所说的“三绝”（参见第三章），即汉正统断绝的空白期。但不可思议的是，朱子自己对如何处理王莽时代并没有特地论述。《纲目》中关注对“女主”的处理更多，在这一点上并没有衍生其他问题。

《通鉴》则是将王莽编入“汉纪”中，在王莽的标题下小注居摄、始初（非《汉书》的“初始”，从《汉纪》）、始建国、天凤、地皇各年号，接着切换为淮阳王的标题（不称“更始帝”，而用光武帝赐予的封号标示）。

《纲目》的想法稍有不同，将《通鉴》中王莽所立年号的居摄、初始（此从《汉书》）安在王莽的傀儡孺子婴身上。此时王莽确实还不是皇帝。相较而言，《通鉴》更重视实情，而《纲目》

---

① 《双槐岁钞》卷一〇“丘文庄公言行”：“至面检毛修撰澄廷对策多出《小学史断》，全无自得。”

② 嘉靖《江西通志》卷六所载端平二年进士中有其名。不过，其他事迹不详。

更重视名分。然后，从始建国元年开始分注，更始帝也置于分注中。

刘剡看上去也遵循《纲目》。但因为《少微》源自《通鉴》，所以只改变年代标记并不能解决问题。也就是说，《通鉴》在年号之前会标示君主名，《少微》若继承这种形式就会产生问题。如《通鉴》根据实情定为“王莽上/下”，而刘剡定为“孺子婴附王莽”。这与《纲目》“孺子婴居摄元年”的处理方向是一致的，但也造成了在《纲目》中不会存在的矛盾。只在位三年的君主，以后来久居高位的王莽为附录，确实不太合适。[①] 刘剡试图在此处更正“旧”本（元刊本依《通鉴》作“王莽”），反而显得不自然。将孺子婴视为正统君主，正是前一章赵彦卫、吴师道等人的做法。

在《纲目》中，只标示“君主名＋年号”，不立“汉纪”“王莽”等标题，所以不会出现这样的问题。但对王莽的处理确为《纲目》的软肋。若依成规，王莽在位期间存在着与则天武后类似的问题。所以出现了像赵、吴这样主张以“孺子婴在○○”纪年的人。但唐中宗不久后复位，而孺子婴却被同为刘氏的更始帝军队杀死，所以很难处理。这是《纲目》不显眼的弱点。刘剡想用《纲目》调整《通鉴》的框架，矛盾就显露出来了。

关于汉之中兴，《少微》也与《通鉴》略有不同。《通鉴》将有汉一朝总汇于“汉纪”之下，王莽被收入其中，而《少微》元刊本以光武帝往后为“后汉”，刘剡则记作“东汉”。但刘剡对此没有任何说明。我们已经习惯了后汉、东汉这样的称呼，所以不在意与之相关的其他时段的称呼，但两书都将前汉记为“汉”，而非“西汉”。关于三国时代，刘剡为之“正统纪”自毋庸赘述

---

① 在“纲鉴”中，将“附王莽”移到“汉纪”之后。

（元刊本作“魏纪”），这次他是将蜀记为“后汉”。

光武帝、昭烈帝都自称是汉室后裔，但也都开启了新的王朝，有三个不同的称呼本身反而与实际情况相符。但从《纲目》的立场来看，虽然存在新莽这一特殊时期，但从高祖、光武到昭烈，汉统绪得以传承，并不存在两个或三个汉（《通鉴》也不分两汉）。也就是说，刘剡虽号称以《纲目》正统纪，但在这种情况下，一方面大书蜀国年号，另一方面也未必忠实于《纲目》的方针。

这种态度也体现在对南北朝的处理上。《纲目》认为这一时期无统。也就是说，北朝和南朝都非正统，平等对待。另一方面，众所周知，《通鉴》将这一时期置于“宋纪”之下，使用南朝的年号。

在刘剡本中，年号仍是遵从《纲目》，分注标之，标题却是“宋纪　附北朝魏”。因为《通鉴》只有“宋纪”，所以标出魏当是参考了《纲目》。但附录还是附录。如果完全依照《纲目》，就应该是“南北朝”。

总之，刘剡并没有真正尊重《纲目》。既然如此，注释部分就更不必说了。上一章指出，他可能对《考异》进行了窜改，这确实是他会做的事。

七　《节要续编》

《少微》有其《续编》。刘剡并非像对《少微》一样在其原有文本上进行加工，而是自己将原材料编定成书。因为当时并不存在“宋元通史”，比起《少微》来，编纂《续编》确实更费力。没有这番辛劳，下一章要讨论的“纲鉴”就不会出现。因此，《续编》是“通俗史学”的重要环节之一。但除一位学者外，这部书至今几乎没有引起注意。上文谈及，《少微》至少与著名的《十八史略》有联系，但《续编》却没有类似的线索。一般而言，说起《通鉴》在宋元的续编，史学史中常提起的是科举知识分子王宗沐、薛应旂的两部《宋元通鉴》（不过，如上文所述，两书都从《节要续编》中摘录了乡村学者的传记[①]）。

钱茂伟的《明代史学的历程》[②] 对《节要续编》（以下简称《续编》）进行了详细的介绍。正如钱氏所说，明代史学史是一个研究滞后的领域，但近年来呈现出一些活跃的趋势。其中，钱氏的著作以视野开阔、内容全面著称。该书不仅讨论涉及史学思想的有名著作，还有相当篇幅讨论"历史教科书"的问题，主要在第二章《纲常理论下的教科书编写模式》[③]、第十八章《走向民间的史学：晚明的通俗史学》。关于后者将在下一章提及，此处只引用《续编》相关论述。

> 明代新编的教材有《通鉴节要续编》30卷，这部书的重版率相当高。
>
> 《通鉴节要续编》的作者是谁？或作张光启，或作刘剡。刘弘毅《通鉴节要续编序》云："吾族叔祖仁斋先生刘剡深病夫是书〔《少微》〕止于五代，而宋辽金元四史之事实未有为之纂录者，乃取四明陈氏〔陈桱〕及会稽胡氏〔胡粹中〕所著之宋元《续编》〔《通鉴续编》《元史续编》〕，删其烦而撮其要，名之曰《通鉴节要续编》，于以继夫《通鉴节要》之末。"实际上是张光启、刘剡俩人合编的。张光启序

① 此处并不讨论两书引用到了什么程度。但至今尚未有《节要续编》与两部《宋元通鉴》的比较研究。与其说两者被认为是不同性质的书籍，不如说《节要续编》还没有走进史学史研究的视野。

② 社会科学文献出版社，2003年。

③ 其中虽论述了《纲目》相关问题，但几乎没有提及上一章讨论的建阳书坊的具体工作。

> 曰："余昔家食，切有此志。今幸作宰东阳，公隙，即与书林君子刘郯取四代史所载君臣行事功迹，岁月日时，先后精详，敛博合一，核略致详。以宋为统，辽金分书之，元则直续宋统，纂辑校订，附《通鉴详节》之末，名曰《增修附注通鉴节要续编》，庸备考索而已。"据《中国历史地名大辞典》，此东阳乃东阳驿，在建阳县西。所谓"作宰东阳"，是指张光启担任东阳驿丞，而刘剡是建阳书坊老板。
>
> 这部书成书时间，从张氏作序时间来看，当在宣德四年。而刊刻年代，据刘剡后记时间，则在宣德七年（1432）。宣德七年刊本不存，今国家图书馆有朝鲜活字本，尚可见原貌。弘治十年（1497）时，刘剡侄孙子刘弘毅（京兆不才子）替此书做了《释义》。
>
> 续编是普及读物，学术水平自然不高。值得注意的是，此书思想一秉《纲目续编》，讲究正统论书法。[①]（六角括号内为引用者的补充）

这段论述可能是至今为止第二详细的介绍。不过，钱氏应该没有看过《续编》的各种版本。因为他引用的刘弘毅序文源自《史要编》[②]，而张光启序文注引自王重民《中国善本书提要》。正因为钱氏没看过原书，文中才出现了一些错误。

首先，关于张光启，如上一章所述，是建阳知县，不必把"宰"曲解为驿丞。东阳是建阳的雅称。如果钱氏知道张光启曾参与刊印《纲目》的话，就不会出现这样的错误。[③] 而且，钱氏认为《续编》是张光启和刘剡合编的，但正如张光启只是《纲

---

① 第61页。

② 梁梦龙著，隆庆六年刻。影印收入《四库全书存目丛书》。

③ 即便不知道这一点，只要读一下王重民对北京图书馆藏本的介绍（《中国善本书提要》，第102页），就应该知道张光启是知县。

目》的表面招牌，真正的主编是刘剡一样，《续编》也是如此。下一章将讨论的“纲鉴”也一样，建阳刊行的史书经常宣称有福建地方官员的参与。有人从字面理解为这是地方官对文教关心的表现，钱茂伟甚至贾晋珠都认为张光启参与了编纂。[①] 但如果看了出版物的内容，就会知道这很可疑。二人因为没有看过书中内容，所以只按照表面所示来理解。在笔者看来，张光启充其量不过是担任了所谓“监修”一职，或者仅仅是盖了“已审阅”之印。

《纲目续编》云云更是无需讨论。《纲目续编》即《续资治通鉴纲目》，是《续编》出版 40 多年后才出现的书。或许钱氏想说的是《通鉴续编》。如后所述，《续编》是根据陈桱《通鉴续编》（以下简称“陈桱本”）改编的书，采用了其正统论。但“陈桱本”（忠实地继承了朱子）和《纲目续编》的正统论，与《续编》的正统论有微妙的不同（后述）。

由于钱氏未核查原书，所以才称“王重民《中国善本书提要》第 102～103 页于此书版本源流考订甚详”，以书志学家的结论代替了论证过程。

那么，最为详细的王重民考订就完全正确吗？下面来验证一下。王重民列举了四个版本，景泰刻本（存二十二卷，北京图书馆[②]）、司礼监刻本[③]（美国国会图书馆）、弘治刻本（北京大学）以及钱茂伟也提到的朝鲜刻本。钱氏的介绍本身就参考了王重民提要，此处只摘录与之不重复的信息（其中王逢与刘剡关系的相

① 《谋利而印》，第 176 页。

② 此版本与之前的《少微》“北京图书馆藏本”一样，现寄存于台湾。现在，中国国家图书馆也藏有一册景泰本残本（卷一一至一五）（《北京图书馆古籍善本书目》，第 276 页）。名古屋市蓬左文库藏有景泰本全帙。

③ 王重民认为刘剡原编与此本史文（正文）完全相同（《中国善本书提要》，第 102 页），如后所述，此说有误。

关记述已在第五节引用过了，不再重复）。

①除司礼监本外，均题“建阳知县盱江张光启订正，松坞门人京兆刘剡编辑”（弘治本作刘剡的字用章），弘治本更增加了“慎独斋京兆不才子释义”。

②弘治本有宣德四年的张光启序，朝鲜本在此基础上增加了宣德七年的刘剡《后记》，还题有“翠岩后人京兆刘文寿刊行”（王重民据此认为朝鲜本是宣德七年原刻本的翻版，但他没有见过原刻本实物）。

③现存最早的是景泰本。善敬书堂刊行。

④弘治本目录末有“弘治丁巳仲夏杨氏清江书堂重刻”牌记。

⑤弘治本与司礼监本相比，注文中有“释义”。“释义”中引用《一统志》，评语中引用《宋史断》（《宋史笔断》）。由此看来，司礼监本很可能不是翻刻自弘治本而是景泰本。

⑥朝鲜本所附刘剡后记中，有几处显示了元代史的编辑方针。

A. 元统一后之记事，依临江张公美和、梁公孟敬二先生之《节要》、《事略》而成，为彰显宋文丞相（天祥）、谢叠山（枋得）二公之精忠事迹，记载尤为详细。

B. 附录《瑞麦颂》《平西蜀颂》，以见本朝太祖高皇帝除胡元之乱、统一天下的伟业，得到了上天的感应。

⑦宋纪完全基于《通鉴续编》。元代相关，胡粹中、张九韶（美和）并作有《元史续编》。现存卷二六经常引用张美和之说，美和为九韶字，所以“元纪”是以张氏书为基础的。

⑧“增修附注”可能是王逢先以陈桱、张美和之书为蓝本编纂，刘剡又因袭王逢而成。

⑨景泰本距宣德本年代不远，堪视为刘剡原编。之后相继有

司礼监本和弘治本。

⑩据《平津馆鉴藏记书籍续编》，有《续资治通鉴节要》三十卷，题“陈桱纂述，中和处士释义，木石山人校正，正德间慎独斋校刻”。

以上诸条，划线部分存在问题。

关于③，有比景泰本更早的刻本。

日本市立米泽图书馆藏有宣德八年（原刻本刊刻的翌年）余氏双桂堂刻本。[①] 不过王重民不知道此本也无可厚非。此本与景泰本相比，虽有细微的差异，但大体相同，所以⑨的推测是恰当的。

⑤则涉及司礼监本与景泰本、弘治本的关系。

正德年间，司礼监将《续编》与《少微》合刊。[②] 其《少微》中有删去王逄“释义”的痕迹（参见图 4-3，从残留的部分可知，全书进行了删减[③]）。因此《续编》中也可能存在这种情况。所以，虽说司礼监本无“释义”或其他评语，但不能因此否定司礼监本与弘治本的关系。司礼监据民间刻本为底本刊行时，有时会删除夹杂的注释、评语。其在成化年间刊行《纲目》时也是如此。实际上，若不只比较附录部分，而是比较司礼监本与景泰本的正文，会发现王重民的结论是正确的。

上文提到米泽藏本与景泰本有细微的差异，主要指卷二六对宋末的记述。景泰本在景炎二年五月的记事中有九行左右的空白，而米泽藏本该处有文天祥的劄子（朝鲜本也有）。另外，在米泽藏本中，有数处可见与文天祥等人一起抗元的忠臣“张日

---

① 此本原样使用了初刻本的版片。卷三〇卷首题有“翠岩后人京兆刘〇〇刊行”，有抹除“文寿”二字的痕迹。参见井上进著作第 28、29、432 页。

② 见藏于日本宫内厅书陵部。

③ 如图 4-3 所示，卷三八“贞观十五年”条中还残存“三刑”“六合”的释义。

中”的名字，但这些地方在景泰本中都是空白的。如后所述，增补文天祥的事迹是《续编》的卖点之一，但不得而知景泰本删除其劄子的意图。关于张日中，米泽藏本特注“建昌军南城人，横渠先生十三世孙”，其宣扬这位无名忠臣的意图是显而易见的，而景泰本之所以删去，是因为不愿将与《续编》有关的张光启的这位先祖之“抗元”事迹窜入史文。①

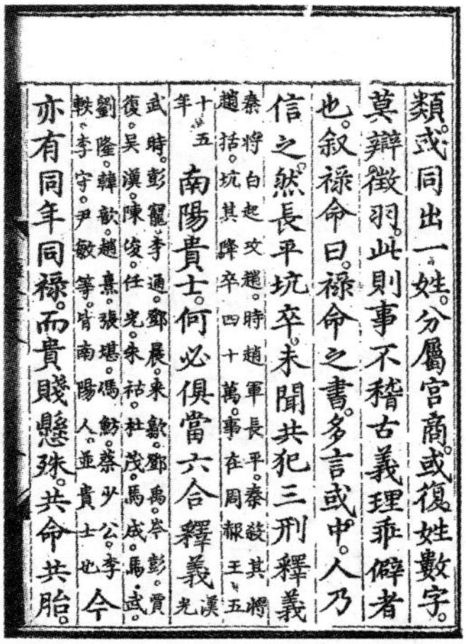
類或同出一姓。分屬宮商。或復姓數字。莫辯徵羽。此則事不稽古。義理乖僻者也。敘祿命曰。祿命之書。多言或中。人乃信之。然長平坑卒。未聞共犯三刑。釋義 秦將白起攻趙。時趙軍長平。秦殺其將趙括。坑其降卒四十萬。事在周赧王五十五年 南陽貴士。何必俱當六合。釋義 漢光武時。彭寵。李通。鄧晨。來歙。鄧禹。岑彭。賈復。吳漢。陳俊。任光。朱祐。杜茂。馬成。馬武。劉隆。韓歆。趙熹。張堪。馮魴。蔡少公。李軼。李守。尹歆等。皆南陽人。並貴士也 今亦有同年同祿。而貴賤懸殊。共命共胎。

图 4-3　忘删“释义”（司礼监刊《少微通鉴》，国立公文书馆藏）

司礼监本没有这些部分，或可据此认为使用的底本是景泰本。不过，王重民补充道，司礼监本对之后的《续编》完全没有影响。从《续编》的后期版本来看，关于文天祥的劄子，有“旧本有，与史书不合，故削去”的注释（但如后所述，与史书不合的记述不只有文天祥），张日中仍然保留。因此，后期版本的底本并非景泰本，当然也没有受到司礼监本的影响。王重民认为《少微》司礼监本是以后诸版本的底本，但对《续编》并没有作同样说法。但为了防止人们误解他的意图，认为司礼监本的影响很大，所以才苦口婆心地加以补充。

将《续编》传之后世的是①中的“慎独斋京兆不才子”及⑩

---

① 《思轩文集》卷一六《嘉兴府教授戴公墓表》：“建阳知县张光启伪称其先张日中者，同文天祥起兵，假刻书故窜入史中。公亦以为言，削之。”墓主是嘉兴府教授，曾提出这一建议，故张日中之记载被删，但不清楚是否与景泰本的删除有关。不过，最终张日中还是出现在一些版本中。总之，这则史料虽然说明了张日中被增入史书的理由，但不能凭这种窜入就认为张光启是《续编》的主编。如后所述，与刘剡的夸张宣传相比，对张日中的突显算是较为收敛的。

中的“中和处士”“木石山人”，即刘弘毅。“木石山人”在上一章已述。既然“慎独斋不才子”是刘弘毅，那么“中和处士”也是他的笔名。另外，⑤指出“释义”引用了《大明一统志》，使人联想到《纲目质实》也频繁引用《一统志》。

值得一提的是，刘弘毅不仅增加了《续编》的注释（《续编》中也存在原注，为了与之相区别，用释义的形式表示，这是在模仿王逢的“释义”），也对正文进行了细微的增补（图 4-4 中道士张正随被赐号一事就是一例），其增补内容以丘濬的《世史正纲》为基础。[①] 此处又可以联想到《纲目》七家注本中也窜入了丘濬的文字。这些都是刘弘毅的手笔。

⑥⑦涉及史料问题。

对于元代部分的史料，王重民引用刘剡后记，认为是以张九韶（美和）的著作为依据。该结论是正确的，但不能以某一卷[②]载有较多“张美和”评语作为论据。因为若是查阅其他卷，梁寅的评语也有很多。关键不在评语，仍然需要比较文本。经过比较，可以确认正文是以张九韶的《元史节要》（非《元史续编》）为依据的。

---

① 王重民也注意到增补入丘濬文字一事。《国会图书馆藏中国善本书录》中，万历间刻本《新刊宪台考正少微通鉴全编》的提要曰（第 104 页）：“大致本于正德间司礼监所纂刻之《少微通鉴节要》，而所引诸家评语，如丘琼山（濬）、周静轩（礼），则当为赫瀛等所增。”然此观点有误。据与之同时刊刻的《宋元通鉴全编》提要（第 105 页），孙氏平津馆藏正德己巳京兆刘氏慎独斋刻本，其校正者木石山人正是刘弘毅的别名，故指出有可能是他补入了丘、周二家。究竟是万历刻本的底本慎独斋本已作增补，还是由万历本的校刻者补入，王重民保留了意见，但应以前者为确。然不只是评语，正文也被增补了丘濬文字。如图 4-4 所示，后来慎独斋嘉靖间刻本《新刊四明先生高明大字续资治通鉴节要》（日本国立国会图书馆藏），卷三“大中祥符八年五月”条“始赐信州道士张正随号真静先生”，注曰“按琼山丘氏”，《节要续编》原本中未见，是刘弘毅引用《世史正纲》补入了正文。另外，虽然笔者未见过此慎独斋本，但联想到刘弘毅曾在《纲目》中增入丘濬文字，则《续编》亦是刘弘毅的手笔无疑。后来的《续编》各本中均包含增入的丘濬文字，这也被“纲鉴”所继承。

② 王重民所指卷二六中没有一个张九韶的评语。

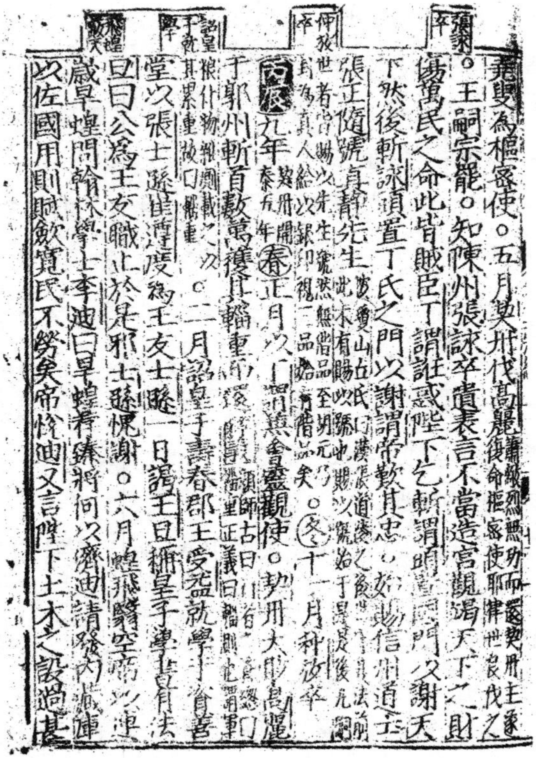

图 4-4　窜入的丘濬文字（《新刊四明先生高明大字续资治通鉴节要》，日本国立国会图书馆藏）

下面来梳理一下《元史》的节本。首先是构成《续编》主干的《元史节要》，此书为明初翰林编修张九韶①所作，现存洪武三十年（1397）建阳刻本。② 虽说是“节要”，但采录的记事相当详细。另外，张美和的序文（洪武十七年序，是否由本人所作存

① 《纲目质实》散见“张九韶曰”。大半源自张氏的另一部代表作《群书备数》（简单解释含有数字的熟语的类书。有国立公文书馆藏本），但与数字无关的词语也引用了张九韶之说。后者是引用自其他书，还是被《质实》酌情归于“张九韶”名下，尚不清楚。

② 本书采用“善本胶卷”所收版本。

疑）中包含了将元朝比作周朝的内容，受前朝影响较深。[①] 总之，这是一部没有轻忽前朝历史的作品。

其次是梁寅的《元史略》。其洪武十九年自序云：

> 寅训诸生以读史，自曾先之《史略》之外，《通鉴》节本颇未惬意。因以《十七史》节本（《十七史详节》）又从而节之，且益之以宋、辽、金，而代各异其帙，以臣之事而附于各帝之后。

由上可见，梁寅之《史略》不只有元代。此外还有两点：

①《元史》编帙浩繁，张编修美和曾作二卷本《节要》。

②郡庠的友人看了梁寅的《史略》，请他编元代版。接受请求后，梁寅稽考了《元史》全书，仿历代《史略》之例编纂，编成《元史略》四卷。[②]

---

① 序文抄录自台湾“国家图书馆”编《“国立中央图书馆”善本序跋集录　史部（一）》（1993年，第270—271页）所收洪武丁丑建安书堂刻本。“昔者诗人咏周之兴也，其诗曰‘绵绵瓜瓞，民之初生’，言周自后稷以来十有三世，至古公亶父始迁国于岐山之下，是为太王……若瓜之结实〔缺一字〕本者常小，其蔓不绝，至末而后大也。今观有元之初兴自孛端叉儿，十世而至铁木真，始称帝于斡难河之上，是为元之太祖……前后朔南复合于一，其与周人之〔缺二字〕合符节，是则元之一代十有四君之行事……一日因与玉〔缺四字〕渊〔缺二字〕欲取《元史》正文，仿曾先之所编《史略》例，节其要者为一书，以便观览。默渊欣然，力赞予为之。于是兼用《资治通鉴》例……书成，默渊诵而喜之，以为少续曾氏《史略》之后，亟命锓梓以广其传……洪武甲子之秋七月既望，前翰林国史院编修官临江张美和。”《善本序跋集录》还载有重刻本的序文，其中没有划线部分。一般来说，这是忌讳把元比作周的部分，所以将其删掉，但也不能否定该部分本身就是出版者为了宣传学习《元史》的价值、自行增入的可能性。另外，这篇序文亦载于宣德本、景泰本《续编》中，题作《元史节要续编资治通鉴序》，文中也有比作周的部分。据此，缺字部分可补为“一日因与玉笥王君默渊”。但与前两则序文不同的，是“兼用《元史续编》《资治通鉴》例”这句。这自然是一种嵌入技巧，是为了宣称参考了胡粹中的书。

② 据“善本胶卷”。“……然编帙浩繁，闾阎庶士未能快睹。张编修美和……节其要略，止为二卷……友生李宗颜、宋大宁肄业郡庠，谓寅所编《史略》宜续以元事，乃请再稽全史，仍历代之例，别为《元史略》……四卷……洪武十九年岁在丙寅秋八月，临江蒙阳梁寅序。”

《元史略》与既有的张美和之作在风格上的差异是，其“以臣之事而附于各帝之后（在各帝之后附上小传）”。《续编》在穿插描述人物时采用了这部分内容。《续编》的正文基本依据张美和《元史节要》，在聚焦人物时主要采用梁寅《元史略》及其评语（从这个意义上讲，刘剡后记之言是正确的）。

此后，胡粹中撰写了《元史续编》。其永乐元年（1403）自序的内容主要如下：

一，张美和、梁寅的《元史略》（张美和之作应为《节要》）流传于世。

二，二人都参与了《元史》的编纂，家中有《元史》全书，所著即以此为基础编成，可惜文辞太过简约。

三，胡粹中给太子、诸王教授经史时，第一次读到《元史》的全本。虽然《元史》对世祖（忽必烈）以前的攻战之事记载很详细，但成宗以后的和平时期则比较简略；顺帝时因史官失职，此后之事缺乏记载，令人不满。

四，全书采用“纲目体”，以至元十三年（杭州被攻陷之年）为元正统之始[①]（《续编》以三年后宋朝灭亡时为元正统之始）。《元史续编》与上述两部作品的体裁不同（纲目体），与《续编》相比，经常出现事件与所系月份不吻合的情况。此书当与《续编》没有关系，刘弘毅所谓“会稽胡氏”云云（见第357页）是假话。[②]

---

① 据“善本胶卷”。“其后江西张美和、梁寅撰《元史略》，行于世。二公盖当时与纂修者，家有全书。惜其辞约而事简……余仕楚之明年，奉教令，傅国储暨诸王，讲肄经史，始阅此书终编。又惜其详于世祖以前攻战之事，于成宗而下治平之迹，略而靡悉。顺帝之时，史官失职，纪载阙然……于是取其所详，辟其所略……起自世祖至元十三年丙子，上接宋德祐元年……凡十六卷，大书以提其纲，分注以备其目……永乐癸未春三月初吉，会稽后学胡粹中序。”

② 《续编》中有若干条记事既不见于《元史节要》，也不见于《元史略》。其中有些见于《元史续编》，但并不能完全补上《续编》的相关地方，所以没有采用了《元史续编》的确凿证据。

另一方面，关于宋史部分，虽然王重民并没有提供“‘宋纪’全本陈桱《通鉴续编》”的依据，但九成是正确的（后述）。

⑧涉及编纂主体的问题。

王重民注意到《续编》书名中有“增修附注”一词，推测编纂经历了王逢→刘剡两个阶段。道理上是说得通的，但没有任何旁证证明王逢参与了编纂。前文讨论过，《少微》名义上以师傅为招牌，实际上由门人主导编成，那么《续编》的编纂主体也当是刘剡。后文将提供更有力的佐证。《少微》将王逢推到前台，而《续编》却没有这样做，也是因为王逢没有参与编纂工作。

至于“增修”一词，如果王逢是原编，应该会以“王逢编辑，刘剡增修”之语来明示。若非如此，“增修”就不能成为吸引读者的卖点。既然没有简单地将“增修”置于王逢名下，就表明并不是在《节要续编》已有原本的基础上增修，而是由刘剡汇集各种材料进行了增补。

以上对王重民的提要进行了探讨，但“宋史”部分的出处问题尚未解决。此外，王重民并没有对这几部书的体例进行说明（因此，钱茂伟才会产生误解）。下面来看一下《续编》的“凡例”。王重民所见朝鲜刊本和缺少序文的景泰本中都没有凡例，但米泽藏本和蓬左文库藏景泰刊全本中都有保存。此处列举论述所需的内容：

> ①是编“提纲节要”一遵四明陈氏桱所编《通鉴》，盖其一字一义、褒贬予夺，殊有深意。而又参用李氏焘《宋史宋鉴》，及武夷刘氏深源、刘氏时举《宋朝长编》，及吕氏中《讲义》、庭芳胡氏一桂《通要》，与夫辽、金二史之文，载于叙事之首用旁黑抹之以见义。其下仍参录宋、金、辽史、《宋鉴》、《长编》旧文以证之，并不敢有所更改也。
>
> ②宋太祖乾德至开宝五年以前与列国分书者，盖以周主

> 犹存之故。自开宝六年以后大书，承正统也。盖太祖得天下人心久戴，天命有归，所遗者独河东弹丸黑子之地（北汉）耳。或者以太祖之年终始分书，概以五代之君待之，直以太宗之年大书。似非公论，今不敢从。
>
> ③辽国年分注于宋统之下，尊华夏也。其帝则称主，外夷狄也。（西）夏亦称主书之，与辽例同，均为夷狄也。
>
> ④金国之年亦与辽同例者，承辽故也。
>
> ⑤南宋渡江而犹大书其年者，承正统，同蜀汉、东晋也。
>
> ⑥元灭金、夏，有中国，而犹分注其年，系于宋统之下者，明天命之未绝也。
>
> ⑦元自世祖至元己卯（十六年）灭宋方大书，承大统也。

其中③～⑦没有什么问题。《少微》刘剡本同样采用了《纲目》的正统论，但《续编》直接仿照了“陈桱本”，并强调华夷之别。“陈桱本”在元统一后才予其正统，所以⑦也遵循了这一点。

问题在于，②与朱子—陈桱的正统论背道而驰（正文中确实从开宝六年开始大书）。其以周主在世与否作为从分注转为大书的依据，但《纲目》的正统论中并不存在这种逻辑。周是无统的，其君主的生死与朱子的正统论本就无关。当然，编者并非不知道正统论的宗旨，“或者”以下的意见就是如此。但又曰“似非公论，今不敢从”，所以是“明知故犯”。

为什么要这么处理呢？从理论上无法解释。确实正如“凡例”所言，除河东地区外宋太祖已经平定了天下，可以认为实质上完成了统一。但这与禅位的周恭帝的去世是两回事，二者没有逻辑上的联系。而且，虽然序文中仅列举了“河东弹丸黑子之地”，但在开宝六年时，还没有平定江南。前述陈霆已就这一点提出了疑问。“宋之正统，陈氏《续编》则定于太平兴国四年，盖本之朱子之说。《续纲目》则定于开宝八年，谓准之武德七年之例（此时基本统一）。予前既论所适从矣。若六年，则江南未平，太原方负，固其大书一统，未见有据。意者，周恭帝于是年三月告殂，故辄附以进宋之例耶？然恭帝既废，天下非周久矣，统之接续，固不系其存亡也。”① 此论甚确。

若要揣测刘剡的动机，只能想到他是希望突出自己的特色。他在《少微》中，虽然没有增加直接抵触正统论的内容，但建立了“后秦”条目；在《外纪增义》中也小心翼翼地尝试提出自己的主张。这样的手法也运用到了《续编》中。

《少微》和《续编》都采用了《纲目》的风格，但并非全盘继承。并非不理解其宗旨，而可能是故意如此。在这一点上，《少微》《续编》乃至“纲鉴”都一致体现了编纂者的性情。

八　刘剡的窍门

上文还剩①未讨论。关于宋史，“凡例”云“‘提纲节要’一遵四明陈氏”。但这与王重民所说的“全本陈桱”不同。“提纲节要”被认为“褒贬予夺，殊有深意”，这是就基于“纲目体”之“陈桱本”的大书部分而言的，并不是说全部正文都是如此。不过，这个宣言本身并没有意义。与“陈桱本”不同，《续编》不是纲目体。实际上，《续编》并没有像“陈桱本”一样彻底区分大书、分注，而是将本该分注的记事直接紧贴着正文。所谓参录“宋、金、辽史”，“陈桱本”对这些史书的引用并非完全是谎言，但《续编》本身并未引用正史。总之，这些记述只是烟雾弹。

---

① 《两山墨谈》卷一一：“《续通鉴节要》于宋开宝六年即大书承正统，前此犹分注也……”

但《续编》确实采用了“陈桱本”以外的史书。为了确认这一点，下面以自古以来颇具争议的宋太祖传位宋太宗一事的相关记述为例，进行探讨。[①] 首先直接引用《续编》宣德本（米泽藏本）的记事（卷一“丙子/开宝九年十月”条），但省略小注。〔〕内显示与“陈桱本”的语句异同。【】内为“陈桱本”有而《续编》中没有的部分。划线部分是“陈桱本”中没有的语句。①～⑪是笔者认为《续编》必然依据了其他史源进行增改的地方（自行更改文字的情况除外）。

> 冬十月，帝〔宋主〕有疾。壬子，召其弟晋王光义入侍。是夕，帝崩〔宋主匡胤殂〕。【甲寅，宋主光义立，赦。（至此为大书，以下分注）】先是〔十月〕，帝〔宋主〕不豫。壬子夜，大雪①。帝召晋王光义延入大寝②〔寝殿〕，属以后事。宦官宫妾〔婢〕悉屏之〔皆不得近〕，左右皆不得闻③。但遥见烛影下，晋王时或④离席，若有逊避之状。既而上〔宋主〕引柱斧戳地，大声谓晋王曰：“好为之。”俄而帝崩〔宋主殂，年五十〕。时漏下四鼓矣⑤。宋后见晋王，愕然⑥遽呼曰：“吾母子之命，皆托于官家⑦〔王〕。”晋王泣曰：“共保富贵，无忧也。”【甲寅，晋王即位，号宋后为开宝皇后，迁之西宫，大赦天下。】帝〔宋主〕性仁孝豁达〔孝友节俭〕，质任自然，不事矫饰。Ⓐ/宫中苇帘，缘用青布，常服之衣，浣濯至再。Ⓑ/【永康公主尝衣贴绣、铺翠

① 宫崎市定：《关于宋太祖被弑说》「宋の太祖の被弑説について」，《东洋史研究》九-四，1945年；《宫崎市定全集》10《宋》，岩波书店，1992年，第97—112页。另外，下一章将讨论的《大方纲鉴》并没有采用这一说法，而是特意记述此处根据正史进行了修改，但这并不是作者的个人见解。正如宫崎所指出的那样，丘濬《世史正纲》否定了被弑说，《大方纲鉴》可能只是承袭于此。而且《历史纲鉴补》也自矜于根据正史进行了更改，仅在此处特别留白，标记为[正史]。《世史正纲》的影响在前一章已提及，下一章将进行更为详细的讨论。

襦。宋主曰："汝服此，众必相效。"禁之。主一日劝宋主以黄金饰肩舆，宋主曰："我以四海之富，宫殿饰以金银，力亦可办。但念我为天下守财耳，岂可妄用？"】即位之初，颇好微行。或谏其轻出，帝〔宋主〕笑曰："帝王之兴，自有天命。求之亦不可得，拒之亦不能止。周世宗见诸将方面大耳者，皆杀之。我终日侍侧，不能害也。我若应为天下主，谁能图之？不应为天下主，虽深居闭门何益？"既而微行愈数。有谏者，辄语之曰："有天命者，任自为之，不汝禁也。"一日罢朝，坐便殿，不乐者久之。左右请其故，曰："尔谓为天子容易〔天子容易为〕邪？早作乘快，误决一事，故不乐耳。"Ⓒ/尝宴近臣紫云楼下，因论及民事，谓宰相曰："愚下之民，虽不分菽麦，藩侯不为抚养，务行苛虐，朕断不容之。"⑧京城〔汴京〕新宫成，御正殿坐，令洞开诸门，皆端直轩豁，无有壅蔽。⑨因谓左右曰："此如我心，少有邪曲，人皆见之矣。"Ⓓ/又尝谓宰相薛居正等〔侍臣〕⑩曰："古之为〔人〕君，鲜能正心〔身〕，自致无过之地。朕尝夙夜畏惧，防非室欲，庶几以德化人之义。⑪如唐太宗受人谏疏，直诋其失，曾不愧耻，岂若不为之而使下无间言哉？"Ⓔ/又〔尝〕谓宰相〔宰相薛居正等〕曰："朕观为臣者比多不能有终，岂忠孝薄而无以享厚福邪？"Ⓕ/尤注意刑辟，哀矜无辜。尝读二《典》，叹曰："尧舜之时，四凶止从投窜，何近代法网之密耶？"故自开宝以来，犯大辟非情理深害者，多得贷死。惟赃吏弃市，则未尝容贳也。Ⓖ/晋王尝病亟，亲往视之，自为灼艾。晋王觉痛，帝〔宋主〕亦取艾自炙以分其痛。每对近臣言："晋王龙行虎步，他日必为太平天子，福德非吾所及也。"善于任使。即位之初，交、广、剑南、太原、荆湖、江表、辽、夏皆敌国也。因注意谋帅，命李汉超屯关南，马仁瑀守瀛州，韩令坤镇常州，贺惟忠守易州，何继筠领棣州，郭进控西山，武守琪戍晋州，李谦溥守隰州，李继勋镇昭义，以御太原；赵赞屯延州，姚内斌守庆州，董遵诲屯环州，王彦升守原州，冯继业镇灵武，以备西夏。其族属在汴京者，抚之甚厚。郡中筦榷之利，悉以与之，恣其贸易，免其所过征税，许其召募亡命，以为爪牙。凡军中事，皆得便宜。每入朝，必召对命坐，厚为锡赉以遣之。由是边臣富资，能养死士，使为间谍，洞知敌情。及其入寇〔侵〕，设伏掩击，多致克捷。二十年间，无西北之忧，以至平蜀楚，拓越吴，所向遂志。盖能推赤心以驭群下之所致也。

首先从细节处看一下用字。《续编》将“陈桱本”的“宋主”变为“帝”或“上”。“陈桱本”之所以称“主”，是因为并不承认此时的宋为正统。承认其正统的《续编》更改用字是理所当然的，虽说自动转换即可，但不仅是年号，《续编》在修改时也留意了正文。把外敌的“入侵”改为“入寇”也是《纲目》的书法，修改手法相当精细。

选段中，两书的叙事本身并没有太大不同。但标注Ⓐ～Ⓖ的地方，在“陈桱本”中是Ⓐ→Ⓒ→Ⓓ→Ⓕ→Ⓑ→Ⓔ→Ⓖ，叙述顺序有很大不同。而且，⑩的“尝谓宰相薛居正等曰”在“陈桱本”中是“尝谓侍臣曰”，这个小地方没有处理干净。

“陈桱本”中没有的记事（划线部分）相当多，前半增入了争议史事的细节，后半描述创业君主的为人，皆有深意。而这样的改编在《续编》中很少见，大多是在“陈桱本”原来记述的基础上缩节，这里应是参考了其他材料。

“凡例”中列举了“李氏焘《宋史宋鉴》，及武夷刘氏深源、刘氏时举《宋朝长编》”。《宋史宋鉴》是一个有点奇怪的书名。

元代以“李焘经进”名义出版的《续宋编年资治通鉴》十八卷本（述北宋事），是一本畅销著作。该书的校订者中有刘深源。[①] 一说刘时举也有同名著作，[②] 但准确地讲，他的著作全名为《续宋中兴编年资治通鉴》十五卷，记述南宋前四位皇帝在位时期的史事。总之，二刘的所谓《宋朝长编》并不存在。建阳多家书坊（陈氏余庆堂、张氏集义堂[③]）将《续宋编年》《中兴编年》以及《宋季三朝政要》（六卷）三书合刻为《续资治通鉴》。因为书衣作“宋鉴”，所以有时以《宋鉴》称之。

三书之中，前人已经指出《续宋编年》系伪托李焘之作，[④] 此书也不是《续资治通鉴长编》的节本。它记述了《长编》未载的记事，而且记事被系错年月的情况并不罕见。[⑤] 在《续宋编年》中，有⑤⑥的部分。

宋史相关的坊刻本还有《宋史全文续资治通鉴》三十六卷。[⑥] 此书前冠有李焘的进呈表，当然只是缘饰。有题识云“《宋史通鉴》一书，见刊行者节略太甚”[⑦]，当专指《续宋编年》。不过，《宋史全文》未署编者姓名。《续编》的“凡例”比起书名更想突

---

① 《善本书室藏书志》卷七：“《续宋编年资治通鉴》……元刊本……目录后有‘武夷主奉刘深源校定’一行。”

② 《四库全书》收入，题为《续宋编年资治通鉴》，存目中亦有同名书。后者述北宋事。

③ 张氏集义堂本、陈氏余庆堂本均有《中华再造善本》影印本。

④ 例如，丁丙认为是“麻沙坊贾托名之书”（《善本书室藏书志》卷七）。

⑤ 例如，建隆元年有对范质等三人加官的记事，接着提到“上初即位，用周朝三相”，并总结了赵普等人成为宰相之事，进而列举了几个显示宰相与皇帝关系的故事。这些记事并不在《长编》的相应年份下。“用周朝三相”见于《古今纪要》卷一七，“旧制宰相早朝”云云见于《五朝名臣言行录》卷一。此书虽借用编年史体例，其中又加入了类书的结构。

⑥ 收入《四库全书》。另外，《中兴》和《宋季》也被收入《四库全书》，但（真正的）《续宋》却没有被收录。《宋史全文》有 2005 年黑龙江人民出版社点校本，《宋季三朝政要》有 2010 年中华书局点校本。

⑦ 《铁琴铜剑楼藏书目录》卷九。

出作者姓名，所以才没有将此“佚名撰”列入。

除⑤⑥之外，①大雪、②大寝、③左右皆不得闻、④时或、⑦官家这些细节在《宋史全文》中都可以找到。另外，介绍太祖为人的⑧～⑪，集中见于吕中的《大事记讲义》(《宋史全文》也有⑪)。只有细微不同，⑩的“宰相薛居正等”在吕中著作中是“宰相”。

本书在讨论《山堂考索》的改编者时已经提到过吕中（第197页)。《大事记讲义》正如书名所示，是一部列举“大事记”并加以评论的著作，与其说是编年史，更像是历史教科书。[①] 另外，该书与记述南宋史事的《中兴大事记》内的“吕中曰”“《大事记讲义》曰”，经常出现在《宋史全文》《续宋中兴编年资治通鉴》《续编》《续纲目》甚至“纲鉴”中。虽然吕中的事迹鲜为人知，但其名字给后世带来了影响，这一点与《纲目》中的尹起莘相似。但正因为对吕中本人不太了解，《续编》的后期版本中，“吕中曰”逐渐变为“吕本中曰”“吕居仁曰”（居仁为本中的字)，变成了另一个更有名的人。[②]

综上所述，《续编》一边在“陈桱本”的基础上适当地进行编辑，又依据吕中著作增补了太祖的逸闻。

有一些修改非常细微，但Ⓔ中将“陈桱本”的“侍臣”改为“宰相薛居正等”，让人难以忽视。《长编》或刘剡看过的《大事记讲义》将此事系于建隆三年，但此时薛居正不一定是宰相（实际上，这一年他是枢密直学士)[③]。本来“陈桱本”中Ⓕ处是薛居

---

①　张其凡：《〈大事记讲义〉初探》，《暨南学报（哲学社会科学版）》1999年第2期，第59—64页。

②　例如，《新刊四明先生高明大字续资治通鉴节要》（嘉靖刻本，国立国会图书馆藏）卷一三“开禧三年十二月”，对韩侂胄死亡的评论为“吕氏本中曰”。吕本中是元祐年间宰相吕公著的曾孙，《宋史》有传。

③　《宋史》卷二六四《薛居正传》。

正。其记述顺序（“陈桱本”是Ⓕ→Ⓑ→Ⓔ）被《续编》调换，变成了Ⓔ描述君主该如何，Ⓕ描述臣下该如何，将君臣放在一起。这本身就可说是一种编辑窍门。

不过，虽说两书中皇帝的对话对象都是宰相，但为了显示具体人名，把“侍臣”改写为“薛居正等”，则歪曲了历史。这也是此书定位并不像编年史书的证据。虽在这一点上与《宋鉴》有相似之处，但《续编》立足于扎实的文本，避免了陷入像《宋鉴》一样杂乱无序的状态。采用“陈桱本”，对刘剡来说是一石二鸟，一是陈桱是太古史的作者，二是“陈桱本”尊重《纲目》的立场，可见“陈桱本”明显优于《宋鉴》。这种选择无疑是正确的。其结果是，相较于单刻的“陈桱本”，成为《续编》的主要组成部分后其反而得到了更广泛的流传。

下面来看一下被刘剡大量补入的部分。正如“凡例”所指出的，增补了文天祥、谢枋得的记事。文天祥（1236—1283）以忠臣中的忠臣著称。从前述已知，《十八史略》的改编本（刘剡也有参与）也曾增补其事迹，而《续编》增补的量更大，附录了《正气歌》、“文丞相诗”五首、挽诗二首。

笔者更想讨论的是谢枋得（1226—1289）。他虽非显宦，但《宋史》中有传。而且，谢氏以《文章轨范》的编者闻名，所以没有人会对增入他的事迹感到突兀。对幕末志士有巨大影响的浅见䌹斋（1652—1712）所著《靖献遗言》中，将谢氏与文天祥一并记载。

但若细想，还是不合理。撇开人品不谈，作为丞相的文天祥和谢枋得在地位上差距甚远。《宋史》之所以为谢氏立传，是因为对其拒绝新王朝的征召、绝食而死一事评价甚高（将这样的人物载入列传，也是为了彰显试图任命谢氏的王朝的美德）。除与文天祥并列外，单单比较《续编》增补的文、谢相关字数，文天祥约二千五百字，而谢枋得超过了三千三百字。而且，由于传记式的事迹并不丰富，所以大半增补内容是引用谢氏写给征召他的元朝官员的书信。

之所以专篇记述谢枋得，可能缘于他是与建阳密切相关的人物。除了《文章轨范》，还有数本冠其名的教科书面世，但尚无史料可资了解他与出版界的关系。元军攻破信州后，谢氏改换了姓名，在建阳街市中占卜为生，不久又到家塾任教。① 他的弟子蔡正孙在建阳出版了《诗林广记》（第 35 页），他可能还有其他无名的弟子活跃在宋末元初的建阳出版界。与建阳有关系，是谢枋得被编年史记述的原因之一。

不过，《续编》的增补中，最为用力的在别处。

（1）卷一一　靖康二年正月　资政殿学士刘韐，不降金而自杀。

（2）卷一三　绍兴六年　刘颔为广州参议军事。

（3）同上七年十二月　刘颔诛广州盗綦毋谨。

（4）卷一五　绍兴十四年三月　朝奉郎直秘阁刘子翼卒。

（5）同上三十一年四月　监察御史刘珙任吏部员外郎。

（6）同上十一月　金主亮（海陵王）赴淮东，提刑刘颔战死。

（7）卷一六　乾道三年十一月　刘珙任同知枢密院事。珙陈说帝王之道（“陈桱本”仅见其说的前半部分）。

（8）同上七年五月　起复刘珙，珙辞不拜。此处引用了三千多字的劄子全文。

（9）同上八年七月　任命刘珙为湖南安抚使。进京极论

① 《宋史》卷四二五《谢枋得传》：“枋得乃变姓名，入建宁唐石山，转茶坂，寓逆旅中，日麻衣躡屦，东乡而哭，人不识之，以为被病也。已而去，卖卜建阳市中，有来卜者，惟取米屦而已……其后人稍稍识之，多延至其家，使为弟子论学。”

时事。

(10) 卷一七　淳熙二年　刘珙知建康府。

(11) 同上三年八月　刘珙加观文殿大学士。

(12) 同上五年七月　刘珙卒。介绍其人（约三百五十字）。

而且，均在栏外增加了这些记事的标题。

其中，官居高位的刘珙［(5)、(7)～(12)］在《宋史》有传，“陈桱本”中亦载。但记述任吏部员外郎和加官之事也太过细致了。“陈桱本”并未记载包括刘珙去世在内的这些事。更奇怪的是，刘剡引用了他的长段劄子。《续编》虽也增补了朱子的奏疏，但与之相比，“三千多字”的劄子明显有失均衡。与谢枋得的书信相比，虽然是公文，但从其本身表达的想法来看，理应缩节。而且，这份劄子未见载于史书。[①]

刘珙的行状由朱子撰写，[②] 也被《宋史全文》引用。(5) 的记事中不仅包括任命，还附了一则逸事。它是从朱子文集还是《宋史全文》中引用的？后者的可能性更大。《宋史全文》把这条记事系于绍兴三十年十月，和《续编》相差半年，且三十一年四月条的记事中也有刘珙。可能是摘录、整理《宋史全文》时串行了（《行状》中并未书年月）。(7) 中任翰林学士时，刘珙对皇帝陈言的后半部分“盖天下之事……”以下，以及 (9) 的“极论时事”也是引自《宋史全文》。

至于 (10)，大概是不知道具体月份而将其置于年末。因为《宋史全文》中淳熙三年时刘珙已知建康府，所以《续编》姑且系于淳熙二年。(11) 的加官在史书中没有记载年月，行状也未

---

① 此劄子见于万历间刻《历代名臣奏疏》卷六，或是摘录自《续编》。

② 《晦庵集》卷九七《观文殿学士太中大夫知建康军府事兼管内劝农使充江南东路安抚使马步军都总管营田使兼行宫留守彭城郡开国侯食邑一千六百户食实封二百户赐紫金鱼袋赠光禄大夫刘公行状》。

记载月份。（12）在《宋史全文》中也有记载，系于年末。《续编》系于七月，可能是根据行状。

“陈桱本”中记载了（1）的刘韐自杀一事，还补充一则逸事，真定陷于金军之手后，父老叹息道：“使刘资政在镇，岂有此祸？”《宋名臣言行录续集》卷三也记载了此事。不过，《续编》行间注载前一年刘韐击退了金军，不知出处何在。

（4）的刘子翼是刘韐之子。《宋史全文》亦载其卒，但行间注中并没有人物介绍。其兄刘子羽在《宋史》有传，但传中未提及子翼。

剩下的（2）（3）（6）中的刘颔，于正史最无关紧要。且不提（3）的平定盗贼，（2）一般并不值得载入编年史。（3）见载于《续宋中兴编年资治通鉴》卷四，（2）应是姑且置于前一年。

（3）的注中曰刘颔为建阳麻沙人，与刘韐同七世祖，由京兆府万年县洪固乡胄贵里移居到福建（图 4-5）。此处显得异常详细，（6）反而简略得令人费解，没有写具体的死因。景泰七年建阳刘氏一族翠岩精舍刊行的晏璧《史钺》中有刘颔，只载“收峒寇有功，死谥忠简”，未写死于与金作战。①

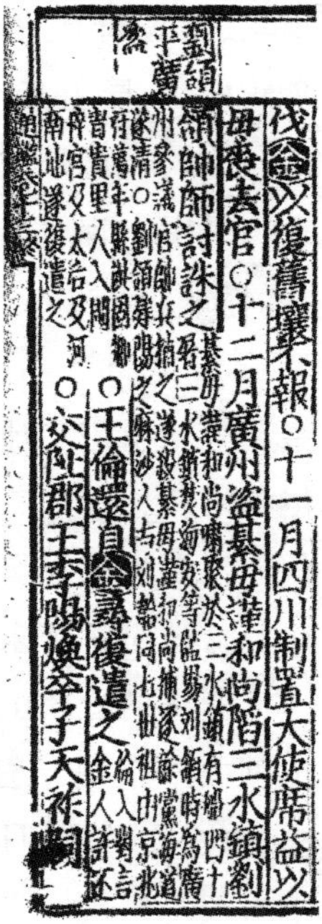

图 4-5　过于详细的介绍（《增修附注资治通鉴节要续编》，蓬左文库藏）

想必大家已经明白了，以上刘氏均属刘焥一族。特别是刘

① 《史钺》卷一六：“刘翱，京兆人，官建州，以开国致仕，因家焉……其后孙刘颔收峒寇有功，死谥忠简……世称麻沙五忠刘氏。”《续编》在理宗“绍定三年五月”条刘纯的记事处，解释了“五忠刘氏”。

领，根据前述刘氏族谱，属于西族北派，刘剡、刘文寿也是这一系。而其他人属于东族（刘韐之子为子翼、子羽，子羽之子为珙）。虽说东族和西族是一族，但关系疏远，因此插入了（3）中的说明。

除此之外，虽然不是增补，但卷一六乾道九年五月朱子奉祠禄的记事中，“陈桱本”在介绍朱子经历时，依次记载了影响他的三位先生（胡宪、刘勉之、刘子翚）的略传，《续编》则是以刘子翚（韐之子、子翼之兄）打头，把其余两人降级到行间注中。

这一系列的记事有两个主题。一是对王朝的忠诚。刘氏一族确实爱国者辈出，后世被当地人称为“五忠刘氏”。[①] 史书未载的记事可能取自刘氏的家传记录。二是与朱子的联系。刘珙请他写行状，而刘子翚是朱子之师。

忠义和朱子学，二者都是《续编》在宋代部分强调的点。既增补了文天祥、谢枋得的记事，又增添了朱子相关人士的记事。增入刘氏，也符合整体的基调。但考虑到对朱公迁的插入过于失衡，与其说这种增补与整体主题同步，不如说只是刘剡自己所关心的内容。虽然不能说彰显朱子学、忠义只是幌子，但对编年史来说，确实比例失衡。至少说明，《续编》的主导权在刘剡手里，而非王逢和张光启。

而关于元朝，如前所述，问题比较简单。与宋史部分不同，元朝的材料说到底只有《元史》，也只出现过前述三个节本。对这部分，刘剡没有大肆改动。但《续编》也对《元史节要》原文进行了增补。

除了朱公迁之外，刘剡还处处彰显南方学者。皇庆二年条

① 《大明一统志》卷七六“刘韐”：“崇安人，其先自京兆徙闽。子孙仕宋得谥忠者五人，世号‘五忠刘氏’。”此记载有可能出自《史钺》。另外，此条的前一人是江贽。

载，“江浙行省以新安儒士程复心所著《四书集注章图纂释》来上，诏擢用之，复心辞不受”。程复心（1257—1340）是前已提及的“新安学派”（汪克宽、倪士毅、陈栎、胡一桂等）之一，从“四书”注释史上看，他的著作绝非没有价值。[①] 但《元史》中却未载这部书及程氏名字。也就是说，《元史》节本中也不会出现。可见程复心部分是刘剡增加的。另外，《续纲目》自然也没有提到程复心。

为什么刘剡会提到程复心的事迹呢？并不是因为刘剡对程复心这个人物有兴趣，而是因为程氏著作在建阳刊行。前述《四书通义》也采用了程复心的著作。

与朴素的新安学派相比，声名煊赫的金华学派中有数人被《元史》立传。其中一人是前述金履祥，《元史》载其著有《论语孟子集注考证》。但《续编》“至元三年正月”条载：

> 婺州路总管府以金华儒人金履祥所著《论语孟子考证》来上，命刊行之，其门人东阳许谦序之。

这一进书之事《元史》未载。《元史》中有与门人许谦之序文句稍见重合的内容，但并未写明是该书序文，《续编》引用的内容则更长。该条记事末尾还提到了金氏著作《通鉴前编》。

同年十月条中记载了金华处士许谦（1270—1337）之死，其传记对于编年史来说过于详细。许谦小传也见载于被刘剡采用的梁寅《元史略》中，但许氏与其师的对话中却包含了《元史略》未见的内容。末尾以“义乌黄氏曰”的形式记录了其弟子黄溍的评语。虽然知名度差距显著，但和朱公迁→王逢的情形很相似。

---

① 宫纪子：《程复心〈四书章图〉出版始末考——元帝国治下江南文人的保举》「程復心『四書章図』出版始末攷——大元ウルス治下における江南文人の保挙」，《亚洲内陆语言研究》『内陸アジア言語の研究』一六，2001 年；前述著作第 326—379 页。

许谦与朱公迁不同，是学术界的大人物，四方来访者络绎不绝，即便载其传记，也合情合理。但刘剡一向对古代史很感兴趣，在作《外纪增义》的过程中，曾将许谦和金履祥的书作为参考（没有具体引用过的痕迹，是否真读过也令人生疑）。而《四书通义》的参考书中除了程复心外，还有金履祥、许谦、朱公迁的著作。并且，上文提及《续编》记载了金著《论语孟子集注考证》的序文，但其实只是采用了《四书通义》附录中的另外一篇文章。也就是说，是酌情转用了并非该书序文的文章。[①]

元史部分抄写自《元史节要》的占大半，虽不像宋史部分那样留有很多刘剡增补的痕迹，但也烙印着刘剡经手的特点。

九　编年史的变质

上文对于《少微》正编、前编以及新编纂的《续编》，专门就刘剡的手段、窍门进行了细致探讨。现在放下此话题，来讨论《少微》本身的特质，作为本章的结尾。

还有一个没提的《少微》特征，是年代跳跃，甚至满不在乎地跳过四五年。这不能以“节本理当如此”来解释。《纲目》虽然缩节了文章，但记事却很细致。如前所述，“陆状元本”也是如此。另外，《通鉴》、《纲目》、“陆状元本”和《少微》在时代结构上有巨大差异。《通鉴》全二百九十四卷中，后汉（包括蜀的灭亡）共七十八卷；在《纲目》五十九卷中占十五卷；在“陆状元本”除附录和《外纪》部分的一百卷中占三十五卷。而在《少微》刘剡本的五十卷中占二十五卷，明显更为偏重。其中分

---

① 这篇文章是《四书通义》附录收的黄溍撰许谦墓志铭（《金华黄先生文集》卷三二《白云许先生墓志铭》），将许谦的话（“每戒学者曰”）从中间截出（“圣贤之心，尽在‘四书’……正坐此耳”），擅自加上“此金先生考证之所由作也”等语。

量较少的是晋至南北朝、隋，只有九卷，而在“陆状元本”中占三十三卷，即全书的三分之一。

也就是说，《纲目》、“陆状元本”的节略思路与《少微》是不同的。编年体史书的灵魂是时间轴。《通鉴》对此非常重视，《纲目》在没有记事的年份也记录了年号。“陆状元本”也保持了编年体的体裁。

而《少微》的构思明显不同。前文已经指出，它将不同年份发生的事若无其事地集中在同一处。在《通鉴》中，若要在某一年总结记事，会使用“初”字进行追溯，《纲目》则经常将话题具有共性的不同年份记事总结为一则“纲文”的目。而《少微》是在提到○○王之事时，顺带讲一下××王之事，与同类书籍的处理不同。

《少微》已有半步迈出了编年史的范畴。与《十八史略》相比，它有着编年史的外衣。但想要沿着时间轴进行阅读的读者，突然被跳过几年，会感到失望。

如果索性将历史书视作人物逸事集、名言集的话，反而更容易阅读，也有助于科举（与今天日本的历史学习不同，科举不要求记忆年代等），但对于在意时间的连续、想要追寻事件始末的读者来说，《少微》不太适用。

不过，这个《通鉴》的不肖“少子”却得到了读者的支持，他们对严格的“父亲”和能干的“哥哥”（《纲目》）有点敬而远之。从这个意义上说，《少微》才是《通鉴》的“孝子”。

刘剡用《纲目》的正统论更正统纪，只不过是为了显示出自己与市场上同类书的差异。但导入注重年代标记的《纲目》的年号，反过来也暴露了《少微》作为编年史的主干很薄弱。《少微》的继承者“纲鉴”，则保持了《少微》的编年史体裁，属于一种填补《少微》缺失年份的权宜之法，至于成功与否，请看下一章。

第五章　《通鉴》的近亲——“纲鉴”

一　所谓“纲鉴”

上一章提到王重民的《中国善本书提要》，指出其对《少微》解说的不足之处。即便如此，笔者认为他仍是一个熟谙这类“通俗史书”的人。王氏与“通俗史书”的因缘可参见其妻子、小说史研究者刘修业的记录。[①]

王重民去世的前一年，中华书局印行了《史纲评要》。正如此书《出版说明》开头所述，它是“明代李贽（1527—1602）尊法反儒的重要著作之一”，即是说，该书的印行是时代的产物。

据《出版说明》，康熙《麻城县志》（麻城是李卓吾寓居、从事著述活动之地）中，《史纲评要》与《藏书》《焚书》一起被列为李贽著作。相对于纪传体的《藏书》而言，《史纲评要》被定义为编年体（上古～元代）的史评类著作。不过，《藏书》是李卓吾自己编纂、评点的，而《史纲评要》的正文并不出自他之手，李卓吾是通过眉批、夹批、段后评以及对正文的圈、点、抹来表达对历史人物、事件的看法的。叙述完李卓吾对法家给予肯定评价、对儒家进行批判之后，《出版说明》介绍了此书问

① 刘修业：《王重民教授生平及学术活动编年》（王重民：《冷庐文薮》，上海古籍出版社，1992 年，第 912—914 页）。记述此事的文章，还有《谈〈史纲评要〉的真伪问题》（《文物》1997 年第 8 期）、《从探索〈史纲评要〉一书的真伪看王重民先生正直、严谨的学者风范》（原载不明，1993 年）。两文均收录于曾贻芬、崔文印：《籍海零拾》，中华书局，2010 年。

世的过程。

> 《史纲评要》最早于万历四十一年癸丑（1613 年）由吴从先刊印于南京。次年甲寅又有茂勤堂翻刻本。本书刊印，已在李贽死后十一年。吴从先在序中说，他是从一个道学家（苏州人）那里得到稿本，并谈到："予所疑，疑所藏者。"①吴从先自己还曾提到他"参正史书，为卓翁卒业"。这表明，本书在稿本流传和校订出版时都可能窜入别人的评语，甚至对李贽的评语有所删改。明人姚舜牧在李贽死后七、八年编成和刊印了《史纲要领》一书，而本书个别评语或和《要领》的评语相近，或似针对《要领》的评语而发，这正是窜入他人评语的一种痕迹。

文中提到一本名为《史纲要领》的书，最先注意到《要领》和《评要》关系的是王重民。不仅如此，他认为《评要》不止正文，连分卷形式、注文都和《要领》相同。要言之，《评要》是剽窃之作。② 不同之处在于，《要领》中除诸人评语之外，还记载了姚舜牧本人的评语 153 条，而《评要》将这些删去，代之以"李卓吾"的评语。然而，《评要》将要出版时，有人要求王重民从书志学的角度给予认证，王氏拒绝了。

《史纲评要》至今仍被算作李卓吾的著作，收录于近年出版

---

① 接着云"必不疑卓吾"，认为此书无疑是李卓吾之作。

② 王重民去世后出版的《中国善本书提要》（第 104 页）引用了吴从先的序文，然后云："是从先亦未尝真能自信是书为真也。余检阅其内容，疑为后人读《藏书》者，摘其所藏，而按年系之，改编为此本耳！"认为即使不是李卓吾自己的著作，但内容是摘自李著，并没有提到《史纲要领》。恐怕此时（该书所收提要写于 1939—1949 年间）王氏还没有注意到《要领》的存在。不过，他已经指出《评要》的史文与"纲鉴"的一个版本最为接近（同书第 99 页）。前述《冷庐文薮》所收《〈史纲评要〉与〈史纲要领〉》（无写作日期）中，具体地比较了两书。

的两种全集中。[①] 虽然知道学术界存在各种意见，但整体的态度仍是“存疑”。[②] 也有人认为“至少能作为窥见卓越思想家历史观的补充材料”、“即便是伪托之作，只要评语像是李卓吾，也可以认为该书接受了李卓吾的思想”。[③] 然而，希望杰出人物的相关材料增多，也意味着在轻视无名的通俗史家。虽然不知道王重民在何处看过《史纲要领》，[④] 又对此书持有怎样的看法，但作为书志学家，对于此书与《评要》的关系，他必须得发声。虽然王氏并不承认此书本身的价值，但至少他注意到了这些通俗史书。

《评要》和《要领》的正文都可称作“编年体”，但仅标示年份，未标示月日。且其正文是依据《少微》《纲目》而来。王重民也指出《评要》史文与“纲鉴”的一个版本最为接近。

那么，“纲鉴”是什么类型的书？《评要》问世之际，正值“纲鉴”作为通俗史书在明末大行其道，后来作为历史教科书被广泛阅读。具有代表性的有袁黄的《历史纲鉴补》，江户时期在日本出版，时至今日，只要想买就能买到和刻本，其普及程度可见一斑。“纲鉴”与明末大量出现的被称为“按鉴”的历史小说

---

① 《李贽文集》全七卷（社会科学文献出版社，2000 年）的第六卷。《李贽全集注》全二十六册（社会科学文献出版社，2010 年）的第二二—二五册。前者的前言云，“（《史纲评要》《四书评》）是否为李贽所作，学术界存在着不同意见。既有不同意见，就不排除为李贽所著的可能性，对其中有广泛影响之作也予收录，为研究李贽及认识这些书籍提供方便”，后者的看法相同。另外，近年新出的《中华经典史评》丛书也选译了《史纲评要》，将之归于李贽名下（张友臣注译：《史纲评要》，中华书局，2008 年），此书虽然提到了伪作说，但并未阐述自己的看法。

② 王利器：《〈史纲评要〉是吴从先假李卓吾之名以行》，《社会科学战线》1982 年第 3 期。如标题所示，王利器持伪托说。他还指出李卓吾评《水浒传》的评语出自枪手叶昼，但这篇论文没有提到王重民等人的观点。

③ 林晓平的《〈史纲评要〉的“批”与“评”》（《史学史研究》1998 年第 4 期，第 61—62 页）淡化了李卓吾之名，仅就其批评的独特性进行了评价。

④ 不清楚王重民在何处看过《史纲要领》。日本的尊经阁文库藏有一部。

的关系，近年来备受关注。[①] 但笔者认为“纲鉴”的基本特征尚未被广泛了解。下面来看看几种解说。

阐示“纲鉴”意义的最佳文章出自岛田虔次（1986）。在列举了《历史纲鉴补》、清吴乘权《纲鉴易知录》后，岛田云：

> （“纲鉴”）作为通俗读物中的通俗读物，学者不屑一顾，但在明清恐怕是被阅读最多的史书。其地名必定会标注到当下地名的省府县，参考文献必定会标注○卷○叶，甚至会标注出处的书名、章节名，还留心到注音，作为普及读物可谓准备万全。士大夫们首先接触的可能不是司马光的《资治通鉴》或朱子的《通鉴纲目》。对于这一事实，应要有充分的体认。[②]

划直线部分并不准确。“参考文献必定会标注○卷○叶”，如果指《纲鉴易知录》的注中有“见六卷二九”，那是指史文所言可见于《易知录》的某处（六卷二十九叶），出处注到“章节名”的例子也不多。

但波浪线部分准确地说明了“纲鉴”的意义，似没有再阐发的余地。本章吹毛求疵式的探讨，也是以该论断为出发点的。不过，岛田的文章里没有解释何谓“纲鉴体”。那么，辞典是怎样说明的呢？来看一下《汉语大词典》（1992）：

> 明清人采用朱熹《通鉴纲目》的体例编写通史，于“纲目”“通鉴”各摘一字，称之为“纲鉴”。（第九卷第893页）

---

① 高津孝：《按鉴考》，《鹿大史学》三九，1991年，第19—41页。上田望：《讲史小说与历史书（一）》「講史小説と歴史書（一）」，《东洋文化研究所纪要》三〇，1996年，第97—180页；（二），同刊一三七，1996年，第43—90页；（三），《金泽大学中国语学文学教室纪要》三，1999年，第49—63页；（四），同刊四，2000年，第47—83页。

② 岛田虔次：《亚洲历史研究入门1 中国Ⅰ》“序论”八“《通鉴》等类”「通鑑など」，同朋舍，1983年。

这个解释没有错，作为辞书来说已经很充分了。但仅凭这些还是不清楚何谓“纲鉴”。

上一章提到的钱茂伟的《明代史学的历程》（2003）又是怎样说明的呢？在第十八章《走向民间的史学：晚明的通俗史学》第二节《晚明的纲鉴风》中，亦提到“纲鉴”具有岛田所指出的历史教科书的价值，之后进一步指出：

> 明代前期流行《通鉴节要》《通鉴节要续编》，嘉靖以后流行“纲鉴”。“少微江氏之书，总括前后，差为简备。其后，李槃、诸燮、弇州诸家，往往因之。”（黄道周《纲鉴统一序》）这表明，这两类教材，前后是有继承关系的。那明代前后教材为何会有这种变化？这可能是《通鉴》重新受人注意，《纲目》《通鉴》两书妥协后的产物。（第 405 页）

对于“纲鉴”是在由重视《纲目》转向重视《通鉴》这一潮流中产生的这一观点，笔者抱有疑问。纵观史学史，《通鉴》比《纲目》更受重视这一说法本身是正确的，但“纲鉴”并不是“两书妥协后的产物”，而是《少微》叠加《纲目》的结果，所以这个解释是倒因为果了。另外，钱氏认为嘉靖以后“纲鉴”开始流行也不准确，应当是在万历以后。

不过，更重要的是，虽说“纲鉴”是从《通鉴》《纲目》这对“双亲”中各取一字，但钱氏正确地指出，其中一方不是《通鉴》原书而是《少微》（及《节要续编》）。钱氏的观点，补正了岛田的说明，若再指出“纲鉴”中随处可见诸家评语这一特征（“纲鉴”中评语比正文占了更多的比重。比起零星可见“御批”的康熙帝批阅本《纲目》，“纲鉴”更适合列入史评类。但传统上被列入“史评类”的是个人评论，而非“纲鉴”这样的“评林”体书籍），对“纲鉴体”的解释就合格了。

然而，此种认识至今还未被广泛接受。对《通鉴》、《纲目》、

“纲鉴”的区分依然不明确。以下是最近出版的金文京名著《三国演义的世界》增订版（2010）中的一节。

> 明代刊行的《通鉴纲目》，在开头基本上都附载了潘荣的《通鉴总论》。这样一来，“秉烛达旦”的故事就与《通鉴纲目》绑定在一起，被当作史实而接受。（中略）如万历三十八年（1610）福建余象斗刊行的《鼎锲赵田了凡袁先生编纂古本历史纲鉴补》（内阁文库藏），不仅是潘荣的《通鉴总论》，在《通鉴纲目》正文中也混入了这一故事。（第134页）

据笔者所见，明代刊行的《通鉴纲目》并不存在卷首冠以元代潘荣《通鉴总论》的版本。冠此文章的是《少微》、“纲鉴”，而非《纲目》（如前一章所述，最先冠此文章的是《少微》刘剡本）。或许是文章名为“通鉴总论”，所以金氏想当然了吧。不过，就像引文中《历史纲鉴补》被当作《通鉴纲目》一样，《纲目》与“纲鉴”的界限也变得模糊。

不过，这也是可以理解的。《纲目》本身如今已经蒙上了一层厚厚的灰尘。更何况像“纲鉴”这样的通俗读物本身就是大杂烩，正如岛田所言，正经的研究者不屑一顾。即使是能够准确说明“纲鉴”的钱茂伟，也只引用了“纲鉴”的序文、凡例等，对其社会效用也只是泛泛而论。他制作的“明代纲鉴类图书表”中列举了34种“纲鉴”类书籍，[①] 而标注出处为《中国古籍善本书目》，钱氏自己看过内容的恐怕只有两三种。[②] 正如钱茂伟所评价的，对于“纲鉴”，“近人王重民有过精辟的论述”，直至今日，中国学界研究“纲鉴”最深入的还是王重民这位书志学家（或者

① 该处钱茂伟将《史纲评要》列为与“纲鉴”类“相关的书”，编者记作吴从先。

② 被钱氏引用凡例、序文的除《历史纲鉴补》外，还有明末书籍编纂界之巨头冯梦龙的《纲鉴统一》，以及张鼐的《纲鉴白眉》，共3种。

说，秉持一种参考王氏提要即可的态度)。但正如前一章所示，对于书志学家来说，这样的通俗史书并不是倾注全力的对象。

小说研究者也因为“纲鉴”与历史小说的关系而关注此类书。其中全面讨论这一问题的是上田望的系列研究。他过目了多个版本的“纲鉴”，对小说与“纲鉴”及其他通俗史书的文本进行了详细比较。但在梳理“纲鉴”形成的前史时，由于受以往书志学家解说的影响，出现了相当多的谬误。① 本章则以王重民的书志提要为出发点，深入文本内容，探讨《少微》到“纲鉴”的变化。

岛田和钱氏对“纲鉴”的社会、文化效用已有充分的论述，但对于其接受度并未多加讨论，本章将从历史教科书的编纂者角度，考察编者的编纂技巧。虽然“纲鉴”从史学史角度看没有值得一提的思想，但编者确实对其下了很多工夫。无论这些技巧是否有效，“纲鉴”确实被众多读者所需求。若非如此，就无法解释为什么如此多种类的“纲鉴”在万历年间集中出现。

“纲鉴”让笔者联想到纯种马世界中的 Inbreeding 这个词，这是血统方面的用语，是近亲繁殖的意思。例如 3×4，指该马的父系前三代和母系前四代是同一匹马。按照这一思路，若“纲鉴”的父系是《纲目》，母系是《少微》的话，它们共同的“祖

---

① 上田的贡献在于，指出以往小说总是取材于《通鉴》、正史及其节要本（《十七史详节》)，并具体讨论是如何使用《纲目》的。但对《纲目》本身的介绍有很多错误。例如，认为“七家注”的汪克宽为宋人，陈济为元人，因为“七家”名声不显，所以弄错了这些前人的基本情况，这一点非常可惜。哪怕不纠结这些细节，但认为“到了元代，七家注各自刊行。明成化九年，敕令校订《纲目》，内府刊行时，将这些七家注汇集起来附在《纲目》中”[(一)，第 105 页]，这是错误的。在官方刊行《纲目》时“七家注”尚未完成（若冯智舒的序文属实，“七家注”完成的时间为成化元年，但官方刊行的《纲目》中并没有“质实”)。另外，内府本中只有“集览”和“发明”。上田非常重视这一官刻，进而重视司礼监本《少微通鉴》《历代通鉴纂要》的影响，但《纲目》、《少微》、“纲鉴”都是由民间主导普及的，官刻本是受其影响产生的，而且官刻本并没有使通俗史书的历史发展发生很大的变化。重视官刻本，也是王重民等中国研究者共同的倾向，不是上田个人的问题。

先”《通鉴》是前二代，也就是 2×2。不过，考虑到《少微》刘剡本与《通鉴》之间还有几个过渡版本，刘剡本与“纲鉴”之母即《少微》的后期版本并不等同；而《纲目》之血也是以“七家注本”为中介流入“纲鉴”的，故也可以用 3×4 来表示。以纯种马来比喻，拥有这般“奇迹的血量”，很有可能会产生“名马”。

但因为“祖先”只有《通鉴》，在“纲鉴”诞生之前是“单性繁殖”，所以这个比喻是相当勉强的。而且“纲鉴”不仅不是“纯种马”，还被当作“杂种马”对待。但当我们重新审视“纲鉴”中因“近亲繁殖”造成的奇怪形态（笔者想不出其他经典的衍生作品有这种“结婚成家”的例子）时，再理所当然地回到“培育”现场，同时退一步思考，“纲鉴”的形态仍近似于不同寻常的“近亲繁殖”。如此诞生的驽马被精心培育为成熟的驽马。而那个“牧场”就是建阳。

二　余象斗本及其他

在《少微》中，虽说从正史中增补了史文，但增加的篇幅并不多。而且刘剡本以后诸版本的差异，仅限于注释和评语等附录部分。但“纲鉴”史文本身的篇幅就因版本各异而剧烈变化，从极简版到超过七十卷的大部头版，波动甚巨。很难描述其版本系统，笔者也认为这种工作没有意义。此处，笔者整理了王重民对“纲鉴”诸版本的提要，在此基础上指出其中的问题。《中国善本书提要》收录了“纲鉴”的相关提要。[①] 以下依次列举书名、卷数、刊行时间、所藏地。

---

① 第 98—99、103 页。

	书名	卷数	刊行时间	所藏地
①	《汤睡庵先生历朝纲鉴全史》	七十卷	万历间刻（万历二十二年以后）	北京大学
②	《鼎锲赵田了凡袁先生编纂古本历史大方鉴补》	三十九卷	万历间刻（万历三十八年韩敬序）	北京大学
③	《新刻九我李太史编纂古本历史大方纲鉴》	三十九卷（十至十二行本）	万历间刻（万历二十八年李廷机序）	美国国会图书馆①
④	《新刻九我李太史校正古本历史大方通鉴》	二十卷	万历间刻	未注明所藏地
⑤	《新刻九我李太史编纂古本历史大方纲鉴》	三十九卷（十二行本）	万历间刻（万历二十八年李廷机序）	美国国会图书馆
⑥	《鼎锲纂补标题论表策纲鉴正要精抄》	二十卷	万历间刻（万历三十四年联辉堂郑少垣牌记）	北京大学
⑦	《镌紫溪苏先生会纂历朝纪要旨南纲鉴》	二十卷	万历间刻（万历四十年熊成冶谨白）	美国国会图书馆
⑧	《历朝纲鉴辑要》	二十卷	明末刻	北京大学
⑨	《新镌献荩乔先生纲鉴汇编》	九十一卷	天启间刻（天启四年乔承诏序）	北京大学
⑩	《纲鉴统一》	三十九卷	崇祯间刻（崇祯十五年黄道周序）	北京大学

① 关于这个版本，王重民在《国会图书馆藏中国善本书录》（出版于华盛顿，1957年，第121—122页）中，称“此本盖又本自商辂、扶安所纂”，商辂为《续纲目》的编者，扶安为《资治通鉴纲目集说》的著者之一。两人都与此书没有直接关系。王氏为何如此记述令人费解，但《中国善本书提要》第99页却没有这样的记述。

②是本书中已再三提及的《历史纲鉴补》，由明末建阳书林的最大出版商余象斗[①]刊行。韩敬[②]序称此书为袁黄（号了凡）的绝笔。袁了凡在科举参考书业界是一大招牌。[③]

不过，王重民认为此书为托名，并认为韩敬序文本身就是伪作。余象斗耍的小伎俩是将同一种书重新包装出售，借用王重民之言，这是余象斗的“第三刻”。“第一刻”借用了福建泉州出身的名人李廷机之名（冠其名的书籍极多[④]），即为③；“第二刻”是依照“吉澄校刻本”（《少微通鉴》）重新分卷的④，②实际上只是③的翻刻本。⑤是③的后印本，⑥属于二十卷本的④的系统，而⑧是在⑥的基础上删定的。①的刻书年代不详，卷数的分法也和其他版本不同，有些难以归类。王重民提要云：

> 余（象斗）本（《历史纲鉴补》）卷内史文不分“纲”“目”，[⑤] 此本则《外纪》分标“编”（金履祥《通鉴前编》）、“鉴”（《外纪》）、“经”（《春秋》）。周威烈王以后（即

---

① 参见丸山浩明：《余象斗本考略》，《二松学舍大学人文论丛》五〇，1993年，第121—144页。

② 韩敬是万历三十八年（即作序那一年）状元及第的精英。另外，国立公文书馆所藏两部《历史纲鉴补》都有熊明遇的序文，非初刻本。《内阁文库汉籍目录》（修订版，内阁文库，1971年，第71页）根据卷末木记定为万历三十八年刻本，是错误的，从熊明遇的题衔来看当是崇祯年间刻本。其中，架藏编号284-31的内封上盖有“每部纹价参两”的朱印，可知其价格。在熊序中，提到前出之“纲鉴”，有苏濬和李廷机（《大方纲鉴》）的版本，而是书比之“似觉有进焉”。另外，附有韩敬序文的初刻本，在日本藏于山梨县立图书馆等处。和刻本由初刻本翻刻而成。

③ 沈俊平：《举业津梁：明中叶以后坊刻制举用书的生产与流通》，台湾学生书局，2009年，第174—180页。

④ 表野和江的《宰相的科举参考书：李廷机与举业书出版》「宰相の受験参考書：李廷機と挙業書出版」（《艺文研究》八七，2004年，第185—215页）梳理了福建文人，特别是李廷机周围的八股文群体与建阳出版界、具体而言是后述的余彰德的关系（但并未讨论与李廷机个人的关系），并提出以往认为李廷机参与编纂科举用书是完全虚构的，现在应修正这一见解。李廷机可能编订过八股文，但没有参与编订过“纲鉴”。如果他与建阳出版界有关系，也有可能默许伪托其名出版书籍。

⑤ 实际上分为纲、鉴、目。

> 《通鉴》和《纲目》的涵盖范围）则标“纲”“目”“鉴”。注释评语，同者十八九。此本以陈继儒《注释》作标榜，间有夹注，确为袁本所无，此本无刻书年代，卷末有《三皇五帝三王十一代皇帝至今歌》。题“万历甲午年纂”，当是万历二十二年纂成，梓成当稍后，应刻于万历末年。①

可见此书还是属于余象斗本系统。汤睡庵先生是汤宾尹，是当时有名的文人，也是为②作序文（假定如此）的韩敬之师，② 正如金文京介绍的那样，是当时出版界的明星。③《汤睡庵纲鉴》有数部传入了日本，其中对于铃鹿市立图书馆藏本，井上进补订了王重民之说，确认此书为余象斗本。不过，井上进的兴趣并不在于这一系列“纲鉴”，而是在于余象斗这个出版人。④

关于剩下的⑦⑨⑩，王氏并未叙述其继承关系。其中，⑨在日本藏于国立公文书馆等地，卷数非常多，但风格与余象斗本完全不同，几乎没有关系。另外，此版本“纲鉴”附有叶向高的序文，但序文是否针对这部书，令人怀疑。⑤ 乔承诏是当时的福建巡按御史，但不清楚他在这部书上的参与程度。⑩号称明末著名编书人之一冯梦龙所编。如果是他的话，参与做这样的工作并不奇怪，但因为是较晚的崇祯年间刻本，所以这里不多赘述。

---

① 《中国善本书提要》，第98页。

② 韩敬状元及第时，会试同考官即是汤宾尹。由于汤氏强取门生为状元，相继有人弹劾，后发展成一大丑闻。其始末详见《万历辛亥京察纪事本末》。

③ 金文京：《汤宾尹与明末的商业出版》「湯賓尹と明末の商業出版」，见荒井健编：《中国文人的生活》『中華文人の生活』，平凡社，1994年，第339—383页。

④ 初载于《飙风》二七，1992年。收录于井上进：《眺望书林——传统中国的书籍世界》『書林の眺望——伝統中国の書物世界』，平凡社，2006年，第200—207页。

⑤ 该版本附带的序文与叶氏文集中收录的《纲鉴臆编序》（《苍霞余草》卷五）几近相同。只是，原文是“臆编”而非“汇编”。书名稍有不同并不稀奇，也可认为是最初的题名发生了变化，但也有可能是利用了其他书籍的序文。这篇文章本身，比起“纲鉴”更像是在论述《通鉴节略》（应该是《少微》的一个版本）的效用。

剩下的是⑦。⑥和⑧的卷数同为二十卷。仅日本所见的二十卷本“纲鉴”有如下版本。相传苏濬[1]参与编纂的《新刊补遗标题论策纲鉴全备精要》（万历二十年序，余秀峰[2]刻，东亚人文情报学研究中心藏[3]）、《新刻紫溪苏先生删补纲鉴论策题旨纪要》（万历四十年序，黄氏集义堂[4]刻，国立公文书馆藏），以及宰相王锡爵之子，会试、殿试都为第二名的应试才子王衡编《新锲太仓王衙（衡）增修名贤定论纲鉴实录》（余氏衍庆堂刻，国立公文书馆藏）等。这些二十卷本系统构成了“纲鉴”的一大群体。不仅卷数少，与《大方纲鉴》《历史纲鉴补》相比，史文的分量也变少了，很多内容以“论策”“名贤定论”为标题，可见前人的史评是重点。比起“历史教科书”，更接近“参考书”。这些版本都是以《少微》为母本的，虽然与余象斗本有共同点，但由于相互的影响很小，[5] 所以不属于讨论的对象。

值得关注的是号称由叶向高编的《玉堂鉴纲》七十二卷（以下简称《玉堂》）。在其他书均称作“纲鉴”的情况下，称作“鉴纲”就很显眼。大概是为了突出商品的差异化吧。此外，清代姚之骃《元明事类钞》从此书中引用数处，称之为《玉堂纲鉴》，《明史·艺文志》也将李廷机《大方纲鉴》、袁黄《历史纲

---

① 万历五年进士，二甲（十四名），福建乡试第一名“解元”（《明三元考》卷一三）。正如表野论文所指出的那样，他是李廷机的座师，作为考官的风评很高。

② 余秀峰在五年后刊行了《新锓大明一统舆图广略》。

③ 前田尊经阁文库藏《新锲郭苏二文宗参订纲鉴汇约大成》与此版本相同。郭是郭正域。郭氏是当时的一流文人，苏濬在文名上则相形见绌。另一方面，郭氏在科举上只是三甲（编者注：郭正域实为二甲第二十七名）。二人是科举才子和流行作家的组合。之所以借郭氏的名义，可能与他曾任福建左布政使有关。

④ 黄氏集义堂在嘉靖年间曾刊行过《节要续编》的一个版本《四明先生高明大字续资治通鉴节要》（日本国立国会图书馆藏）。

⑤ 该二十卷本系统也被笼统地称为“纲鉴”，且从《纲目》中补充了内容。但大书“无统”时期的年号（例如南北朝时期大书南朝的年号）等，遵从《纲目》的意识并不强。

鉴补》与《玉堂纲鉴》并举。且《玉堂》本身的内封上也有“玉堂纲鉴”之名，[①] 重新倒过来也是不得已的。

全书标题为《鼎锲叶太史汇纂玉堂鉴纲》（图 5-1），各卷首又写作“官板鉴纲”。“太史”“玉堂”“官板”都是镀金的招牌。《大方纲鉴》也被冠以“李太史”（以示为翰林院官员）之名，还叠床架屋地加了“玉堂”（即翰林院）二字。频率虽不及李廷机，叶向高的名字也经常在举业书中出现，但实际上他不可能参与这部书的编纂。叶氏在万历三十五年与李廷机一起成为内阁大学士，[②] 所以《玉堂》应该是在此之前出版的。

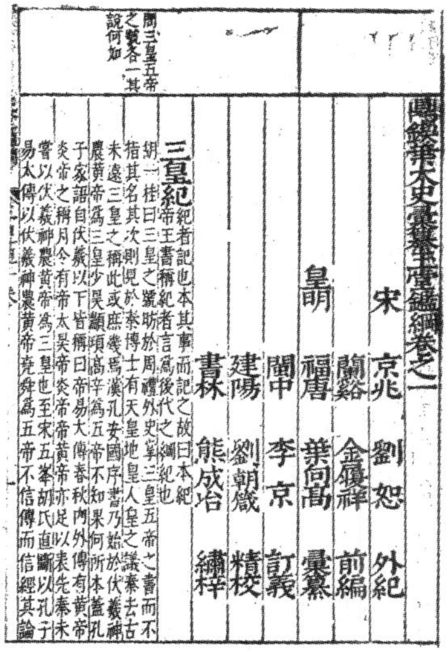
問三皇五帝之號各一其說何如
鼎鍥葉太史彙纂玉堂鑑綱卷之一
宋　京兆　劉恕　外紀
蘭谿　金履祥　前編
明　福唐　葉向高　彙纂
閩中　李京　訂義
建陽　劉朝箴　精校
書林　熊成冶　繡梓
三皇紀 紀者記也本其事而記之故曰本紀帝王書稱紀者言為後代之綱紀也
胡一桂曰三皇之號昉於周禮外史掌三皇五帝之書而不
指其名其次則見於秦博士有天皇地皇人皇之議秦去古
未遠三皇之稱此或庶幾焉漢孔安國序書乃始於伏羲神
農黃帝為三皇少昊顓頊高辛為五帝不知果何所本蓋孔
子家語自伏羲以下皆稱曰帝易大傳春秋內外傳有黃帝
炎帝之稱月令有帝太昊帝炎帝帝黃帝亦足以表先秦未
嘗以伏羲神農黃帝為三皇也至宋五峯胡氏直斷以孔子
易大傳以伏羲神農黃帝堯舜為五帝不信傳而信經其論

图 5-1　种德堂刊《玉堂鉴纲》（蓬左文库藏）

《中国古籍善本书目》中[③]著录了万历间书林种德堂熊成冶刻本、万历三十年书林熊体忠本、[④] 明末梅墅石渠阁刻本这三种。[⑤]

---

① 学习院大学所藏后刻本（梅墅石渠阁刊）就是如此。内封的照片刊登于学习院大学东洋文化研究所、“国立”台湾大学人文社会高等研究院编：《特别展览会　东亚阳明学　第Ⅱ部　从学习院大学所藏汉籍看东亚　展示图录》『特別展覧会　東アジアにおける陽明学　第Ⅱ部　学習院大学所蔵漢籍からみる東アジア　展示図録』，2008 年，第 25 页。

② 《新锓叶李两阁老同纂十八魁四书甲第先锋大讲》（前田尊经阁文库所藏）将两位阁老的名字并举。

③ 《中国古籍善本书目》卷六，上海古籍出版社，1991 年，第 17 页。

④ 在日本，种德堂本收藏于蓬左文库，熊体忠本收藏于东北大学图书馆狩野文库。

⑤ 学习院大学所藏梅墅石渠阁本（见本页注①）的其他后刻本——南京世德堂刊本收藏于普林斯顿大学（《普林斯顿大学葛思德东方图书馆中文善本书志》，第 130—131 页）。

据贾晋珠介绍，种德堂熊成冶是明末建阳熊氏中印书最多的书商。[1] 他也是前述⑦的刊行者。种德堂也刊行了历史小说《三国志传》，在这一点上可与余象斗匹敌。熊体忠也属于建阳熊氏一族，见于贾晋珠介绍的熊氏族谱。[2] 熊氏的两部书是同版，但熊体忠本是原刻，种德堂本只不过是改刻了序文等极少一部分[3]（图 5-2）。从叶氏的头衔来看，种德堂本也是万历三十五年以前刻的，在三十六年刊行的《历史纲鉴补》（以下简称《历史》）的“凡例”中有一条云：

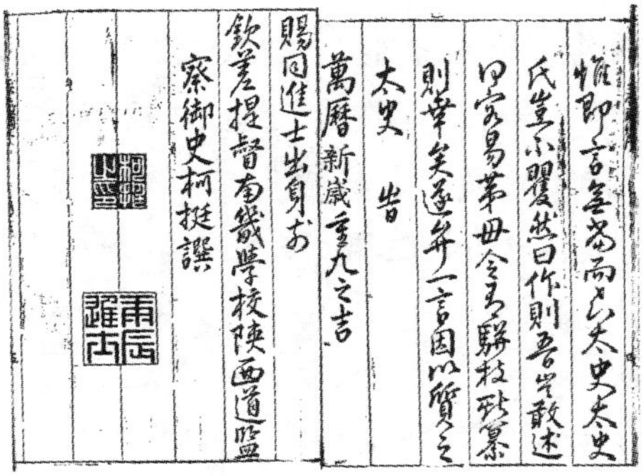

图 5-2　序文的剜改（《玉堂鉴纲》，蓬左文库藏。将熊体忠本的“壬寅”改为“新岁”）

> 近世玉堂、凤洲诸刻，多采时论余唾（指近人评论），既非名笔，又荆川（唐顺之）所著旧评，予从游时所目击者，今多改。叶向高、张乔诸名，真可付之揶揄。

其称《玉堂》等书收录的时论很无聊，假称“叶向高曰”尤为引人发笑。“凡例”意识到了《玉堂》的另一面。这也是笔者选择

① 贾晋珠：《谋利而印》，第 168 页。他几乎活跃于整个万历年间，现存记载其名的书籍达到 45 种以上。

② 同上，第 94 页。

③ 熊体忠本收藏于哈佛大学哈佛燕京图书馆。沈津《美国哈佛大学哈佛燕京图书馆藏中文善本书志》（广西师范大学出版社，2011 年）第 354 页指出，熊体忠本在卷二至五的卷头记作“麻沙植云所绣梓”，卷六、八、九记作“麻沙刘朝箴校梓”；种德堂本则分别改作“书林熊成冶绣梓”“书林熊成冶校梓”。但关于文本，像后述那样不自然地插入评论者姓名（如两字的空间插入了三个字等），在两个版本中都是一样的。

研究《玉堂》的原因，与余象斗本进行比较，“纲鉴”本身的特征就会显现出来。

另外，与《玉堂》齐名的《凤洲纲鉴》，号称由明代苏州著名文人王世贞所编，有多种版本，纷繁复杂。本节所讨论的是《中国古籍善本书目》著录的“《凤洲纲鉴》三十九卷首一卷，明王世贞撰，明李槃增修，明万历书林余彰德刻本”（山东师范大学图书馆藏）。[①] 除这一版本外，现存《凤洲纲鉴》都刻于崇祯以后。[②]

此增修者李槃也是《新刻世史类编》（万历三十四年序刻）的增修者。该书也是“王世贞会纂，余彰德梓行”，与《凤洲纲鉴》的编刻阵容相同，或可认为两书有近亲关系。余彰德是余象斗的堂弟，其萃庆堂刊行的书籍在今天仍保留了不少。[③] 之前引用的黄道周《纲鉴统一序》称前出之作品有“李槃、诸燮、弇州（王世贞）诸家”。其中诸燮指《通鉴集要》，[④] 剩下两家实属同一系统。

在《世史类编》[⑤] 中，并举了“李纯卿草创　王守仁覆详　谢迁补遗　王世贞会纂　李槃增修”五人姓名。但从附录的各序

① 另外，《中国古籍善本书目》中，与《凤洲纲鉴》相邻的有“《镌王凤洲先生会纂历朝正史全编》二十三卷”（万历十八年萃庆堂余泗泉刻本）。余泗泉指余彰德。这是他刊行的一系列“纲鉴”中现存最早的一部，内容实际上只涵盖宋元时代。

② 东京大学东洋文化研究所藏王世贞会纂《纲鉴大全》三十九卷是清刻本，基于《历史纲鉴补》编成。《凤洲纲鉴》存世最多的是陈仁锡评点修订的版本，都是崇祯以后的刊本。

③ 《谋利而印》，第160页。余彰德还刊行了题为黄洪宪撰的《历朝纪政纲目》，一书有数个版本，在这一点上与余象斗不相上下。

④ 诸燮为嘉靖十四年进士。现存最早有纪年的版本是嘉靖二十八年刻本（《中国古籍善本书目》卷六）。

⑤ 此处使用的是《四库禁毁书丛刊》影印本（北京出版社）。

文来看，只提到李槃[1]的参与，后四人连名字都未出现。该书的刊行时间介于《大方》和《历史》之间。余彰德和余象斗曾一起刊行余氏的出版物。[2] 也存在表面是《世史类编》，但内容是《历史》的稀见版本。[3] 如后所述，余象斗强烈意识到《玉堂》是其竞争对手。

三　与《少微通鉴》的关系

在比较余象斗本与《玉堂》之前，先谈一下“纲鉴”的本源。王重民认为，余象斗本“第二刻又改从吉澄校刻本”，即《新刊宪台考正少微通鉴》。王重民的提要云：

> 原题：“巡按福建监察御史开州吉澄校正。”按吉澄与作序（嘉靖三十八年）之樊献科均官福建监察御史，此本由其校正刻行，故称“宪台考正”。按其内容，①盖依司礼监本

---

① 李槃（据此书，号大兰）的详细情况不明，可能是浙江余姚人，万历五年进士（《皇明贡举考》卷九）。其他同列之人中，王阳明自不必说是余姚人，谢迁（成化十一年状元）以及几乎默默无闻的李纯卿（雍正《浙江通志》卷一三〇曰“举贤良，临淄主簿”。该书中头衔也是“临淄李纯卿”，但姓名前冠任地很奇怪）也是余姚人。也就是说，除王世贞以外，都是余姚人，李槃应也一样。当然，谢迁、王阳明不可能参与编纂，李槃本人是否参与该书也值得怀疑。“闽七星道人叶从文”所作万历三十一年序文中叙述，他是从李槃处得到原稿然后刊行，与余应虬（余彰德之子）等人的序文所云“癸卯（三十一年）冬获见先生手编……至丙午春（翌年）始得毕”完全不同，两说有所抵牾。

② 蓬左文库等藏《古今韵会举要小补》万历三十四年序刊本就是如此。

③ 山梨县立图书馆藏。另外，《山梨县立图书馆所藏汉籍目录》（1987）以及将之录入的“全国汉籍数据库”著录作万历三十一年刻《历史纲鉴补》。此书只是将《历史纲鉴补》相关名目改成了《世史类编》（把卷首编者等姓名全部改成《世史类编》的编者，把版心书名“历史纲鉴补”中的“历史补”三个字剜去，仅留“纲鉴”），《目录》把此书著录作《历史纲鉴补》是正确的，不过此书附有作于万历三十一年的《世史类编》序文，与这部“内容是《历史纲鉴补》”之书的刊刻时间无关。实际上，《历史》的刊行是在万历三十八年以后。

增注增评，为万历间余象斗刻本所本。②持此本与余象斗刻本相校，史文基本一致，注文较简，评语止于周静轩，余本则已增入丁南湖（丁奉）、陈四明（陈桱）诸家。然此本当为嘉靖间最繁之本（文本量多）。此本书题有剜改，宋元部份剜改痕迹更多。因未见初印本，不知原本书名何作？[①]

此处需要补充一下吉澄的信息。据《皇明驭倭录》卷七记载，他是嘉靖二十三年进士，三十几年时担任巡按福建御史。此外，他还校刻了《春秋四传》[②]，与《少微》一样，同僚樊献科列名“重订”者。

王氏提要中，①②处存在问题。①的“司礼监本”在前一章已提到过，王氏对这一版本的认识有误。这里略加解释。

关于这部书的成书过程，武宗皇帝的御制序（正德九年）中有所记述。其内容概括如下：

> 皇考孝宗敬皇帝……尝命翰林儒臣取《皇王大纪》《通鉴纲目》诸书，撮其要略，上自三皇，下讫元季，总为一书，赐名《历代通鉴纂要》。朕嗣位之初，仰承先志，亟命儒臣日以进讲……近偶检《少微节要》，悦之。其书首载帝王之事，本诸经者为多，诸史则表、志、序、赞及诸儒议论、音注，或总类于一代之终，或附著于各事之下……前日《纂要》之修，亦备采择，第岁久，字画间有模糊，因命司礼监重刻之，又以《宋元节要续编》附于其后。[③]

首先，值得注意的是，从太古到近代的通史（《历代通鉴纂要》）是根据皇帝的命令编定的。但正如序文中所说，该书编纂时使用

① 《中国善本书提要》，第100页。

② 东京大学东洋文化研究所藏有一部。

③ 据国立公文书馆藏本。

了《少微》。[1]《少微》中存在《外纪》。《节要续编》也已经出版了，还传入了宫中。也就是说，如果没有建阳本，皇帝恐怕不会产生编修通史的想法。

还有一点需要注意，这部官刻史书对之后通俗史书的发展几乎没有影响。虽然《历代通鉴纂要》在建阳翻刻过，[2] 但它与《少微》的正、续编陆续以各种名目出版的盛况是无法比拟的。例如，王重民列举的“纲鉴”⑨有叶向高的序文，称在他还是诸生时（万历初年），前辈为了科举考试而熟记《通鉴节略》，这无疑是指《少微》。另外，检阅《少微》后期版本的内容，亦找不到《历代通鉴纂要》给予影响的痕迹。对后述《纲目》《续纲目》来说，官刻本也没有产生影响。

武宗下令重刻《少微》，并不是对《历代通鉴纂要》抱有不满，他无疑也想再刊行史书（弘治帝之前的成化帝就刊刻了《纲目》《续纲目》）。因为其他史籍已经刻过了，为图省事，武宗将目标转向了《少微》，这也显示了《少微》的渗透程度。但武宗是否真的对《少微》感兴趣也值得怀疑。他叙述的《少微》特征，云“载帝王之事”没有错，但这并不限于《少微》；至于“本诸经者为多”，则不明其意（不止经书中包含的古代历史，《少微》采录的《通鉴外纪》广泛收集了经书以外的记事）。此外，所谓附录丰富云云，不过是鹦鹉学舌江镕的序文而已。不

---

① 《历代通鉴纂要》的序文（《中国善本书提要》第 97 页全文抄录）云将历代事迹总结为通史，至于参考材料，“战国以后之事，则有《通鉴纲目》；宋、元之事，则有《纲目续编》。若三皇五帝、夏、商、周之事，则有《通鉴节要》《通鉴前编》等书”，没有写以《少微》为材料。序中似乎只认可记载《通鉴》以前时段之书的价值，且先帝已刊行了《纲目》《续纲目（纲目续编）》，所以只能这样写，实际上应该大量参考了《少微》。武宗序文为了强调《少微》的意义，反而道出了真相。

② 国立公文书馆藏。影印收入《闽刻珍本丛刊》，人民出版社，2009 年。

过，即使有再多缺点，也是“司礼监本”。王重民的观点也是以此为前提的，他认为这一版本整理了《少微》的文本，影响了之后的各种版本。

但“司礼监本”对后出诸版本并没有产生影响。如前一章所述，“司礼监本”的《少微》正编删除了刘剡本中的王逢“释义”之类的夹注（虽然没有删干净），但之后各种版本的《少微》依旧保留着“释义”（若没有“释义”的标目，阅读起来比较困难）。因此，吉澄本并不是重新补充了“释义”，只是使用了之前包含“释义”的版本（在“释义”基础上增加了刘弘毅的补注——参见第402页注②）。

②本身没有错，但有一点容易让人误解。王重民所说的和吉澄本一样的版本，是指余象斗第二刻。他在此版本的提要中云：“按此本书名、题衔与万历二十八年刻本（第一刻）完全相同，内容文字亦同。”[①] 然后，在第三刻《历史纲鉴补》的提要中云：“余象斗自万历二十八年至三十八年，十年之间，三刻是书，三次更换名目，无非欺骗读者。”[②] 但第二刻的标题是《大方通鉴》，确实是吉澄本的翻刻，内容却是《少微》。这一点只要检阅一下日本宫城县图书馆所藏同一版本的内容，马上就能明了。另外，王重民只提到《少微》正编的部分（二十卷），宫城藏本还包括宋元编（这也沿袭了吉澄本《续编》的二十一卷），其末尾记万历甲辰（三十二年）刻。王重民虽没有确认第一刻和第二刻的前后关系，在这一点上他的推断是正确的。但余象斗并不是将同一部书改换包装两次后出版。《少微》是《少微》，与“纲鉴”是不同的书，而王重民的表述比较模糊。且后来的学者也鹦鹉学舌

① 《中国善本书提要》，第99页。

② 同上，第98页。

“三刻是书”的观点，[①] 这一点尤需注意。

综上，吉澄本与余象斗的“纲鉴”显然没有关系。那么，“纲鉴”的源头在哪里呢？《大方》卷首的凡例云：“《纲》《鉴》二书，古未有合编者，合之自荆川唐老师始。”唐荆川指《少微》的一个版本“翰林考正本”[②] 的编者（假定）唐顺之（1507—1560）（图 5-3）。他是著名的文章大家，也是状元及第的科举之

---

① 沈俊平《举业津梁》第 149 页提到了标题的改变，但依从王重民，认为内容相同。《美国哈佛大学哈佛燕京图书馆藏中文善本书志》的《大方通鉴》书志（第 351 页）也认为此《大方通鉴》与美国国会图书馆藏《大方纲鉴》为同一版本，并在《历史纲鉴补》的书志中引用王重民的“三次更换名目”，沿袭了这一错误。

② 唐顺之是翰林学士，故如此称呼。日本有《新刊翰林考正纲目批点音释少微节要通鉴大全》二十卷，万历十六年张氏新贤堂本，现藏于蓬左文库（图 5-3）；《重刻翰林校正少微通鉴大全》二十卷，建邑书林杨璧卿刻本，现藏于国立公文书馆。前者题名中加入了“纲目”，但正文并没有《纲目》的风格。这一时期“纲鉴”已经问世，应该是意识到这一点才将“纲目”加入书名。后者无从知晓刊行时间，但沈津《美国哈佛大学哈佛燕京图书馆藏中文善本书志》（第 342 页）著录了同一版本，杨璧卿的序文记作崇祯三年刻本。虽然是时间相当靠后的刻本，但有趣的是，“唐顺之考定”前有“京兆慎独斋刘弘毅古本”（蓬左藏本亦同）之语。与此相关的是，上一章介绍的王重民所言记载江镕序这一珍贵史料的《新刊古本少微先生资治通鉴节要》（嘉靖三十二年刻，北京大学图书馆藏），该书附带的刘吉序文（正德四年）记载“建阳义士刘君弘毅”刊行了《少微》的新刻本。而且，王重民正确地指出，此书中与王逢“释义”不同的“补注”，与《续编》的“释义”相同，都是刘弘毅的手笔。也就是说，《少微》《续编》都是由慎独斋改编的。另外，哈佛燕京图书馆藏《新刊翰林考正纲目批点音释少微节要通鉴会成》中所载“隆庆三年余氏敬贤堂序”与“杨璧卿序”是同一篇文章，因此沈津认为崇祯本或是此隆庆本的重刻。该本与同一图书馆所藏有“隆庆三年刊行”木记的《新刊宪台考正纲目点音资治通鉴节要会成》（《善本书志》，第 348 页）及前述蓬左文库藏本书名相似，版式一致——据《善本书志》书前所载“宪台考正本”图版与蓬左文库藏本相比较。也就是说，只是将“大全”改成了“会成”，“翰林”换成了“宪台”。回到沈津的推测，杨璧卿本的校正者、福建按察司廉使张谦是嘉靖年间人，所以其推测的可能性很高（但张谦是否真的参与校正仍然存疑）。更值得注意的是，隆庆本的序文中写道：“本堂因得翰林考正古本。”总之，《少微》已被慎独斋改编过，“翰林本”称“唐顺之考正是书”，是为了突出其价值。效果确实明显，翰林本有隆庆、万历、崇祯三刻（《善本书志》第 348 页著录了另一个崇祯刻本）。与之相比，吉澄本的现存本，就只剩下万历年间的徐元太刻本和余象斗本了。《少微》在明代后期的主流应是此“翰林本”。

神。此“唐顺之《纲鉴》”可能是钱茂伟书中一览表上所列、《中国古籍善本书目》[1] 著录的《新刊古本大字合并纲鉴大成》四十六卷（唐顺之辑，明隆庆书林归仁斋[2]杨员寿刻本）。现存“纲鉴”中，此书是已知刊刻时间最早的版本。从“合并纲鉴”这个标题来看，该系统版本也可被视作最初的“纲鉴”。

新刊翰林攷正綱目點音釋少微節要通鑑大全卷之一
京兆 慎獨齋劉弘毅 古本
賜進士第翰林院編脩直隸毗陵 荆川 唐順之 删定
賜進士第福建按察司僉事 鄖西 張 譓 鑒正
○周紀
初命三晉為諸侯
戊寅二十三年初命晉大夫魏斯趙籍韓虔為諸侯
温公曰天子之職莫大於禮禮莫大於分分莫大於名何謂禮紀
綱是也何謂分君臣是也何謂名公侯卿大夫是也夫以四海之
廣兆民之衆受制於一人雖有絶倫之力高世之智莫不奔走而

图 5-3 《少微》翰林本（蓬左文库藏）

唐顺之没有可能实际参与该书的编纂。前述李槃《世史类编》中彭好古识语云：“于是魏献国辑自羲、轩至元末，而诸名家因稍删订为《纲鉴大成》。”关于魏献（显）国，李槃序文中也有其姓名，曾编纂自盘古到元末、达数百卷的《历代史书大全纲目》,[3] 今不存。魏氏是否真编有这样的书，也值得怀疑。数百卷的“纲目”这一形容有些自相矛盾，如果不仅撰有帝纪，还有列传的话，那就是纪传体了。序文不过在应景地胡诌罢了。

不过，这则可疑的序文也道出了某种真相。之所以模糊地宣称《纲鉴大成》是由“诸名家”编纂的，恐怕是为了与号称“渊源有自的唐顺之本”《大方纲鉴》相抗衡，且多人编纂这样的表

---

① 卷六，第 16 页。山西省图书馆、哈尔滨师范大学图书馆藏。

② 杨氏一族中，清江堂是前期代表，后期代表是清白堂，尤以出版诸多历史小说闻名（《谋利而印》，第 215—217 页）。归仁斋与之相比更不显眼，嘉靖三十八年出版了《大明一统志》（国立公文书馆等藏），嘉靖四十年出版了“唐顺之评”《文章正宗》（国立公文书馆藏）。

③ 《正学堂类编世史便蒙集序》。

述本身更符合实情。但“诸名家”并不如字面意思所示，实际上是指建阳书坊雇佣的文士们。

《大方纲鉴》的李廷机序文称，“故以荆川氏曩所合并者，稍加润色，栉其浮靡”，至于润色和省略到什么程度，笔者未见过《纲鉴大成》[①]，无从知道（以李序云唐顺之本是祖本为前提）。笔者只要能确认《少微》与“纲鉴”有一定差距就足够了，本章并不关心“纲鉴”的源头，而是从普及度来看被称为“纲鉴”嫡系的《历史》是如何应对《玉堂》这一对手的出现的。在此之前，笔者先来介绍一下《大方纲鉴》的内容。

四　《大方纲鉴》

首先来看《大方纲鉴》（以下简称《大方》）的“凡例”。虽然不能囫囵吞枣地理解“凡例”中的宣传文案，但其中确实很好地体现了《大方》的特征（不过，此“凡例”有部分沿袭自祖本的内容，所以未必“独属于”《大方》）。下面将一条一条地列举并加以解说。[②]

> 一、修史以《纲目》为主，而《通鉴》附焉。“书法”“发明”皆本诸儒先褒贬大旨，一宗于紫阳。若《左传》、《国语》、《战国策》、《史记》、《汉书》、《唐鉴》、新旧《唐书》、《晋书》、《五代史》、《十九史诸史详节》、《路史》、《皇王大纪》、《读史管见》、《大事记》、《文献通考》、《宪章录》、

---

① 御茶水图书馆成篑堂文库藏有朝鲜本《纲鉴大成》的残本，但不知道其与归仁斋本的关系。评语被全部省略，只有正文。

② 《世史类编》的条例有些被视为“旧例”，也许是《纲鉴大成》的凡例。“旧例”多与《大方》的“凡例”重合。但《世史类编》的条例也有可能是加工《大方》的“凡例”而成。

《续通鉴》诸书，亦参考以广闻见。[①]

开头一句与实情相反。《大方》史文的母本是《通鉴》（《少微》），而不是《纲目》。不过，“以《纲目》为主”这句话也不能说完全是谎言。因为除了史文之外，《大方》采取了增强《纲目》色彩的措施，其中之一是“发明”“书法”的大量插入。在刘剡刊印《少微》时，也以新增的方式插入了一些“尹起莘曰”。但不能与《大方》相比，当时的插入量很少。

其次，列举参考文献的形式与《少微》相似，是在史文中参考的标目下，插入大量引文。《少微》与之前的“详节”本相比，出处标注变得相当随意（为了面向科举）。《大方》并没有重新补充史文的出处，而是引用与之相关的记事供读者参考。另外，在《玉堂》中看不到这样过于周到的处理。虽然《玉堂》也有订义的标目，但新增的内容很少，多是将前出著作的注释全盘移入订义。[②] 这是为了与参考竞争、展现新意的手段。

关于列举的正史，能马上注意到南北朝各史以及宋、辽、金、元史并没有被提及。但《大方》史文的“参考”中其实引用了《南史》《北史》[③]《宋史》。而史文中并没有明确引用《十九史诸史详节》。说到诸史“详节”，首先想到的是明代慎独斋刊行的

① 《世史类编》列举的参考书，到《大事记》为止都是一样的，但之后是《通鉴纂要》、正史诸书，与《大方》略有不同。

② 例如，卷三六武德九年十二月“张蕴古上宝箴”条中有两处“订义”，是对“八珍”“酒池”的解释。前者是对“集览”（或是引用了“集览”的“翰林本”）相关内容的缩写。《大方》注解的来源亦同，但并没有像《玉堂》那样一一列举“八珍”。后者只是删除了“集览”释义所标出处“汲冢古文”，与《大方》的注文相同。总之，不能说《玉堂》增加了新的内容。

③ 卷一七辛亥年在徐摛处引用了《南史》列传。另外，同卷丁卯年在慕容绍宗处引用了《北史》列传。

吕祖谦《十七史详节》。此外，明代还有记录显示存在《宋元史详节》。[①] 但《大方》是否使用了这些著作呢？一例“《详节》曰”也没有，频繁出现的是《史略》（《十八史略》）。可能因为《详节》的体裁更合适，凡例才将之写上了。

另一方面，《大方》明明有少量引用《宋史》《南史》《北史》，为什么没有在“凡例”中宣传呢？或许是因为此“凡例”原封不动地照抄了《大方》的祖本，与编纂实情之间产生了龃龉。但“凡例”连没有使用的书都会列举，所以理由并非全然如此。还有一种可能性是，与汉唐史相比，南北史和宋史所涵盖的时代对读者的吸引力原本就很低，所以编者忘记强调了。总之，《世史类编》的“条例”在列举《十九史诸史详节》后还附加了正史，与之相比，《大方》可说得上诚实了。

从宋元部分插入的“参考”来看，“案《宋史》”有十处左右，[②] 没有《元史》。如“凡例”所言，没有引用《辽史》《金史》，原本史文中辽、金的记事就很少。宋代以后部分引用最多的仍是《十八史略》[③]，另外引用罗大经《鹤林玉露》有两处[④]，刘祁《归潜志》[⑤] 有一处。列举文献中时间最晚的《宪章录》（万历元年序）是明史书籍。“纲鉴”最后的主人公是朱元璋，但并没有引用与之相关的内容。可能单纯只是凑数。

---

① 刘瑞《五清集》卷一五《祝参政墓志铭》载，祝萃（1452—1518）著有《宋元史详节》，“藏于家”，不知其后是否刊刻过。

② 卷二八有二条，卷二九有四条，卷三一有一条，卷三三有一条，卷三五有一条，卷三六有二条。有一处声称引用了《长编》（卷二九“天禧元年七月”条），不实。

③ 卷二八有二条，卷二九有二条，卷三一有一条，卷三三有一条，卷三四有四条，卷三五有一条，卷三七有二条。另外，没有引用《元史略》。

④ 卷三〇熙宁六年“六月周敦颐卒”条和卷三三建炎元年“五月康王即位”条。

⑤ 卷三六嘉熙二年“元领中书行省杨惟中建太极书院”条。

> 一、作史之义，尝闻李空同（梦阳）曰：“其文贵约而该，约则览者易遍，该则首末弗遗。”今兹凡例，删繁芜，补阙略，辞语要简，题目（标题）要全。论、策、表、诏、诰诸题罔不备载。一事究其颠末，一人详其出处。庶免挂一漏万之诮。而鲁鱼差讹者，窃加订校。

李梦阳（1473—1530）是明代中期著名文人，引文内容可见于其文集。[①] 这里只引用了一部分，接在“凡例”之后的《读〈纲目〉要法》刊载了全文。

事实上，“纲鉴”的文字不是抄自《少微》就是抄自《纲目》。因此“补阙略”的地方极少，[②] 但“繁芜”却削去了很多。然而“繁芜”之评是针对《纲目》文字而发，《大方》可说是非常大胆的。将《纲目》的文字删去（即便只是“目”），如果是朱子门生的话，是很难做到的。在芮长恤提出修正“目”之前，《大方》出于完全不同的考虑，对《纲目》的文字进行了剪裁。

总之，重视文本只是一种场面话。更为重要的是有助于科举的版式设计。例如，出版者制作了完备的栏外标题，指引出应试所需各种文体的范例。《少微》本身也留意了这一点，尽管文本被大量缩短，但对于贾谊、董仲舒等的上书却将省略限制在最小程度。[③]《大方》也继承了这种精神。

“一事究其颠末，一人详其出处”，通过[参考]的补充，在某

---

① 《空同集》卷六二《论史答王监察书》。

② 金文京《三国演义的世界》等指出，“秉烛达旦”（曹操俘虏关羽，以及刘备的两位夫人，被俘三人同居一室时，关羽拿着蜡烛一直站到早上的故事）就是一例。此事《通鉴》未载。《历史纲鉴补》云据“目”而载，但《纲目》中也没有此事。此事与关羽投降时提出三约（正史有记载）之事，都是从潘荣的《通鉴总论》中摘抄而来。但此事已见载于《大方》。另外，《世史类编》中“三约”载于史文，而“秉烛达旦”是以注的形式记录的。另一方面，《玉堂》只在注中提到“三约”。

③ 分别位于《少微》刘剡本卷七孝文皇帝六年、卷九孝武皇帝建元元年。

种程度上实现了。但充实这些附录，反过来也意味着正文比重的下降。另外，“鲁鱼差讹”在《大方》中存在无数，所订正的反而可能改错了。

> 一、史断（评语）不拘新旧。自两汉而下及我朝名公所著述论赞，有裨史学者，咸多檃括。泛者截之，腐者去之，粹者存之，或全篇，或节文，或警语，求可为筌蹄，不资鞶〔鞶〕帨已也。凡断旧者大书之，新者细书之，宋元则一概书之。

“纲鉴”区分于《少微》的一个特色是评语较多。而且与正文一样，评语上方多附有标题，但其中有很多是以提问形式出现的。常见的是比较两方，如“问：贾谊《治安策》与董仲舒《天人策》优劣何如”（卷六）。答案示于下方。对于这一问题，《大方》引用“张南轩曰”给出了答案示例：“贾生英俊之才，若董相则知学者。治安之策，可谓通达当世之务，然未免有激发暴露之气，其才则然也。天人之对，虽若缓而不切，反复诵味，渊源纯粹，盖有余意，以其自学问涵养中来也。”[①] 实际上反而是因为引用了张栻的评语才产生了这个问题。这一评语在《少微》中没有，是新增内容。如上所述，《大方》倾向采录能够提出两相比较问题的评语。虽然不知道这样设置问题是否真的有用，但其形式与今天的考试问题集是一样的。

新旧评语的区别，如果从文字上来看，旧“唐顺之本”的内容和新增部分，到五代为止都是用大书、细书来分别表示的，但编入分注（细书）的评语（引用别人的意见标“按○○”，以及“愚按”）并不多。而理应“一概书之”的宋元部分的细书中也有“愚按”，不清楚与他文有什么不同。要从文字本身来理解很难，但恐怕与宋元部分和以前的评语存在多样性差异有关。

---

① 《大方》卷六文帝五年“是时匈奴……”条。

在《通鉴》涵盖的时段内，《大方》采录了迄今为止的评语这一遗产。很多宋儒都发表过评论。另一方面，宋史部分的评论，即使宋儒甚至朱子等留下了相应的评论，但与前代相比《大方》采录较少。到目前为止，在建阳刊行的宋代史书中，引人注目的名人评语只有北宋治世时期的政治家富弼的评论。[①] 具有压倒性数量优势的是近乎无名的吕中，如前一章所见，他的评论在《节要续编》中被大量引用。另外，《大方》中有大量“李丹棱曰”“李氏焘曰”，即《续资治通鉴长编》的编者李焘，但他并不写史评。例如，卷二九有三处引自《大事记讲义》[②]（直接引自《宋史全文》）。前一章提到的陈霆是个对史学很严谨的人，但他竟然把《宋史全文》和李焘的著作搞混了（第四章第 308 页注①），更不用说普通读者更不会觉得不协调了。

元人的记述缺乏素材，之后是明人。明代对宋史的评论有一个小高峰（《宋元资治通鉴》《宋史质》《宋史新编》只是对《宋史》的改编，不算明代的“宋史学”）。有明中期刘定之（1409—1469）的《宋论》[③]、许浩的《宋史阐幽》[④]、无名氏的《宋史笔断》[⑤]。不过，包括吕中的评论在内，这些都已经被慎独

---

① 散见于《宋史全文》和《宋鉴》。

② 天禧四年“诏太子参议朝政”条中的“李丹棱曰”、天圣元年“闰月寇准卒”条中的“李氏焘曰”、庆历二年“九月暨契丹平”条中的“李丹棱曰”均见于《宋史全文》，《节要续编》已采录过。

③ 刘定之是明代大臣，因其威信而被视为宋史评论的代表。虽然总共只有 29 条，但几乎都被收入慎独斋本《节要续编》中。

④ 清《钦定续文献通考》卷一六七《经籍考》著录了该书，称作者“弘治中，以贡生官桐城县教谕”。顾潜（弘治九年进士）的《静观堂集》卷一二《题〈宋史阐幽〉后》中，记载了他从国子助教许克深处得到其兄克大（浩）所著此书，评价其堪比《宋论》。

⑤ 见《晁氏宝文堂书目》。郑瑗（1481 年进士）的《井观琐言》认为其不如《宋论》。《四库全书总目》卷九〇著录为“正谊斋编集”，作者不明。全十二卷涵盖了整个宋代，收录约 160 条史论。因为一开始就标示了年代，所以很容易插入编年体史书中。美国国会图书馆曾有弗朗克·豪勒（Frank Hawley）收藏（宝玲文库）的木活字本。

斋本《节要续编》采用。[①] 要说新的内容，只有嘉靖以后的《宋元通鉴》（王宗沐、薛应旂）、《宋史新编》（柯维骐）两部，还根据《续纲目》的“广义”“发明”有所增加（某种程度上讲是采录自慎独斋本）。所谓“一概书之”，是为了掩饰素材少的障眼法。

一、天下混一为正统。正统者大书纪年，继世（朱子所谓“正统之余”）虽土地分裂，犹大书之。其非正统，则分注细书之。虽一统而非正系，或女主，或夷狄，一遵朱子之正例、变例。

前半部分和《纲目》相同，有问题的是后半部分。朱子确实不认为女主是正统，不过，夷狄一统天下在《纲目》成书的时代是无法想象的事态。对于女主吕后、则天武后，在汉、唐王朝内采用分注的形式，称之为“变例”；对于夷狄，如果朱子尚在，是采用“正例”尊统一后的元朝为正统（实际上，《纲目》续编的编者就是如此处理的），还是因统治者是夷狄而采用“变例”，谁也不知道。因此，说“一遵朱子之正例、变例”，有些轻率。

一、温公“书官名例”：凡官名可省书〔者〕，不必备书；公相以善去曰“罢”，以罪去曰“免”。“书反乱例”：凡诛得儠曰“有罪”，逆上曰“反”，争强曰“乱”。“书两国相涉例”：凡两国〔事〕相涉，则称“某主”；两君相涉，则称

① 此处比较一下慎独斋本系统《新刊四明先生高明大字续通鉴节要》和宣德本中南宋《宁宗纪》的评语（前者在卷一三，后者在卷一九）。宣德本的评语只有陈桱二条、史臣赞（《金史》），而“高明大字”本还增加了丘濬二条、蒋宗谊、巢睫子三条、永丰刘氏（当为永新刘氏，指刘定之）、吕氏本中（并非吕本中，而是吕中）。蒋宗谊是成化二年进士，其评论引用自《续宋论（纪）》（见《张东海诗文集》卷四、《千顷堂书目》卷五）。巢睫子其人不详。

谥号；不相涉而事首已见〔具〕，则称“上”称“帝”。此史学标准也。

此处引用了一部分《通鉴释例》，引文本身忠实于原文。[①] 首先，《释例》还有其他内容，不清楚为什么只选这三条（其余释例与《纲目》的“凡例”并不抵牾），既然宣称以《纲目》为主，难道不应该列出《纲目》的“凡例”作为“史学标准”吗？之所以不这样做，是因为“纲鉴”即使把“纲”冠于首位，只要保留了“鉴”的部分，《纲目》的“凡例”就无法全面适用。因此，虽然采用了“书法”“发明”，“考异”“考证”却不会出现。在《纲目》中占据核心地位的“凡例”，在此书中形同虚设。

一、字难认者，则载音释，以便后学。句有难晓者，间亦训诰〔诂〕一二，务使了然显明。大都考诸先儒注疏及群史释义，或有未当者，间亦附以己见再更之，观者幸恕其僭云。

《大方》注释的分量相当多。不过，相当一部分是《少微》和《纲目》的遗产。也就是说，《大方》大量使用了《少微》中的“释义”和《纲目》中的“集览”“质实”。“释义”本身就大量引用“集览”，《大方》仿效《少微》的手法，引用了“质实”。除此之外的内容也有，但不多。所谓更正了前人的注释，也只是偶尔为之。对《少微》的“释义”，以及刘弘毅模仿前者所作的《节要续编》“释义”中的错误，予以更正的例子很少。

---

① 不过，司马光的曾孙司马伋所缀辑的《释例》与现行《释例》在条数等上有所不同，现行《释例》到底保留了多少原貌还是个疑问（《四库全书总目》卷四七）。

综上所述，《大方》的特征已经相当明显了。[①] 简而言之，《大方》以《少微》为骨架，除《纲目》正文外，还用除“考异”“考证”之外的“五家注”填充了血肉。在明代，有“凡例”的《纲目》才是真正的《纲目》，而“考异”“考证”起到了补强作用。将之组合在一起的，本就是建阳的出版者。但他们的后辈去掉了骨干部分，增加了脂肪。

*

接着“凡例”，《大方》向读者指出了读史的要点（《要法》），这里也有令人费解之处。首先，《读〈纲目〉要法》中引用了朱子、李方子、尹起莘三人的话。这些只是部分引自“七家注本”各自的序文。问题在于其后的《读〈通鉴〉要法》。

《大方》以“论读史为格物致知之要”为题，引用程子、叶平岩、朱子的话。关于前二人，忠实地引用了叶平岩即叶采《近思录集解》中的程子之言。但接下来的“朱子曰”有些复杂。

朱子先介绍“程先生”的读史方法。第二条（“又曰”）中的“便是格物”与题目中的“格物致知”相对应。乍一看是朱子

① 另外，《玉堂》的凡例是七条。没有条目像《大方》那样提及“纲鉴”的构成材料。第三条“正统”的记述与《大方》完全相同，记述《通鉴释例》的第四条几乎相同。与文本相关的第二条几乎相同，但没有提到李空同的名字。关于史断的第五条，《大方》中的“我朝名公”，此处作“我朝贤达”（《历史》作“贤达”），也没有《大方》中“区别标示新旧评论”的部分。有较大差异的是关于注释的第六条，《大方》中“句有难晓者，间亦训诂一二”，此处作“句难晓者，则有订义”。这里指前述“订义”。从这些方面来看，《玉堂》的凡例很可能是在《大方》凡例的基础上进行了加工。或者《大方》《玉堂》有共同的祖本，《玉堂》直接对其凡例进行了加工，但应确实对先出的《大方》有所在意。另外，第一条、第七条与《大方》完全不同，分别展示了《玉堂》的特征。第一条是“为七十有二者，法七十二候也”的卷数介绍，及说明秦、隋、元虽统一天下但不尊为正统。不过，在正文中，秦朝从秦始皇统一天下到灭亡都赋予了正统，也只在隋朝末期剥夺其正统，完全不尊为正统的只有元朝。第七条述用“讳”标示评论者的名字，应该是注意到先出的《大方》是用“号”标示的。

之言，其实也是程子的话。此外，朱子被弟子问及史书的读法，回答道：“当看人物是如何，治体是如何，国势是如何，当仔细上察看明道先生看史，逐行看过，不差一事。”[1]

但这里编者有投机取巧之嫌。在朱子的语录、文集中均没有以上“朱子曰”的内容，朱子介绍的“程先生读史法”仅载于《二程遗书》。不过，《遗书》是朱子编纂的，称“朱子曰”也有道理。问题在于第三条。

这一条摘自《朱子语类》（卷九四），原文云“……皆当子细。因举上蔡看明道读史”。也就是说，朱子是说“国势是如何”当仔细观察，然后引用谢上蔡（良佐）来说明程颢的读史方法[2]。《大方》将谢上蔡的“蔡”字改作“察”字，使意思稍有改变。

像这样将读史方法载于卷首是有先例的。前一章提到的嘉靖年间刊行的《十九史略大全》中也有《读史要旨》，该书中引用的名儒之言与《大方》相重合。不过，在《十九史略大全》中，“程子曰”和“朱子曰”是被分开引用的。这是理所当然的处理方法。而明道云云则作“当子细上蔡看明道先生看史”，虽然“蔡”字是正确的，但也没有正确引用《语类》。不过，这单纯只是引用有误。

《大方》整理了这些既有通俗史书的“读史法”，并有意识地加以编排。“读史为格物致知之要”是程子的读史论，而《大方》通过模糊主语，使之看上去是朱子之言。最后的“蔡”→“察”

---

① “《读〈通鉴〉要法·论读史为格物致知之要》：程子曰……叶平岩曰……朱子曰：‘程先生每读史至一半，便掩卷思量，料其成败，然后却看有不合处……’又曰：‘读史须见圣贤所存治乱之机……便是格物。’问看史，曰：‘亦草率不得。当看人物是如何，治体是如何，国势是如何，当仔细上察看明道先生看史，逐行看过，不差一事。’”

② 谢良佐对程颢的读史方法一开始很不满意，后来则心悦诚服，常提到此事，这段逸闻见于《宋名臣言行录》外集卷七。

恐怕也不是误植，而是为了呼应前文朱子提到的程先生读史论，将最后朱子的话改为“当仔细上察看明道先生看史”。其实，一开始的“程先生”之言引自程颐，前后无法呼应。

格物致知是朱子学的要旨。标榜采录《纲目》的“纲鉴”也如此主张。但从满不在乎地篡改朱子发言这一点上，体现出《大方》（或其母本）对《纲目》乃至朱子的态度。不过，建阳出版界早就开始篡改朱子之语了。在宋代类书中已经能看到这种现象。

接下来，《大方》引用了吕东莱（“大抵看史见治则以为治”）、胡致堂（“读史先看统体”）、苏东坡（“秦以暴虐焚诗书”）三人的议论，三人中只有开头的吕祖谦是本人的文章，后面胡寅的议论实际上是吕祖谦的[①]，苏轼的文章是程颐的[②]。关于前者，因为《十九史略大全》已经做了同样的事，所以并不全都是《大方》（或其母本）改动的。而且，把程子改成苏轼，与避免“吕东莱曰”出现两次一样。因为程子已在前面的条目中出现过，所以忌讳重复。总之，这是一种增加评论者数量的技巧。既然连朱子之语都可以篡改，那么把A的发言改成B的也没什么，在之后所见的“纲鉴”评语中，这一招被广泛使用。

接下来《大方》所引丘濬和李梦阳的评语不见于《十九史略大全》。李梦阳评论的标题为“评迁、固以下诸史得失”，声称《晋书》以及宋、元二史有重修的必要，如担心重修难度大，可精简其分量（“约而精之”）。[③] 虽然纪传体和编年体体例不同，但“纲鉴”亦以将宋、元近代历史精简梳理作为卖点，合乎李梦

① 《东莱集》卷一六《读史纲目》。

② 《二程遗书》卷一八。

③ “李空同曰：‘……至于宋、元二史，第据文移，一概抄誊，辞义两蔑。其书各逾百帙，观者无所启发，展卷思睡矣。仆谓诸史犹可耳，晋、宋、元三史必修之书也……或惮其难，止取二史，约而精之，亦弘文之嘉运、昭代之景勋矣。’”

阳的要求。

丘濬评论的标题为“通论天下分合之势”。因为这一问题与正统论有关，所以继承《纲目》的“纲鉴”应尤为谨慎。引文出自《世史正纲》。前文已述，出版者在《纲目》和《节要续编》中都引用过此书。丘濬除对华夷之别特别在意外，对女主、佛教、道教、宦官等问题也非常敏感，其最具特色的观点是不承认夷狄元朝为正统。

若按朱子正统论的逻辑，元朝在南宋灭亡后就是正统。明朝政府编撰的《续纲目》也是如此，丘濬对此提出了自己的异见。“纲鉴”对丘濬的观点是如何处理的，后文再讨论。其引用了丘濬的论述[①]，只承认汉、唐、宋以及“我朝”为正统，从这就可以看出编者对朱子的正统论不太严肃。

五　评林

在明末，《史记》《汉书》各有一部以“评林”命名的书，[②]其他体裁的史书也有类似衍生作品。虽未见标题上附加“评林”的“纲鉴”，但实际上“纲鉴”可以进入评林本之列。如前所述，评语的增加是将《少微》与“纲鉴”区分开的特征之一（不过，《节要续编》的后期版本也增加了相当多的评语）。那么，先来看看实际被《大方》收入的评林吧。虽不能一本一本地讨论，但通

---

① “始之以夏、商、周，继之以汉、唐、宋，终而复始，而我朝之兴，其视商、周之夏，唐、宋之汉乎？”在不承认秦、隋为正统这一点上，与方孝孺相同。但与方氏不同的是，丘濬明确否定了元的正统，并如上述引文所示，持一种包含明在内的循环史观。在这一史观中，明将成为新三代的领头羊，但从他的标准来看，明朝灭亡后，本应形成新周期的正统政权并不存在。

② 朱志先的《明人汉史学研究》（湖北人民出版社，2011 年）有一章专门介绍两种“评林”。

过大致分析其性质，也可窥见“纲鉴”的一部分特征。

首先应该指出，增入《纲目》的赠品，其中就引入了大量诸儒议论。虽然没有特意言明，但大量插入议论是《纲目》的特征。《通鉴》原本就插入了很多“臣光曰”及他人的议论。《纲目》模仿了这一点，但其分量之多，《通鉴》无法相比。《纲目》中没有“朱熹曰”，取而代之的是，通过引用大量议论，引导读者如何看待历史，这种教育上的考量确实存在。最频繁出现的是南宋初年胡寅的《读史管见》，其次是《通鉴》编纂成员范祖禹的《唐鉴》。

两书在近代史学兴起以后，很少被关注。在人气上，与几乎都是短评的《史纲评要》形成了鲜明对比。《唐鉴》收录于 1930 年代王云五主编《国学基本丛书》中，① 故在一段时期内被视为经典，但此后直到最近都没有受到太多关注。至于《读史管见》则几乎一直被冷落。② 后者未被《四库全书》收录（见于《存目》），在清朝评价就已很低。不过，宋至明是“史评”的黄金时代（这里所说的史评不是像《史通》那样对史书、史学的批评，而是指历史评论），其代表作就是《读史管见》。尽管四库馆臣评价其“不近人情，不揆事势”③，充斥着道学气，但依旧被一再刊行。更何况其内容被插入《纲目》中，“胡氏曰”频繁地映入读者的眼帘。

《少微》中也存在胡、范的议论，但“纲鉴”中大量增入的相关内容基本上是《纲目》的遗产。下面来看一下《大方》中唐代高宗一朝评语的附录方式。笔者选取《少微》后期版本的主流

---

① 关于《唐鉴》，2003 年三秦出版社出版了白林鹏、陆三强校注本，2008 年中华书局出版了刘韶军等人的选译本。另外，因为曾有版本增入过吕祖谦的音注，所以也收录于近年出版的《吕祖谦全集》（浙江古籍出版社，2008 年）中。

② 这也是最近岳麓书社才出版《读史管见》标点本的原因。

③ 《四库全书总目》卷八九。

“翰林本”（参见第402页注②）和《玉堂》作为比较对象，一起列出。另外，各书的人名标示都有自己的风格，《大方》执着于用“尹遂昌”（尹起莘）、“胡致堂”（胡寅）这类而非直用名讳，《玉堂》则直用名讳。“翰林本”与《大方》相近，但会将号置于前，如“琼山丘氏”（丘濬）。下表统一用名讳标示。除选取时段外，《大方》也常在史文后插入“发明”“书法”，此处只讨论《玉堂》也做了相关引用的情况。

		《大方》（卷二四）	“翰林本”（卷一五）	《玉堂》（卷三九）
永徽元年	尹起莘	○	×	○
三年	范祖禹	×	×	○
四年	胡寅	×	×	○
五年	胡寅	×	○*	×
	尹起莘	○	○**	×
	胡寅	×	×	○
	胡寅	○	×	○
	范祖禹	○	×	×
	范祖禹	○	×	○
六年	范祖禹	○	○	○
	胡寅	○	○	○
	胡寅	○	×	×
	丁奉	○	×	×
显庆元年	丘濬	×	●	×
显庆二年	胡寅	○	×	○
龙朔二年	胡寅	○	×	○
麟德元年	胡寅	○	×	○

续表

		《大方》（卷二四）	“翰林本”（卷一五）	《玉堂》（卷三九）
二年	丁奉	○	×	×
	胡寅	○	○＊＊＊	○
乾封元年	胡寅	○	×	○
二年	胡寅	×	×	○
总章元年	范祖禹	×	×	○
二年	胡寅	×	○	×
	范祖禹	○	×	○
	范祖禹	○	×	○
	范祖禹	○	○	○
	尹起莘	×	×	×
	苏轼	○	×	○
	丘濬	○	×	○
上元二年	胡寅	○	×	○
仪凤元年	胡寅	○	×	○
三年	胡寅	○	×	×
永淳元年	丁奉	○	×	×
	董其昌	×	×	○
	朱之蕃	×	×	○
弘道元年	贺善	○	×	×

＊　《纲目》在别处引用了该评语。

＊＊　《大方》在别处引用了该评语。

＊＊＊　胡寅的引文比其他二书长。

首先可以确认，基于《纲目》采录的诸儒评论，“纲鉴”的评语随之增加。《少微》中也有一些《纲目》采录的评论，但所引胡寅评论有不见于《纲目》的内容。根据过往情形推测，这可能是刊行《读史管见》的慎独斋增入的。两种“纲鉴”里没有的丘濬评论（●）也是来自慎独斋。三书都有的胡寅、范祖禹评语，因为文字相同，当是两种“纲鉴”抄录了慎独斋本系统的内容。

下面来看与《纲目》无关的评论。在《大方》中，有多个丁奉（《大方》记作“丁南湖”）的评论。不仅限于以上样本，在王重民关注的部分，如《通鉴》时段以前的古代史，以及《通鉴》时段以后的宋元时期，也有多处引用丁奉。笔者虽未细数，但在所有《大方》评论中，丁奉出现的频率恐怕仅次于胡寅。丁奉并不特别出名，引用如此多的“丁南湖曰”是有缘由的。

丁奉（1480—1542）在《明史》中无传。常熟人，正德三年（1508）进士。明末朱国祯的《涌幢小品》中，将丁奉列举为早早致仕的典型案例。虽在仕途上成就不高，但作为文人他还是有一定知名度的。[①]

约二十年前[②]，王树伟介绍了冠以丁奉之名的《通鉴节要》。[③]其书名为《新编通鉴节要》四十五卷，现存二十二卷（因为存卷是从卷一一开始，所以没有序文等部分），题“明丁奉补评删正”，卷二五末尾有“嘉靖乙巳（二十四年）孟秋，东溪郑氏重刻”木记。

王树伟在各种目录书中找不到著录此书者，故称其为“海内孤本”。此书在日本也不为人知，所以姑且可以这么说。王氏写这篇介绍文时，此书正藏于中华书局图书馆。王树伟建议影印出

---

① 《涌幢小品》卷一三“蚤致仕”：“常熟丁南湖，名奉，正德戊辰进士，南司封郎中。年三十九致仕。”李园园的《明朝丁奉生卒年新证及有关考述》见于《常熟理工学院学报（哲学社会科学）》2010年第5期，第101—103页，如标题所示，确定了丁奉的生卒年，但只关心丁奉作为当地文人的经历，没有提及《通鉴节要》。

② 编者注：此乃按原书出版的2012年计算。

③ 王树伟：《明嘉靖刊本丁奉〈新编通鉴节要〉跋》，《河北师院学报》1988年第4期，第125页。

版，事未遂。笔者不认为这样的俗书现在还会出版，姑且就这样束之高阁吧。

遗憾的是，王氏的介绍文只有一页，无法了解这部书的详细情况，但他试图宣传这部书的存在意义，强调它与“通行本”的异同，并列举了一段引人注目的关于宋江的记事。据王氏介绍，“通行本”在徽宗宣和三年二月记“淮南盗宋江以三十六人横行河朔，转掠十郡，官军莫敢撄其锋。知亳州侯蒙上书言，江材必过人，不若赦之使讨方腊以自赎，帝命蒙知东平府，未赴而卒”，但不清楚徽宗是否招降了宋江。而此书中记“知亳州侯蒙上书言，江以三十六人横行齐魏，官军数万，无敢抗者，其才必过人，不若赦之使讨方腊自赎。不许”。王树伟指出，这里明确提到徽宗没有采纳侯蒙的提议。

王氏并没有说明“通行本”是什么。笔者读至此处，起先以为丁奉的《节要》与其他《节要续编》有不同的特征，有些激动。然而，王氏所引“通行本”文字在《续资治通鉴纲目》和明末编纂的《宋史纪事本末》中都能看到，王氏可能看过后者（因为《宋史纪事本末》大量采用了《续纲目》，两书文字一致并不稀奇）[①]。

王氏特别强调的“不许”，实际上在《节要续编》诸版本中都能看到（史源是陈桱《通鉴续编》）。王氏应该并不熟悉通俗史书。这一点暂且不提，从王氏的介绍中也能得出一些信息。

①既称丁奉“补评”，所以收录了很多他的评语。

②若嘉靖二十四年“重刻”的木记为真，初刻应在此之前印行，被重刻说明此书引起了一定反响。

---

① 也就是说，《宋史纪事本末》并不单纯只是将《宋史》重新编成纪事本末体。《四库全书总目》卷四九并没有提及此书的取材，而是对其含有辽、金史相关记述有所疑问，这是由于此书编撰时使用了《续纲目》。

③不清楚东溪郑氏是哪家书坊。不过，郑氏是建阳书坊中势力较大的一族，[①] 此书为建阳本的可能性很大。

④书名虽是《通鉴节要》，也包含了“续编”的宋元部分。

此书的序文保存在丁奉的文集里。文中虽对《少微》《续编》的产生过程稍有误解，但对于加上《外纪》的这三部书给予了高度评价：“此诚史学之捷径，宜乎今之人诵而家传也。”丁奉在退休生活之余，参合《纲目》、二十一史，编成《通鉴节要》四十五卷。[②] 序文并没有写明刊行一事，此书大概是以某种方式传到了建阳出版界吧。

“丁南湖曰”的议论中虽然没有令人耳目一新的高论，但给人较为公平和平衡的感觉。并没有像丘濬一样，对夷狄政权发出全盘否定的过激之论。

然而，在《大方》的明人评论中，引用数量之多仅次于丁奉的就是丘濬的《世史正纲》，如前所述，其展开的议论浓缩了中华男性儒者的蔑视，表现出强烈的个性。但《世史正纲》的单行本并没有在社会上盛行。钱茂伟云：“很多明代人也接受不了。《世史正纲》出版以后，并不太吃香。我们很少看到有君臣读《世史正纲》的记录，也未见有表扬此书的言论。在整个明代，仅嘉靖末年重刻过一次。”[③]

---

① 《谋利而印》，第169—170页。

② 《南湖先生文选》卷七《新编通鉴节要自序》：“圣朝永乐间，闽省书林以宋刘恕《通鉴外纪》与《少微通鉴节要》并刊一帙。逮宣德间，盱江张光启作《续编节要》，又成一帙。而盘古以至胡元之大略，二帙具举矣。此诚史学之捷径，宜乎今之人诵而家传也……僭将二帙所载，参之《纲目》，以定褒贬，检之二十一史，以核事实，共编一部四十五卷，总名之曰《通鉴节要》。”因有“盘古以来”云云，所以文中《外纪》指刘剡本，实际出版于宣德年间。因为刘剡识语提到永乐年间云云，序文大概是据此而有所误解。前文已述，《续编》的主导者是刘剡。正如序文所言，现在留在“纲鉴”中的“丁南湖曰”，有很多评语是有意识在与《纲目》相比较。

③ 《明代史学的历程》，第46页。然而钱氏自己也引用过下文，胡应麟的《史书占毕》评价道：“《春秋》之后有朱氏，《纲目》之后有丘氏。”

钱氏的评价对了一半。丘濬决意写这本书，原本是因为他对自己参与编纂的《续资治通鉴纲目》（后述）感到不满，因其没有采用《世史正纲》的正统论。但经刘弘毅之手，《世史正纲》在建阳出版的史书中随处可见。更由于“纲鉴”，其影响力被提高了（在“丘濬曰”中，也引用了他相较于《世史正纲》更为人熟知的另一本著作《大学衍义补》，但数量很少）。

《大方》也没有承认元朝为正统（《玉堂》亦同)。《节要续编》和《续纲目》虽都承认元统一后为正统，但“纲鉴”却渐渐偏离了《纲目》的路线（编者可能会说这是朱子的“变例”）。总之，作为单行本并不起眼的《世史正纲》通过“纲鉴”传播开来。从这个意义上说，只注意到其直接影响的钱茂伟的观点，应该稍加订正。

为了比较，下面来看一下《玉堂》引用明人评论的情况。《玉堂》也引用了丁奉、丘濬，但与《大方》相比非常少。而《玉堂》（上表样本中只有董其昌、朱之蕃）从整体上看，引用的明人议论相当多。① 这里列举一下《玉堂》卷六至九（从《通鉴》正编时间起点至汉统一天下）引述的明人。

卷六　瞿景淳、苏濬、唐顺之 2、方孝孺、叶向高、沈容贤、丘濬、李廷机、张乔、茅坤、冯梦祯、赵弼

卷七　焦竑、霍韬、朱应麒、冯梦祯、丁奉 4、王世贞 2、叶向高、赵弼、方孝孺、顾充、张乔、吴维岳、杨慎、汪道昆、潘仲骖、陶望龄、唐顺之、袁黄、李廷机、刘剡

卷八　丁奉 4、李东阳、朱用光、叶维荣、林奇石、卢璘、丘濬 3、赵弼

卷九　丘濬、郭大有、唐顺之 2、黄洪宪、王锡爵、王

① 首卷所载“先儒名公姓氏”也表明了这一点。《大方》列举的明人只到明中期的薛瑄（1389—1464)，《玉堂》则接着列出了时间更近的明人姓名。

凤灵、丁奉 2、宗臣、柯挺、赵弼 2、卢璘、屠隆

另外，《大方》在这一时段引用的明人评论是：申时行（实际上是王应麟的《通鉴答问》）、罗万化（隆庆年间状元）、唐顺之 4（其中之一出自《通鉴答问》）、方孝孺 3、丁奉 40、叶伯隆、赵弼 8、霍韬、郭大有 4、蔡清、丘濬 11。

在《玉堂》的这份名单中，除已述之丁奉、丘濬外，首先是一群“纲鉴”的冠名作者（苏濬、唐顺之、王世贞、黄洪宪[①]、叶向高、袁黄、李廷机）。这些几乎都是伪托。试举一例，卷六唐顺之对智伯分别向三晋索要土地的评论，其实只是节略了王应麟《通鉴答问》所载“智伯求地”的部分文字。[②] 对于“唐顺之曰”，《历史》的“凡例”称编者作为“从游”荆川之弟子，希望更正《玉堂》的伪托之语。编者虽然知道这些引文的关窍，但《历史》却仍将对“智伯求地”的评论按在唐顺之名下，有些滑稽。可能编者见过《大方》中的“唐顺之曰”，又看到《玉堂》新增了唐顺之的评论，“凡例”所谓更正当指此。[③] 王世贞是《凤洲纲鉴》的招牌，所以偶尔也会出现他的评论。其中虽不乏

---

① 冠其名的有《历朝纪政纲目》七十四卷，万历二十五年序刊。黄洪宪曾任福建学官、科举考官，对福建人来说是个亲切的名字。

② 《通鉴答问》卷一：“或问：‘智伯求地，韩、魏与之，而赵不与。赵之谋臣有张孟谈，何以不若段规、任章也？’曰：‘左氏言智伯贪而愎，二字尽之。违智国之谏，见其愎；求三家之地，见其贪。以愎济贪，何乡不败？段规、任章之谋深，所谓将欲夺之，必固与之也。赵襄子之怨深，所谓有以国毙，不能从也。智伯方如猛虎跳梁于康庄，奋爪吻以搏且噬。三子者，皆欲食其肉，寝其皮。与地，所以骄之；不与，所以怒之。骄敌者，其变迟；怒敌者，其衅速。襄子舍长子、邯郸而走晋阳，知人和之可与同患难。盖有以待智氏矣，非无谋也。赵以惧存，智以骄灭。《易大传》曰：危者使平，易者使倾。在人不在势。’”《玉堂》去掉了“或问、曰”的问答形式，变为独白，且改变了若干字句（划线部分），删除了中间和最后部分。《大方》亦同。

③ 如“鸿门宴”条的评论，《大方》中有尹起莘、陈傅良、丁奉、赵弼，《玉堂》则用唐顺之代替了后两人。《玉堂》通过换成唐顺之来取代《大方》的卖点丁奉，《历史》应是看出了其作伪手法。

捏造的文字，但也有很多内容可以在《弇州山人四部稿》中找到。[①]

关于叶向高，虽不能明确这四卷所引两处的出处，但考虑到别处有将他人评论改为“叶向高曰”的情况，这里就很可疑。另外，在《历史》的“凡例”中，与叶向高一起被当作招牌的张乔身份不明（至少不是进士），例如卷七所附张乔评论，在《大方》中作“愚按”。[②]《大方》中的“愚”在原则上应是李廷机，《玉堂》则改为了张乔。《历史》注意到了这一点。

除“纲鉴”外，通史极简编《历朝捷录》的作者顾充（隆庆丁卯即1567年举人）也是一个应试参考书招牌。《大方》在各王朝记事末尾插入的“总论”就摘录自此书。[③]

另外，共出现4处的赵弼（1364—约1450[④]）评论，引用自《雪航肤见》。此书在明中期十分流行，[⑤]《大方》也摘录了相当多内容，虽比丁、丘少得多，但除了后述《续纲目》取材的两部编年史中的评论外，恐怕在明人中可排第三位。郭大有评论引自《评史心见》，[⑥]

---

① 例如，卷二三建安二十四年“曹操表孙权……”条的评语“余读史至魏操……”，见于《弇州山人四部稿》卷一一〇。

② 《玉堂》卷七周赧王四十五年“秦伐赵”条，张乔曰“赵奢所以……”，《大方》卷三的该条作“愚按，奢所以……”

③ 元朝相关部分由张四知所写。《国榷》卷六九“万历四年九月”条载，同名人物已死。此人不可能是崇祯朝大学士张四知。

④ 关于此人，参见李剑国、陈国军：《赵弼生平著述考》，《文学遗产》2003年第1期，第65—74页。

⑤ 《四库全书存目丛书》收录了据成化甲辰魏氏仁实堂（本书第三章提过该书坊是《纲目集览》的刊行方）刻本的钞本。在十卷本中涵盖了伏羲到南宋末，以人物论为中心记载了不到百条史论。孙绪（1474—1547）的《沙溪集》卷一三《杂著》，将此书与后述周礼的《续纲目发明》等并列，评价其“肤浅卑陋，直可付之一火”，但反过来想，孙绪可能只读了这本书。《大方》使用了此书约三分之一的内容，但基本上只到汉代为止。

⑥ 《四库全书存目丛书》收录以刊行《三国演义》而闻名的南京著名书坊周曰校的万历十二年刊本。十二卷涵盖了周至元代的史评。《百川书志》卷四记郭大有为该书作者，字用亨，“南京人”，其余信息不详。如其“凡例”所云“评史诸题凡可以为策论者，学者任意择取以备观览，利于举业”，《评史心见》原本就是科举用书。《大方》所引内容与《雪航肤见》一样，只到汉代为止。

集中在前半部分，比赵弼少一点。方孝孺虽然没有史评专著，但也时常在书中出现，其评论引自方氏文集中收录的史论。[①] 虽在上述样本中没有出现，但何乔新在宋、元编中非常显眼。其评论不知是引自现已不存的《宋元史臆见》，还是他的文集。[②]

至于其他名人，杨慎、李东阳、宗臣、陶望龄、茅坤、冯梦祯、汪道昆、王锡爵、屠隆、焦竑的评论则无从证实。

另外，以上出现的明人中，万历年间名人的名字非常醒目，但另一方面，让今天的我们疑惑“他们是谁”的人名也相当多。虽不能一一追踪调查，但其中很多人是乡试解元（朱用光、林奇石、柯挺[③]）、福建人或近年进士（王凤灵、叶维荣）[④]。

《玉堂》恐怕也只是借用其名，相关评论很有可能是别人所作。在他们的“○○○曰”处有剜改痕迹，原来两个字的空间经常被强行塞入三个字（图 5-4）。而原本填入的名

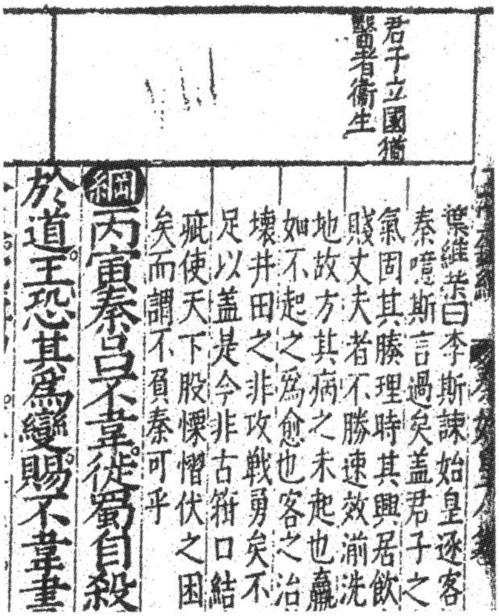
君子立國猶
醫者衛生

葉維榮曰李斯諫始皇逐客
秦噫斯言過矣蓋君子之
氣固其膝理時其興居飲
賤丈夫者不勝速效湔洗
地故方其病之未起也羸
如不起之爲愈也客之治
壞井田之非攻戰勇矣不
足以盖是今非古猾口結
疵使天下股慄慴伏之困
矣而謂不負秦可乎
綱 丙寅秦呂不韋徙蜀自殺
於道王恐其爲變賜不韋書

图 5-4　替换评论者（《玉堂鉴纲》，蓬左文库藏）

① 《逊志斋集》卷五《杂著》中，收录了 44 条以人物论为中心的史论。

② 《椒丘文集》卷六、七载宋，卷八载元史论。但《世善堂藏书目录》卷上著录何乔新《宋元史臆见》有二十卷之多。前章第 297 页注③中的张丽娟论文指出，《椒丘文集》有慎独斋刊本。

③ 朱用光、林奇石、柯挺分别是万历四年浙江、隆庆四年福建、万历元年直隶的解元（以上据《皇明贡举考》）。柯挺也是《玉堂》序文的作者（图 5-2），不过，是否由本人所作尚存疑。

④ 王凤灵是正德十二年进士，莆田人。叶维荣是浙江人，万历二十三年进士。

字现已不得而知。

与《玉堂》相比，《大方》中的明人评论缺乏平衡感。正编部分，丁、丘、赵三人占绝大多数。“精选”的明人评语，质量姑且不论，可核实出处的有很多。《历史》的“凡例”认为《玉堂》纷繁的评林是“采时论余唾，既非名笔”，杂乱无用，此评价大致是中肯的。

不过，将责任归咎于《玉堂》并不合适。《玉堂》大量插入明人评论，恐怕是为了突出其与引述丁、丘评论的《大方》的差异。而一边批判《玉堂》的编排，一边采取对抗措施、将《大方》改为《历史》，不过是五十步笑百步。

《历史》中引用数量最多的是编者袁了凡的评语。王重民指出，《大方》和《历史》的不同只在于插入了“袁了凡曰”，此观点虽有误（后述），但这确实是最大的不同点。

不过，此“袁了凡”评论，全是改编自陈绛《金罍子》[①] 所载史评。[②] 此书分上、中、下篇，共收录1200条以上的小论。所

---

① 国立公文书馆藏。

② 例如，卷二〇贞观二十二年条，太白星现，太史占卜认为这是女主将出的预兆。“袁了凡曰：谶记曰女主，曰武王，曰其人已在宫中。由后以征于前，此非武氏莫可当也。按武氏为宫人时，太宗有马，名狮子骢，肥逸无能调驭。武氏曰：‘妾有三物能制之，一铁鞭，二铁挝，三匕首。铁鞭击之，不服则以铁挝挝其首，又不服则以匕首断其喉。’太宗壮之。夫以十四岁女子而逞雄杰于万乘之前，造语惊人若此，是岂粉黛间物？而太宗恬不之悟，顾以疑求人而杀之，岂非数耶？”《金罍子》中篇卷二七，则天武后对吉顼生气地说：“……昔太宗有马，名狮子骢，肥逸无能调驭者。朕为宫人侍侧，言曰：‘妾有三物能制之，一铁鞭，二铁挝，三匕首。铁鞭击之，不服则以铁挝挝其首，又不服则以匕首断其喉。’太宗壮朕之志。今日卿岂足污朕匕首耶？”之后按语云：“太宗之世，太白屡昼见。太史占曰：‘女主昌。’又传秘记云：‘唐三世之后，女主武王代有天下。’……曰女主，曰武王，曰其人已在宫中。由后以征于前，此非武氏莫可当也。以十四岁女子逞雄杰于万乘之前，造语惊人若此，是岂粉黛间物？而太宗恬不之悟，顾以疑似求人而杀之，岂非数耶？”又如卷九元寿元年王闳的记事，评论前半部分照抄了《金罍子》，后半部分是原创。并不是直接原样照抄，而是花工夫进行了改编，但无疑还是剽窃。

占分量虽比不上赵弼、郭大有，但可以与丁奉相匹敌。《金罍子》并非全部都是史评，但涵盖了从太古到元代的历史，正是为《历史》量身定做的材料，《历史》中 360 余条“袁了凡曰”全部可以从此书中找到来源。不过，《历史》中既有几乎完全照抄的评论，也有很多重新调整记述顺序、使之变得符合《历史》规范的评论，偶尔也会附记编者自己的观点，所以很难一眼就发现是抄袭的。陈绛是嘉靖二十三年（1544）进士，官至应天府尹。他虽然是精英，但在今天几乎不为人知，死后很快就被人遗忘了。陈绛之子一直希望彰显其父的著作，据其识语，此书最初名为《山堂随钞》，但在序文作者陶望龄（陶氏是名人，在出版界也很有名）的建议下改名为《金罍子》。陶氏改书名的理由是“山堂随钞”可能会与“街谈巷语之书”混为一谈。[①] 而新的书名与作者住所附近的山有关，是一个令人印象深刻的名字。既已有人发现并剽窃了此书，可以说已达到了引人注目的目的。[②]

陈绛之子的识语写于万历丙午（三十四年），在《大方》序文的八年后、《历史》序文的两年前。这也佐证了王重民“袁了凡是托名”的观点，那么余象斗为什么会想到大量抄袭呢？

恐怕还是因为《玉堂》的刺激。《玉堂》虽号称叶向高所编，他的史评却很少。而代之频繁出现的是负责“订义”的李京，他写了大量评论。前文展示《玉堂》的明人评论分布时，笔者特意省略了他，实际上他的评论是明人中最多的。

没有李京曾科举登第的记录，他是一个寂寂无名的人。[③] 他

---

① “其命名曰《山堂随钞》。予惧名之近于说，而不知者与街谈巷语之书概而少之，故更之曰《金罍子》者，其号也……金罍子，上虞人，嘉靖甲辰进士，仕至应天府尹。所居近金罍山。”这篇文章收录于陶氏文集《歇庵集》卷四。

② 此外，该书有泰昌年间刻批点本（《国会图书馆藏中国善本书录》，第 620 页）。

③ 《玉堂》的“先儒名公姓氏”中有“李氏，名京，字尹弘，号蕉鹿，闽县人”。

与《玉堂》的刊行者熊体忠合作出版了应试参考书《四书火传》[①]，火传系列还有《易经火传新讲》[②]。后者有李京门人曹学佺、前者有友人徐熥的序文，徐序甚至称李京为“闽之巨儒”（图 5-5），但在这两位著名文人的文集中，本应是“师友”的李京并没有出现。至少他的声名并未传播到外省。

固非元晦邑忠臣亡予友李尹弘者
閩之鉅儒以明經並其家教授業學
常百餘人來吊詭亦不雷同每就席
說經輒解人願其門人始曹君既
以進士起家遂編其書而梓之命之
曰火傳夫火之爲德含太陽之靈擇
龍淳剛之正氣育燧人以降煙燼不
絕蓋莊周之言以指窮於薪而火傳
盡尹弘先生爕文公之灰燼振先聖
之流光而能始又爲之揚其熛扇其
威同驅電逝赫奕燭蔑且與回光爭
發豈但燎原焚野哉昔大雄氏所謂

图 5-5　“闽之巨儒”李京（《四书火传》徐熥序，蓬左文库藏）

《玉堂》的参与者中还有一个刘朝箴[③]，和李京相比，他出场更少，但仍载有他的评论。他在《四书火传》中也以“仝录”者的身份出现。或许这个人才是《玉堂》的真正编纂者。[④] 也可以推测李京是一个不起眼的作者，而刘朝箴是承包人。

难以想象谁读了李京、刘朝箴写的评论会心生感激。[⑤] 但这就是《玉堂》的一个新颖之处。编纂者写评论本身并不稀奇，但

① 蓬左文库藏《鼎锲郭青螺阅发四书火传》，万历二十五年序刊。

② 蓬左文库藏《鼎锲李先生易经火传新讲》，万历二十五年序刊。

③ 万历三十六年序刊的类书《文苑汇隽》（国立公文书馆藏）的校正者中有其名。

④ 如第 396 页注③所述，种德堂本中刘朝箴的名字多被改刻成了“种德堂”，卷一、二还留有“刘朝箴　精校”。

⑤ 李京的评论本身也有可能是剽窃的。卷二〇永初三年关于虞诩的评论“有罪不贯……”，照抄自《大方》卷一一的“愚谓”。不过，大部分评论都找不到其他来源。总之，李京的文章像是明末的风格，多数文字凝练难读、缺乏内容。在评价人物时，会与不同时代的人物进行比较，确实是为应试所写的文章。此外，李京的评论以“李蕉鹿曰”的形式，被转载到崇祯间刻《鼎锓钟伯敬订正资治纲鉴正史大全》等书中。

以往没有出现过评论者并非名人的情况。另一方面，在近世“名公”和科举精英扎堆出现时，让编纂者露面也能表现出别样的新鲜感。

虽然评林也不错，但全篇都出现的人才会带来稳定感。但丘濬和丁奉已被《大方》引用了。在《玉堂》中，丁奉和丘濬的评论比《大方》少很多，所以脱颖而出的是李京。

余象斗肯定对这一新对手的出现相当惶恐。《玉堂》还有其他新意，但余象斗首先觉得是被上述新风格“打败了”。想要对抗就不能做同样的事。余象斗也希望得到李京之流无法与之相提并论的名人以及大量史评。但那种正合理想的材料不可能突然得到。这时，余象斗发现了《金罍子》。类似于《史纲评要》剽窃了《史纲要领》，《金罍子》是一部即使去抄袭也很难被发现的书。余象斗并不是原样照抄，而是稍加整理后，冠之以应试之神袁了凡的名字。

然而，《玉堂》给予《历史》的刺激并不只有评语，在其他方面也起到了催化剂的作用，后面将展开论述。

六　“纲鉴”的文本

到目前为止，已经比较了《大方》和《玉堂》的附录部分。那么，二书最主要的文本又是什么情况呢？从卷数的多少来看，《玉堂》在万历年间出版的“纲鉴”中，属于分量较多的一类。[①]

---

① 乔承诏本在卷数上超过了《玉堂》，但因其为大字本，字数很少。另外，在卷数上可以匹敌的汤宾尹本，其内容本身是《大方》系统，所以字数还是比《玉堂》少。万历间刊物中分量较多的是《世史类编》《历朝纪政纲目》。另外，崇祯年间的《鼎锓钟伯敬订正资治纲鉴正史大全》（东京大学东洋文化研究所藏。《四库禁毁书丛刊》影印收入），其记事量、明人评语之多（有汇集了既有“纲鉴”评语之感），达到了“纲鉴”的顶峰。

《大方》比简本二十卷本系统要多，介于它们与《玉堂》中间。但加上“参考”等补注部分的分量的话，与《玉堂》的差距会缩小很多。另外，相较于其他版本只在栏外标上标题，简本系统的《纲鉴实录》还配置了比正文附录史评更长的短篇史论，所以总字数非常多。此外，如同为满足阅读需求而将《三国演义》和《水浒传》合编成一册《二刻英雄谱》一样，将流行的明朝通史、陈建所作《皇明通纪》与“纲鉴”合编而成的《纲鉴通纪》（国立公文书馆藏），字数也很多。此处所说的繁、简只就史文而言。

盛行于“纲鉴”同时代的《三国演义》小说也有繁本、简本之别，关于其形成时期的前后关系，聚讼纷纭。[①] 不能简单地认为缩略的繁本就是简本，这一点很麻烦。本章讨论的两种“纲鉴”，情况也非常复杂。按上一节所述，编者因注意到既有的《大方》才编成了《玉堂》，而余象斗为了与《玉堂》竞争又编成了《历史》。就评论部分而言，此观点没有错。但就史文而言，《玉堂》究竟在多大程度上参照了《大方》，说实话笔者也不清楚。同样都引用了《少微》《纲目》的文本，二书在篇幅以及记事的排布上具有相当大的差异，大体而言，《玉堂》引用《纲目》的地方更多，而且每段引文也比《大方》长，但也有相反的情况，不能一概而论。总之，《玉堂》并没有大量增补（或少量删减）《大方》的文本，其文本可能有其他来源。而且，因为《历史》的史文与《大方》有九成相同（完全不同的地方将在后文讨论），所以这一部分完全没有受到《玉堂》的影响。

接下来比较一下《大方》和《玉堂》的润色情况。所举案例是李世民发动的政变——玄武门之变的记事及其后太宗与臣下的对话这几个前后相连的部分。

---

① 参见中川谕《三国演义版本研究》『三国志演義版本の研究』（汲古书院，1999年）的序论。

首先，作为原材料的《少微》刘剡本如下所示（①以下的编号是将《通鉴》的记事大幅删减的部分，是［中略］的意思。除此之外更细节的省略，此处不提。另外，王逢的释义内容也暂且省略了）。

六月丁巳，太白经天。秦王世民既与太子建成、齐王元吉有隙，以洛阳形胜之地，恐一朝有变，欲出保之。（①）上亦谓世民曰：“首建大谋，削平海内，皆汝之功。吾欲立汝为嗣，汝固辞。且建成年长，为嗣日久，吾不忍夺也。观汝兄弟，似不相容。同处京邑，必有纷竞。当遣汝还行台，居洛阳，自陕以东，皆主之。仍命汝建天子旌旗，如汉梁王故事。”世民涕泣，辞以不欲远离膝下。（②）建成、元吉与后宫日夜谮诉世民于上，上信之。元吉密请杀秦王，上曰：“彼有定天下之功，罪状未著，何以为辞？”元吉曰：“但应速杀，何患无辞？”上不应。（③）世民腹心长孙无忌、高士廉、尉迟敬德等日夜劝世民诛建成、元吉。（④）世民叹曰：“骨肉相残，古今大恶。吾诚知祸在朝夕，欲俟其发然后以义讨之，不亦可乎？”（⑤）众曰：“大王以舜为何如人？”曰：“圣人也。”众曰：“使舜浚井不出[释义]，则为井中之泥；涂廪不下[释义]，则为廪上之灰。安能泽被天下，法施后世乎？是以小杖则受，大杖则走，盖所存者大故也。”世民命卜之。幕僚张公谨自外来见之，取龟投地，曰：“卜以决疑，今事在不疑，尚何卜乎？卜而不吉，庸得已乎？”于是定计。（⑥）己未，太白复经天[释义]，傅奕密奏：“太白见秦分[释义]，秦王当有天下。”上以其状授世民。于是世民密奏：“建成、元吉淫乱后宫”，且曰：“臣于兄弟无私毫负，今欲杀臣，似为世充、建德报雠。”上省之，愕然报曰：“明

> 当鞠问，汝宜早参。”庚申，世民遂帅长孙无忌等入，伏兵于玄武门。（⑦）世民射建成杀之。尉迟敬德将七十骑继至，左右射元吉坠马。世民马逸入林下，为木枝所絓，坠不能起。元吉遽至，夺弓将扼之。敬德跃马叱之。元吉步欲趋武德殿，敬德追射杀之。（卷三五）

首先来看《少微》的缩写方法。①的部分叙述世民将洛阳作为事变之际的据点、结纳山东豪杰、险被建成毒杀。①之后是高祖在探望世民时所说的话，但由于省略了事件背景介绍，故将《通鉴》原文“因谓世民曰”改为“上亦谓世民曰”，以牵合文字。

②的部分叙述高祖劝不想离开长安的世民去洛阳，结果将要离开时，由于太子一方的阻碍而未成行。从结果来看，大概是因为没去成洛阳，所以被编者认为不必要而省略了吧。

③是省略最多的，达四百字以上。此处叙述世民幕僚们的反应，尉迟敬德因拒绝了元吉的引诱而被暗杀一事记述得尤为详尽。④叙述元吉利用出征抗击突厥进犯的机会，将尉迟敬德等世民属下的精锐收入手中。③④因为是臣下之事，所以看起来可以省略，即使没有，文理亦通。

⑤叙述世民顾忌情义，而尉迟敬德以半威胁的口吻逼迫起事。世民又向其他府僚征求意见，在未做出决断时，众人讲述了舜的故事。此处在没有意识到有省略的情况下也能一气读下，当然扭曲了本来的脉络也是事实。⑥记述了世民密召房玄龄，房玄龄为了让世民下决心而故意拒绝邀请，后又入秦王府一事。这也是臣下之事，所以被省略了。结果，房玄龄参与政变一事不见于《少微》史文。

⑦叙述太子建成、三子元吉一方的动向。因为这部分被完全省略了，宛如建成突然就被杀了。可能编者觉得他们是失败的一方，所以可以省略，但在叙述上仍显得突兀。此处与保留了《通

鉴》中“世民千钧一发”场面的后文形成了反差。

为了方便比较，再来看看《纲目》是怎样节略的。①的部分，虽然省略了世民与山东的联络，但记述了毒杀未遂一事。②至⑤的文字有缩减，但事件本身全部保留了下来。只有⑥与《少微》一样将之删减了。保留了⑦的部分，虽关注了太子方面的动向，但元吉逼迫世民的场面被全部省略，此处是元吉被干净利落地杀了（卷三九）。

虽只是一个例子，但也可以看出两书缩略方法的差异。因为是左右王朝命运的大事件，所以《纲目》虽节略了文辞，但尽量抓住史事的梗概，关注李世民做决断之前内心的动摇以及幕僚们的动向。另一方面，《少微》对此并不关心。《少微》保持了作为读物的最低限度的通顺，因为对如何删减字数非常在意，所以并不介意舍去会让文意产生细微差异的文字。而另一方面，《少微》仅原样保留了“世民危矣”的惊险场面。换言之，《少微》只聚焦于太宗。另外，“浚井”“涂廪”“太白”“秦分”四个词都有王逢的“释义”，如前文所述，这些解释都见于“集览”。

接下来终于介绍到“纲鉴”的处理方法。先来看《玉堂》。与《大方》不同，《玉堂》会预先在各条开头用黑底白字的[鉴][纲]以示区别。

首先，[鉴]表示的部分完全引用自《少微》。“私毫”（《通鉴》作“丝毫”）之误也是照抄自《少微》。另外，注解只采用了王逢“释义”中的“太白”“秦分”（但省略了出处等，比较简略），加入了刘剡本中没有的“汉梁王故事”的解释（见于“翰林本”）。

接着，用[纲]以示增补。采用的实际上是“目”中文字，但《玉堂》中没有[目]的标示。另一方面，《大方》虽有在注中标示从《纲目》引用的地方（“见《纲目》”“以下《纲目》”），但不彻底。而《历史》也采用了黑底白字的标示，且分别标出了纲、目。[①] 与《玉堂》相比，《历史》更忠实于《纲目》。不过，黑底白字这种标示方法本身可能学自《玉堂》。

“纲”所补充的，除了③④部分之外，还有政变后尉迟敬德阻止太子一党被连坐之事。也就是说，重补的都是关于尉迟敬德的记事，将《纲目》中尉迟敬德相关记事汇总收入。不清楚《玉堂》只是机械地抄录相关内容，还是意识到了尉迟敬德作为军神的人气。

那么《大方》（卷一九）的情形如何呢？[②] 开头首载“六月，秦王世民杀太子、齐王元吉……”的纲文，然后接续《少微》的文字“是月丁巳……”。而《历史》的格式为“纲六月秦王……鉴是月丁巳”。而且，《玉堂》是在完整引用《少微》后补之以《纲目》。《大方》则在②之前一度中断引用《少微》，插入“以下《纲目》”，叙述房玄龄对长孙无忌说，应劝世民行“周公之事”，无忌将此言转达给世民，世民询问杜如晦的意见，杜氏也赞同；再插入《玉堂》也引用了的元吉给尉迟敬德赠礼的事件；接着用“以下《通鉴》”的形式，回过头来引用《少微》。划线的“尉迟敬德”以下部分与《纲目》一样，简单地改写为“元吉为尉迟敬德所杀”。《玉堂》则保留了《少微》原文（图 5-6）。

如上所示，对《少微》是几近原样引用还是改写、从《纲目》中增补了多少内容，两书的尺度是不一样的。一般而言，《玉堂》更倾向于忠实地引用《少微》，《大方》则常常省略。

其次，需要指出，同样是引用《纲目》，两书的形式、内容也

---

① 在《世史类编》中没有这样的区别。

② 从细节上看，亦原样继承了“私毫”之误，甚至把“伏兵”误作“休兵”。《大方》中错字、错简堆积如山，恐怕比《玉堂》还多。

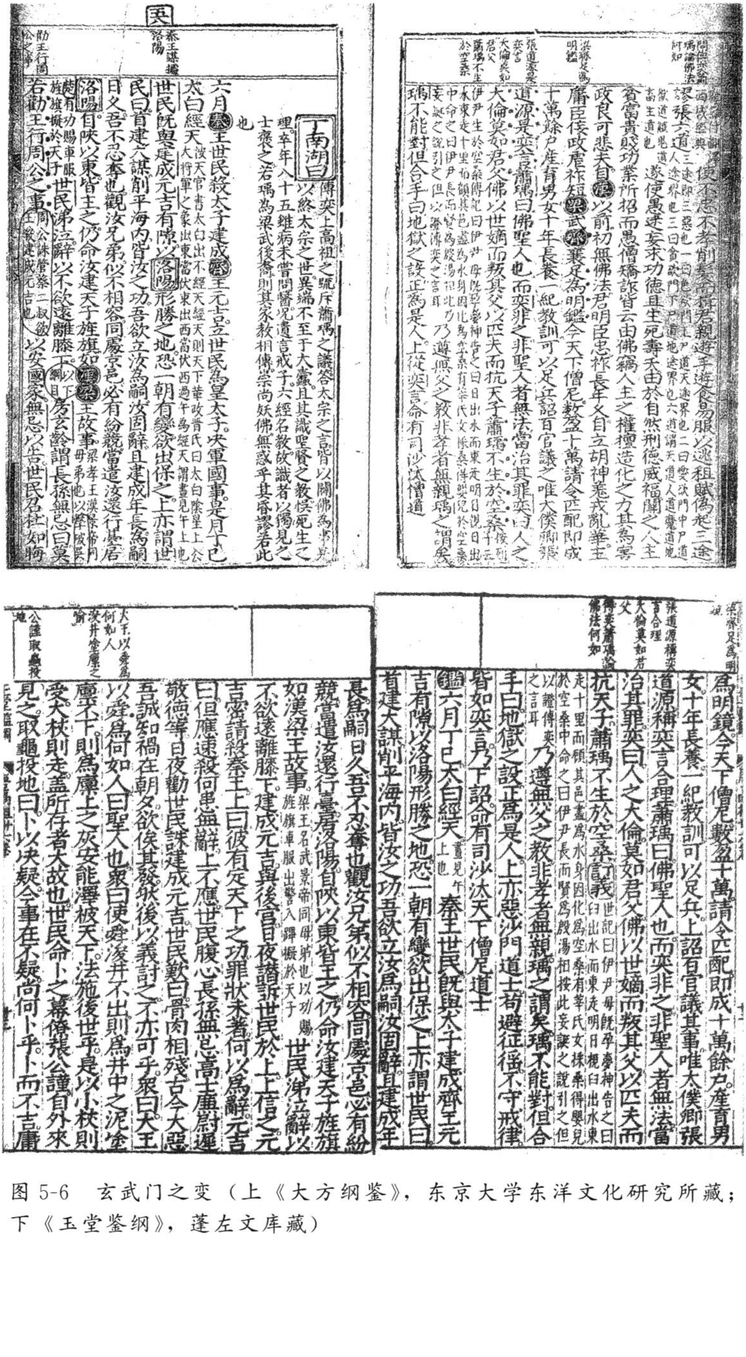

图 5-6　玄武门之变（上《大方纲鉴》，东京大学东洋文化研究所藏；下《玉堂鉴纲》，蓬左文库藏）

存在不同。《玉堂》将《少微》的记述作为一个整体，增补《纲目》时，则另用[纲]标示出来。而《大方》将《少微》视作可塑的文本，在其文中插入《纲目》的记事（《历史》则是将一连串记事按照纲→鉴→目→鉴的顺序记述）。

从内容上看，《玉堂》对尉迟敬德尤为关注，《大方》则并非如此，补入了房、杜二人对政变的参与。此二人曾被元吉暂时从世民身边驱离，在政变前被召回。《纲目》没有记载二人被召回之事，从文本难以知晓二人参与了政变。而《大方》虽未记被逐和被召回之事，但结果上仍显示两人参与了政变。不清楚是否是有意如此编排。

就《大方》注而言，四处“释义”中“太白”“秦分”的材料来源与《玉堂》相同，但引用得更细致。“释义”所示出处，《大方》也照原样抄录，《玉堂》则将之省略。另外，刘剡本是在“太白”第二次出现的地方施以“释义”，《玉堂》照此抄录，《大方》则特意将注释移到“太白”最开始出现的位置。除为“汉梁王故事”加上注解外（《玉堂》中也有），《大方》对从《纲目》中增补的“周公之事”也加上了注解。

《大方》的注解比《玉堂》更细致，从玄武门之变后的记事中也可看出来。史文中记录了政变后太子一方的魏徵、王珪被提拔之事。《玉堂》对魏徵的旧职“太子洗马”、新职“詹事主簿”分别简单地解释为“东宫威仪之属”、“东宫官也”，《大方》则解释为“东宫属官名，职如谒者令……”、“东宫官之尊者，位居正三品之上……”。

“释义”中没有这两处注解，后者见于“翰林本”。“翰林本”的补注原由刘弘毅所作。不知前者是否是《大方》的新增内容。从《纲目》相关条的“质实”来看，对于洗马、詹事，分别指示见“晋武帝泰始三年”、“武德七年”，从所指两条的“集览”来看，洗马的解释与《大方》相同。《大方》应是采用了“集览”来增补。另一方面，后一条的“集览”是对“詹事府”的解释，文字也与《大方》不同。

另外，关于王珪之前被流放的“隽州”，《玉堂》只解释为“今四川越巂卫”，而《大方》在介绍完他被流放的原委后，解释为“今湖广崇阳”。实际上，“隽（jùn）州”是“巂（guī）州”之误，《少微》中就写作“隽州”。从“释义”注读音为“guī（户圭反）”，可知《少微》的史文单纯只是排错了。另外，“释义”在音注前记载了流放的原委，但没有给出推定的当今地名。“湖广崇阳”见于“翰林本”。“隽州＝湖广崇阳”本身是正确的，但原本是“巂州”，所以这个注没有意义。在“质实”中大量引用《大明一统志》的刘弘毅也没有注意到这一细节。另一方面，《玉堂》不是依据“质实”，而是直接参考了《大明一统志》。① 换言之，《玉堂》的注解总体上比较简单，但至少在地名上努力查阅过《一统志》。

以上七条记事之后，在设立弘文馆的记事中出现了“四部书”，《玉堂》简注为“甲乙丙丁”，《大方》则记载了东晋李充的分类法。这一解释不见于“翰林本”。不知是直接取自《晋书》还是转引自类书。《玉堂》的注解是《大方》的缩略版。另外，标注“按《唐书》”、介绍学士之一的虞世南的只有《大方》，这践行了“一人一事”的凡例。

回到史文的话题，设立弘文馆后的记事也有令人费解的地方。首先来看《少微》的记事顺序。

1. 民部尚书裴矩奏…… 2. 上与群臣论止盗…… 3. 上又

---

① 该条的“质实”指示参见武帝元鼎六年条。查阅此条（卷四），只有“国朝改为行都司，隶四川”。《玉堂》之所以注“今四川越巂卫”，是基于《大明一统志》卷七三“四川行都司”的记事。

尝谓侍臣曰……　4. 上谓裴寂曰……　5. 上励精求治……　6. 上遣使点兵……　7. 张蕴古上《大宝箴》……　8. 上患吏多受赇……

对于这一部分，两种“纲鉴”根据《纲目》的记事，补充了相当多内容。以下增补部分用“纲”标示，并比较一下记事的顺序。首先来看《大方》（为了便于理解，暂且借用《历史》中的纲、鉴表示法）。

4 →“鉴”（“有上书请去佞臣者”）→ 2 → 3 →“鉴”（“上谓公卿曰”）→“鉴”（“上谓侍臣曰：吾闻西域贾胡”）→ 8 →“纲”（“立太子”）→ 1 → 5 → 6 →“纲”“目”（“张玄素”）→ 7

不仅《少微》的记述被重新排序，“鉴”所示三处内容在《少微》武德九年条中也并不存在。再来看《玉堂》。

4 →“鉴”（佞臣）→ 1 → 2 → 3 →“鉴”（公卿）→“鉴”（西域）→ 5 →“纲”（立太子）→ 6 →“纲”（张玄素）→ 7 → 8

参见（图 5-7）。除 4 以外，其余都依照《少微》的顺序。与《大方》一样，也掺入了未见于《少微》武德九年条的记事。新增内容见于《少微》的下一年贞观元年条，为什么会移到这里呢？

将跨年的记事集中在一处，也是《纲目》的手法。查阅《纲目》相应位置，“置弘文馆”的纲文下汇集了相当多条文。若只列出其中与上文有关的内容的话，依次是“4 →佞臣→ 2 → 3 →公卿→西域→ 8”。之后是立太子等几条纲文，1、5、6 分别在各自的纲文下，接着是张玄素，之后是 7（《纲目》根据话题的关联性来汇集记事）。

这一顺序和《大方》相同。也就是说，《大方》移用了《纲目》的结构，而《玉堂》除了将贞观元年的记事编入前一年以外，没有受《纲目》太大影响。

这一点也体现出两种“纲鉴”的特征。《大方》的《纲目》意识

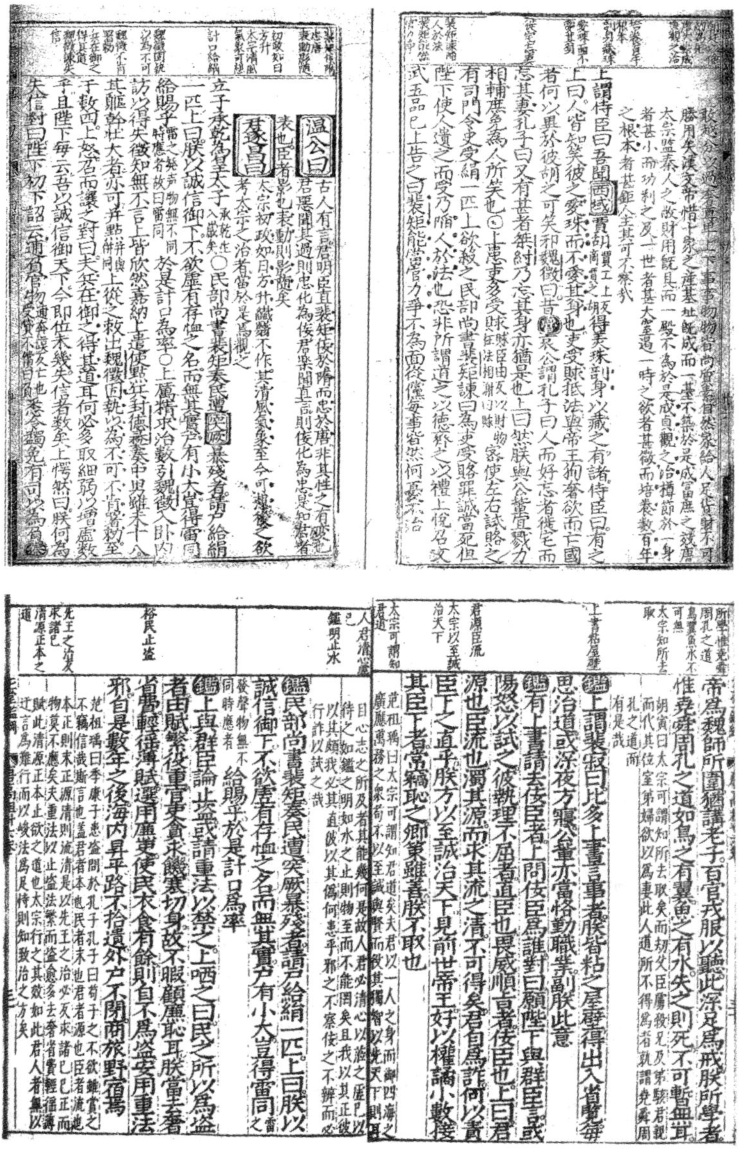

图 5-7 记事的配置差异（上《大方纲鉴》，东京大学东洋文化研究所藏；下《玉堂鉴纲》，蓬左文库藏）

更为强烈，而《玉堂》并非如此。《玉堂》在“纲”的标目下若无其事地引用“目”的文字（也有很多“纲”之下只有“目”的文字），也体现了这种态度。另一方面，《大方》在“鉴”的记事中经常加入“纲”的文字作为导入文（在《历史》中则明确标示“纲”→“鉴”）。与《玉堂》相比，《大方》中插入的“发明”“书法”非常多，[①] 这也表明“纲”的浓度之高。另外，《大方》采用《纲目》时，编排相当复杂，而《玉堂》虽从《纲目》中增补了许多内容，但插入方式相当机械。

综上所述，从《大方》的“凡例”来看，很难说它对《纲目》有发自内心的忠诚。以上只是相较于《玉堂》而言。不过，必须承认《大方》进行了相当细致的编排（或许其母本已是如此了），与其他“纲鉴”相比则更是如此。

下面来看一下《纲目》正编没有涵盖的部分是怎样的情况。

七　《通鉴》《纲目》前编

刘剡在刊印《少微》之际编撰了《外纪增义》，对于宋元时期则编纂了《节要续编》。虽说几乎都是引用别人的成果，但结果上他一个人已贯通了中国历史。但这些书籍并没有被汇编成一部著作。完成此项工作的是弘治帝下命编纂的《历代通鉴纂要》，但对之后的通俗史书几乎没有影响。因此，中国通史实现普及不得不等到“纲鉴”的出现。

但《通鉴》《纲目》所涵盖时段的前后，并没有所谓“嫡系”著作。刘剡加工或编纂的《外纪增义》《节要续编》，与正编相比，质量并不差。《节要续编》甚至比《少微》正编更像编年史。特别是宋代

---

① 例如，《大方》在高宗年间引用了五处“发明”、七处“书法”，而《玉堂》只有一处引用了尹起莘。

史相关，存在着《通鉴续编》这一可靠的文本。

但与“鉴”搭档的“纲”才是问题所在。如果拘泥于“纲鉴”这一招牌的话，即使勉强也必须凑齐“纲”“鉴”。在这一点上，《纲目》时段之后有明朝政府编纂的《续资治通鉴纲目》，问题是《纲目》时段之前该如何处理。这一时段并没有可供倚仗的权威著作。反过来说，这也意味着编者有很大的自由裁量权。事实上，仅比较《大方》与《玉堂》，这部分的差异比正编更大。首先来看前史部分，即从开天辟地到春秋时代，两书是如何编纂的。

刘剡《外纪增义》开头部分（盘古至舜）采用的是《通鉴续编》。《玉堂》正文开头的标示只作“纪”，实际采用的是陈桱的著作。但《玉堂》从五帝纪（伏羲以后）开始，就脱离了刘剡本（《大方》仍沿袭之）。虽然内容上并没有太大不同，但叙述风格迥异。[①] 原因何在？

接续陈桱太古史的是金履祥的《通鉴前编》（以下简称《前编》）。实际应反过来说，正是由于金氏著作先出，陈桱才编撰了金著以前的时段。

如前章所述，对于建阳出版人而言，金履祥是一个非常熟悉的人物。特别是慎独斋曾将陈桱的《举要》[②] 和《外纪》附于《前编》刊行。[③] 另外，《外纪》还收录了后述周礼（周静轩）的评语。康熙帝御批《纲目》全书的古代史附录部分，是将陈仁锡的文本替换成此慎独斋本的（其中的“周静轩曰”可资为证），

---

① 《大方》在“太昊伏羲氏”之后空一字格，先提及其诞生时的异象、木德、风姓，然后解释“太昊”的意思，因其养牲畜以供食用、祭祀，故称之为伏羲氏。另一方面，《玉堂》解释“太昊”的称呼时不提行，然后称其“作都于陈”（《大方》称都于宛丘）。

② 刊行时的书名为《通鉴前编举要新书》。戴良《九灵山房集》收录其序文（卷一二《通鉴前编举要新书序》），杨士奇曾写过题跋（《东里文集》卷一〇《题通鉴前编举要新书》）。

③ 国立公文书馆藏。

《四库全书总目》的执笔者没注意到此事。

《玉堂》在卷一将“刘恕　外纪”和“金履祥　前编”作为招牌并列，尧以后部分除“纪”标识外还增加了“编”标识，意在宣称采用了金履祥的著作。但《前编》与《玉堂》相对比，有很多不一致的地方。以尧时期为例，对比如下。《玉堂》在五载记录了“越裳氏来朝”之事，但此事不见于《前编》。另外，七十一载中“舜宾于四门，流四凶族”的记事，《前编》置于七十载。七十七载“作乐”、七十八载“神龟负文出于洛”均不见于《前编》。另一方面，《大方》除了元载以外，记事并未系年。

《玉堂》记事的出处并不是《前编》，而是南轩的《通鉴纲目前编》。南轩出身于西安府，是嘉靖三十二年（1553）进士。其子是本书第二章提及的南居益，但他个人在《明史》中无传。在明代朝廷政治史的记录中，嘉靖四十二年，南轩为吏部文选郎中（与序文头衔相同）时，曾被弹劾，此外再无显眼事迹。[①] 根据门人杨光训的序文，南轩对金氏《前编》从“唐虞”开始感到不满，于是着手编纂以“万世文字鼻祖”伏羲为起点的古代史，八十岁时编成。[②]

至于《通鉴纲目前编》的内容，《四库全书总目》评价道“冗琐糅杂，殊无可取”。特别是南轩对金履祥的著作进行了改动，却仍沿用金履祥对其师王柏的敬称“子王子”，显然南轩并非王柏弟子，四库馆臣因此嘲笑其不学无术。[③] 然而，事实上御

---

① 《明世宗实录》卷五二一“嘉靖四十二年五月辛巳”条。

② “而金氏又等而上断之唐虞，兹《前编》所由名也……第庖羲氏万世文字鼻祖，不宜阙如……年八秩而书得就，以示弟子不敏。”杨光训与南轩同为渭南人，万历十四年进士。

③ 《四库全书总目》卷四八：“此书以金履祥《通鉴前编》、陈桱《通鉴前编外纪》合并删削，共为一编，起自伏羲，终于周威烈王。然不明提纲分目之法，冗琐糅杂，殊无可取……又金履祥受业王柏，故征引师说，称‘子王子’。此书既尽变履祥之例，而引王柏之说，仍称为‘子王子’。”

批《纲目》的底本——陈仁锡版《纲目全书》中收录的并非《前编》，而是南轩的《纲目前编》。至于御批《纲目》的《前编》为何被换成了金履祥的著作（所以并不是《纲目前编》，而是《通鉴前编》），写提要的四库馆臣未明确解释。

《玉堂》当是注意到万历二十八年苏州知府朱燮元刊行的《纲目》（陈仁锡本的底本）所附南轩著作，故予以采用。南轩的名字缺乏影响力，所以托名金履祥。不过，似也不必对此举过分责难。金履祥之名旁边的“京兆　刘恕”的《外纪》其实也经过了改编。正编因采用了《少微》就打出司马光的旗号，与此性质相同。南轩的著作是以金履祥的书为基础的。如此一来，《玉堂》将身为金华学派的重要人物、在《节要续编》中也时常露面的金履祥当作招牌，也是自然的事。

另一方面，《大方》卷一题有“吏部左侍郎[①]　李廷机编纂/内阁大学士　申时行　校正/闽建邑书林余象斗　刊行”，这也是托名，但没有像《玉堂》那样将《通鉴》系列的“嫡系”人名排列在一起。而《历史》中，刘恕、金履祥的名字就出现了，显然是受《玉堂》的影响。

《玉堂》中尧以后的内容，也与刘剡本的面貌不同。其夏纪的末尾是“起禹丙子止桀甲午，共四百三十九年”，《大方》则作“按《经世书》，禹起丁巳止桀甲午，该四百五十八年”（殷纪也同样依据《皇极经世书》）。《大方》此处保留着《外纪增义》的原貌，而《玉堂》采用的是《前编》，更直接来讲是南轩的著作。如上所述，《玉堂》以南轩为依据，选择了一条与《少微》以降的路线稍有偏离的路径。

下面来看一下“商纪”中汤王驾崩记事之后的评语。

---

① 李廷机历任南京吏部右侍郎（《明史》卷二一七）。

《玉堂》——熊禾、胡一桂、胡宏、胡宏（又曰）、许仲翔

《大方》——程子、熊勿轩、胡双湖、《大纪》论、子王子、胡五峰、许庸斋

如前所述，大体上，《玉堂》使用姓名，《大方》使用别号。划线部分是两书共有的人名。其中，熊禾（勿轩）、胡一桂（双湖）也见于“翰林本”。关于《大方》新增的部分，《性理大全》卷五九列有“程子”“五峰胡氏”“庸斋许氏”。朝廷编纂的《性理大全》也在建阳刊印过。虽是朱子学的教科书，但也记载了儒者们对古代史的评论。《大方》采用的是《大全》或其改编本吧。

虽然同为胡宏的文字（《大纪》指《皇王大纪》），《大方》却分别用“《大纪》论”“胡五峰”标示，前者出自金履祥《前编》，后者出自《性理大全》，引用源不同。《大方》也采用了刘弘毅刊行的《前编》。“子王子”是王柏，《大方》也不知其人。若知道的话，应作王鲁斋。另一方面，《玉堂》此处虽没有“子王子”，实则因史文被改编，此评论随之迁移到别条，变成了“叶向高”[①]（图 5-8）。而商纪别处的“子王子”评语，其中有两处被改为“王世贞”、一处被改为“王通”（《大方》仍是“子王子”）。[②]《玉堂》不像《大方》那样不写清楚原名就算了，而是酌情将评论分配给名人（王通是隋末的著名学者）。这三个例子的共同之处是评论者都为王姓，而叶向高之名虽没有相似之处，但因为移动了位置，或许编者认为不会被发现吧。

---

① 汤王驾崩条中的“自《虞书》危微……”，在《玉堂》中移到了“仲虺作诰”条下，评论者变成了叶向高。

② 沃丁驾崩条的“成汤播告于众……”、盘庚驾崩条的“盘庚迁都……”，在《玉堂》中改变了位置，评论者变成了王世贞；而纣王去世条的子王子变成了王通。《历史》的盘庚条也作王世贞，这是受了《玉堂》的影响。

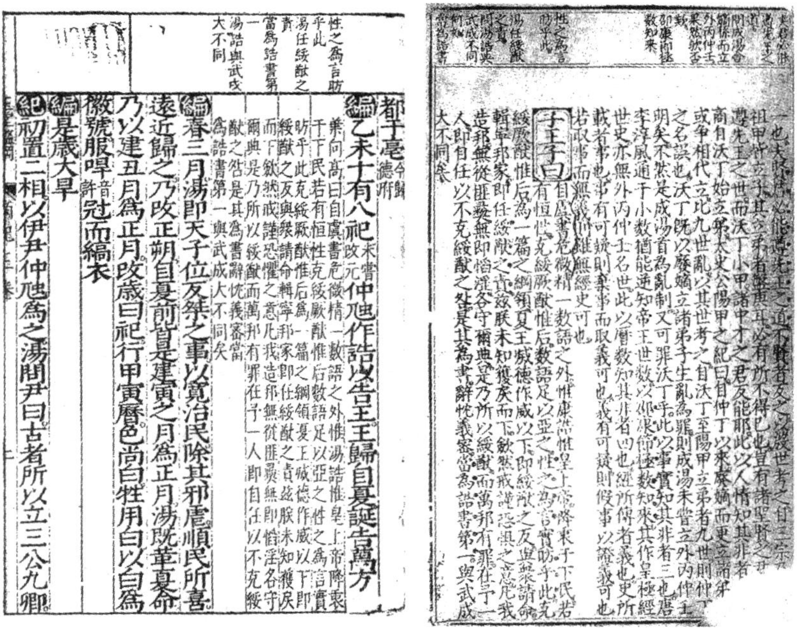
都于亳
編 乙未十有八祀 仲虺作誥以告王王歸自夏誕告萬方
編 春三月湯即天子位反桀之事以寛治民除其邪虐順民所喜
遠近歸之乃改正朔自夏前皆是建寅之月爲正月湯既革夏命
乃以建丑月爲正月改歳曰祀行甲寅曆色尚白牲用白以白爲
徽號服冔冠而縞衣
編 是歳大旱
紀 初置二相以伊尹仲虺爲之湯問尹曰古者所以立三公九卿

图 5-8　子王子变成了叶向高（左《玉堂鉴纲》，蓬左文库藏；右《大方纲鉴》，东京大学东洋文化研究所藏）

另外，关于殷王武丁，《大方》还列举了“吕东莱”“章山堂”“丁南湖”的评语。除丁氏之外，另外两个评论无疑引用自《山堂考索》（慎独斋刊行）。其中“章山堂”被《玉堂》换成了近人章懋（1437—1522）。[①] 他是成化二年会元。[②] 不知是因为不了解章山堂才如此推测，还是有意更换人名。另一方面，《大方》周纪中载有对伯夷、叔齐的评语“按陈永嘉”[③]“罗景伦”，后者

① 《大方》中的“章山堂曰：尝怪傅说……”，在《玉堂》中变成了“章懋曰：尝怪傅说……”。另外，《大方》同条中有丁南湖，但《玉堂》中没有，取而代之的是唐顺之。

② 《明史》卷一七九。

③ 《大方》的“按陈永嘉”被增补到“刘道源”评语的末尾。这大概就是“凡例”所说的细书。

在《玉堂》中没有改换名字（但误作“罗景纶”）。恐怕编者不知道罗景伦是《鹤林玉露》的作者罗大经。[①]

《玉堂》就这样采取了大大小小各种编排技巧。回到大的编排问题上来，编者全面采用南轩著作只不过是想体现新意。《大方》从夏纪开始已经采用了《前编》。《玉堂》想在此之上别出新意，就不能明确说明采用了南轩著作。

那么，余象斗会如何对应呢？《历史》在记述夏、商、西周时还一依《大方》，看上去很谨慎。但从东周开始文本就变了。下面以平王东迁的记事为例（卷二）：

> [纪]元年/[编]<u>始命秦列为诸侯/[编]命卫侯和为公/[纪]秦祀上帝于西畤/[编]癸酉三年/[纪]己卯九年</u>/[编]癸未十有三年

划线部分的记事不见于《大方》（插入了另一条）。而且，这些内容全部见于《玉堂》。不过，若是照抄就太不讲究了，所以《历史》有时会把《玉堂》的[纪][编]标示换成[经]，即《春秋》的标示（图5-9显示的是桓王时期）。王重民说《大方》和《历史》在内容上没有区别，是不正确的。

《通鉴》《纲目》起点以前的时段，没有一部可为准绳的编年史。陈桱的著作到舜为止，金履祥的著作从夏到春秋以前，时期都有限定。涵盖范围较广的是从黄帝到《通鉴》起点之前的刘恕著作，但其记事非常简略，不足以作为编年史。引入的南轩著作，姑且不论其质量，作为编年史是肉眼可见地“充实”，十分适用。所以，余象斗也毫不犹豫地采用了此书。

因为没有明确的准绳，所以可塑性很高。在出版竞争中，这

---

① 同样的例子还有，《大方》中针对周成王的吴氏评语，《玉堂》不知道此吴氏是谁，认为是元代吴澄。此评语又见于宋代蔡沈的《书集传》，显然不可能是吴澄。编者注：罗大经之字实以“景纶”为正。

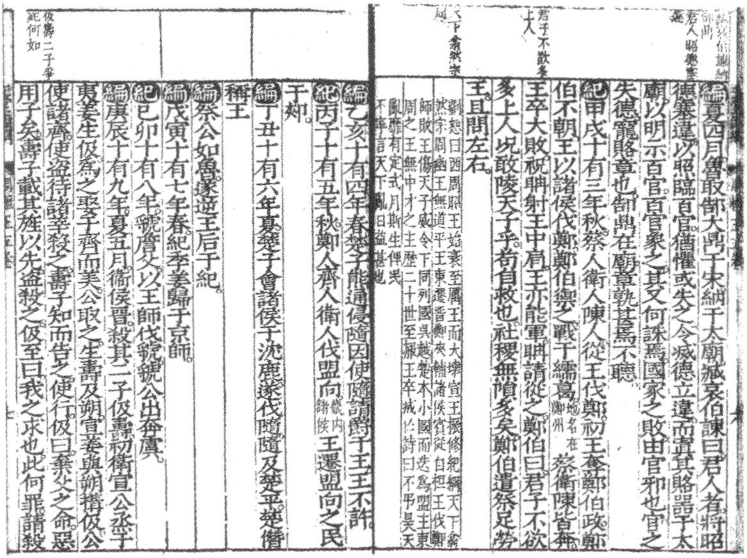

編夏四月魯取郜大鼎于宋納于太廟臧哀伯諫曰君人者將昭
德塞違以照臨百官猶懼或失之今滅德立違而寘其賂器于太
廟以明示百官百官象之其又何誅焉國家之敗由官邪也官之
失德寵賂章也郜鼎在廟章孰甚焉不聽
紀甲戌十有三年秋蔡人衛人陳人從王伐鄭初王奪鄭伯政鄭
伯不朝王以諸侯伐鄭鄭伯禦之戰于繻葛蔡衛陳皆奔
王卒大敗祝聃射王中肩王亦能軍聃請從之鄭伯曰君子不欲
多上人况敢陵天子乎苟自救也社稷無隕多矣鄭伯遣祭足勞
王且問左右
編乙亥十有四年春楚子熊通侵隨因使隨請尊于王王不許
紀丙子十有五年秋鄭人齊人衛人伐盟向王遷盟向之民
于郟
編丁丑十有六年夏楚子會諸侯于沈鹿遂伐隨隨及楚平楚僭
稱王
編祭公如魯遂逆王后于紀
編戊寅十有七年春紀季姜歸于京師
紀己卯十有八年虢詹父以王師伐虢虢公出奔虞
編庚辰十有九年夏五月衛侯晉殺其二子伋壽初衛宣公烝于
夷姜生伋爲之娶于齊而美公取之生壽及朔宣姜與朔搆伋公
使諸齊使盜待諸莘殺之壽子知而告之使行伋曰棄父之命惡
用子矣壽子載其旌以先盜殺之伋至曰我之求也此何罪請殺

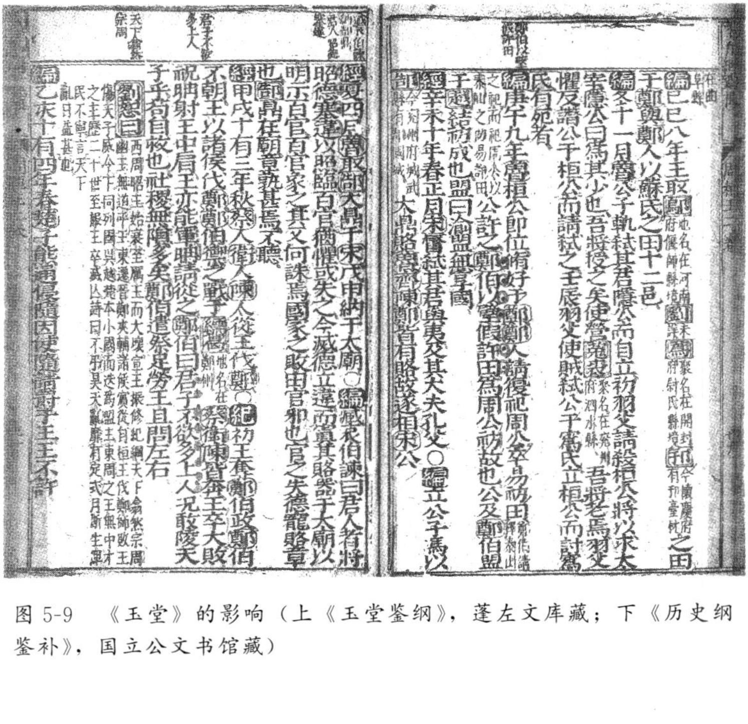

編己巳八年王取鄔劉蔿邘之田
于鄭與鄭人以蘇忿生之田十二邑
編冬十一月魯公子翬弑其君隱公而自立初羽父請殺桓公將以求太
宰隱公曰爲其少也吾將授之矣使營菟裘吾將老焉羽父
懼反譖公于桓公而請弑之壬辰羽父使賊弑公于寪氏立桓公而討寪
氏有死者
編庚午九年魯桓公即位脩好于鄭鄭人請復祀周公卒易祊田
公許之鄭伯以璧假許田爲周公祊故也公及鄭伯盟
于越結祊成也盟曰渝盟無享國
經辛未十年春正月宋督弑其君與夷及其大夫孔父○編立公子馮以
大鼎賂魯齊陳鄭皆有賂故遂相宋公
經夏四月魯取郜大鼎于宋戊申納于太廟○編臧哀伯諫曰君人者將
昭德塞違以照臨百官猶懼或失之今滅德立違而寘其賂器于太廟以
明示百官百官象之其又何誅焉國家之敗由官邪也官之失德寵賂章
也郜鼎在廟章孰甚焉不聽
經甲戌十有三年秋蔡人衛人陳人從王伐鄭○紀初王奪鄭伯政鄭伯
不朝王以諸侯伐鄭鄭伯禦之戰于繻葛蔡衛陳皆奔王卒大敗
祝聃射王中肩王亦能軍聃請從之鄭伯曰君子不欲多上人况敢陵天
子乎苟自救也社稷無隕多矣鄭伯遣祭足勞王且問左右
劉恕曰
編乙亥十有四年春楚子熊通侵隨因使隨請尊于王王不許

图 5-9　《玉堂》的影响（上《玉堂鉴纲》，蓬左文库藏；下《历史纲鉴补》，国立公文书馆藏）

类前编的内容逐渐被堆砌起来。当然，这只是借用之前古代史著作的遗产剪贴出来的东西。但这些著作的作者们，出于作为知识分子的谦逊（考虑到《通鉴》《春秋》《前编》），未能编写一部贯通的古代史。没有这种顾虑的编辑倒能编出一部贯通的编年史，确实可称之为花了工夫。

当时中国的读者怎么解读这部分内容是另一个问题，真正接受这些内容的是耶稣会士们。作为基督教徒，他们对开天辟地以来的纪年非常敏感，[①]“纲鉴”的记载令其震惊。盘古和三皇的故事，大大超出了他们的《圣经》观念中能接受的时间范围，而且其记述也很抽象，没有必要当作宗教对手，可以理解消化，但伏羲以后被他们认为是实际存在的人物。于是，他们认真地从统治年数开始倒推（伏羲一般认为是从公元前2952年开始统治的），将其与《圣经》的年代观进行磨合。耶稣会士经常提到“纲鉴”，[②] 18世纪的冯秉正在其《通鉴纲目》法译本（根据康熙年间所编满语译本译成）的序言中提到了袁黄的名字。到了18世

① 参见冈崎胜世：《圣经 vs 世界史》『聖書 vs 世界史』，讲谈社现代新书，1996年。

② 艾儒略的《万物真原》中引用了“纲鉴”。参见魏若望（John Witek）：《经院哲学原理在中国：艾儒略〈万物真原〉与利玛窦〈天主实义〉之比较》“Principles of Scholasticism in China: A Comparison of Giulio Aleni's *Wanwu Zhenyuan* with Matteo Ricci's *Tianzhu Shiyi*”，收录于李集雅、马雷凯编：《“西来孔子”——由艾儒略（1582—1649）看基督教与中国的对话》，1997年，第280页。另外，高田佳代子指出，1687年耶稣会士柏应理在巴黎刊行的《中国哲学家孔夫子》“*Confucius Sinarum Philosophus*”中使用了《历史纲鉴补》，参见《对〈中国哲学家孔夫子〉（1687）的考察——以第四章〈大学〉拉丁语译文的注释部分为中心》「『中国の哲学者孔子』（1687）に関する一考察——第四章『大学』ラテン語訳の注記部分を中心に」，《国际研讨会〈17～19世纪东亚的西学接受与发展〉草稿集》『国際ワークショップ「十七～十九世紀東アジアにおける西学の受容と展開」予稿集』，2010年。

纪，传教士们也十分了解各个朝代的正史，[①] 冯秉正也看不起“只是正史（二十一史）缩编的袁黄著作”。

> “纲鉴”（kang-kien）在准确性上与二十一史（Nien-y-sse）相差甚远，只是其节略而已。编写“纲鉴”范本的是袁黄（Yuen-hoang），万历年间进士，于 1590 年前后成为兵部小官。他有很多著作，其中就有此中国通史的节略本。如果认真编写的话，也许会成为名作，但此书不仅不符合帝国的真实历史，还带有类似秦汉时期古代道士的骄傲。但因为此书价格便宜，所以得以普及。而更多的文人或是为了出名，或是为纾穷乏，同样基于“纲鉴”这一书名编写缩节本，但该系列的评价非但没有提高，反而一落千丈。[②]

不过，通读《史记》以后的正史、从整体上把握历史是极其困难的。正因如此，冯秉正才计划翻译《纲目》（包括前、续编）。他在贬低袁黄著作的同时，又耗费文字说明此书，也是因为在翻译《纲目》全书之前，必须先尝试接触“纲鉴”。若从正统中国史书的眼光来看，“纲鉴”不过是大杂烩，但至少在 17 世纪的欧洲人看来，此书与既是经又是史的《旧约圣经》相比毫不逊色，甚至其作为史书的丰富程度还超过了《旧约》。正因如此，耶稣会士不能对此置之不理，不得不直面无法纳入《旧约》世界观的中国历史，也不得不将此书视为对手。

---

① 与冯秉正同时代的宋君荣的书信集，显示他在历史、天文研究中经常使用中国正史。参见勒妮·西蒙（Renée Simon）编：《宋君荣北京书简集，1722—1759》“*Antoine Gaubil, Correspondance de Pékin, 1722—1759*”，德罗兹书店，1970 年。

② 冯秉正（Joseph-Anne-Marie de Moyriac de Mailla）：《中国通史》“*Histoire générale de la Chine*”序言，1777 年出版于巴黎，第 xlix-1 页。

八　两部续编

“正编”之后的“纲鉴”取材自《续资治通鉴纲目》（以下简称《续纲目》）、《节要续编》两部续编。[①] 不过，其与“正编”的编排顺序稍有不同。《少微》有可能是在《纲目》之后完成的，而两部续编的问世顺序依次是《节要续编》《续纲目》。先于王朝官方编成宋元通史的，是建阳的出版人。

《续纲目》比《节要续编》晚了近半个世纪，于成化十二年（1476）完成，但在景泰年间已有编纂计划。有学者指出这一计划是受土木之变冲击的产物，[②] 但其编纂不仅是为了进行“华夷之辨”这样的抽象论述。“正统论”已然成为明朝当代史的议题。

朱子正统论仅直接论述到五代为止。后朱子正统论延续了朱子的构想。具体而言，陈桱的《通鉴续编》忠实于朱子，在宋统一天下后承认其正统，接着将南宋作为“正统之余”，以分注的形式标示辽、金以及统一前元的年号。陈桱的此种处理直到宋灭亡为止，作为元代的历史学家，他自然要把元朝书为“大元”，也确实承认混一天下后的元为正统。不过，朱子并不知道其正统论的推衍。已逝之人无法开口，所以才会出现前述《大方》的“凡例”那样，称自己“遵朱子之变例”。

对于明人而言，这不仅是前朝的问题，也是与当代史有关之事。因为如果蒙古有意，他们有权自认正统。蒙古人从北京撤退后建立的北元，如果用朱子正统论解释的话，可以视为“正统之

---

① 不过，和正编的情况相同，“纲鉴”采用的《节要续编》不是刘剡本原书，而是增加了《世史正纲》的记事，增补了注释、评语的慎独斋系统的文本。

② 王秀丽：《〈续资治通鉴纲目〉纂修二题》，《史学史研究》2004 年第 2 期，第 46—49 页。

余”。北元的直系于1381年几乎断绝，但在土木之变中掳走明朝皇帝、给明朝带来巨大动荡的也先所率的瓦剌部，以及15世纪末崛起的鞑靼部，对明朝来说依然是威胁。如果出现了自称继承元朝正统的人（实际上，瓦剌部的也先和《续纲目》完成后即汗位的鞑靼部巴图孟克［达延汗］，对明朝都自称“大元可汗”[①]），为了证明正统已转移到明朝手中，必须进行理论武装。

当然，因为《续纲目》的记述不涉及明朝，所以不能直接用年号来表示明朝承袭了正统。但书中结尾部分接连提到“我太祖”，通过聚焦其动向，间接显示了明政权占领北京以后的正统所在。

《续纲目》几经周折，终于在成化朝完成，而在此三年前，钦定版《纲目》已经刊行。御制序只是宣称，“考异”“考证”等民间研究存在不足之处，所以根据《凡例》进行了校订，编为定本。这表面上是王朝官方文化事业的一环，但恐怕不止如此。官方连续刊行《纲目》→《续纲目》，是觉得有必要鲜明地突出“正统论”。

像这样带着对当代问题的关心而编纂的《续纲目》，虽然大体上秉持朱子的正统论，但与之前的编年史的立场稍有不同。《元史续编》在杭州被攻陷的至元十三年（1276），承认元为正统，而《节要续编》直到三年后宋朝灭亡前仍承认宋为正统。后者一从《通鉴续编》，但陈桱只记述到宋朝灭亡。《节要续编》直到祥兴二年二月为止，都承认宋为正统，但书中一边分注元的年号（至元十六年），一边在元纪开头大书至元十六年，相当古怪。虽说只有一个月左右，但这期间正统重叠了。而《续纲目》从下一年开始承认元为正统。

---

① 森川哲雄：《大元的记忆》「大元の記憶」，《比较社会文化》一四，2008年，第65—82页。

接下来暂且搁置正统论的话题，看看《续纲目》作为一部史书的质量。首先，在书法上，基本上忠实于朱子（或者说是《凡例》）的路线。《续纲目》中也有“凡例”，但没有关于“正统”以外书法的记载，表明其原样接受了朱子《凡例》。

二十七卷的分量，不到《纲目》五十九卷的一半。《纲目》记述了1362年的历史，而《续纲目》涵盖的范围是其三分之一，仅有408年。虽然量和质不能等同，但《续纲目》密度更大，对记事的选择也有相当细致的考虑。宋朝部分，因为已有陈桱的《续编》，所以有很好的基础，但不像《节要续编》那样过于依赖陈桱的著作。且陈桱的史源几乎只有三史，《续纲目》则使用了正史以外的编年史料，经过相当复杂的编排，重构记述（笔者曾试图探讨其史料的构成，但中途放弃了）。笔者虽未全部核对《元史》，但《续纲目》的史料几乎不出其外。[①] 即便如此，与只采用《元史》节略本的《节要续编》相比，条件要好得多。而且，《续纲目》虽然参考了前出之《节要续编》，但其痕迹并不明显。

《纲目》从刊行到成为官定教科书大约花了20年时间，而《续纲目》从一开始就是官定。《纲目》得到朝廷的认证，尹起莘与之相呼应，呈献了《发明》，同样的事情也发生在《续纲目》上，而且献书的有两个人。这显然是有意模仿尹起莘。弘治元年（1488）将《续纲目广义》（以下简称《广义》）献给朝廷的张时泰，在进呈表中阐述了写作意图：“亦犹尹起莘发明朱子《纲目》之意也。”另外，张时泰也和尹起莘一样，是寂寂无名的人物。当时其身份是“吏部听选监生”，也就是说，考取进士无望，是以监生出仕之人。这次献呈应该是一种求职活动，显然是看准了

---

① 御制序中还称采用了《经世大典》等书，凡例曰，不见于《元史》的记事用圈印以示分别，但其数量很少。

新帝即位的时机。幸运的是，此书的进呈表末尾有所赐圣旨。①《广义》是对有先帝御制序的著作的反馈，其无疑受到了欢迎，献呈之事也见于《明实录》。② 据《广义》的罗玘序文③，《广义》被藏入“秘阁”，随后刊行于世。④

《广义》献呈10年后又有人如法炮制，比监生地位更低的余杭县儒学增广生员周礼将《续纲目发明》献给朝廷。张时泰声称要继承尹起莘的衣钵，将著作命名为“广义”，恐怕是出于对尹氏的谦恭，但周礼却毫不顾忌地自称“发明”。同为排第二位的注家，周礼就像《纲目》中刘友益的角色，与刘友益对尹起莘只字不提一样，周礼也没有提及成书距《续纲目发明》不满10年的《广义》(周礼自序的日期是弘治九年)。

为《续纲目发明》写序文（弘治十八年）的同乡进士仰儒⑤称，他曾劝周礼进呈此书，被周礼拒绝了，仰儒于是偷偷抄录，代为上呈。⑥ 以周礼名义发出的进呈表的日期为弘治十一年。

---

① 据《续资治通鉴纲目》国立公文书馆藏本（附有“广义”“发明”。虽然没有刊记，但被认为是慎独斋刊行的)。“吏部听选监生张时泰谨奏为进呈书籍事……愚谨摘要条，发挥奥旨……亦犹尹起莘发明朱子《纲目》之意也。臣于此书研精覃思十有余年，而始克成编，总廿七卷，名之曰《续资治通鉴纲目广义》……弘治元年八月十三日进，本月十五日奉圣旨：‘张时泰所进书已收了，着礼部知道。钦此。’”

② 《明孝宗实录》卷一七“弘治元年八月乙巳”条。《国榷》卷四一还记载了奉命刊行此书一事，但尚不清楚是否附录于原书出版。

③ 载于注①同版本。“云间西洲张君时泰，蚤岁穷经，尤邃史学，仰窥积虑，十年于兹。用所得者，作为《广义》以附之……书成，适上新服改元，进经乙夜之览，赐储秘阁矣。明年，分教浙之秀水，行将寿其私本于梓。余友西蜀周相刘君，备道西洲之实，而要余为之序……大明弘治己酉冬十月望日 ，后学南城罗玘谨序。”

④ 笔者未见初刻本。据说清华大学图书馆藏有弘治三年刊本（《清华大学图书馆藏善本书目》，清华大学出版社，2003年，第58页)。

⑤ 据《明清进士题名碑录索引》，他是弘治六年进士，浙江余姚人。

⑥ 载于注①同版本。“吾庠友静轩周君德恭，夙负奇才，屡荐场屋，奈之何时运不济……乃作《发明》二十七卷，藏于家……予每劝之进奏，德恭力以好名为拒……予因窃录元稿，上进明廷。孝宗皇帝深加叹赏，方欲征擢，而九重晏驾矣……弘治乙丑仲夏望日，赐进士第南京工部郎中前行人司左司副余杭仰儒拜手谨序。”

他的进呈表中，没有像张时泰那样附上“圣旨”。仰儒云“孝宗皇帝深加叹赏，方欲征擢，而九重晏驾矣”。如果以上日期为真，那么在献呈后的7年间，皇帝在做什么呢？包括代替本人进呈这一点在内，这篇仰儒序文所言是否为真，令人怀疑。与张时泰不同，《实录》也没有记载周礼进呈之事。而且，《续纲目发明》的单行本至少现今不存。此书的普及，是在与《广义》一起被编入慎独斋刊行的《续纲目》之后。

周礼（字德恭，号静轩）的著述在书林颇有名气。其已知著作还有《纲目折衷》《通鉴外纪论断》《通鉴笔记》，黄虞稷《千顷堂书目》卷五认为，前二者与《续纲目发明》一起在“弘治中进呈”。若此言为真，那么他就是将《通鉴》《纲目》的前、正、续编三种评点打包推销，但这不能当真。《千顷堂书目》没有著录《续纲目发明》的卷数（但记录了《广义》的卷数[①]），黄虞稷恐怕没有亲眼见过周礼的著作。

在《续纲目发明》中好歹留下了进呈表和周礼自序、仰儒序文，但其他两部书却没有这样的相关信息。如果原本是一同献呈的，应该会记在周礼的“进呈表”上。是否有这些著作另当别论，但很难想象三书一起被进呈。相当于《外纪论断》内容的，是慎独斋刊行的《纲目前编》附录《前编外纪》中出现的“周德恭曰”。但这可能并不是慎独斋将单行本编入其中，而是原本就是这种形式。所谓“三书进呈”，是为了把周礼打造成史学招牌的营销之语，《千顷堂书目》也信以为真，将此事记录下来。

周礼与刘弘毅之间是有联系的，从《读史管见》的慎独斋刊

① 虽然记作十七卷，实际上为二十七卷。

本中有“周德恭句读”这一点也能看出。[①] 此后，建阳书坊刊印的以《三国演义》为代表的历史小说，常载有周静轩的《咏史诗》，[②] 他的名字更加广为流传。

《纲目》中尹起莘、刘友益的“翻版”，就是《续纲目》中的张时泰、周礼。尹起莘、刘友益的著作，作为单行本已在一定程度上流行于世。它们曾被“亲友”以外的其他人提及，也有建阳刊行的单行本。但他们的名字之所以被普及，还是因为被编入了《纲目》的集注本。张时泰、周礼更是如此。

不仅是这两个人，《续纲目》本身也是因被建阳书坊刊行、再被编入“纲鉴”（虽然到该阶段已没有留下原始形态），才广为人知。

九 《续纲目》的叛臣

和探讨正编时一样，来看看《大方》是如何往《节要续编》文本中插入《续纲目》的吧，重点来看元代部分。

首先应该确认的是年号标记的问题。在《节要续编》中，可

① 日本国会图书馆藏刘弘毅校刊《宋儒致堂先生读史管见》卷三〇末尾有“余杭后学周德恭句读”，以及他所作的后序，其末尾署“余杭后学静轩周礼德恭拜手书于建阳慎独斋”。令人疑惑的是文中有“予亦尝效颦《续纲目发明》《通鉴纲目广义》，庶几潜心于史学者”。若按字面意思理解，他是效仿《续纲目发明》《通鉴纲目广义》、深思史学之人。这样一来，《续纲目发明》就不是他的作品了，也没有《通鉴纲目广义》一书。如果相信之前的说法，他是效仿《续纲目广义》编撰的《发明》，这样能说得通，但这篇文章无论如何也读不出上述意思。不过，建阳本的序跋往往不能按字面意思来解释。这是因为使用了嵌入术，恐怕这篇文章原本是“予亦尝效颦《续通鉴纲目广义》”，为了宣传周礼的著作，后来被插入了“纲目发明”四个字。周礼编撰《续纲目发明》一事，没有可以否认的材料，但至少可以从此文中感受到慎独斋想推销此书的意图。笔者对周礼向朝廷献呈的事实持怀疑态度。

② 郑振铎：《中国文学研究》上，作家出版社，1957 年，第 218—222 页。刘修业：《古典小说戏曲丛考》，作家出版社，1958 年，第 66—67 页。

以看到统一后的元朝被赋予了正统。慎独斋的后继本也没有改变这点。但《大方》在忽必烈统一天下后，既不承认元的正统，又不存在其他的统一王朝，只能在干支标记下分注元的年号。《玉堂》也是如此。

如前所述，其根据是丘濬。不过，《大方》并没有一并采用他独特的正统论（不承认秦、晋、隋的正统）。明明可以全部采用，却只采用了与夷狄相关的部分。这是憎恶蒙古的明人会做的事情。但明朝官方编定的《续纲目》也没有做到这地步。《世史正纲》之前的《节要续编》也是如此。那时正统论的常识还有影响力。两种“纲鉴”之所以视元代为无统，虽是因为直接参考了丘濬，但更大程度上是迎合了时代潮流。

接下来看一下具体内容。《节要续编》的元代部分，大半取材自《元史节要》。与宋史部分相比，几乎都是照抄的，但从结果来看，记事都经过仔细挑选。再补以《续纲目》，应该具有一定稳定性。特别是《大方》在引入《纲目》时就非常谨慎，因此元代部分本是值得期待的。

但元代部分几乎放弃了这样的努力。从这部分感受不到正编中的热忱。不仅如此，“鉴”（《节要续编》）的优点也被舍弃了。以皇帝所在地的标示为例，这是编年体史书中最基本的东西。在《纲目》中，皇帝的动向书作“如○○”“还××”。《节要续编》原样复述了《元史节要》的记事，几乎不缺少这种表述。《大方》则对此不屑一顾。下面选取《节要续编》中承认元为正统的至元十六年往后五年间忽必烈的动向为例（括号内是《续纲目》的系月。划线部分不见于《续纲目》）。

> 至元十六年八月→上都，十七年三月→上都、九月→大都，十八年正月→漷州、二月→柳林、三月→还宫→上都、八月→大都（闰月），十九年正月→柳林、二月→还宫、三

月→上都（八月→大都），二十年三月→上都、十月→大都

首先，以上不是完整的记录，没有记载十七年三月去上都之前忽必烈曾回到大都。那么《续纲目》是如何记录的呢？如前所述，《续纲目》从至元十七年（宋朝灭亡的翌年）开始承认元朝的正统，比《节要续编》要迟一年，所以没有记载忽必烈在十六年的动向。之后的记录仅限于上都、大都之间，虽然删去了到附近的游猎，但纠正了《节要续编》中的错误，也补充了十九年八月返回大都一事。

《大方》则一条也未记述。由于不承认元为正统，这种处理可以说与该思想相称。不过这种无视恐怕来源于在这些原则之上的漠不关心。另一方面，在此期间去世的文天祥相关记事还保留着，稍晚的谢枋得亦如此。

从至元二十一年到二十二年，元朝频繁地进行海外远征。《节要续编》载：

> 二十一年正月，建都十二部投降（前一年十一月）。（二月，遣王积翁赴日本）四月，征缅军败北。七月，远征占城。十一月，胜利。（十二月，安南王抵抗）
>
> 二十二年正月，大胜安南。四月，镇南王败走（五月）。九月，下令交趾远征军班师（系于翌年正月）。十月，设立征东行省，计划远征日本。

《续纲目》的文字和记事的排布位置与上述有很大差异，但只有远征缅甸没有提及。《大方》依旧一事不提。

另外，在《节要续编》和《续纲目》中，元朝的数起政变都占了一定篇幅。例如武宗入继、天历内乱等。但《大方》中有关武宗即位的记述为“帝崩于玉德殿。怀宁王立，是为武宗”，“夏五月，帝即位于上都”，仅此而已，完全看不到政变的过程。关

于天历内乱的记述稍详，但读完同样不能把握事态。

换言之，《大方》（还有《玉堂》）对元朝中央政府的动向、对外关系几乎不感兴趣。更重要的是，从《节要续编》到《大方》的记述风格发生了变化。在《节要续编》中，即使将元附纪于宋时，在窝阔台即位时，也立了“元太宗”的标目，下面有人物介绍，版心部分也记作“宋理宗　元太宗”。但《大方》中，窝阔台的即位只在史文中一笔带过而已。

另一方面，《大方》中也有认真保存《节要续编》的地方。（后）至元二年的全部记事如下。

> 正月，宿松县地震。五月，黄河复故道。南阳邓州大霖雨。自是月乙卯至六月甲申，湍河、白河大溢水为灾。泰州山崩。八月，江浙自春至于是月不雨。十二月，江州诸县饥。赖地方官善政，民不病饥。

《大方》以上内容都取自《节要续编》，但《节要续编》在这一年还有七条记事。从中选择上述内容显然是有意的。《元史节要》本身也会一一列举地方灾害，有时读起来如同灾害清单，但《大方》更为极端。虽说是为了表示元早已失去了天命，明的兴起是天命所归，但几乎丢失了史书的平衡。

从《节要续编》中保留的另一个引人注目的内容是江南人士的动向。例如，保留了朱公迁的记录（《续纲目》当然没有提到朱公迁和程复心）。换言之，编者对前辈的贡献非常了解，也很重视建阳史书的特色（如保留宋代刘氏一族的记录）。

总之，《续纲目》的元代部分几乎没有被活用（宋代部分中，“广义”“发明”被频繁引用很引人注目，但元朝记事本身就不多，出现的频率也随之减少）。也许《大方》将主要精力花在了对《纲目》正编的引用上，也许对仅是续编的《续纲目》不够重视。若将之归咎于拥护丘濬、不承认元朝的正统，也只是省事的借口。事实上，引入的“纲”几乎没有发挥作用。

《节要续编》是宋、元两朝的通史，相应地元代史也占一定篇幅。除了编纂上的理由外，《元史节要》一并采用了梁寅的《元史略》，也花费了相应的精力。而且，到明代前、中期为止，仍有人对元代史保持一定的关注。丘濬、何乔新等就是例证，即使他们的评价几乎都是否定的，也胜过无视元史。当元史脱离宋元史的框架，被纳入中国通史时，其所处位置就变得不那么重要。元史在“纲鉴”中的位置就是如此，这也符合明人的元史观。

结　论

综上所述，关于《大方》《玉堂》两种“纲鉴”，笔者就《通鉴》《纲目》的正编部分将之从前到后浏览了一遍，但并不能说这就是“纲鉴”的全部内容。《大方》和《玉堂》在万历年间层出不穷的众多“纲鉴”中属于“良心好书”一类（此外，《世史类编》《历朝纪政纲目》也可以算在内），就编年史的技巧而言，两书远超其他“纲鉴”。其他“纲鉴”也采取了别的技巧，将史论策问放在更靠前的位置，但其中作为史书主体的史文很空洞，与《少微》没有什么不同。与之相比，两书按照编年史体裁进行整理的同时，还具有评林的功能，这一点值得称道。特别是《大方》细致的编排，令人钦佩。继承了《大方》的《历史》冠以袁了凡之名，这虽是此书畅销的主要原因，但此书之所以在明代的“纲鉴”中最为有名，也是得益于其自身质量。

《玉堂》也想出各种各样的办法来增添新意。其首要特色（虽不能保证百分百源自《玉堂》）是增加了《纲目》的文字量。这是突显与以《大方》为首的其他“纲鉴”存在差异化的战略，与其说是根据某种史观对记事进行选择并插入，不如说是一种机械性的工作。即便如此，也不是随意将记事塞进《少微》的年代空白里。整体来看，是基于某种平衡观来插入记事的，插入《纲目》的方法与《大方》相比较为简单，但在目文的缩节上下了一定工夫，读起来很流畅（《大方》虽非如此，但《玉堂》中的“纲”没有太多注解。虽有可以采用“集览”或“质实”的地方，但仍是没有费这个工夫）。此书的影响力远不如《历史》，却出过好几版，也是可以理解的。①

于是乎，除元代部分外，两书某种程度上都是“可读的编年史”。在《少微》中，跳过五六年是理所当然的，但作为编年史书就有些空洞。《少微》虽然更正了“统纪”，看上去忠实于《纲目》的年代标记，但《纲目》即便没有史事也会单独记年号，作为节本也遵守编年史规则，《少微》与之形成鲜明对比。在这一点上，两种“纲鉴”可以说是通过填补《少微》中的各种空白，让编年史书名副其实。

同时，两书的编纂方法虽有不同，但都尽力充实评语。其中多数评语被认为来源于《性理大全》等类书，但编者也曾努力检索群书。评语中有伪托，有误作他人，对评论者毫无敬意，“○○曰”变成了一种符号。但真正的评论者是谁，在教书育人

---

① 耶稣会士把《玉堂鉴纲》带回了西方。就笔者所见，现存于欧洲的明代“纲鉴”还有《历史纲鉴补》和《全史详要》。两书藏于罗马耶稣会档案馆（Jap-Sin. Ⅲ）。《玉堂鉴纲》藏于梵蒂冈图书馆的波吉亚中国藏书中，《历史纲鉴补》也有遗存，参见伯希和（P. Pelliot）编、高田时雄校订补编：《梵蒂冈图书馆所藏汉籍目录》“*Inventaire sommaire des manuscrits et imprimés Chinois de la Bibliothèque*”，1995年，第8页。其中稀见的有王昌会纂《全史详要》，至少在日本不为人知。其封面列举了既有著作，曰“坊本纂史，自《纲鉴大成》《正史全编》而外，诸有《通鉴集要》，秦有《纲鉴要略》，李有《世史类编》，汤有《纲鉴全史》”。《纲鉴大成》指唐顺之本，《正史全编》指钟惺本，《通鉴集要》《世史类编》《纲鉴全史》在前文提到过。但秦某的《纲鉴要略》不详。《五杂组》卷一三曰“余自八九岁即好观史书……然塾师所授，不过《编年节要》《纲鉴要略》”，当为同一书。

时，对学子来说是很重要的。就其内容而言，虽然在文字上花了心思，但很多是常见论点，很难看到像李卓吾那样警策拔俗的评论。即便如此，也不该认为李卓吾独占了“史评”时代。李卓吾的批评本身就是评林文化的产物。至于“纲鉴”为什么会层出不穷，大概是因为评语部分所占的分量很大，存在那样的需求。《玉堂》中连李京这样的人都能加入“评林”，辨明这一特殊现象，恐怕是理解明末文化的关键之一。[①]

而且，两书都采用了建阳书坊式的材料拼贴法。注释也充分活用了至今为止的建阳遗产。先不论其质量，编写《集览》的王幼学特地为建阳刊行的书籍作注解，王逢又以此为基础编撰了《少微》的“释义”，还出现了《质实》这样的追随者。而《集览》《质实》又被《少微》的后期版本乃至“纲鉴”所利用。

这样的方法比注家的工作更为轻松，且不像《通鉴》胡注那样让人感受到“个性”。虽然可能有些机械，但直截了当地提供了必要的信息。“苦节三十年”的王幼学（虽然不清楚他个人是否与建阳有关联，但他做的工作很有建阳风格）、“经明行修”的王逢、真实身份不明的冯智舒，以及可能借他们之名进行编纂工作的人们，经营书坊的刘剡、刘弘毅的工作方法，这些都被“纲鉴”的编者们所继承。

今天，我们理所当然能轻易看到正史和《通鉴》。但在明代，即使是江南，也要到“‘纲鉴’的时代”之后才出现这种状况。如果把一册册书籍看作资源的话，那“纲鉴”出现之前就是一个资源匮乏的时代。在这种匮乏中，资源相对丰富的是出版中心地建阳，那里世代经营着编书作坊，利用集中的资源进行了各种各

---

① 与“纲鉴”一样被编纂过多个版本的史书有明朝当代史《皇明通纪》，其中李卓吾评本（《新锲李卓吾先生增补批点皇明正续合并通纪统宗》）和谈迁的《国榷》中也插入了很多评语。

样的工作。书籍资源相对丰富的清人，常居高临下地嘲笑建阳刻书，但这也是清代以前整个南方“书籍匮乏”的表现。

而“纲鉴”最大的意义，在于在一个书名之下编成了中国通史，使之得以普及。《通鉴》一系的历史是一种“有所回避”的历史。原本《通鉴》相较于《春秋》在涵盖时段上就有所退让，从三家分晋开始。《纲目》作为《通鉴》的缩节本，自然与之同步，没有像吕祖谦《大事记》那样，选择从“获麟”开始记述。金履祥《通鉴前编》虽然涉及上古史，但仅限于《尚书》的范围，并没有向更早的时段推进。在元末的太古史流行风潮中，陈桱终于上溯到盘古时期，但他顾虑到金履祥和《通鉴》，结果《通鉴续编》变成了卷一太古史、卷二契丹史、其后为宋史的形态奇异的书籍。虽然此书非常奇特，但陈桱的态度也是知识分子对古典的典型态度。于是乎，他也没能获得编写一部从开天辟地到近代的编年体史书的荣誉。

所编史书中，同样涉及太古和近代两段历史的刘剡则没有顾忌。刘剡几乎完全借用别人的著作，再加上自己的编书技巧，使其参与编纂的外纪、正编、续编三书贯通，共同构成了一部通史。其后辈、也即“纲鉴”的出版者们将三书合编到一起，中国通史至此诞生。虽已有《历代通鉴纂要》在先，但此书并没有经过建阳书坊的编辑。读者若买不到此书的话，一切就无从谈起。为此，编书作坊全力运转，其驱动力是出版界激烈的竞争。虽说归根结底以营利为目的，但从结果来看，建阳书坊编纂的通史确实让西方传教士大为惊叹。

结　　语

本书第一部分、第二部分的中心分别是宋代和明代福建的士大夫和出版人，概观了各自时代背景下福建人在官僚社会的位置、建阳出版界对中国文化的影响力。这两部分大致对应福建的两个地理区域，即沿海区（宋代称下四州）和山地区（上四州）。所探讨的刘克庄和明末福建人几乎都是沿海区（福、兴、泉、漳）出身，出版活动则在内陆的建阳进行。通常讨论福建问题时，并不会有意识地叙述沿海、内陆的地理差异形成了各自独特的人文现象。这一点请参考研究福建一省历史的学者们。①

福建自宋代以来就被称为“八闽”，这本身就说明了福建的多样性。“八闽”源于“七闽”，“七闽”是《周礼·职方氏》继“四夷、八蛮”之后出现的表述，之所以又加“一闽”，是因为宋代福建路的行政区划有八个军州。因此，“八闽”一词并不是具体描述“闽有七个还是八个”，而是“七闽”称呼变动后的一种方便表达。话虽如此，这个词确实象征着福建的多样性——各地在地文上的孤立和语言的多样性。另外，“八闽”这一表示化外之民的称呼一直沿用到后世，表现了中原将福建与己区分开来的意识。

不过，对于闽人而言，“八闽”为一体的意识非常强烈。这

① 例如，林拓：《两宋时期福建文化地域格局的多元发展态势》，《中国历史地理论丛》2001年第3期，第89—96页；《元代福建文化地域格局的过渡性变化》，《历史地理》2002年第1期，第237—249页；《明清时期福建文化地域格局的演变》，《中国史研究》2003年第4期，第143—148页。多洛肯：《明代福建进士研究》，上海辞书出版社，2004年。

一点在闽人间往来的书信内容中有所反映。如泉州人黄克缵称“乡人”时，不仅指泉州人，也指所有闽人，这样的例子很多。他们之所以秉持着这种自我意识，可能是八闽的多样性反而导致有必要团结一心，也可能是因他人对福建的区别意识而产生的。笔者对这种自我与他人的区别意识一直抱有兴趣，接下来略作阐述。

对闽人特别是其中的精英群体来说，确认自我身份的重要一环是对闽地作为朱子学故乡的意识。以 15 世纪末建阳发生大火为契机，福建官员许天锡（1461—1508，1493 年进士，福州闽县人）请求政府进行出版管制，认为建阳是仅次于曲阜的“第二阙里”。不过，不只是朱子的逝世之地这么认为。例如，同一时期在江西刊行《纲目》的黄仲昭是沿海区莆田人，也有着很强的与朱子同乡的意识。大概他参与《朱子大全》《纲目》的刊行也是这种意识使然吧。另外，明代福建科举的考官们，常用“儒教的第二故乡”这样的修辞来描述福建。

例如，“纲鉴”的一个版本《历朝纪政纲目》的署名编者黄洪宪，在科举记录《乡试录》的序文中，称福建为“海滨邹鲁”。他还这样写道：

> 明兴熙洽久，海内同文一统，皆为闽学。臣往者奉上命颁诏朝鲜，见三韩五部之属，袭冠带而渐声教者，悉被服紫阳（朱子），称功令。臣于是颂天朝之大一统，而亦见闽学盛行且施及蛮貊矣。

黄洪宪出使朝鲜是在万历十年。[①] 他对朝鲜知识分子从外到内践

---

① 黄洪宪时为颁告皇子诞生的使者。此时，朝鲜方面为了纠正刚完成的《万历会典》中对朝鲜宗系的错误记载，觉得有必要在敕使面前比以往表现得更像是一个儒学之国，让黄氏参观成均馆、明伦堂、尊经阁，展示了五礼仪，负责人因办事不力，后来还遭到了处罚（《宣祖实录》卷一“壬午十五年十一月”条）。由此可见朝鲜国王的努力。另外，黄氏著有《朝鲜国纪》，收录于其文集（《碧山学士集》）和《学海类编》中。

行中华精英文化感到满意，认为这得益于闽学即朱子学。福建和朝鲜相距甚远，当时与朝鲜直接接触的福建人，是漂流者或伪装成漂流者的海商。朝鲜的士大夫们，一方面对这些不速之客感到不喜；另一方面，对福建产生的朱子学，从某种意义上来说比福建本地人更为尊重。

关于朱子学传入朝鲜，常见问题是由谁、怎样进行传播的。然而，向朝鲜持续性提供朱子学并使之扎根下来的是书籍，其中很多是在福建刊印的[①]（从本书中亦可见，《纲目》和《少微通鉴》在建阳出版后，马上就传入了朝鲜）。虽说朱子学在“东夷”能得到如此反响，最大的理由是思想上的新颖，但这类书籍内容简劲、表达方式通俗易懂也起了很大作用。建阳在近世前期不断生产这样的书籍。

那么，建阳能成为传播朱子学重镇所具备的条件是什么呢？最重要的是当地是朱子居住地，以及纸张供应充足、与省外的联系比沿海地区方便、流通条件也不错等，[②] 可以列举出各种因素，但笔者认为影响建阳及朱子学发展的是福建的边缘性。在不易沟通的语言环境中，对于闽人精英而言，文字及书籍在交流中所占的比重非常大，他们对于简劲平易文字内容的需求也非常强烈。笔者认为，不仅限于朱子学，南宋建阳产出的很多书籍之所以成为士人典范，这一因素也起了作用。建阳书籍的内容很容易被“东夷”所接受，是因为其编者本身也是边缘人群吧。

然而，在讨论“朱子学”时，中国知识分子通常想到的，不是这些书籍的作用，而是以朱子为鼻祖的学人谱系，即以《宋元

---

① 例如，姜在彦的《朝鲜儒教两千年》『朝鮮儒教の二千年』（朝日选书，2001年）一书中，几乎没提到这类书籍。

② 芦田孝昭：《明刊本中闽本所处位置》「明刊本における閩本の位置」，『ビブリア』九五，1990年，第91—117页。

学案》等为代表的学派谱系。闽人进入权力中枢的势头在明末达到高潮后，清朝几乎看不到闽人活跃于朝廷，其中个性十分突出的儒者李光地[①]（1642—1718）之孙李清馥编纂的《闽中理学渊源考》（原题《闽中师友渊源考》），正是叙述福建省内朱子学师承关系的书籍。这类书籍中当然不会出现建阳出版人的身影（“松坞门人”刘剡和“闽之巨儒”李京都未被记载）。毕竟他们不是学者。但朱子学的知识和建阳编书人的知识并不能简单地用“精英”和“非精英”划分开来。本书中称呼《纲目》为《通鉴》的“嫡子”，把《少微通鉴》视为“不肖的庶子”（但被丁奉评价为“人诵而家传”的《少微通鉴》，在将《通鉴》真正通俗化这一点上无疑也是“孝子”），而两者都与同一编书坊有关。

坦白地说，虽然一直在谈论“朱子学”，但笔者并不了解儒学，对学术思想史也比较生疏。因此，本书的讨论也不得不限定在相对熟悉的史部中。虽说有些夸张，但如果不研究建阳的书籍以及在本书中只是配角的“新安学派”的工作，从宋到明的理学史（至少是理学接受史）就是不完整的。

将题外话置于一边，回到黄洪宪的话题。他的序文也遵循福建乡试录的定式，即“福建是朱子学的故乡，但现在闽地文教稍

---

① 关于李光地，参见泷野邦雄：《李光地与徐乾学——康熙朝前期的党争》『李光地と徐乾学——康熙朝前期における党争』，白桃书房，2004 年。泷野引用的李光地《榕村语录续集》中，“君闽人也，渠辈肯以是相让耶”（卷一三）、“公闽人也，视予（明珠）更孤危也”（卷一三）等值得关注。清朝对郑氏、三藩等抵抗势力的警戒感，曾使这一时期闽人官僚的处境非常艰难。但李光地曾对康熙帝云“臣本闽人，孤陋寡闻”（《语录续集》卷一四），又自戒曰“闽人聪明，非他可及，病在执德不宏，信道不笃”（卷一六），从中显示出优越感，由此可见他确为黄克缵等人的后辈。另外，平田昌司的论文（第二章第 157 页注②）讨论了作为清朝政府官话普及政策一环的李光地《音韵阐微》，身为闽人的他却成为官话普及的领头人，这一点颇值得玩味。《榕村集》卷三二《答富韬尚》引述黄石斋（道周）所言“吴儿往往轻闽音”，同时又称“弟前书所谓闽人而欲同天下之文者”，这表明他对自己身为闽人却普及官话的悖论是有清醒认识的。

有不振，希望学子们发奋努力”。不过，他在序文里特别提到杨荣。

> 今日求士于闽，是犹挹水于河、取火于燧也。视杨文敏起家草昧，文事未遑，其难易又何如哉？

他提出疑问，当今科举制度完善，具备人才辈出的条件，但现实当真如此吗？之后，他指出在国朝草创之时，寻求人才看起来很难，但实际上恰恰相反，太平之世更难获得人才。他并没有对此大为慨叹，而是认为圣天子（万历帝）正值太平之世，这也无可奈何。当然，所谓太平之世并不仅限于福建。不过，黄洪宪接着说：

> 闽故多儒，号海滨邹鲁。顷廷议从祀，未及俎豆于尼溪之侧。至司勋、太常所为绘日月而纪功宗者，文敏而后，嘒嘒如晨星焉尔。①

“晨星”是闽人郭应聘用过的词语，作为外省人的黄氏也说了同样的话。但黄氏指出，不仅是政界，学界也没有能得到中央认可的杰出闽人。

朱子学的故乡、出版文化的中心、科举的成功是闽地的一面，与中央政治、文化关系疏远的“东南海徼”（这也是黄洪宪的表述）则是闽地的另一面。更进一步讲，福建建阳不仅是朱子学诞生之地，此后还刊印了最多的朱子学相关著作，扮演着东亚文化枢纽的角色。而且，福建在明代中后期成为白银流入中国内地的关口，在流通方面也发挥着枢纽的作用。在此期间，去往琉球、东南亚以及日本的中国人很多都是闽人。但同时，福建不过

---

① 《碧山学士集》卷一《福建乡试录序》：“臣按，闽为东南海徼……然臣以为，求士于草昧之时难而易，求士于交泰之日易而难……故平世用人，老成持重者上也，椎鲁无文者次也，喜事好名者下也……”

是中华帝国的边远之地，这也是福建有意思的地方。

不仅是福建的地理位置存在这样的问题，闽人同样具有两面性。一方面，福建在地位上是朱子学的故乡，闽人自己也以此为傲，外省人经常将这一点作为寒暄之语宣之于口。但另一方面，在宋代，王安石称吕惠卿为“福建子”，皇帝骂龚茂良道“福建子不可信如此”。像这样直接称“福建子”，大概外省人对闽人通常没有信任感。不过，该称呼或出现在闽人科举登第人数激增的北宋后期，或使用于闽人明显占据中枢位置的孝宗时期，因此不能过于归结为个人原因。

此外，至少在明代后期，闽人会将自身在官场上的复杂心态宣之于口。恐怕除了福建原本对于中原地区来说就是一种异域外，还因福建是“海国”、与外部世界相通，让外省人产生了警惕感，具体而言，即“科举登第的精英闽人与通倭者是同乡”这种与自己人区别开来的意识。由于意识到他人眼中的闽人形象，内阁首辅叶向高的信中不仅表达了对故乡的关心和感情，还含有对福建命运的担忧。倾力与通倭者斗争的董应举那奇特的一生，也说明了当时闽人的处境。

像这样既是“东南邹鲁”之地的住民，同时也是帝国的边缘人群，这一悖论不仅是福建的问题，恐怕也是思考近世中国文化布局的关键。

本书开篇提到中国历史上的南北问题。简单来说，就是政治之北与经济、文化之南的构图。以前，宫崎市定曾将明清时期的苏州比喻为“大阪和京都融为一体的地方”。[①] 日本人很容易就能理解这个恰当的比喻，而这种政治中心和文化、经济中心分成两

---

① 宫崎市定：《明代苏松地区的士大夫与民众》「明代蘇松地方の士大夫と民衆」，《史林》三七-三，1954 年；《宫崎市定全集》13《明清》，岩波书店，1992 年，第 4 页。

处的情况在世界史上反而很少，两者大多是一体的。最大的出版地离中央很远的事例也很少见。

在这种特殊的布局中，处于边远“南”方的福建，在近世前期诞生了最具普遍价值的朱子学，在其试图不断传播书籍文化的同时，又体会到福建的历史评价始终与南方即为“蛮子之地”的评价相关联。直到明代，朱子学与建阳出版都引领着中国文化，在丰富中孕育出了多样性。两者失去曾经的影响力是在清朝（从这个意义上说，《闽中理学渊源考》是一部怀旧作品），这一时期既是福建文化消长的分水岭，又是南方文化的分水岭。

后　　记

文中将“纲鉴”评价为“形态奇异的书籍”，而本书本身就是一本非常态的书。一般来说，把学术杂志上刊载的论文汇编成书，如果其中有能够引起读者兴趣的内容，那么按理应该以通俗易懂的方式改写成面向大众的书。不过，本书走的是相反的路线。为什么会变成这样，以及本书的成书过程，虽然过程有点冗长，但我还是想介绍一下。

之所以写这样一本书，完全是因为我这 10 年来没有做什么像样的工作。自 2002 年出版《江南》（讲谈社选书メチエ）这本普及性读物以来，我写了两三篇论文，却毫无反响。大约两年前，同事们看不下去这种状况，劝我“总之先写本书”。但是，巧妇难为无米之炊，只能把已经关了的店重新开张。但旧店铺也没有库存，从本书只收录了两篇在学术杂志上发表过的论文，就能看出这点。虽说其余的内容算是新写的，但也是在前著探讨的主题上进行引申。

总之，我只能清理仅有的一点库存，让它们重见天日，于是开始着手工作，但起步却有些困难。近 10 年来，除了讲解、研讨和评阅论文以外，我没有读过汉文，所以重新开始“二重生活”，一开始非常痛苦。若用赛马来比喻，我就像在草地赛道上没有取得好成绩的赛马，转到泥地赛道上，在较差的环境中徘徊了一阵子，再度回到草地赛道，但又有些不知所措（尽管如此，在研讨课教学时读过的清朝二流学者的文章对我有很大助益。因为我意识到一个理所当然的事实，虽说都属于清朝考证学，但留下一流成果的人屈指可数。然而，我感到遗憾的是，自己的能力，不足以将做学生时参加竺沙雅章老师的“雍正朱批谕旨”研讨课时感受到的快乐，传达给我的学生们）。然而，只是说长道短终究无用。我开始着手“新写”，随后对两篇旧稿进行修改。

最后修改的是第一章“刘后村”。这篇文章原本是当时任职京都大学人文科学研究所时，参加梅原郁先生的《清明集》研究班，为了相关论文集而写就的，但写出来的文章不算合格，与法制史无关。反正已经离题，我索性随心所欲地完成了这篇文章。1994年，此文作为纪要发表于《东方学报》第66册上。岁月流逝，此文已不算新颖，我也一直没有改动的欲望，暂且束之高阁。当我重读一遍，看到自己当时的努力，颇感欣慰，但姑且不论其中热情，此文的风格仍是半途而废。比起撰述粗略的传记，能够编写可靠年谱的才更堪称专家（当时并不知道前一年中国出版了程章灿的《刘克庄年谱》）。本来应该大幅改稿，却没有做到，因为我已经放弃了学习宋史。我将史料由训读改成现代语译文，根据《刘克庄年谱》和李裕民《宋人生卒行年考》（中华书局，2010年）等书修改了信息，参考近年来的研究成果补充了一些评述，删去了冗余部分。文字虽然看起来变化较大，但骨架并没有改变。

正如文中所提到的，3年前四川大学出版社出版了《后村先生大全集》的点校本，我在校对时看到辛更儒《刘克庄集笺校》（中华书局）的出版预告，着实让人吃惊。时间紧迫，我匆忙买来，总算得以一观。四川本的底本使用《四部丛刊》本，辛氏则使用了另一种被认为更精善的清抄本。正如辛氏所说，此抄本（有翁同书的校语）被收录在《宋集珍本丛刊》中，现在把它作为底本是合理的。而且，四川本罗列了15000条谬误，为审慎地进行笺注留下了空间。辛校本附录有年谱，纠正了程谱的错误，这一点颇有助益，对我来说也有参考价值。而且，我对辛氏独自完成此项工作非常敬佩。不过，这次查阅我引用的几处史料，对一些字的选择和读法有所疑问。此处举该书第465页所引《与李丞相》为例。

从字面意思看，后村因不接受江西提举的任命而捏造理由，其理由与从弟希仁有关。但之后《四部丛刊》、翁校本都作“希伋”。四川本根据《四库全书》所收《后村居士集》将“伋”改为“仁”，也许是因为辛氏对四库本评价不高，所以直接作“伋”，并将这个人物注解为“赵希伋”。但从上下文来看，如果不是希仁就说不通。虽然我引用的史料有限，但像这样和四川本不同的地方，印象中以四川本更妥当的情况为多。

随着点校本陆续出版，后村也越来越受关注，这当然不是我的文章所产生的影响。对后村的关注集中于其文人的一面，作为官僚的一面依然不被在意。近期南宋故都杭州策划的《南宋史研究丛书》系列（全50册）的“南宋人物”11人中没有他的名字。其中张金岭的《宋理宗研究》，后村虽在正文中登场，但也仅在江湖诗案和显示后村对时代认知的史料中有所提及。从政治史的脉络来看，这样的出场率也许是理所当然的，但作为时代见证者以及南宋后期官僚社会中留下文字最多的后村，目前只探讨江湖诗案和他与贾似道的关系，实在有些浪费。

另外，对南宋后半期政治史的理解，我认为关键在于如何解读“黑匣子”史嵩之，目前尚未有答案。奇怪的是，在张氏著作和同系列何忠礼的《南宋政治史》中，完全遗漏了对史嵩之时代的记述。包括这一点在内，希望年轻人一定要充分利用《后村先生大全集》进行研究。

写完这篇文章后不久，我暂时调动了工作，离开了京都这个浓密的学术空间。此时，应《东洋史研究》约稿，我撰写了《士大夫的典范》(《东洋史研究》五四-三，1995年）一文，后编入本书序说。当时手头的材料只有刘后村，我随心所写，抱着被退稿也没关系的心情投了稿，收到刊载通知时反倒在意料之外。重读一遍自己的文章，只有一个感想，"太得意忘形了"。虽然现在觉得不好意思，修订时也只调整了小部分。

这篇论文也几乎没有反响，但我个人读了一点朱子的书信，发现书信对历史研究的作用很大。虽不知其他研究领域的情况，但在中国前近代史的研究中，编年史料和政论奏议类史料非常丰富，除了朱子这个例外，书信并没有作为史料被活用太多。确实，书信上几乎没有日期，写作背景乍一看也无法了解，除了朱子这样遗留下众多书信的名人以外，其他人的都很难使用。但仅凭确切发生的事件、官僚的奏议公文并不足以解释历史。正因如此，《江南》一书才提到了叶向高的书信。

之后，我为岩波书店的《讲座世界历史》丛书写了《江南史的文脉》(1997年）一文，是代替原来的负责人所写。因为被说可以"随意写"，所以心情很轻松，但为了配合正统派的要求，不能太过跳脱。对于写不出完整结构文章的人来说，还是有些勉强。不过，岩波讲座的威力是巨大的，因为被编辑注意到，我最终写成了《江南》一书。

由于那是一本普及读物，所以编辑提出了很多要求。尽管如此，只会写没有条理的书才是我的风格。多亏了"选书メチエ"这个品牌，才让那本书有一定知名度，即使今天已没有了当时的热度，那本书仍然可以当作我的名片。但对于读者来说，我想很多人并不清楚全书想表达什么。或许读者只对以江南书画市场为主题的"趣味市场"（第一章）和以海域为舞台的"动荡时代与南人"（第五章）有一些感想。

本书第二章是基于后者的引申，但将舞台限定在福建，焦点也从叶向高转向董应举。最初之所以关注叶向高，无疑是因为他和耶稣会士艾儒略有过交流。受叶向高之邀来到福建的艾儒略致力于传教，在明末拥有最多基督教徒的地区就是福建。在叶向高的文集中，除了给艾儒略《职方外纪》写的序文外，几乎没有西学的影子，但收录了他两次入阁时期的书信。受此影响，我在《江南》中设置了“故乡来信”一节，这次在当时读过的董应举书信的基础上，又重读了黄克缵等其他闽人的书信。

虽然我依次探讨了刘后村、朱子和闽人，但当时对福建并不是很感兴趣，而南宋孝宗皇帝的“福建子不可信如此”这句话引起了我的注意。由此，我脑海里产生了一个模糊的疑问，该如何看待在科举上异常强大、基督教却在一个时期内迅速传播的福建的地域特性？该章并未给出最终答案。但我认为“闽人的复杂心态”是一个可以进一步思考的问题。

*

不过，我在《江南》中真正想写的是“《通鉴》一族的繁衍”（第三章）。《江南》和《通鉴》几乎没有关联，勉强插入是因为我最关心这一问题，但如果这一部分所占篇幅太大，就有挂羊头卖狗肉之嫌，编辑理所当然地提醒我要有所限制。即便如此，也还是会有读者疑惑我为什么会插入《通鉴》这一话题吧。

对我而言，《资治通鉴》是决定我进入东洋史研究的契机，也是到现在为止向大二学生讲解了10多年的教学材料（听讲者越来越少，有些犹豫是否应该换教材），虽然很喜欢此书，但算不上认真的读者。正因如此，才对“节本”等产生了兴趣。但是，像内藤湖南所说的那样，《资治通鉴纲目》给我一种过于正经的印象，当时没有想过要读它。

不过，在砺波护先生编纂的《周刊朝日百科》之《世界文学》的《中国史书编》（103号，2001年）中，我负责了《纲目》

部分，撰写了《蒙尘的教科书》一文。《纲目》、节本的一大代表《少微通鉴》以及“纲鉴”所构成的“《通鉴》家族”，在我心中的意义随之变大了。另外，在这期间我回到了京都，在科学研究经费项目“古典学的再构筑”运行的最后两年加入其中，用经费收集了资料。最终我没有做出任何贡献，项目就结束了，在《江南》出版后就对此失去了兴趣，但收集的史料复印件此后一直静静地放在研究室的角落里。

这次我把这些材料抽出来，撰成了本书的第二部分。因此，我对本书投入的精力有九成在这一部分。虽说也谈到了建阳出版界，但文章大半在探讨文本的内容，从这个意义上来说，有些“名不副实”。不过，《江南》的书名是根据编辑的要求定的，而这次写标题的是我。

第三章是想通过掸去“蒙尘的教科书”上的灰尘，按自己的方式厘清《纲目》的来龙去脉，但经过这样的“打扫”方式，它可能马上又会沾满灰尘。尤其是我太晚注意到“七家注本”之前还有《文公先生资治通鉴纲目》，深感懊悔。我也没有时间仔细查验各个版本。在调查第二部分的相关版本时，我受到了各地图书馆同仁的诸多关照，特别是在文本方面，御茶水图书馆成篑堂文库的相关人士和普林斯顿大学图书馆的马丁·海德拉先生的热心关怀，以及南开大学胡宝华教授的友情帮助令我感激万分。在他们的帮助下，我掌握了相关版本的概况。我不确定能否做出相应成果来回报他们的深情厚谊，谨在此致以诚挚的感谢和歉意。不过，把《纲目》置于建阳这个场域，暂且将之与其他书籍放在同一水平线上观察，我相信这一视角是有价值的。

第四章、第五章的对话对象是中国首屈一指的目录学家王重民。2003年出版了他的百年诞辰纪念文集，足以证明其伟大。他可以称得上是目录学界的朱子。我得知他的名字还是在竺沙老师的目录学课上。当时的听课生人数放到现在会令人难以置信（大概有15～20人左右），不仅有东洋史，还有来自中国文学和中国哲学史教室的听课者。那时的听课生中，有好几位如今已发表了优秀的文献学研究。我暗地里称这些前辈们为竺沙门下，但我自己连门前的小沙弥都不算。“目录学是中国学的基础”，虽然理论上明白它的重要性，但若无兴趣就一切免谈（这也是我离开学术赛道的一个原因）。再加上我对京都大学的优势学科敦煌学也不感兴趣，就越来越和王重民先生无缘了。不过，从课堂上毕业的优秀研究者之一，是我最亲近的一位学长，他有训读中国人名的癖好，在听他叫“重民，重民”[①] 时，感觉这位大叔就在眼前。

因为《少微通鉴》，我与这位“重民先生”重逢了。内藤湖南之所以看不起《纲目》，是因为作为史学史的研究对象，二次编纂书籍往往被断定为二流作品。“一流学者熟知一流书籍”，相对地，二流、三流的素材更适合我的个性。话说回来，因为我的能力仅限于此，所以即使是一流，我也只会对限定于“当代”的一流（刘后村、叶向高）产生兴趣。因此，我自然会对《纲目》这一节要本感兴趣，但如果没有读王重民写的提要，我恐怕不会想要将之作为研究对象。当时我和其他人一样，没有想到他的提要也会有错，由于过于依赖《中国善本书提要》，写《江南》的《〈通鉴〉一族》时，犯了好几处错误。几年前接到那本书因销量不好而被下架的通知时，我还有些难过，但由于我发现了其他错误，现在反而觉得很庆幸（这并不意味着本书没有错误）。

虽然我后来注意到了错误，但还是觉得“此事到此为止了”。在这次查证中，我第一次正面面对《中国善本书提要》。但我始终无法摆脱老师不会出错的想法。“（余象斗）三刻是书，三次更

① 编者注：此处读作“shigetami”。

换名目”这句在学界很有名的话，虽然我觉得“咦，有些奇怪啊”，但我仍按照他的思路来理解，所以没能进一步思考。这其实不是什么难事，一看实物便知。如果说得夸张一些，与其说我是在和王重民战斗，不如说是在和迷信权威的自己战斗。仔细想想，王重民也是人，写了几千条提要不可能没有错误。连朱子也会犯错。问题在于将他供奉上神龛的我们。如果是中国的研究者，敬畏夫子也是可以理解的，但我们还是将他当作“重民[①]先生”来对待吧。

尽管我尝试提醒，也不知道能得到多少赞同，但我还是要写下这些信息（近期上海古籍出版社出版的范邦瑾编《美国国会图书馆藏中文善本书续录》对王重民在美国写的提要——其中一部分收录在《中国善本书提要》中——进行了百余条订补，但没有涉及本书提到的内容）。

本书不是应该讨论福建人吗？是的，我对因期待第二部分会描写福建的时空而阅读此书的人表示歉意。本书的总负责人、名古屋大学出版会的橘宗吾先生给了我中肯的建议，把还算易读的文章排在前面，把鸡蛋里挑骨头的第二部分放到后面，尽管如此，我想读者的疑问还是不会消失吧。再一次致歉。

最后向承蒙关照的各位表示感谢。首先是帮忙铺路的同事们。如果没有他们的推荐，我就不会进入这个赛道。然后是橘先生。关于本书结构等重要之处，他给了我建议，又因为没有对细节出言要求，让我得以轻松完成此书。我经常觉得会因为没有做太多事情而被抛弃，在最终获得平成二十三年度[②]日本学术振兴会科学研究费（研究成果公开促进费）之前，我时常收到“如果出版这样的书，会让出版社蒙羞的”等冗长的邮件，我很感谢橘

① 编者注：此处读作“shigetami”。

② 编者注：即2011年。

先生总算把我送到了终点。但即使是著名骑手，乘上驽马也毫无办法。如果本书反响平平，责任终归在我。然后，我还要感谢校对人员和印刷厂的工作人员，由于我的粗疏，每当他们反复校正时，校样上都满是修改痕迹，但他们还是认真处理了稿件。

无论如何我都没有偏离赛道，除了橘先生的引导外，还由于不管我是想尽快专注于泥地赛道上，还是没有跑出任何成绩，我都能看到我的马倌在终点等候。我一直认为我钻研学问只是自娱自乐，但事实上如果没有竞争的话是很无聊的。所以我要感谢指定我参加这场竞赛的妻子。

2012 年 1 月

插图一览

第二章

第三章

第四章

作品名索引

＊以正文为中心，兼及注释。

h 行

j 行

t 行

人名索引

＊以正文为中心，兼及注释。

d 行

f 行

j 行

m行

n行

o行

p行

q 行

r 行

s 行

x 行

y 行

z行